ちくま学芸文庫

近代日本思想選

三木清

森一郎編

筑摩書房

目次

近代日本思想選　三木清

凡例

一、本書を編むにあたり、底本は『三木清全集』(全十九巻、岩波書店、一九六六―六八年)より、第一巻、第三巻、第五―十巻、第十五―十八巻を用いた。

一、旧仮名遣いは新仮名遣いにし、一部の漢字は表記を改めた。また、難読と思われる漢字にはルビを振った。

一、明らかな誤りは適宜訂正した。

一、巻末には、関連論考、および解説、年譜を付した。

一、人名のカタカナ表記は底本を尊重し、底本にばらつきがある場合でも、そのままとした。例:「リッケルト」「リッカート」、「ニイチェ」「ニーチェ」、「ハイデッガー」「ハイデッゲル」。解説や年譜では、そのうちで今日一般的な表記を用いる(引用文中の「ニイチェ」「ハイデッゲル」以外は、「ニーチェ」「ハイデッガー」と記す)。

一、ギリシア語のカタカナ表記は、底本と異なるものを解説では用いることがある。例:「ポイエシス」(底本)、「ポイエーシス」(解説)。

一、編者がテクストに説明を補うために入れた挿入は、キッコウカッコ〔〕で示す。

一、本文中には、現在の人権意識に照らして不適切と思われる表現があるが、作品の時代的背景を尊重して、そのままとした。

I

ハイデッガーからパスカル、マルクスへ

パスカルに於ける人間の研究（抄）

〔「序」末尾の「付記」――「Blaise Pascal, Pensées は、現今最もひろく行われているように、Brunschvicg 氏の番号付けにしたがって引用し、単にその数字を記しておいた。それ以外の引用文はすべて、Grands Écrivains de la France 叢書中に出版されている『パスカル著作集』によって、それの巻及び頁付けが示されている。」〕

第二　賭

一

『パンセ』の全篇を通じて、これを滲透し、これを支配するものは「死」の観念である。この観念は、或るときにはひとりの主人公として臨み、他のときにはひとりの従者として随い、或るときには慌しき鳴物として、けれど他のときには遥に過ぎゆく風の音として観客の心を打ち、また或るときには迫り来る夜の闇として、他のときにはけれど仄《ほの》かなる夕《ゆうべ》の影として舞台に投げかかる。然しながら「芝居は、他の凡《すべ》ての部分に於て如何に美しいにせよ、その最後の幕は血腥《ちなまぐさ》い。ひとは終に土を頭上に冠《かぶ》せかけ、そして永久にこの状態にとどまる」(210)。死の問題の理解はパスカル解釈にとって重要な意味をもつのでなければならぬ。

死の不安は彼に於て不健全な病的な現象であったに過ぎないと人々は云おう。彼等はこの不安を三十九歳をもって夭折《ようせつ》した、殊に晩年には絶えず病弱であった彼の生理的心理的状態に帰することをもって満足するかも知れない。彼等はパスカルを「病めるモンテエニュ」(Montaigne malade) と呼ぶことに好んで同意する。モンテエニュとパスカルとを別つものは、ひとりは健康であり、ひとりは病気であることを出でぬであろうか。前者が諦めるとき後者は求め、後者が戦慄するとき前者は微笑する。パスカルが人間の研究を始めたとき、誰よりも特にモンテエニュに最も多く学んだのは明白な事実である。モンテエニュは普遍的であり、あらゆる事柄に対して用意されている。彼はこれを用いる者に富と美との自由な尽し難き手を差延べる。彼はパスカルの人間性に関する考察に於て単に助手としてばかりでなく、また指導者として役立った。『パンセ』はモンテエニュから借られた、若《も》しくは暗示された章句をもって充たされている。然しながらパスカルは主張する、「ひとは私が何事も新しく言わなかったと云ってくれてはならぬ。材料の組立は新しい。庭球の遊戯をするとき、ひとりの者も他の者もひとつの同じ球を弄《もてあそ》ぶのであるが、然しひとりの者はそれを他の者よりも一層好《よ》き位置におく」(22)。彼にモンテエニュの言葉の新しい組立をさせたものは最初にはストイックの精神であった。モンテエニュはその気質に於てはエピキュリアンであり、単にその想像に於てストイシアンであるに過ぎない。然るにパスカルにあっては自然的なる人間はストイシアンである。彼はエピクテートを基督《キリスト》教化することを知っていた。そればかりでなく、彼自身の証言に依れば、『エセエ』(Essais)の著者は、「怖れなく、悔いなく、救済に対して無頓着なる心を吹き込む」(63)に反して、『パンセ』は「この無限にして部分なき存在に祈るために、先にも後にも跪《ひざまず》くひとりの人間によって作られている」(233)。「モンテエニュはふざけておる」(315)。パスカルが彼に於て特に非難するものは「安易と安静」(la commodité et la tranquillité, IV, 50)である。不安は自覚的なる生の常態である。ところが彼は「不安と云うこの自然的なる運動」(IV, 49)に頼ることなく無知と無頓着とを勧める。なかにも彼がひとえに締りなく、だらしなく死ぬるのを考えたことは、パスカルには最も赦し難きことと思われたのであった(63)。死の不安は生を自覚する者、自己の存在に忠実である者にとって自然であり、また深き意味あることでなければならぬ。これに対する無関心と不真面目とはひとが人間の存在を理解するために新しき光をもっていないことにもとづく。なぜなら「この新しき光は魂に恐怖を与え、彼の快楽をつくっていた事物に於て彼が見出していた休息を貫きわたる不安を彼にもたらす」（X, 422）からである。かようにして我々はパスカルとモンテエニュとの相違が人生に於ける根本経験の差異に依るのを知ることが出来る。そして今はパスカルが、「私がそこに見る凡てのものを私が見出すのは、モンテエニュに於てではなく、却《かえっ》て私自身に於てである」（64）、と云ったことの正当なる所以《ゆえん》も会得されよう。死の不安は病的でもなく感傷的でもなく、却て人間の存在に対して積極的なる意味を有する。新しき光を見た者は必然的に不安である。「安易にあることは不健全にあることである」（To be at ease is to be unsafe）と云う〔ジョン・ヘンリ・〕ニューマンの語は、またパスカルみずからの言葉でもあったであろう。

死の問題は単なる好奇心の事柄ではない。死の不安を知らぬ者こそ最も不健康なる者である。死なき好奇心は人間の主なる病気のひとつに過ぎない。自己の存在そのものの不安に動かされること誤謬《ごびゅう》のうちにあることがむしろ彼には無害である」（18）。「この無益なる好奇心にあるよりは、ひとつの不安を喚《よ》び起すものであるが、この不安は好奇心が我々をあたかも自己の生の地盤から奪い去って終ることなき放浪に追遣《おいや》るところに生れる。かかる不安は生の構造のうちに内在する、或《あるい》は生の根本的規定そのものでさえある不安とは明確に区別さるべきである。好奇心はひとつの虚栄に外ならぬ。ひとは最も屢《しばしば》ただ何事かに就て他に語らんがためにのみその事を知ろうと欲する。然し死は人間の根本的規定に依って必然的にされた問題である。それはパスカルが伝統的な神学から単に承《う》けて来たものではなかった。なぜなら彼は彼の議論をすべて「彼みずからの心臓に於て吟味する」ことをしたからである。それは彼に退却と譲歩の余裕なく襲い来る問題であった。* 死に就て問うことは論理的には何等の必然性をもたぬことであろう。私は死の必然性を演繹し得る如何なる論理も知らない。むしろ死はその前にはあらゆる論理的演繹も歩みを止めねばならぬ単純なる事実、それに面してはあらゆる論理的明証も揺り動かされる残酷なる現実である。論理の美しき水晶宮に安らう者にとっては、死を尋ねることは狂気でなくば気紛《きまぐれ》に過ぎぬであろう。ひたすらに斉合的なる体系を欲する人々にとっては、死を論ずることはたかだか「均斉のために盲窓を作る」こと以外の意味をもたないであろう。然しながら人間の存在が最も問わるべき存在であるのを知る者には死は退引《のつぴき》ならぬ問題である。哲学が生の覚醒と震盪《しんとう》であることを理解する人々には死は最も考慮さるべき事件である。我々の存在に関する凡ての問と反省とは恰《あたか》も自然の重力に引摺《ひきず》られておのずからこの一点に集って来る。この必然性を解釈するためには何よりも人間的存在の基本的規定を考察せねばならぬ。そしてこのように死の問題が重要な位置を占めるところに存在論が所謂《いわゆる》心理学から区別されるひとつの特質は見出されるであろう。

* ひとはこのとき千六百五十四年十一月八日に起ったと伝えられているヌウイの橋（pont de Neuilly）の事件を思い出すであろう。パスカルはこのとき死を親しく目撃し、これが彼の改心のひとつの動機となったと云われている。この事件が単なる伝説に過ぎないか、またそれが事実であるとしても

これは彼の改心を決定することに何の関係もなかったのではないか、と云う歴史家の間に多くの議論を有する事柄が如何に解決されるにしても、我々は死の関心がパスカルの思想に於て重要な契機をなしていることを看過してはならぬ。そして実際、彼の父の死が彼に異常な影響を与えたのは疑われない事実である。

人間は運動せる存在である。この運動の時間は我々の関心と共に生れる。関心に動かされて絶ゆることなく更に今一歩をと求める存在の性格はつねに途上にあると云うことであった。我々が途上にある存在であるかぎり、「われは何処《いずこ》より来り、何処に往《ゆ》くか」、と訊ねるのは我々の存在を反省する者にとって避け難きことである。然るに関心に依って規定せられる時間の諸《もろもろ》の契機のうち最も主要なる意義を有するものは未来であった。ひとは彼の執着、彼の懸念、彼の欲望の凡てを悉《ことごと》く未来の中に投げ入れる。したがって、「汝は何に成るのであるか」、と問うのは我々の存在を自覚する者にとって逃れ難きことであらねばならぬ。この問を問い詰める者は死に面する。私の運動する時間はひとつの不可抗的なる刹那《せつな》、かのハムレットが"The time is out of joint!"と叫ぶところの危機に会するのである。それは我々の存在の終末でありτέλοςである。しかも死は生の過程の単なる終息ではなくして、生とはあらゆる容姿を異にし、これと対立する厳然たる事実である。関心に引摺られる生がその運動の終末としての死に特に関心するのは理由あることであるであろう。およそ死が人間にとって有する意味は根本的にはそれの「絶対性」にもとづく。この絶対性は先ず死が我々の自由になし能わぬ、不可避なる事実であるところに現われる。若しひとあって彼の生の一週日を延ばし得るならば、彼はその百歳を延ばし得るであろう。百歳を延ばし得るとも死はいずれは過《あやま》つことなく確実に来る。しかし死の絶対性はそれが恰《あたか》もあらゆる生そのものを相対化する力をもっているところに殊に顕わになる。この絶対的なる瞬間に対しては、嘗《かつ》て尊く、愛らしく見えたものもその光を失い、凡ては一様の灰色のうちに影を没する。死の前では一層善き、一層美しきと云うが如きことはないであろう。然しながら死の絶対性が我々にとって有する最後の意味は、単にそれが生を音なくひとつの色に塗ることにあるのではなく、却てそれが惶《おそろ》しく凡ての「明証」(évidences)を震盪させることに依るのである。嘗ては自明の如く見え、調和したものの如く感ぜられた我々の生は、今はその自明と調和とを動揺させられて、問わるべき我々の存在はその最も問わるべき性質をもって我々に迫って来る。人間的存在の特性はそれが「問わるべき」存在であると云うことにあった。ところで死はまさしくこの存在の問わるべき性質を最も顕わにするが故に、死の関心に於て生はその存在性を示すと考えられることが出来る。パスカルは云っている、「私が、それに先立ちそれに続く永遠のうちに吸込まれる私の生の小さい持続を思うとき、私の知らぬまた私を知らぬ空間の無限の広袤《こうぼう》のうちに沈むところの、私が満たしまた私が視《み》さえする小さい空間を思うとき、私は、私を彼処《かしこ》よりもむしろ此処《ここ》に見出すことを恐れ、驚く、なぜなら何故に彼処よりもむしろ此処に、何故に彼《か》の時よりもむしろ此《こ》の時に私があるかと云うことの理由は少しもないからである」(205)。生の短く死の近きを知るとき、我々の存在の必然性は根底から揺り動かされる。我々の生が自体に於ては何等の必然性を有することなく、却てただ我々の「可能なる」存在の仕方のひとつに過ぎぬことを教えるのは死の智慧である。生の自覚が自己の存在そのものに関する懐疑に動かされることに就ては私はさきに述べておいた。今は私のこの懐疑があらゆる生からその必然性を奪って、これを可能なるものにする立場であるのを理解することが出来る。そして死の関心に於てかかる懐疑は最も顕わになるから、死の自覚は生がその存在性を自覚することであると考えられねばならぬ。死は単に生を相対化することに於てでなく、むしろこれを可能化するところにその意義を発揮する。生はそれが我々の存在の可能なる存在の仕方と見做されるときその問わるべき性質を残りなく現わすと云わねばならぬ。私が死を語るとき、私はひとが理念の永遠を論ずるのを聞く。然しながら、何故にひとはプラトンが虚無の餌食《えじき》となることを許しながら、彼の思想が同じ運命に陥ると考えられることに対しては恐怖におののくのであるか。若し何事かが絶望さるべきであるならば、それはかえって死が神の如きプラトンを、その思想でなくその存在を、我々から奪い去ったことではないであろうか。死に面する者にとっては、五と七との和が十二である、と云うが如き、所謂自明の真理も多くの意味をもたないであろう。そこでパスカルは、「苦悩の時にあっては、外面的なる事物に関する学問は人間についての学問の無知から私を慰めぬであろう」(67)、と云っている。死の謎めいた不安に於て本質的なるものは、単に心理的なるもの、高昇した敏感または神秘的なる恍惚ではなくて、この不安が我々を我々の存在に接近させることにある。死は我々をひとつの絶対的なる極限に押し詰めて、ともすれば自己を逃避しようとする生をして退引ならず自己に面接せしめる。生とはあらゆる相貌を異にした死こそ我々がそれに於て生の容姿を見得るところの鏡である。この接近に於て我々の不安は更に著しくなるに相違ない。なぜなら人間の存在はその本来に於て問わるべき存在であるから、この存在に向っての接近はこの問わるべき性質を一層顕わにする以外の結果をもち得ないからである。死は人間的存在そのものの根本的規定に属する。したがって生の自己逃避としての慰戯《いぎ》は、特殊なる意味に於て、生が死を考えるのを避けようとする現象であると見做される。注意深き読者は、パスカルが慰戯する者は「自己に就て考えぬ」と記すとき、それがしばしば「死に就て考えぬ」と云うことを意味しているのを見出すであろう。彼は明らさまに云う、「人間は死、悲惨、無知を癒やすことが出来なかったので、彼等は、自己を幸福にするために、それに就ては何も考えぬことを工夫した」(168)。「慰戯は我々を興ぜしめ、そして我々をして知らぬまに死に達せしめる」(171)。しかし死は逃れんとして逃れ得るものではない。「我々は我々と同類の者の社会のうちに安らうことをもって好い気になっている。彼等は我々の如く惨めであり、我々の如く無力である、彼等は我々を助けないであろう。ひとはただ独り死してゆくであろう」(211)。

そこで死は生の自己逃避の限界である。如何なる種類の慰戯も最後まで蔽い紛すことが出来ない。むしろ最も不思議なことは、死が生の彼方に対立するものでなく、却てそれが「各《おのおの》の瞬間に於て我々を脅かす」(194) ものであることである。生は自己を顧る毎に死を見出す。生は死であり、死は生である。かくして人間の存在は最も問わるべき存在である。我々は、プラトンの対話篇に於て、人間のうち最も賢なる者ソクラテスが死に会しては繰返した、「生が死でありそして死が生であり得ようことを誰が知るか」、と云うエウリピデスのかの意味深き言葉を想い起すであろう。ひとり凡庸なる者のみ、何が生であり、何が死であるか、をよく知っておる。

凡庸なる魂が何等の困難も見ないところに最も賢なる者が躊躇するのは何に因るのであるか。けだし後者は彼が前者と共に有する自然的なる眼のほかに更に一双の「他の眼」を具えている。この他の眼は彼には「死の天使」によって与えられるのである。思惟の最高法則と見做されている矛盾律は、我々をして生と死とが同時に存在し能わぬことを承認するを余儀なくせしめるであろう。けれど他の眼を賦与された者には矛盾律の明証もそれほど自明でなく、その法則性もそれほど基本的ではない。「多くの確実な事柄は矛盾する。多くの虚偽なる事柄は矛盾なくして成立する。矛盾は虚偽のしるしでもなければ、矛盾しないことは真理のしるしでもないのである」(384)。人間の研究に於て重要なのは生そのものの絶間《たえま》なき発見であって、単に論理的に斉合した命題を求めることでない。生が人間によって創られたものでないと同じく、死はまた彼によって創られたものでない。そして生と死とが同時に存在すると云うことは争い得ぬ事実である。矛盾こそ人間の存在の仕方の根本的様態である。固《もと》より斯くの如く考えることは、世の所謂醒めたる者からみれば、恐らく狂気に近きことであろう。それは明かに「他の眼」をもって見ることに相違ない。それは疑いもなく「死の見方」(Todesansicht)である。然しながら凡て日常の見方と理解すなわち「生の見方」(Lebensansicht)とも呼ぶべきものから遠く距《へだた》りしかもこれを喰い破るところの死の見方がむしろ我々の生そのものの正しき深き洞察を含んでいないことを誰が保証し得よう。生の見方は生に対しては却て無関心であり無頓着である。生の見方を養うと称する科学も哲学も屡《しばしば》自己の在る惨めな態《てい》に眼を背けるために単に議論を議論する慰戯に過ぎない。最も多くの場合それらは生の自己逃避の手段である。然るに死の関心は我々をして生に近づかしめる、そして死は絶対性をもっている。この退引ならぬ立場に立って生を親しく反省する死の見方こそ生を理解する所以でなければならぬ。死の見方は何よりも我々を懐疑と不安とに陥れる。凡庸なる魂が安易と満足とにあるところに最も思慮ある者が困惑と戦慄とを感ずるのは何に因るのであるか。蓋《けだ》し優越なる魂は自己の存在を正直に視、素直に問うことを知っているからである。彼の求めるものは人間の究極的なる綜合を与える最後の答である。彼はこの究極的なるものの限界を気儘に動かし、その距離を随意に縮めることをしない。それは最後の答であるべきであるが故に、彼は諸の一時的な解答や解決に甘んずることが出来ない。彼の前では産れて来た答は直に新しい問に変ってゆく。如何なる問に合せの答も彼には人間の存在の問わるべきことを解き去るための助《たすけ》とはならないから、この存在の問わるべきことを絶えず新しく発見することがむしろ彼の課題となるのである。最後究極的なる答を求めることに於て発生した彼の問は、全体の生が問わるべきものとなるところにその充全なる表現を見出すのである。彼はその歩みの一歩一歩に於て問う。彼は問う者としてみずから問われた者である。美しく調和しているかの如く見える凡ての答は、「ひとはただ独り死してゆく」と云う事実に対してはすべて問に砕かれてしまう。然し彼は絶間なく求めることを諦めぬが故に、彼は常に不安である。このような態度は勿論普通の懐疑論ではない。それは「懐疑論」(scepticisme)でなく、「宗教的不安」(inquiétude religieuse)と適当に呼ばるべきである。懐疑論者と云わるべきは、何等確実なるものも見出されないから、我々は求めることを要しない、と信じている者である。パスカルは決して懐疑論者でなかった。

宗教的不安は確実なるものを求めてやまぬ者の不安である。そしてこの絶対なるものが人間のあらゆる可能なる存在のうちに横わっていないことを彼に示すのは死の智慧である。死の不安によってひとが生に最も近づくとき彼の出逢うものが謎であるのは、生の意味がこの生そのもののうちに存在しないことの証である。彼の不安が宗教的であることの著しい特色は、彼が飽くなく倦むなく求める人間であることである。そして斯《かか》る宗教的不安こそパスカルの思想を当時支配的であった他の思想から区別し、その間に極めて独自なる位置を占めることを得せしめたものであった。千六百五十年を環《めぐ》って勢力をもっていた思想は、ひとつは自己の理知と意志とに限なき信頼をよせるストイシスム、――それは傲慢を説くことである（doctrine d'orgueil）――ひとつは成るが儘に委《まか》せて生を享楽しようとするエピキュリスム、――それは怠惰を説くことである（doctrine de paresse）――ひとつは傲慢も怠惰も欲することなく、時としては謙遜と節度とを知ってさえいる、この世に於ける美的なる完成を勧めるところの洗錬されたエピキュリスム、――それは優美を説くことである（doctrine d'élégance）――であった。これら三つの思想に共通なのは、人間にとっては彼の自己の工匠となることが最も緊要な仕事であると考えることである。彼等は自己に満足して、これを自然的に完全にすること若くはこれを自然的に満足させることに最も関心する。* これとは全く反対にパスカルに於て主導的な思想は、彼自身の有名な言葉を用いれば、「自己は厭うべきものである」（Le moi est haïssable, 455）と云うことである。パスカルも彼の時代の他の人達と同じく人間を研究することの急務を説くのであるが、しかし自己を反省するのは自己に陶酔し自己を讃美するためでなくして、却て自己の在るが儘の悲惨と欠陥とを知って自己を唾棄し、自己を憎悪するためである。** 『パンセ』の最初の目的は、人間を困惑に駆り、不安に陥れることであった。それが困惑に駆るのは人間の救済が彼の生そのもののうちにはないことを悟らしめんがためである。それが不安に陥れるのは人間をして真面目に神を求めしめんがためである。パスカルの神学の最も著しい特色は、それが「呻吟しつつ求める者」(ceux qui cherchent en gémissant, 421) の思想であることであった。

* J. Merlant, De Montaigne à Vauvenargues, p. 249 et suiv. 参照。

** シァロンが彼の書の首めに記した、《la vraye science et le vray étude de l'homme, c'est l'homme.》(Pierre Charron, De la sagesse, I, 1.) と云う言葉は、モンテエニュに始まるフランスに於ける人間の研究のモットーである。なお嘗て引用しておいた『パンセ』断片百四十四を参照。

さて人間は不可能を求める。矛盾が彼の本性であると同じように不可能を希求することは彼の本性である。死の見方は生そのものを可能化する立場であった。そしてそれは同時に不可能を可能化する立場でもある。死の見方に於て我々の生が人間の単にひとつの可能なる存在の仕方に過ぎぬことを学んだ者には、嘗ては絶対に不可能なるものとして配慮を用いなかったところのものを今は可能なるものとして願望しようとする関心が不可抗的に現われて来る。死は生の根本的規定である。従てこの生にとって最も不可能なるものは「不死」である。生の具体的な時間は我々の関心によって規定されるが、かかる時間は我々の関心のうち最も大いなるものすなわち死の関心に於て最も明かに意識される。死の関心は時間の意識の最も決定的なる要素である。過ぎゆく時の自覚は我々をして生の短きを知らしめる。短き生にとって最も不可能なるものは「永遠」である。斯くして不死と永遠とは自覚的なる生の最も関心するところのものでなければならぬ。魂の不死は我々に甚しく係り、我々に深く触れる事柄である、とパスカルは述べている（194）。「私はひとがコペルニクスの説を深く研究しないことをそれでも好いことだと思う。しかしこのこと……。魂が死滅するものであるか或は不死なるものであるかを知ることは全体の生にとって重大である」（218）。それにも拘《かかわ》らず、ひとは永世について考えることなく、知ることなく、求めることなくして平然としておる。「この無知に於けるこの休息」ほど恐しきものはない。ひとつの委託物の紛失または彼の名誉の想像された毀損に対して、日と夜を重ねて忿怒《ふんぬ》し絶望するその同じ人間が、彼が死によって凡てを失う危険に絶えず迫られていることに対しては、不安なく感動なく時を過しつつあるのは奇怪である。「小なる事柄に就ての人間の敏感と大なる事柄に対する無感覚とはひとつの奇態な顚倒のしるしである」（198）。この顚倒を直《じ》きにかえして価値を正しく定めしめるものは死の智慧である。宗教的不安は真理への道である。

二

右の予備的な理解が行われた後に、私は初めてパスカルの「賭」（pari）を解釈する地盤を見出し得たかのように思う。この賭の解釈と評価とは永い歴史を有する。私は今ここにその歴史を辿ることをやめて真直《まっすぐ》に賭そのものの説明に這入《はい》ろう。賭は神の存否を問題とする。神は存在するか、若くは存在しないか。私はそのいずれの側に決めようとするのであるか。理性はこのばあい何事も定めることが出来ない、むしろ私はそこに私を距《へだ》つところの限なき渾沌を見出すのである。この無限の距離のはてにあってひとつの勝負が行われていて、ひとは表が出るか裏が出るかを賭けている。私はいずれに賭けるべきであるか。理性によっては、私はそのいずれの一つも採ることが出来ない、理性によっては、私は二つのうちいずれの一方も弁護することが出来ない。私は賭の利害得失を調べてみよう。私の賭けるものは私の理性と私の意志あるいは私の知識と私の浄福との二つである。然るに私の理性は或る一方を採ったからと云って他の一方を採るよりも一層多く害せられるようなことはない、私はいずれにせよ選ばねばならないからである。そこで一つの点は片付いた。それでは私の浄福に就《つい》ては如何であるか。今私は表の方すなわち神が存在すると云う側に賭けるとして、その利得と損失とを量ってみよう。このとき私が勝つとすれば、私は凡てを得る、若し私が負けるとしても、私は何物も失わない。従て私は神が在ると云う方をためらうことなく採るべきである。しかし待て、私はあまりに多くのものを賭けて自分を危くしていはしないか。勝つ機会がたとい一回しかないと見做されても、この勝利に於て私が利するものは永遠の生と無限の浄福である、そして他方に於ては負ける機会は限られた数であり、また私の賭けるものは限られた幸福しかもたぬ現在の生に過ぎない。無限が得らるべきところ、しかも勝利の機会に対する敗北の機会の数が無限でない場合、私は少しも躊躇する必要なく、よろしく凡てを投げ出すべきである。

我々はこの賭の本質を何処に求むべきであろうか。今日最も汎《ひろ》く行われているのは数学的解釈である。即ちパスカルは神の存在の証明にあたって数学上の公算法（calcul des probabilités）を用いたと普通には考えられている。例えば、ブートルーはパスカルの賭を次のように説明する。* 凡ての賭に於て二つの事柄、機会の数と利得或は損失の重大さとが考慮されねばならぬ。我々がいずれの側を選ぶべきかと云う理由はこれら二つの要素の乗積によって表わされる。さて神を立てることは無限の福を立てることである。神が在ると云う機会の数を出来るだけ少く見積るとして、仮にこれを一に等しいと置こう。然らば神が在ると云う側は$1\times\infty$をもって現わされることとなる。神の与え得る浄福に比してこの世の幸福を量るとき、それを如何に大きく見積るにせよ、それは有限の量であることしか出来ない。いま我々はこれをaと置こう。他方に於て神が無いと云う機会の数を出来得るかぎり多くしても結局それは有限であることしか出来ない。そこで神が無いと云う側は$n\times a$をもって現わされることとなる。さて後の乗積は明かに前の乗積よりも小さい。それ故に私は必然的に神が在ると云う側に賭けるべきである。

* E. Boutroux, Pascal, p. 179.

この解釈は明瞭である。然しながら我々は、およそ解釈に於ける主要な仕事が、形式の修理でなくしてその形式を支える地盤の理解、概念の整理でなくしてその概念を生む基礎経験の理解にあることを忘れてはならない。したがって解釈は、時としてはむしろ概念と形式とを破壊して、これらの名のもとに「彼は何に出逢ったか」と云うことを理解することに向うべきである。数学的解釈は単に賭の形式を説明するのみであって、この形式を成立せしめそれを意味あらしめている地盤に就ては何事も我々に教えないであろう。我々もパスカルの賭が公算法の形式をとっており、そしてそこに、彼に始ったのでなく既に歴史ある賭の取扱方に於て、数学的天才としてのパスカルが現わした特色の見出されることを否定しようとは思わない。然しこの形式をもって賭に於ける本質的なるものが表現され得ると考えるとき、ひとは重大なる困難に陥ることとなろう。賭を数学的に解釈するのは云うまでもなく賭の本質が神の存在を理論的に証明するにあると見做すことである。そして我々の疑問は恰もそこから出発する。パスカルの出逢った神は如何なる神であったか。それは固よりデカルトが理論的認識の確実性を保証するために存在の証明を必要としたが如き神ではなかった。却てパスカルはデカルトの方法がただ合理的なる神を示し得るのみであることを批難する。「基督者の神は単に幾何学的真理及び元素の秩序の創造者としての神に於て成立していない、それは異教人とエピキュリアンのことである」(556)。パスカルの神は「アブラハムの神、イザクの神、ヤコブの神であって、哲学者と博識者の神ではない。それはエス・キリストの神である」(Le Mémorial)。神は論理的に推理された神でなくして、Deum meum et Deum vestrum である。かかる神は勿論 more geometrico にその存在を証明し得べくもないであろう。賭の理論的解釈は単に対象に対して不充全であるばかりでなく、それはまた更に対象を把捉する器官に対して不相当である。けだしパスカルに依れば信仰の主なる器官は意志である（99）。神に関係する限り最も重要なのは知識でなくて意志である。そこで「神は叡智よりも意志を一層多く動かすことを願う」（581）。「神を知ることから神を愛することへは如何に遠く離れているか」（280）。パスカルの求めたものは理論的証明ではなく却て意志の決断の根拠である。賭が本体論的証明（argument ontologique）に代らねばならぬ理由はここにある。賭の名は神の問題の中心が意志に関係すると云うことに対する表現である。本体論的証明は形式的な絶対者を立てることが出来るとしても、内容的な、生命ある、意志にとって意味を有する絶対者とは無関係である。知性の証明としての本体論的証明から意志の証明としての賭に移ることは、神の理念から神の実在へ到ることである。* かくして賭はひとつの実践的証明である。

* J. Lachelier, Notes sur le Pari de Pascal. 参照。

賭の実践的意義を明かにするために、私は一層立入って賭の構造を分析することによって、賭の地盤、その基礎経験とも云うべきものを解釈しよう。先ず第一に、私は必ず賭をせねばならぬであろうか、むしろ一般に賭をしないことが私にとって正しいのではないであろうか。パスカルは答える、「よろしい、然し賭はなされねばならない。それは気随の事柄でない、君はすでに船出をしているのである。」それは何故であるか。私が賭けねばならぬ必然性は理論的には存在しない。理論的には私が賭に対して絶対に無頓着であり、純粋に中立的であることも可能である。然るにかかる態度を採るのを許さないものは我々の存在の不安である。自覚的なる生を生きる者は不安であるが故に彼は無頓着であることが出来ない。自己の存在の不安を知る者は求めて止むことなきが故に中立的であることが出来ない。宗教的不安はおよそ賭が意味を有し得るところの地盤である。我々の衷《なか》に於ける、我々の周囲に於けるあらゆるものは声を上げて我々の悲惨を叫ぶ。我々の生の果敢無《はかな》さ、我々の社会の欠陥、我々の理知の無力を思うとき、我々は唯絶望するほかないであろう。所謂懐疑論者ピロニアンは中立的にとどまり得ると考えるであろうが(434)、自己の存在そのものについて懐疑と困惑を感ずる者は賭をする以外自己の状態を転換すべき途を知らないのである。ひとつの究極的なる意志決定が私を待っておる。私はすでに船出をしているのである。それは何故であるか。私の行為の一々の動作、私の意志の一々の運動は、謂わば賭の問題の或る解決を含蓄的に含んでおる。人間は普通には自愛(amour-propre)に従い、それの満足に於て生活している。ところが自愛に関しては如何なる中立的態度も可能でない。けだし自愛は我々にとって自然的であり、むしろ我々の自然そのものであって、これを明確な決断によって断念しないと云うことは、これに我々の生の指導を全く委すことを意味する、そしてそれは実際に於て、恰も他の生を希望せぬが如く、従て神の存在せぬことを承認するかの如く振舞う所以である。永遠の生を、それ故に神の存在を信じることは理論の問題でなくて実践的なる問題である。「魂が死滅するか若くは不死であるかと云うことが、道徳に於て全き相違をつくるべきは疑われない」(219)。神が在るか無いかに従って私が全く異って行動せねばならぬことは明かである。然るに神に関係する限りに於て我々が中立的であることは不可能である。そこにはいつでも「此れか――彼れか」があるばかりである。神に加担しない者は神に敵対する者である(899)。それ故に若《も》しひとが偏《ひとえ》に自愛の満足に生きているならば、彼は単に彼の自然に従って中立的であるのではなく、却て彼は神に反対して賭けているのである。彼がこの事実を認識せずして平然としているのは、彼が自愛に妨げられて自己の在るが儘の状態に就て理解をもたぬためでなければならない。自愛の性質は自己の真の態を蔽い隠すことにある(100)。我を愛する者は自己が悲惨と欠陥とに充ちているのを見ることを好まぬから、彼は自己の存在の真理を自らと他とに対してひたすらに偽ろうとする、この虚偽の中立、虚偽の安静を震盪するものは宗教的不安である。人間の存在の不安の自覚に於て我々が賭けねばならぬ必然性は成立する。

第二に、一般に賭が意味あるものであり得るためには、その条件として賭の二つの側のいずれもが同様に可能であることが必要である。ところで何が神の存在すること従て永久の浄福のあることが可能であるのを保証し得るのであるか。この場合神若くは永久の浄福の概念が論理的に矛盾を含まないことを証明し得るとしても不十分である。かかる論理的可能性は単に空虚な形式に過ぎず、賭の出発点となることが出来ない。我々の経験は我々の生従てこの生の幸福が実在し得ることを教える。然るに神と永生とに就て、それが唯論理的に不可能でないと云うことではなく、更にそれが実在的に可能であると云うことを示すものは何であるか。それは即ち宗教的不安に外ならない。宗教的不安の本質は求めることにあった。然しながら求める者は既に得ておる者である。なぜならパスカルは云う、「汝に慰めあれ、若し汝にして我に出逢わなかったならば、汝は我を尋ねぬであろう」(Console-toi, tu ne me chercherais pas, si tu ne m'avais trouvé.)(Le Mystère de Jésus.)*。我々の求める心にして濁らぬものである限り、我々の不安にして確実なものである限り、神の実在し得る可能性は、この不安、この求める心の裡に与えられている。蓋し基督者の神の特質はこれを所有する者に彼の惨めさを内面的に感ぜしめるにある（556）。彼を崇《あが》める者に摂理によって単に幸福な永寿を授ける神は基督者の神でない。不安は神の体験に於て原始的にして根本的である。そこでパスカルはまた記している、「（新しき光を見た）魂は嘗て彼を楽しませたものを最早《もはや》安らかに味うことが出来ない。ひとつの連続的な不安がこの享楽に於て彼と戦い、そしてこの内面的な眼は彼に彼が嘗ては彼のこころを傾け尽して身を委せたものの間にあって慣わし来った快感を今は見出さしめない」（X. 422）**。宗教的不安を深く明かに体験しそれを偽ることなく告白するところに我々はパスカルの思想の最も著しい特色に出逢うのである。そして恰もその故にニイチェはパスカルに於て「あらゆる基督者のうちの第一人者」（der erste aller Christen）を発見し得たと信じたのであろう。求める者の情熱、人性を理解する才智、不安の告白の正直の結合に於てパスカルは最も基督者的なる者であった。そしてまさしくその故に、自己の内奥には秘められた基督者が荒れていたかの鋭敏なる反基督者は、基督者なるパスカルに於て自己と等しき魂を感じたのである。同じニイチェは「唯墓あるところにのみ甦生《そせい》はある」と云う。蒼ざめ瘠せこけた顔の上にのみ新しい未来の曙光は横わっている。

＊　パスカルのこの言葉は明かにアウグスチヌスの『懺悔録』第十巻、第十八章から出ている。我々はまた同じ巻の第二十章に於てアウグスチヌスが（neque enim amaremus eam, nisi nossemus.）と記しているのを見出すのである。

＊＊　パスカルと多くの点に於て共通した魂をもっていたキエルケゴールは我々に語る、「基督教が世に現われたとき、それはそれが腹立しきこと（Ärgernis）であるのを示す必要がなかった、なぜならそのとき腹を立てた世界はこのことを十分容易に発見したからである。今は然し、今、世界は基督教的になってしまったので、今は基督教は何よりも自ら腹立しきことに注意せねばならぬ。」（Sören Kierkegaard, Leben und Walten der Liebe, S. 209.）

然しながら第三に、神従て永遠の浄福の在ることが実在的に可能であるとしても、若しこの世の生従て現在の幸福にして絶対に確実なものであるならば、賭は本来の意味に於て成立しないであろう。何故かならば、確実なるものと可能なるものとは相異る次元に属し、そして賭は同じ次元に於て可能なるものの間にのみ成立し得るからである。事実、人々が賭けねばならぬ内面的理由を経験しないのは、彼等がこの生とそれのもたらす幸福とを絶対確実なるものと信じて安んじてこれらのものに執着しているために外ならない。然るにこのような確実と安静とを動揺せしめるものは我々の存在の反省に必然的に伴うところの不安である。殊に死の不安はひとに彼の生がひとつの可能なる彼の存在の存在の仕方に過ぎぬことを理解せしめる。死の見方は実に生そのものを可能化する立場であった。この立場に於て現在の生が確実でもなく必然的でもないと云うことを学び得た者にとってのみ賭は十分な理由をもつことが出来るのである。それ故にここでもまた宗教的不安はおよそ賭が意味あるものであるための根拠であらねばならぬ。

かようにして私は人間の存在の不安の自覚に於てパスカルの賭を解釈する地盤を見出し得たかのように思う。賭に於ける計算はこの場合独立にそして理論的に神の存在を証明するのでなく、却てそれは神の信仰に対する意志決定の目的のために、ひとつの実践的なる智慧として、手段の用をなすに過ぎぬ。賭の理論は宗教的不安の基礎経験の上に於て初めてその証明の力を発揮し得る。死の見方を離れて賭はあり得ないのである。

〔原題「パスカルの「賭」」、『思想』一九二五年一二月号初出〕

解釈学的現象学の基礎概念

一

現象という言葉は種々に語られる。私は最初にその最も根源的なる意味を規定しておこう。現象として翻訳される言葉のギリシア語にあたる φαινόμενον は φαίνεσθαι という動詞から来ており、これはみずからを顕《あら》わにする、自己を現わすという意味の言葉である。しかるにこの動詞は φαίνω のメディウム（中動態）であって、このものは φῶς（光）という言葉と語根の上のつながりがあり、根本的には、明るみに出す、光に持ち来すことを意味する。それ故に現象とは自己みずからを現わしているもの、自己を光の中に示しているものの謂《いい》である。現象はまことにかかるものとしてまた見ゆるもの、顕わなるものである。見ゆるものとは存在の如何なる概念であろうか。アリストテレスは De anima の中で視覚について研究している。視覚に這入《はい》って来るものそのものは何であるか、視覚に於《おい》て出会うものは如何なる性格のものであるか、と彼は尋ねている。見ることに於て覚知されるものは見ゆるもの（ὁρατόν）であり、見ゆるものは更に主として色として特性づけられる。色とは自体に於て見ゆるものの上に広がれるものである。何物の色もつねに光の中に於て見られ、光なくしては如何なる色も見られない。光は明るさの現実態（ἐνέργεια）であって、明るさは自己を通して或る物を見えしめるところのもの、物の色はそこに於て謂《い》わば自己のエレメントのうちにある。明るさ従ってまた光は物でもなく、物体的なるものでもない、それは動かないからである。それは天上に火、主として太陽が現在するということである。火の現在はひとをして見ることを可能ならしめる、ひとは火そのもの、例えば太陽の動くのを見ることが出来る、しかし光もしくは明るさそのものは火ではない、それは運動しないであろうから。むしろ明るさは世界、殊に天上の世界の在り方であって、簡単に言えば、日中であるということである。ひとは見ることが出来る、太陽は動いている、そして昼で在る。これが光に関してそこに現われていることであって、光に関して他のことを主張するのは現象そのものを捉えずして、却《かえ》って現象をそれて（παρὰ τὰ φαινόμενα）、即ちそこにみずからを顕わにしているもののただ傍《かたわ》らを通り過ぎることにほかならないのである。光は物の色の見ゆるための条件である。見ゆるものは日中にあらねばならぬ。日中とは世界のひとつの存在の仕方である。見ゆるものは斯《か》くの如き条件に制約されてあるものとしてまたそれ自身存在のひとつの存在の仕方の概念である。見るということは世界の或る存在の仕方の条件のもとに立っている。ひとは光の中に於てのみ見ることが出来る。しかるに視覚はまたそれ自身特殊なる存在のひとつの存在の仕方にほかならぬ。それは「世界に於ける存在」即ち生のひとつの存在の仕方であって、生は見るという仕方に於て彼の世界に出会うのである。このようにして、アリストテレスの記述の分析によって到達したところの我々にとって最も決定的な結果は、ファイノメノンの概念が、最も根源的には、存在の一定の存在の仕方に基礎づけられている存在の存在の仕方を表現するということである。しかもそれは存在の優越なる存在の仕方である。昼と明るさの存在がそれに属しているからである。現象とは一般に自己をみずからに於て示しているものを意味する。*

* De anima B. 7. 凡てのものは光に於てのみ見ゆるものであるのでなく、或る物はむしろ闇の中に於てこそ初めて見ゆるものであることをアリストテレスは固より注意している。燐光を発するものの如きがそれである。闇もまた自己を通して物を見えしめるところのものであるけれども特殊のものである。闇は明るさの可能態（δύναμις）或いはそれの欠乏（στέρησις）である。それに於て見ゆるものは本来の色でない。我々はこのものに対しては色に対してのように積極的な名をもたぬ。人間の言葉は謂わば昼の言葉である。そしてそれは偶然でないであろう。夜のものも闇のものも在る、しかし我々はそれを消極的、否定的にしか表現し得ない。そこにファイノメノンの優越なる意味は存在するのである。

現象のこのような概念が如何に原理的なものであるかを闡明するために、ここにそれの他の概念を想い起すのは無駄ではないであろう。普通に現象の概念は二重の見地から用いられている。それは論理的には互に区別され得る、けれど実際には屢複合せる二つの前提を抱き込んでいるのが通常である。現象の語を語るとき人々は、一方では、みずからは現象であることなく、そして現象に於て現われる或るものを前提し、他方では、それに対して現象が現われるところの、そしてみずからは同じ意味では現象であり得ぬ或るものを予想している。別の言葉を用いるならば、現象はそれの背後に隠れている本体に対立しており、そしてかような形而上学的前提を除くにしても、現象は自我もしくは主観に対する関係に於て成立するという認識論的前提をつねに含んでいると考えられる。即ち現象は、第一には或るものの現象（Erscheinung *von* etwas）——或るものとは本体若くは物自体である——、第二には或るものに対する現象（Erscheinung *für* etwas）——この場合或るものとは自我もしくは主観である——、のいずれかの意味に使用される。一般に斯くの如き形而上学的或いは認識論的立場に立つのでなければ苟《いやし》くも現象について語ることは無意味であるばかりでなくまた不可能である、と或る論者は主張するのである。*然しながら、我々の規定した現象の概念は物自体の如何なる概念もそして主観の如何なる概念も予想していないのである。それはあらゆる理論的構成の此方《こちら》にある。現象とは自己をみずからに於て現わしているものである。それは存在の特殊なる存在の仕方である。如何にしてかかる概念はいわゆる本体の概念を混《まじ》えることが出来よう。尤《もっと》も我々の謂う現象も一定の条件、例えば日中であるということを条件として在るに相違ない。しかしこの場合ひとは認識論者のいう条件を連想してはならぬ。昼は世界の存在に属する、日中とは我々が太陽の現在として表現する世界の存在の仕方にほかならないのである。またひとは視覚の名のもとにいわゆる主観の作用を考うべきではないのである。視覚は生即ち彼の世界の中に在るという優越なる存在の仕方を有する存在のひとつの存在の仕方を意味する。人間は見るという仕方によって世界に交り、そしてそれを所有する。現象は見ゆるもの、顕わなるものとして「そこにある」存在である。然しながらそこに在るということは主観に対してそこに在るという意味ではない。却ってそこに在るということは存在そのもののひとつの根本的なる性格である。

＊ H. Rickert, Die Methode der Philosophie und das Unmittelbare. Logos, Bd. XII.

現象はそこにある存在、即ち Dasein である。それはそこにある存在であるから、それの存在は我々の研究によって初めて論定されることを必要としない。むしろそれは我々の研究に際してつねに既にそこに先ずあるところのものである。かかるものとして現象は存在の可能なる研究を出発する地盤となることが出来る。我々は学問を始めるにあたってなによりもこのような存在を熟知することが大切である。換言すれば、我々は考える前にいまひとたび最も根本的に見ることを学ばねばならぬ。正しく考えるというのは見つつ考えることである。現象はみずからに於て明るみに在るもの、従ってそれは見逃されることの出来ぬものである。それはそのものとして捉えられることを要求する。この要求はそのものの自身に於て存在する。* ひとは現象を捉えねばならぬ（ληπτέον τὰ φαινόμενα）、ひとは自己みずからを示しているものを認めねばならぬ。自己みずからを示しているものは、アリストテレスに従えば、救われ（σῴζειν）ねばならず、ヘーゲルの言葉を用いれば、保存され、止揚され（aufheben）ねばならない。かくて現象とは一層進んだ学問的分析に対して地盤となるべき要求をもって自己をみずからに於て現わしているものの謂である。存在を学問に於て捉えようとする者は、先ずそれをそのもの自身に於て捉えなければならない。存在が何処より来り、また何故にあるか、などということを討《たず》ねようと欲する者は、それがそれ自身に於て何であるかを先ず問うべきであって、このようにしてこそ彼の欲する研究の地盤は作られることとなる。自己自身を顕わにせるものこそあらゆる考察の出発点である。

＊ リップスも対象の要求（Forderung）について語っているが、我々の意味するものがそれと異ることは次第に明瞭になるであろう。いずれにせよ、我々の謂う存在は対象（Gegenstand）ではなく、最初にそして原始的には、交渉的存在（pragmatisches Sein）である。このことはつねに記憶されていなければならない。Vgl. Th. Lipps, Leitfaden der Psychologie. Zweite Auflage, 1906.

二

現象学に於ける第一の基礎概念はかくしてDaseinである。それは現実的存在、或いは簡単に、存在である。存在は根源的には現象の形態に於て、即ち自己みずからを示しているもの、そこにあるものとして在る。私が今或る集会に列しているとせよ。私の前には演壇があり、私の傍には他の人達がいる。それらのものは見ゆるものであり、私はそれらのものを見る。それらのものは存在、現実的存在である。斯く語るならば、人々は私がいわゆる素朴実在論の立場に立っていると言うかも知れない。しかし私はそのような考え方をしていない筈である。私が此処に坐っているとき、私は私の前、私の周囲に在るもの、例えば机がいわゆる実在であるとは思っていない。机はただそこにある、それはみずからを顕わにしている、それは私に見える。その限りに於てそれは実在と呼ばれるよりもむしろ現象と名づけられるに適《ふさ》わしい性格を担っているのである。しかるにこのように言うならば、他の者は私をもって認識論上の模写説の立場を信ずる者として非難するかも知れない。会場も集会者も固より私に見ゆるものである。けれどこの事実は私の心の外にそれらのものが在り、そして私に見ゆるものは私の心に映るそれらのものの影であるというが如きことを意味しない。見ゆるものとは、心の影であることをいうのではなく、却って存在のひとつの存在の仕方として、存在そのものに属する性格を指すのである。この机は如何にも見ゆるものである、そしてまことにそれは在るものである。私は此処におり、人々を其処に見る。私はこの机に凭《よ》りかかり、そして彼等に話しかける。この事実は根源的であって、私の単なる表象として初めて在るのではない。我々はこの根源的なる事実を現実的存在と呼ぶのであって、そこにはそれ以上の理論は挟まれていない筈である。

第二の基礎概念は Sein である。Sein とは Wie des Daseins の謂である。それは存在の「如何に」を、それの存在の仕方を、簡単には、それの存在性を意味する。在るものはつねに「如何に」に於てあり、それに於て在るものは自己を顕わにする。私は私の周囲に見出す室や人間を、単なる室、単なる人間として見出すのでなく、却って特に会場、特に来会者として見出すのである。そこに在るもの――ドイツ語の sich vorfinden なる言葉はこの「在る」の意味を恐らく適切に表現し得るであろう――は、謂わば、会場の資格に於て、来会者の資格に於て、見ゆるものとなっている。これらのものはかかるものとして若くはかかる資格に於て自己を顕わにする。存在がそれの存在性に於て自己を顕わにするとは恰もこのことである。我々に見ゆる存在は一般に無限定なる存在ではなく、つねに何物かとして、或いは何物かの見地に於て限定されて在る。

現象学に於ける第三の基礎概念は Existenz である。Existenz とはロゴスに於ける存在、我々はそれを概念的存在または存在の概念性と名づけることが出来よう。現象は自己みずからを示しているものとして捉えらるべき要求、救わるべき要求をそれ自身に於て担っている。現実的存在のこの要求に応じてそれを把握し、それを止揚するものはまさにロゴスである。かかるロゴスは一体如何なるものであろうか。それは単純に論理的なものではない。従ってひとはここに謂う概念性をただちに論理性として理解すべきではないのである。ロゴスとは寧《むし》ろ人間の存在の最も根本的な存在の仕方である。彼はその具体的な存在に於てロゴスをもって彼の世界と交渉し、そしてそこに彼の存在の優越性はある。ギリシア人は人間を ζῷον λογιστικόν として定義した。それによって彼等は、普通ひとびとの言う如く、人間は理性的或いは合理的存在者である、と解釈しようと欲したのでない。彼等の意味に於てロゴスは根源的には語るということ、従ってまた語られたものを謂う。人間は優れて言葉を有する存在である。人間は言葉をもって単に思弁するばかりでなく、彼の実践も彼の制作も語る者としての彼の存在の仕方のうちに基礎づけられ、性格づけられている。ロゴスにとって最も固有な機能は、アリストテレスに拠れば、存在を顕わにする（ἀποφαίνεσθαι）にある。一層精密に言えば、それは現実的な存在を存在そのものから示すということにある。それに於て物はそれ自身から語らしめられる。在るものは語られることによって顕わにされ、そしてそれと同時に固定され、かく固定されることによって現象性から脱却せしめられて救われることとなる。ところでロゴスは原理的に三つの契機をもっている。一、語る者。二、それについて語られるもの。三、聞く人。これら三つの契機は外面的に結合しているのでなく、却って人間の存在の根本的規定によってその結合は必然的である。人間は世界の中に他の人間と共にある存在である。それだから語ることは、世界について他の人間に向って語ることであらねばならない。ひとは先ず彼の世界のうちにあり、そして見、そして語る。世界がファイノメノン即ち自己みずからを示しているものの性格に於て見ゆるものとして存在するということはロゴスの条件である。存在は恰もそれの Da の性格の故にロゴスに対して基体（ὑποκείμενον）であることが出来る。ロゴスの向うところの終は聞き手である。語るということは聞く人に対して、従っていわゆる世間に向って語ることを意味するのであるから、ロゴスはそれの具体性に於てつねに伝達的である。語るということが存在を顕わにすることであり、そしてそれは他の人に伝えることであることによって、存在はそれについて語られるとともに語る者と聞く人との共同の所有となる。私は私の前に横わる物を「あれは演壇である」と語る。かく語られることによって其の物はそれの存在に於て顕わにされるばかりでなく、また其の物は単に私ものでもなく、単に彼のものでもなく、却って我々の共同に所有するひとつの世界、謂わばひとつの客観的なる世界に這入って来る。伝達する（mitteilen）ということは共に分有する（mit-teilen）ということである。ロゴスは人間をして世界を相互いにそこにもつことを可能ならしめ、そしてそこに初めて人間の最も根源的な社会性は成立することが出来る。まさにこのことが言葉を有する人間の生の根本的なる存在の仕方である。ロゴスは動き漂う現象を固定し、静止せしめるのみならず、現象はロゴスに於て表現されることによって公共性（Öffentlichkeit）を贏《か》ち得るに到る。そして存在の「そこにある」という性格はそれが公共的となることによって完全に救われることが出来る。現象のかの要求を最もよく満足させるものがロゴスであるところの理由は主としてここにあるのである。存在はかくの如くにして公共的となることによって理解され得るものとなる。理解は存在の公共性に於て成立する。かくて概念性に於ける存在は理解性（Verständlichkeit）に於ける存在を意味することとなろう。もとより存在を顕わにするロゴスはまたそれ自身として特殊な存在の仕方をもっていなければならないであろう。このようなロゴスはその存在性に於て統一でなければならぬ。統一としてのロゴスにして初めてよく現象を固定し、止揚することが出来る。それは言うまでもなく部分をもっているが、――単なる名の如きものでなく却って文章として現わされるが如き構造をみずからのうちに具えていなければならないが、――しかしそれが統一である限りに於てのみロゴスは存在するものを統一的なものとして示すことが可能である。ロゴスの統一は物を顕わにすること、理解され得るものとすること、即ち意味することの統一的なる機能のうちに生きている。

かようにして存在の三つの概念は、それの発生に従って、順次に記述されて来た。然しながらこれらの概念のゲネシスの順序はその本質に従っての順序でないのである。本質の順序に於て最初のものは恰もロゴスである。ロゴスは先ず Dasein と最も根本的な連関に立っている。ロゴスの存在は最も根源的にはそれについて語られるものがそこに在るというところに存在する。それが語るということのまさに原始的な意味であるから、斯くの如き場合には、本来のロゴスは単一なものであり得ぬに拘らず、単なる語もまたよくロゴスの本質を十分に発揮することが出来る。例えば、「この室にいるのは誰か」という問に対して、「私の友達」と答える場合の如きがそれである。これによってロゴスの有する構造と統一は、あらゆる言語的な表現の形式の前に、それの存在に対する本質的な存在論的なる関係、存在を顕わにするという関係そのものの中に横わっていることを知り得るであろう。この場合存在は勿論現実的存在の謂である。それはそこに在るもの、そして一般に見ゆるものの性格を担っている。しかるに見るということは知覚のひとつであり、そして知覚は人間が世界と交渉する種々なる仕方のうち最も単純な仕方であると考えられている。知覚は一般に識別性を有する。物は知覚に於て共に在る他の物から区別されて在る。ひとはそこに在る物に於てそこに在るがままの区別を識別する。そこに在るものとして我々が見出すことと共に我々はそれに於ける区別を直接に見出す、或いは自己を現わしているものはそのものとしてみずからに於て区別されている。そしてこのように区別されたものは区別されたものとして根源的なる仕方に於て統一的に知覚されるのである。区別する知覚が根源的であるならば統一する知覚もまた根源的である。区別と結合、分離と統一とは知覚そのもののうちに既に含まれている。このことは何を意味するのであろうか。区別し結合する知覚の存在の仕方にはロゴスが属していなければならない。見るということの中にも語るということが最早はたらいている。それであるから見ゆるものは語られることに於て見ゆるものとして顕わにされ得るのである。知覚し識別することのうちにさえ既に生きているほどロゴスは人間の存在に於て根源的である。恰もその故に現実の存在は我々にとって単なる渾沌ではなく、却って見ゆるもの、顕わなるものの性格を担い得るのであろう。存在は自己を示しているものであるが故に我々はそれに接近することが出来る、しかるに存在が顕わなるものであるのはそれが区別されそして結合されて知覚されているからであり、かかる区別と結合のあるのはロゴスが知覚そのものに於て既にはたらいているためであるから、それ故に我々にとって存在への接近が可能となる通路は最も根源的にはロゴスにあると云わねばならぬ。或いは寧ろ次のように考うべきであろう。ロゴスは人間の存在の最も根本的な存在の仕方であって、それの本質は存在を顕わにするにある。顕わにされるためには一般に限定されねばならず、そしてロゴスの機能は存在を限定する（ὁρίζειν）にある、——かかる限定の最も固有なるものが本来のロゴス、アリストテレスのいわゆるὁρισμός（定義）である。存在が限定され、顕わにされることによって、後に述べるように、人間の存在は彼の存在の確実性を獲得することが出来る。彼の存在の確実性が獲得されるということは、これまた後に記す如く、人間の最も根本的なる要求である。ロゴスはこの要求に応ずるところの謂わば最も優越なる手段として、人間の存在に於て最も重要なる地位を占めている。彼の理論、学問は言うまでもなく、彼の制作、実践に至るまで、すべて言葉をもって、むしろ言葉と共に始まる。語るという要求は我々の存在に於て指導的であり、また支配的である。我々の最も原始的なる存在の仕方、即ち知覚と雖《いえど》もつねにロゴスによって導かれるのである。我々は知覚されたものが語られ得るように根源的に知覚する。換言すれば、我々はいつでも語るという見地から知覚する。存在に於て知覚されるものはロゴスによって解決さるべき要求を、そしてまた解決され得る可能性をみずからに於てもっている。このようにして自己自身を示しているもの即ちファイノメノンはロゴスと原始的にそして原理的に関連しているのである。そこにひとはフェノメノロギーが人間の存在そのものの発展であるところの最も根源的なる理由を理解せねばならぬであろう*。さて在るものはつねにそれの「如何に」に於て自己を顕わにする。存在が顕わになるのはそれの存在性に於てであった。そして本来のロゴスは Dasein を Sein に於て顕わにする。しかるに存在が或る物「として」顕わになっているのは、Sein がまたそれ自身ロゴスによって根源的に基礎づけられているためである。現実の存在は何物かとして在ることによって限定されて在るのであるが、この限定そのものは限定を本質的なる機能とするロゴスによって支配されている。物は謂わばロゴスの見地に於て初めて或る物として限定されるのである。そしてまさしくこの見地に於て物そのものは顕わになる。斯くの如くにして、ロゴスは Sein を規定し、そして Sein はまたそのものとして Dasein を限定する。それ故に本質の順序に於ては概念性は存在性に先立ち、存在性は存在に先立つと云われねばならないであろう。

＊　ここに我々は我々のフェノメノロギーがヘーゲルの Phänomenologie des Geistes と或る根本的なるつながりを有することを思わずにはいられない。この驚歎すべき著作に於て、ヘーゲルも感性的知覚に於けるロゴスの契機を明かにすることをもって出発した。然しながらヘーゲルはロゴスを主として論理的なものと解したに反して、我々はそれを根源的には論理的なものとせず却ってそれを人間の具体的なる交渉と関係させて考え、そして我々はそれを人間が彼の存在の確実性を獲得しようとする原始的な要求との具体的なる連関に於て見ようとする。ヘーゲルとのこれらの相違は重大でなくはない。

三

存在、存在性、概念性は現象の相関連せる三つの概念である。しかるに我々はこれらの概念が「ロゴスの見地に於て」顕わになっている現象の概念であることを知らねばならなかったのである。そこで私はこれら三つの概念を理念性に於ける現象の概念と名づけることが出来よう。他の表現を用いるならば、それらは現象学（Phänomeno-logie）の概念であって、現象そのもの（Phänomen）の概念ではない。従って右の諸概念は再び最初から現象そのものに於て解釈され直すことが必要である。かく解釈され直すことは、ひとつの全く原始的なる事実、即ち現象が仮象（Schein）と根源的なる関係に立っているということによって必然的に要求されているであろう。現象とは見ゆるものである、けれどもそれはただ然《し》か見えるということとなる。現象とは自己を示しているものである、けれどもそれはただ然か自己を粧《よそお》っているものとなることが出来る。現象そのものが仮象であることは如何にしてあり得るであろうか。私はこの関係を最も一般的に記述しようと思う。

存在は先ずそこに在るものとして消滅性（Entgänglichkeit）の契機をみずからに於てもっている。固有なる意味に於ける無或いは欠乏に於て世界の多くの物はそこに在る。昼と夜、生と死とが世界の存在に属している。消滅性は現象としての世界そのものの性格である。今私の前には机が明かに見えている、けれど次の時にはそれはもはや消え失せて無きが如くである、まさに夜になったからである。彼はいま動いている、しかし次の瞬間には彼はもはや動いていないであろう。そこに在るものは事実としてそこに在る限り消滅する。夜も死も固よりそれ自身世界のひとつの積極的なる存在であるに相違ない、然しながら我々が存在へ接近する通路にしてロゴスによって与えられている限り、それらのものは無として欠乏として在るほかないのである。それにも拘らず無や欠乏は事実在るが故に、消滅性は存在の根本的なる規定である。消滅性が存在そのものの契機である限り、現象は仮象と必然的なる関係にあらねばならぬ。

然るに存在の消滅性は主として物が我々にはつねにそれぞれの状況に於て与えられていることと関連している。即ち第二に、存在はつねに状況性（Umständlichkeit）の契機をそれ自身に於て担っている。世界の状況性はそれの消滅性の基礎である。我々は事実として純粋なる、謂わば理論的なる物を見出すのでなく、却ってこのものを個々の状況のうちに見出すのである。私は普通に音そのものを聞くのでなく、却って時計を聞き、自動車を聞く。私は色そのものを見るのでなく、却って家を見、人間を見る。私は白を見ずして壁を見、赤を見ずして夕焼の空を見る。すなわち私はそこにひとつの無限定なるものを見出すのでなくして、却ってつねに或る物「として」（*als* etwas）の存在に出会うのである。私の見るのは無限定なる白ではなく白い紙としての白であり、無限定なる赤ではなく赤い旗としての赤である。そして重要なことはこのような限定がいつでもそれぞれの状況によっての限定であるということである。我々は存在に「として」の性格に於て出会い、存在はかかる性格に於て自己みずからを示している。存在の状況性は最初にはそれの Als の性格を意味する。そして恰もそこに現象が仮象であり得るところの根源は横わっている。自己を或る物として示しているものはただ自己をかかる物として粧うものであることが出来る。ひとはそこにみずからを現わしているものを純粋にそれの Als の性格に於てとるに拘らず、しかもその際間違っていることがあり得る。私は今ひとりの人間を見、そして彼を某氏としてとる、彼はまさに然か見えるからである。けれど私はそのとき間違っている。そこに見える白を白と純粋に見ている限り、私は勿論決して間違うことがない。しかしそれを白い紙として見る限り私は間違い得る、なぜならそれは実際には白い布であり得るからである。然しながら存在の状況性はそれが単にひとつの Als に於てではなく、却ってそれが多くの Als に於てとられ得るところに更に著しくなるであろう。他の言葉で云えば、存在は種々なる見地に於て顕わになり得る可能性をもっている。そこにいる人間はこの会の講演者として、私の友人として、そして私の親戚として、そしてその他の資格に於て私にとって自己を現わすことが出来る。講演者として顕わであるとき彼は私の親戚としては顕わでない。私の親戚として顕わであるとき彼は講演者としては顕わではない。即ち存在が多くの見地に於てとられ得るということはそれの消滅性の最も原理的なる根源であるであろう。そしてまたそこに我々が自己を示しているものについて間違い得るところの根源はあるであろう。なぜかならば、存在をひとつの Als に於てとるということは謂わばそれをひとつの先入主見に於て見ることにほかならず、恰もその Als に於て見られることによって存在は他の Als に於て見られる可能性を奪い去られるからである。存在はつねにそれぞれの状況に於てのみあるが故に、或いはそれはつねにそれぞれの「として」に於てのみ自己を示しているが故に、かく自己を示すことによってそれの他の可能なる「として」は一々蔽われているからである。このようにして、現実的存在が恰も現象即ち見ゆるものであるということは、まさにそれが見逃されることとなる理由である。

然しながら第三に、存在が Als の性格に於て在るということは根本的にはロゴスによって基礎づけられているのである。存在は既に述べたように区別に於て根源的にみずからを示している。ところで区別は一つの限定であり、それは自己を或る物として示すことに於て顕わになる。そして自己を或る物として（als etwas）限定することは自己を他の物とは異って（anders als）在るものとして現わすことである。白で在ることは黒で在ることとは異って在ることである。存在がこのような Anders als の性格に於て自己を示すということはロゴスに導かれてのみ可能である。存在は Anders als に於て初めて顕わに見ゆるものであるが、それに於て顕わにすることはロゴスが存在を顕わにする仕方のうち根本的なる仕方である。けだしロゴスは存在をそれの全き Als に於て、あらゆる可能なる Als に於て限定し得ない。ロゴスに於て存在を顕わにするということはつねに区別する Als に於て顕わにするということである。これによって我々は言葉が我々の知覚、殊に Als の知覚を支配していることを知り得るであろう。知覚は人間に於ては彼がロゴスをもつ存在であるということによって基礎づけられている。人間は物をつねにそれを語る仕方で根源的に見る。我々はここに於て最も注目すべきひとつの顚倒に出会うであろう。ロゴスは現実的なる存在を現実的なる存在そのものから顕わにする——それがロゴスの根本的なる機能としての *ἀποφαίνεσθαι* の意味である——ものであるべきに拘らず、ロゴスが存在に先立ち、ひとはあらかじめロゴスをもって存在にのぞむ。ロゴスはまさに斯くの如く人間の存在に於て指導的なるのみならず支配的である。かくしてロゴスは存在を顕わにすることなく、却ってまさしくそれを蔽うに到る。人間はこのような顚倒を自然的に必然的に自己みずからのうちに担っている。従って虚偽性（Verdecktheit）は存在そのもののひとつの根本的なる契機である。ここに虚偽と謂うのは蔽われて在るという存在の存在の仕方にほかならない。私は存在の虚偽性についていま少し詳しく記しておこう。物への通路は言葉を通じてのみある、けれど恰もそのためにひとが物そのものを熟知することなくただ単に語り得る可能性は与えられている。語るということは単なる冗舌となり得る。哲学がソフィスティクとなる可能性はロゴスそのもの、従って人間の存在そのもののうちに横わっているのである。ソフィスティクとは見せかけの（φαινομένη）知識である。ひとは彼の言葉によって物を顕わにすると思っている、けれど彼はただ単に考えているのみに過ぎない、そのときロゴスは地盤を離れて謂わば宙に浮いている。更にまた物との交渉が言葉によってどこまでも支配されている限り、我々が先入主見や偏見をもって物に対するということは極めて自然である。我々が物について語るとき、我々は既に物についての一定の見方のうちに生きている。一層進んで考えるならば、存在を顕わにするという言葉の本質的な性質の故に人間が存在を蔽い隠すことは可能となる。けだし語るということは世間に於て語るということ、従ってひとが互に了解し合うということを原理的に意味する。それ故に何事かが語られるときそれは本来何事かが伝えられるものとして把握される。即ち言葉は物を公にするものとしてそこにある。それは或る物を顕わにするという自然的なそして生々した要求をそれ自身に於てもっている。言葉が語られるとき、それと共にひとはそれによって物そのものが示され公にされたものとしてとるという自然的な必然的な要求を既に喚び起されるのである。そこに恰も物をそれがまさに在るのとは異って示し得るところの可能性は既に本源的に横わっている。物を蔽い隠し得る可能性は人間にあってはひとを欺くという積極的なる傾向をとることが出来る。しかるにひとりの人間が他の者を欺くという事実は、要するに言葉が本性上物そのものを顕わにするという根源的なる要求をみずからに於て担っているところに初めて存在することが出来る。ロゴスは存在を顕わにするものであるが故にまさにその故にまた存在を蔽う。そこでアリストテレスは意味深くも、本来の意味に於て顕わにすること即ち隠されたるを顕わにすること（ἀληθεύειν）、そして蔽い隠されること（ψεύδεσθαι）を共に λόγος ἀποφαντικός に属せしめている。* 人間は最も多くの場合虚偽の中に住んでいる。このことは彼の存在に於てロゴスが根本的に支配的なものである限り偶然ではないのである。ロゴスが在るという事実がそれ自身虚偽が在ることとの根源である。かくて恰も人間の存在はまさに「問わるべき」存在である。

* De interpretatione 4.

我々は現象そのものの概念を求めて、消滅性、状況性、虚偽性なる三つの概念を得た。そこで私はこの一群の概念を特に現象性に於ける存在の概念と呼び慣わすことにしよう。

そしてこれらのものが存在、存在性、概念性の三つの概念に相応していることは言うまでもないであろう。然るにいま我々の求め得た概念にあってもロゴスが支配的なものであることが次第に明かにならねばならなかった。その限りに於て我々はなお現象そのものを具体的に捉えていないに相違ない。我々はむしろロゴスを支配するところのものを存在に於て摑《つか》むことに努力せねばならない。かくしてこそロゴスそのものも存在を存在そのものから顕わにするという自己の本分を遺憾なく守ることが出来るであろう。我々はロゴスの根源をつきとめるべきである。

四

私は新たに出発しよう。私は生そのものの考察から出発しよう。生とは世界に於ける存在である。世界に於ける人間の存在は根源的に不安である。このことは彼と世界の存在に単に昼のみでなくまた夜が、単に生のみでなくまた死が属する限り必然的であろう。夜と死、一般に無或いは欠乏と呼ばれるものは現実の存在の必然的なる契機である。我々はこれらのものをただ消極的にしか表現し得ないにせよ、それらのものはそれ自身ひとつの積極的なる存在である。生が根源的に不安であるところにそれの最も根本的な規定が動性である理由はある。生が不安的動性であるところにそれの活動の全体が一般に関心（Sorge）

と名づけられ得る理由はあるであろう。関心は人間の存在の最も一般的なる規定であり、人間は関心するという仕方に於て根源的に存在する。関心する（besorgen）ということと単に興味をもつ（interessiert sein）ということとは明確に区別されねばならぬ。興味は仮初《かりそめ》のもの、一時のものであるけれども関心は人間のあらゆる活動の、従ってまた興味をもつというはたらきも、避けることの出来ぬ存在の仕方である。人間の根本が不安である限り、関心のうち最も基本的なもの、凡ての形態に於ける関心の基礎となるものが彼の存在の確実性（Sicherheit）に対する関心であることは最も自然なことである。然るにこの不安が主として現実的存在に無と欠乏が属しているのに基づくことを思うならば、確実性に対する関心が主として存在を顕わにするというはたらきに於て現われることは容易に理解され得るであろう。今夜が来た。私は火を点ずる。私は闇の中にいることが不安だからである。そして私は私の住む世界を顕わにしようとする謂わば本能的な関心をもっているからである。そしてこのように考えるとき、存在を顕わにするというロゴスが我々の生に於て最も根本的なる位置を占めている理由もおのずから明瞭となる。私はいま他の人と対坐している。私達の間にはながい沈黙がつづいている。私は不安になる、私は語らざるを得なくなる。私は語る、そして私は身のおちつきを感ずるのである。ロゴスもまた生の最も根本的なる関心によって基礎づけられている。そして斯くの如く観察するとき初めて我々はロゴスをそれのゲネシスに於て完全に認識することが出来る。既に述べたように語るということがそれの本来の意味に於て在るためには、先ず既に何物かがそこに在るもの（*ὑποκείμενον*）として、しかもいわゆるファイノメノンの形に於て在らねばならぬ。然るに存在がそこに在るもの、見ゆるものであるのは最も根源的には関心に因《よ》ってである。それ故にロゴスの根底には関心がなければならぬ。ロゴスは関心によって見ゆるものとなっているものについて語り、そしてそれを顕わにする。関心は関心として見るものであり、それに於て世界の存在に見ゆるものの性格が根源的に属することとなる。関心が見るということは最初には単なる理論的態度とは無関係である。それは純粋に理論的に見るのでなく、むしろそれに於て見ゆるものとなるものは関心されたものとして在るのであり、かかるものとして在るものは、つねにそれ自身に於て有意味的（bedeutsam）である。このように有意味性を担っているものは生の関心に於て具体的に解釈されて在るものにほかならない。解釈されて在ること（Ausgelegtheit）が現実的存在の見ゆるもので在ること（Entdecktheit）の根本の意義である。このことは原理的である。然しながら、恰も火番は火を見る者でなく火を見廻る者であるように、関心は単に見るのでなく却ってつねに見廻るのである。見廻るということは不安的動性の現われである。火番は火を見廻る者であることによって、彼にとっては単に火のみではなく却って一定の存在の領域がつねに現実的となっている。関心に於て見ることは見廻ることであるが故に、関心によって見ゆるものとなる世界はつねに或る大いさをもっている。即ち我々にとって自己みずからを示しているものがつねに或る大いさの範囲をもっているのは見廻るという関心の性質に因るのである。かようにして解釈学的現象学の第一の概念は先所有（Vorhabe）である。関心によって見ゆるものとなる存在はいわゆる対象即ち認識する主観に対立する客観でなくして、却って具体的なる生がそれの関心の交渉に於てまさに「所有する」存在である。我々がその中にある世界は我々が所有する世界である。一般にそこに在るものとはそこに持っているものの謂である。私のくわえているパイプは烟草《たばこ》を喫《の》もうとする関心に於て初めてその存在を発揮する。この机はその上で書き物をしようとする関心に於て初めて十分に自己を現わし得る。斯くの如く存在は一定の具体的なる関心によって現実的となるのであるが、この場合現実的とは具体的に解釈された姿に於て見えるということであり、かく現実的となることは所有されて在ることにほかならぬ。これが先所有の意味であって、凡て現実的存在は先所有の範疇によって成立しているということが出来る。

解釈学的現象学の第二の概念は先観取（Vorsicht）である。関心は見廻るものであるからそれによって見ゆるものとなるものは一定の領域を作っているのがつねである。しかるにこのようにして限定された領域が如何なる性格のものであるかは、各の関心の向うところのもの、それの目当てによって決定される。関心の目当てがそれの見廻るはたらきを導く。目当てはあらゆる見廻りに干渉し、見廻りの一歩一歩を指導し、かくて物の一定の範囲が関心すべきものとして自己を現わすに到る。ところで関心の目当てが存在に於て自己を現わすのは存在の「如何に」に於てであろう。存在のAlsに於て関心の向うところは推測されることが出来る。他の方面から言うならば、如何なるAlsに於て存在がみずからを顕わにしているかはつねに関心の目当てに従って定っている。存在は固より多くのAlsに於て顕わになり得る可能性をそれ自身のうちにもっているのに拘らず、現実にあっては存在は必ずひとつの限定されたAlsに於て自己を示しているのであるが、このような限定はまさに関心の目当てを目当てとして行われるのである。例えば、私の前に立っているひとりの人間は、私の友達として、私の縁者として、また演説する人として、そしてその他の多くの資格に於て自己自身を示し得るところの可能性を有するに拘らず、今の場合、彼はこのような多くの可能なる資格に於てではなく、却ってただ特に演説する人として私にとって顕わであるのは、現在私の主なる関心がこの室で演説を聞くことを目当てとしているのにもとづくのである。単に彼のみでない、彼の前にある机も、この室も、私と共にいる人々も、凡て私にとって自己を示しているものは、演説を聞くという関心に於て顕わになっている。即ちそれらのものは、今の場合、単に机としてではなく演壇として、単に室としてではなく演説会場として、単に人間としてではなく聴衆として限定されて顕わである。先観取とは一定の存在の領域が恰も斯くの如き仕方に於て見ゆるものとなることを意味する。しかるに関心がみずから見ゆるものとしたところのものをこのようにAlsに於て顕わにすることは勿論必然的であろう。なぜなら斯くすることによって関心は自己の所有するところのものをまさしく維持することが出来るからである。現実の存在はそれの現象性に於ては絶えず生成消滅する。私に向って立っている人間はいま話している、けれど次の瞬間には彼は黒板の上に字を書いている。彼はいま動いていない、けれど彼は次の瞬間には歩いている。このように変化し去来する現象はまさに演説する人として限定されることによって恰もそれの生成消滅する姿に於て維持され得るのである。そして斯くの如く関心されて在るものを維持することによって、関心は自己の不安を征服しようとする要求を充し得る可能性を作り出すことが出来るのである。

関心のこの傾向はおのずからロゴスに結びつく。解釈学的現象学の第三の概念なる先把握（Vorgriff）はここに生れる。関心は自己の維持するところのものに謂わば表現（Explikation）を与えようとする。それは何よりも自己の安定を獲得するために、そのものを公共的にし、理解され得るものにしようとする。この目的のために関心はロゴスを捉えるのである。しかるにロゴスによる存在の表現は現実にはつねに一定の方向に限定される必然性をもっている。なぜかならば、関心は自己の確実性を得るために必然的に公共性を要求するが故に、ロゴスの表現はそれぞれの生の属する時代の公共圏に於て行われるところの必然性を具えている。ここに公共圏と謂うのは、同じ時代に生きる人々が共通に所有し、そしてその中に於て相互に理解し合っているところの謂わばひとつの客観的なる世界である。固よりこの世界がロゴスによって初めて生れるものであることは既に最初に述べておいた通りである。それぞれの公共圏はその時代の単に常識としてばかりでなく、また学問的意識として、そして最も根本的には哲学的意識として存在する。先把握とは関心が存在をロゴスをもって顕わにするとき、その表現がつねに一定の公共圏に於て、従ってそれの一定の方向に於て、——それとの対立若しくは反対に於てということも含めて、——行われることを意味している。

先所有、先観取、先把握という三つの概念が存在、存在性、概念性のそれらのものに相応することは論ずるまでもなく明かであろう。ところでこれら三つの存在の概念に於て最も著しいことは、それらが凡て範疇的なるVor即ち「先」によって限定されていることである。範疇的なる「先」は存在の現実性そのものの最も根本的なる規定である。存在がVorに於て存在するところの必然性は現実的存在そのもののうちに含まれている。存在は根源的には関心によって現実的となるのであるが、しかるに各《おのおの》の関心はそれの存在の仕方に於てつねに事実的なる(faktisch)関心である。それの存在性には事実的なる具体性が根本的に属している。関心は人間の存在の存在の仕方としてそれ自身具体的でなければならぬ。具体的というのは歴史的に限定されて在るということにほかならない。歴史的なる関心によって具体的に限定される存在はまたそれみずから歴史的である。かくて存在のVorの性格はそれの最も根源的なる歴史性に対する表現である。歴史性は存在そのものにとって範疇的である。そこで私は恰もいま明瞭にされた三つの概念を歴史性に於ける存在の概念として適当に命名し得るであろう。存在の歴史性はそれとロゴスとの関係に於て最も明かに現われる。関心が自己の捉え来るところのものをロゴスによって表現しようとする必然性については既に記された。然るにロゴスは人間の存在に於て手や足の如きものでもなく、さては眼や耳などの感官の如きものでもない。それはそれ自身歴史的である。そして斯くの如きロゴスに於て成立する公共圏が歴史的でなければならぬことは固よりであろう。我々が普通に伝統若くは歴史と称しているものは凡てそこに生きている。生そのものが歴史的であるばかりでない、凡て事実的なるもの、現実的なるものは歴史的である。歴史はあらゆる現実的な存在にとって構成的なる範疇である。

五

現実的存在は範疇的なる「先」に於てある。従って我々にとって根源的に与えられている存在は謂わば公平なる、私心なき存在でなくして、却ってつねに何等《なんら》かの意味に於て前提或いは先入主見をみずからのうちに含んでいる。このことは全く原理的に理解されねばならぬ。現実的存在をそれの全き具体性に於て、全き事実性に於て理解しようとする研究がフッサールの謂う純粋現象学（reine Phänomenologie）であることが出来ず、却ってむしろハイデッガーの謂う解釈学的現象学（hermeneutische Phänomenologie）であるべき理由はここにある。その最も根本的なる規定としてVorの性格を有する存在は、それの具体性、それの事実性を破壊することなくしては、抽象することなくしては、いわゆる還元の方法によって研究されることが不可能である。存在をそれのVorに於て、またVorを通じて理解する方法が解釈である。しかるに存在の「先」を規定する根源は関心であった。それ故に存在の解釈はそれの規定根拠であるところの関心そのものからなされねばならない。しかるに関心は人間の存在の最も根本的なる存在の仕方であって、物は関心によって限定されて初めて我々に与えられるのである。関心はひとつの基礎経験、物を与えるところの基礎経験である。そこで解釈は、第一に、基礎経験から解釈せねばならぬ。しかるに基礎経験に於て与えられる存在はつねに何物かとして根源的に限定されており、その根源的なる見地に於て捉えられ、救わるべき要求をそれみずからに於て担っている。したがって解釈は、第二に、存在そのものの担う根源的なる見地から解釈せねばならぬ。しかるに存在はつねにロゴスによって救わるべき傾向をみずからのうちに宿している。この傾向は公共圏に於ける理解性に対する傾向として現われる。それ故に解釈は、第三に、理解性への傾向から解釈せねばならぬ。右の三つの命題は解釈学の基本命題である。解釈学はこれらの命題に従って存在を解釈することを存在そのものの構造から要求されているのである。

さて存在の「先」の性格が最も顕わになるのは言うまでもなく先把握に於てである。それに於て存在の歴史性は具体的となる。この「先」の性格の根源であるところのかの関心そのものは普通には隠されている。けだし関心はそれの存在性に於て不安であり、それは自己の不安を征服するためにロゴスに於て成立する公共圏へまで這入ってゆく。ところで関心は公共性と理解性とを到達することによって自己の安定を獲得し、然しながらかくすることによって不安を本質とする関心は自己の存在を維持することが出来ず、彼みずからは公共圏そのもののうちに埋没してしまう。このようにして関心は関心として我々にとって顕わでないのがつねである。却って我々はただロゴスを通じて、それの公共圏を通じてのみ存在に接近することが出来る。しかるに存在への接近の通路となる公共圏は現実にあってはまたそれみずからいつでも必然的に限定されている。それは我々がその中に生きているところの公共圏、簡単に云えば、現代の意識である。過去そのものと雖《いえど》も我々はただ現代の意識を通じてのみそれに接近することが出来る。解釈学的現象学の唯一の可能なる出発点は現代の意識である。それがこの学問の「現実の出発点」(der wirkliche Ausgangspunkt) である。我々の研究の出発点は明かになった。解釈学的現象学は、実際、これから初めて始るのである。それは現代の意識を出発点として如何なる特殊の方法によって存在を獲得してゆくのであろうか。

——(一九二六・一二)——

〔『思想』一九二七年一月号掲載〕

人間学のマルクス的形態

一

人間の生活に於ける日常の経験はつねに言葉によって導かれている。普通の場合ロゴスは人間の生活をあらかじめ支配する位置にある。我々は通常我々の既に有するロゴスの見地から存在と交渉する。我々は我々の経験するところのものが言葉をもって語られ得るように、言葉によって解決され得るように、恰もその仕方に於て存在を経験するのである。経験の斯くの如き仕方から私は私の基礎経験と呼ぶものを区別する。日常の経験がロゴスによって支配されているのに反して、基礎経験はロゴスに指導されることなく、却てみずからロゴスを指導し、要求し、生産する経験である。それは言葉の支配から独立であるという意味でひとつの全く自由なる、根源的なる経験である。しかるに経験はロゴスに於て表現されることによって救われ、公共性を得て、安定におかれることが出来るから、我々の経験がロゴスの指導のもとに立っており、また立つことが出来る限り、我々には何の不安も起ることがない。最も公共的なロゴスである常識にもとづいて凡ての存在と関係し、常識の言葉の解決し得るようにあらゆる存在と交渉する普通の生に、不安の属することがないのは当然であろう。基礎経験はその本来の性格として既存のロゴスをもって救済され、止揚され得ぬものである、したがってそれはそれの存在に於て不安であるであろう。ロゴスは経験を固定し、停止せしめる作用をするのであるが、ロゴスの支配し能《あた》わぬ根源的なる経験は動性として存在するの外ないであろう。不安的動性は基礎経験の最も根本的なる規定であらねばならぬ。言葉は経験を救い、それを公にすることによって、それに謂わば光を与えるのであるから、在来の言葉をもって表現されることを拒むところの根源的なる経験はそれに対して闇として経験されるであろう。基礎経験は現実の経験としてはひとつの闇である。*

＊　拙稿、解釈学的現象学の基礎概念（「思想」第六十三号）参照。

私は基礎経験の名を借りて或る神秘的なるもの、形而上学的なるものを意味しようと欲するのではなく、むしろまさにその反対である。*それはひとつの全く単純なる、原始的なる事実に対する概念である。私は在る、私は他の人々と共に在り、他の事物の中に在る。これを経験の最も基本的な形式と見做すとき、私は私以外の事物及び人間の存在そのものが私の意識に依存する、とは主張していないのである。世界の存在は固より私自身の存在と同じように根源的であるであろう。然しながら、私は基礎経験の概念をもって素朴実在論的思想から私を明確に、決定的に分離せしめようと思う。我々をめぐって在る世界の存在は、例えばかの物自体の如く、我々の交渉から全然独立に、自体に於て完了した存在を保っているのでなくして、却てそれは我々の交渉に於て初めてその存在性を顕わにする。人間が他の存在の中に在る仕方は植物が他の植物に囲まれている関係とは異っている。人間はいつでも他の存在と交渉的関係にあり、この関係の故に、そしてこの関係に於て、存在は彼にとって凡て有意味的であり、そして存在の担うところの意味は、彼の交渉の仕方に応じて初めて具体的に限定されるのである。存在は彼の交渉の過程に於て意味を具現してゆき、そしてかかるものとして現実的になってゆく。それのみではないのである、人間そのものの存在もまた実にこのような交渉の関係に於て初めて自己みずからに対して現実的になり、このような交渉の過程に於て次第に自己みずからに対して現実的になってゆく。約言すれば、人間は他の存在と動的双関的関係に立っており、他の存在と人間とは動的双関的にその存在に於て意味を実現する。存在は我々の交渉に於て現実的になり、そしてそれに即して我々の存在の現実性は成立する。かかる関係を有することがまさしく人間の根本的なる規定であって、その故にこそ人間は彼の世界を所有する存在であるのである。** 嘗て屢述べたように、人間は「世界に於ける存在」である、これに反して植物の如き存在は彼の世界を持つと云うことが出来ない。ところで経験とは一般に右の動的双関的関係の構造の全体の名であり、基礎経験とはそれの特殊なるもの、即ち存在に対する人間の交渉の仕方が既に在るロゴスによってあらかじめ強制されることなきものを意味するのである。

＊　この点に関して我々の謂う基礎経験とベルグソン的な純粋経験との異同を吟味するのは興味深く、利益多きことであろう。ベルグソンも彼の純粋持続が言葉に支配されぬものであるに反して、日常の経験が言葉によって分離され、固定されたものであることを述べている（H. Bergson, Essai sur les données immédiates de la conscience, p. 99 et suiv.）。我々との根本的な相違は、我々が基礎経験の歴史性を特に主張しようとするに対して、ベルグソンには一般に歴史性の思想が欠けているのに由来する。

＊＊　マルクスも云っている、「(私の環境に対する私の関係――[交渉的関係 Verhältnis]――が私の意識である。) 関係の存在するところ、それは私にとって存在する、動物は何物に対しても関係せずそして一般に関係しない。動物にとっては他に対する彼の関係が関係として存在しない。」(Marx-Engels Archiv, I. Band, S. 247.)

基礎経験に対するロゴスに於て私は二つの種類若くは段階を区別しようと思う。第一次のロゴスは基礎経験をなおそれの直接性に於て表現する。アントロポロギー（人間学）は、最初にそして原始的には、第一次的なるロゴスに属する。ここにアントロポロギーとは人間の自己解釈の謂である。人間は彼の生活の過程に於て彼みずからの本質に関して何等かの仕方に於て解釈を与えるように余儀なくされるに到る。この解釈の仕方そのものは彼の基礎経験によってつねに必然的に一定の方向に決定される。人間は、したがって彼の基礎経験も、固より歴史的社会的に限定されて在るのであるから、彼の自己解釈はまた言うまでもなく歴史的社会的なる限定のもとに立っている。それ故にひとはアントロポロギーが抽象的一般的なる形式に於て恰も永遠の体系として成立するものであるかの如く考えてはならない。在るものはただ具体的なる歴史的なるアントロポロギーである。各の時代に属する人間は彼に特有な仕方に於てのみ存在に対して根源的に交渉することが出来る。この交渉の仕方に於てまさしく存在は彼に対して現実的になるばかりでなく、そしてそれと同時に彼はまさしく彼の存在をその存在に於て自覚し、把握する。彼が、例えば、特に感性的活動といわるべき性格を有する交渉の仕方をもって絶えず存在と交渉するのであるならば、彼は恰も斯く交渉することに於て、自己の存在を感性的実践的なる存在として理解するに到るであろう。アントロポロギーは生の根源的なる具体的なる交渉の中から直接に産れるロゴスであって、私がそれを第一次的なるロゴスと名づける理由はそこにある。然るにひとたびこのロゴスの産出されるや否や、それは却てみずから主となって、人間の生活のあらゆる経験を支配し、指導することとなる。それは我々の生の現実の中に織り込まれ、我々の行動も制作もこのロゴスの見地から意味づけられ、実行され、更に進んでは、我々の生の表現も生産もただそれの見地からしてのみ認識され、評価されるのである。即ち人間が彼の存在そしてそれの本質を如何に解釈するかは、彼の生に於ける実践また生についての認識の仕方を規定するところの最も根本的なる根源である。然しながら、人間に関するロゴスの斯くの如き支配的なる力も勿論その限界をもたねばならぬであろう。生の基礎経験から生れ、それの把握として、表現として、この基礎経験そのものを活かし、発展させることに役立つことの出来たロゴスは、それが絶対的なる専制的なる位置を占めることによって、今は却て生そのものを抑制し、圧迫するに到る。変化し運動する生に於ける基礎経験が或る強度と拡延とに達するとき、それはもはやロゴスの圧迫に堪えることが不可能となり、却てこの旧《ふる》きロゴスに反対し反抗して、みずから新しきロゴスを要求する。我々はここにひとつの弁証法的なる関係を発見し得るであろう。基礎経験の発展形式としてそれの発展を促進せしめるロゴスは、基礎経験の発展が一定の段階に到達するに及んで、それの発展に対する桎梏《しっこく》に転化する。* ロゴスと基礎経験との間の矛盾、それに伴うアントロポロギーの変革はかくして或る時には徐々にそして他の時には急激に生起するのである。私はこの過程をロゴスの第一次変革過程と名づけるであろう。

* ここに私は発展形式（Entwicklungsform）という語をマルクスが彼の唯物史観を規定した句（Marx, Zur Kritik der politischen Ökonomie, Vorwort.）の中から転用した。

第二次のロゴスを私はイデオロギーの概念をもって総括しよう。それにはあらゆる種類の精神科学あるいは歴史的社会的科学が属する。イデオロギーと第一次的なるロゴスとの相違は、後者が基礎経験をなおそれの直接性に於て表現するのに反して、前者はそれを媒介者を通じて把握するところにある。この媒介となるものはその時代の学問的意識、哲学的意識であって、私の謂う par excellence なる「公共圏」に外ならない。経験を救うというロゴスの課題は、それが客観的なる公共性を得ることによって初めて満足に解決されるのであるが、かかる公共性に対するロゴスの衝動は、それがその当時の学問的もしくは哲学的意識によって「基礎付けられ」、「客観化される」ことに努力することを意味するのである。それ故に我々は、人間の自己解釈(Selbstauslegung)としてのアントロポロギーに対立させて、イデオロギーを人間の自己了解(Selbstverständigung)として規定し得るであろう。イデオロギーに於ては経験の表現は夫々《それぞれ》の時代の学問または哲学によって媒介され、それらのものによって客観的に限定されている。これに反して第一次のロゴスは生の根源的なる交渉の中から直接に生れてそれを直接に反映し、自己みずからのうちには基礎付けられ、客観化されることに対する要求はいまだ顕わでないのである。固よりこのものと雖も、それがロゴスである以上、客観性への要求はそれ自身の中に含まれているのであって、それが自覚される場合このものはただちにイデオロギーにまで発展するであろう。アントロポロギーは最初にそして原始的にはひとつの第一次のロゴスであるけれども、しかしそれはイデオロギーの形態に於て存在することが出来、そしてまた事実上時としてはかかるものとして存在して来た。然しながら、それが人々から殆ど全く見逃されている、そして私がここに特に高調しようとする重要な役目を演じて来たのは、多くの場合第一次のロゴスとしてである。アントロポロギーは、恰もカントのシェマティスムスに於ける時間が直観と範疇とを媒介するように、基礎経験とイデオロギーとを媒介する。けだしそれは、一方では、生の交渉の中から直接に産れるものとしてそれ自身或る意味では基礎経験そのものであり、そして他方では、それは既にそれ自身ロゴスとして他の意味ではイデオロギーに属するが故に、能《よ》く両者を媒介することが出来るのである。このように媒介することに於てアントロポロギーの構造はイデオロギーの構造を規定することとなる。そしてまさにそこに人間学が第一次のロゴスとして有する機能の全き重要さは横わっている。そしてその意味に於てまさしくそれはあらゆる歴史的社会的科学の基礎であると云われることが出来る。けれどそれにも拘らず、最も注意すべき事柄は、各のイデオロギーにあってはそれの構造を規定するアントロポロギーが直接には顕わでないということである。むしろイデオロギーの堅き概念の組織を破壊することによってそれの根底をなす隠れたるアントロポロギーは発見され得るのが普通である。アントロポロギーはイデオロギーの成立にあたってそれの規定力としてはたらいている、しかしひとたび後者が成立し終るや否や、前者みずからは後者の中に埋没し没入してしまう。私は今これらの事情を多少詳細に分析してみよう。

　精神科学は生、殊にそれに於ける実践そのものの中から出生し、成長した。この学問の分化は生の分化、殊にそれの実践の領域に於ける分化によって規定されて来た。* 精神科学の対象をなす歴史的社会的存在は人間を基体として成立する世界である。自然は言うまでもなくそれの欠くべからざる要素であるに相違ないが、それはただ人間と交渉し彼の生と関係する限りに於てのみこの世界へ這入って来ることが出来る。歴史はひとつの人間的なる、人間中心的なる世界である。純粋なる自然主義の立場にとっては一般に歴史は存在し得ない。歴史的世界は人間がそれを作るところの、作りつつあるところの、そして彼がみずからその中に住むところの世界である。人間はこの世界に単に対立するのでなく、却て絶えず彼自身それの基本的なる契機としてそれと密に交渉する、――それは「対象的存在界」ではなくして「交渉的存在界」である、――したがってそれは彼にとって彼がそれと交渉するところの具体的なる仕方を離れては現実的になることが絶対的に不可能であるであろう。そしてそれ故にこの世界に向うところの認識もこの具体的なる交渉を離れてはそれに接近すべき如何なる現実の通路も見出すことが出来ぬであろう。精神科学と生との不離なる関係は根本的にはここにその深き根拠をもっていると考えられる。ところで歴史的社会的存在界を構成する者として、そして同時にそれと交渉する者として、人間は、単に精神ではなくむしろ精神物理的統一であり、単に思惟する主観でなく却て意志、感情、表象のあらゆる方面に自己を表現する統一的主体である。精神科学の対象が生の交渉を離れて現実的になり得ぬ以上、またそれを離れてこの学問の認識は対象への現実の通路をもつことが出来ぬ以上、この学問に於て認識主観と云わるべきものは、単に表象し思惟する主観でなく、具体的なる全体的なる人間の存在そのものであることは明白であるであろう。この学問の領域に於て嘗て偉大なる業績を為し遂げた人々の多くが単なる理論家でなく同時に強大なる実践家であったことも同じ理由からむしろ当然のこととして感ぜられるであろう。さて、人間は彼が存在と交渉する仕方に応じて直接に自己の存在を把握する。彼は存在を語ることに即してそれに於て自己を語る。――一切の物は、人間の交渉を受ける程度に応じて、人間にとって見ゆるものとなり、即ち初めて物となり、ここに於てその称呼、その名称を与えられるのであるが、その場合、ノアレによれば、「固有の人間の活動が原本的語根の内容として留まるのである。」**――この過程に於て彼が自己を語るところの言葉即ちアントロポロギーが生れると共に、このロゴスはひとつの独立なる力となり、彼の経験の先導となり、支配者となる。このとき彼の経験する存在は凡て人間学的なる限定のもとに立つこととなる。かようにして、高次のロゴスである歴史的社会的諸科学が自己の研究の出発点に於て与えられたる現実として見出すところのものは、つねに既に斯くの如く人間学的なる限定のもとにある存在に外ならないのである。そしてそれ故に存在がこれらの学問に向って提起する課題は、基礎経験と人間学との間に矛盾の存在していない限りに於て、それは同時にアントロポロギーがそれらに対して提出する課題を意味するであろう。したがってまたその限りに於ては、イデオロギーが存在の問題を残りなく解決し終るならば、それはやがてアントロポロギーがそれに課する限りの問題を解決することにもなるであろう。アントロポロギーとイデオロギーとの間にこの場合にあっては矛盾が存在しない。そこで後者が一の完了した、客観的なる体系として組織されるとき、前者はこのものに於て充全に表現され、かくしてそれは安定を得て後者の中に埋没し没入してしまう。イデオロギーの概念体系に於てそれの構造を規定するアントロポロギーが何故に直接に顕わでないかは明瞭になった。尤も基礎経験と人間学との間に矛盾の存在する場合、若くはイデオロギーが存在の問題を満足に解決していない場合、アントロポロギーがこれらのものの間にあってひとつの独立なる力として、自己の存在を維持し、主張しようとするのは論ずるまでもないことであるであろう。さて、ひとたび成立したところのイデオロギーは我々の生活に徹底的に干渉するに到る。我々はそれの立場からのみ存在と交るようにさせられ、それの解決し得る問題のみを存在に於て見るように強いられる。それは固より経験の客観的なる表現であり、把握であるが故に、それは恰も斯く干渉することに於て、むしろ経験を導き、教え、それを活かし、発展させるに役立つことが出来る。然しながら経験の発展が一定の段階に達するとき、斯く干渉することは、却てまさしくそれの根源的なる発展を拘束し、妨害することとなる。即ちイデオロギーは経験の発展形式からそれの桎梏にまで転化する。ロゴスと経験との間のこの弁証法的なる関係に於て、イデオロギーの変革の運動は時としては緩慢にそして時としては急速に成就されるのである。私はこれをロゴスの第二次変革過程と呼ぼうと思う。我々はここに素晴らしい革命を見る。数世紀に亙って大伽藍の如く聳《そび》えていた概念体系が徐々に動揺を始め、昨日まで帝王の如く君臨していた思想体系が一朝にして権威を失墜する。人々はかの文芸復興期に於ける、かの啓蒙時代に於ける変動を想い起してみるが好い。然るにこのような目覚しい変動を観察するにあたって、ひとはこの過程の根底に横わっているひとつの決定的なる要素を見落してはならない。アントロポロギーは基礎経験とイデオロギーとを媒介するのであるが、イデオロギーの変革はまたアントロポロギーの変革によって媒介される。イデオロギーが自己の研究を出発するに際して直接与件として見出すところの現実がそもそも既に人間学的なる限定のもとにある限り、それと経験との間の弁証法的なる運動は、アントロポロギーの運動によって媒介されることなくしては起り得ないであろう。高次のロゴスの変革は低次のロゴスの変革によって規定される。ロゴスの第一次変革過程が既に行われた後、あるいは少くとも現に行われつつある場合でないならば、ロゴスの第二次変革過程は生ずることがない。前者の運動は後者のそれに比して、見たところ顕著でないために、人々に気付かれぬことが多いけれども、それだけそれは一層直接的であり、一層浸透的であり、一層普遍的である。イデオロギーの人目を惹くに足る変化も、若しそれがこのような基礎を欠いているならば、真実でなく、現実的でもなく、却てただ既成概念の整理であり、折衷《せっちゅう》であり、修正と補足であるに過ぎない。苟《いやしく》も根本的なる、徹底的なる、生命あるイデオロギーの変革に際しては、ひとはその背後に、たといそれが顕わでないにせよ、必ずアントロポロギーの本質的なる変革を見逃すことが出来ぬであろう。

＊ W. Dilthey, Einleitung in die Geisteswissenschaften (Gesammelte Schriften, I. Band), S. 21 u. 39.

参照。
** Ludwig Noiré, Der Ursprung der Sprache, S. 369.

人間学の位置と意義とは右の叙述によって極めて簡単ながら明かにされた。そして私はそれによって同時に私の当面の問題である唯物史観の解釈に関して必要な手懸りを捉え得たかのように思う。唯物史観は言うまでもなくひとつの――右に規定した概念の意味に於て――イデオロギーである。それは如何なる基礎経験にもとづき、如何なる人間学――このものは勿論唯物史観の概念体系そのものに於ては直接に顕わでないが、――に倚《よ》って組織されたイデオロギーであるであろうか。斯く問うことは、唯物史観をひとつの固定したドグマとして単純に信奉するのでなく、それをひとつの凝結した体系として外面的に批評するのでもなく、却てそれをひとつの生ける生命として根本的に把握するためには避くべからざることであると私は信ずる。アリストテレスやマキアヴェリの政治学が彼等のアントロポロギーを除いて理解されないように、唯物史観はアントロポロギーのマルクス的形態を先ず認識することなしには到底完全に理解され得ないのである。若しこのイデオロギーに対して人間学が有する重要な意味を認めないならば、マルクスの『フォイエルバッハに関するテーゼ』について「新しい世界観の天才的なる萌芽を蔵している最初の文書としてこの上なく貴重なものである」、とエンゲルスが云った言葉の意味はついに十分に理解され得ないであろう。我々はこの貴重なる文書に於てマルクスの人間学に出会う。唯物史観は一箇の独立した、特色ある人間学の上に立つ世界観である。それ故にこそそれは、ひとり経済学者にとってばかりでなく、また哲学者にとって、そしてむしろあらゆる人間にとって研究さるべき事柄なのである。唯物史観は今やひとつの現実である。何人《なんぴと》もこれと対質すべく迫られている。

二

「ドイツにとっては宗教の批判は本質に於ては終っている、そして宗教の批判はあらゆる批判の前提である」、という語をもって、マルクスは千八百四十四年『ヘーゲル法律哲学批判』の序論を書き起している。一切の批判、従てまた経済学批判の、前提であると考えられた宗教批判の仕事は実にフォイエルバッハによって為されたのである。彼が彼の画期的な著述『キリスト教の本質』に於て遂行したこの仕事は、若いマルクスによって全き情熱をもって迎えられた。エンゲルスは後年、「この書が齎した救いの力がどのようなものであったかは、みずからこれを体験した者でなければ想像がつかぬ。世を挙げて感激した、我々は皆ひとときはフォイエルバッハの徒であった」、と告白している。フォイエルバッハの宗教批判はいったい何を為し遂げたのであろうか。それに於て何がマルクス及びエンゲルスにかくも決定的な影響を与えたのであるか。

フォイエルバッハの宗教批判に於て発見されたのは人間である。彼によれば、宗教は人間と動物との本質的な差異に基礎をもっている、動物は如何なる宗教ももたない。人間と動物との本質的な区別は意識にある。しかるに厳密な意味に於ける意識はそのものにとってそれの種あるいはそれの本質性が対象であるところにのみ存在する。このような意識は無限なるものの意識と離すことが出来ぬ、制限された意識は本来の意味に於ては何等の意識でもない。無限なるものの意識に於ては意識にとって自己の本質の無限性が対象である。対象に於て人間は自己みずからを意識する、対象の意識は人間の自己意識である。ところで宗教は無限なるものの意識である。従てそれは人間の、有限な、制限された彼の本質についてのではなく、却て彼の無限なる本質についての、意識のほかの何物でもあり得ない。神的本質とは人間的本質の他のものではなく、しかし個人的な現実的な人間の制限から離れて、対象化された、即ちひとつの他の、彼とは異る、独立の存在として直観され、崇拝された、人間の本質に外ならないのである。主観的に若くは人間の側に於て本質の意義をもつものは、また客観的に若くは対象の側に於て本質の意義を有する。神的本質のあらゆる規定はそれ故に人間的本質の規定である。宗教は人間の本質的なる規定を人間から引離してそれを独立なる本質として神化する。このとき単に人間の悟性的規定、道徳的規定が神の規定として対象化されるばかりでなく、また特に彼の感情的、感性的規定が神のものとせられるのである。神は愛である、というのは、人間の愛が神的なものであることであり、神は悩み、感ずる神である、と教会が教えるのは、人間の苦悩や感覚やが神的本質のものであるのを意味する、三位一体の教理は人間の性愛や友情の投射である。このようにして我々は、「神学の秘密は人間学である」、と云い得るであろう。* 宗教は人間の本質の自己内に於ける反射であり、反映である。人間は彼に対立する存在として神を自己に対せしめる。人間があるところのものは神ではなく、神があるところのものは人間でない。神と人間とは両極端である。然しながら、真実を言えば、それをもって宗教が成立するところのこの対立、この乖離は人間と彼自身の本質との乖離である。「人間——これが宗教の秘密である——は彼の本質を対象化し、そして然る後ふたたび、自己を、この対象化された、ひとつの主体、ひとつの人格にまで転化された本質の対象とする。** 」この過程に於て神的本質は万能なる絶対者として人間に臨むに到る。然しながら彼に対する対象の力は彼みずからの本質の力に外ならない。感情の対象の力は感情の力であり、理性の対象の力は理性そのものの力であり、意志の対象の力は意志の力である。かくの如く、宗教は「人間の自己分離」であり、ヘーゲル的に表現するならば「人間の自己疎外」(die menschliche Selbstentfremdung)である。

* Feuerbach, Vorläufige Thesen zur Reform der Philosophie (Sämmtliche Werke, Hrsg. v. Bolin und Jodl. II. Bd., S. 222.).

** Das Wesen des Christenthums (VI. Band, S. 37.).

宗教の秘密を暴露することによって見出されたものは人間であった。神とは何か、という従来の神学の根本問題は、神とは人間である、といとも簡単に答えられたのである。「人間を否定するのは宗教を否定するの謂である。*」人間が宗教を作るのであって、宗教が人間を作るのではないのである。我々はここにひとつの全く重大なる転換を見定めずにはいられないであろう。「宗教の批判は人間を迷いから醒めしめ、それによって彼がひとりの覚醒した、理性に達した人間の如くに考え、行い、彼の存在を形造り、それによって彼が自己みずからの周囲を、またかくて彼の真実の太陽の周囲を運動するようにせしめる。宗教はただ、人間が自分自身の周囲を廻転していない間、人間の周囲をめぐる幻想的太陽に過ぎない。**」今や人間は自己みずからの上に立つことが可能になった、彼は自己みずからを中心として廻転し始めねばならない。彼は彼が宗教に与えることによって失った彼の本質を取戻すために、神へではなく彼自身へ正当に復帰すべきである、というのがフォイエルバッハの仕事の当然の帰結である。マルクスは云っている、「宗教の批判は、人間が人間にとって最高の存在である、という教義をもって終る、したがってそれは、その中では人間が一の賤《いやし》められた、隷従させられた、見棄てられた、軽蔑すべき存在であるところの一切の関係を覆そうとする無上命令をもって終る。***」――ついでながら、彼が『資本』に謂う「自由の王国」はかかる顚覆の完成された状態であるであろう。――宗教の批判は人間を超人間的な外部的な力への隷属から救い、彼をして彼自身が産出した関係によってみずから束縛されることから自由ならしめることを絶対的に命令するのである。「それ故に真理の彼岸《ひがん》(das Jenseits der Wahrheit) が消滅した後には、此岸《しがん》の真理 (die Wahrheit des Diesseits) を建設することが歴史の任務である。人間の自己疎外の神聖なる姿が面被《めんぴ》を剝がれてしまった後には、その神聖ならぬ姿に於ける自己疎外の面被を剝ぐということがまず歴史に仕える哲学の任務である。天国の批判はかくして地上の批判に、宗教の批判は法律の批判に、神学の批判は政治の批判に変じて来る」、とマルクスは考えたのであると。

* Feuerbach, Das Wesen des Christenthums (VI, 54.).

** Marx, Zur Kritik der Hegelschen Rechtsphilosophie (Aus dem literarischen Nachlass von Karl Marx und Friedrich Engels. Hrsg. v. Mehring. I. Band. S. 385.).

*** Op. cit. S. 392.

批判の原理はフォイエルバッハにとって人間であった。「新しい哲学は、人間を、人間の土台として自然をも含めて、哲学の唯一の、普遍の、最高の対象とする――人間学をそれ故に、生理学をも含めて、普遍学とする。」* 宗教のイデオロギーはただそれの根底であるアントロポロギーによってのみ批判されることが出来る。神学の秘密が人間学であるように、思弁哲学の秘密は神学である。ヘーゲルの哲学は神学の教説の最も合理的なる表現に外ならない。したがって哲学のイデオロギーはまたそれの基礎をなすところのアントロポロギーによって最もよく批判され得るであろう。ところでフォイエルバッハに従えば、人間とは最も現実的なる原理の謂である。彼は『キリスト教の本質』の第二版の序文の中で、彼の批判の仕事を回顧して「この哲学はスピノザの実体、カントやフィヒテの自我、シェリングの絶対的同一者、ヘーゲルの絶対精神、簡単に言えば抽象的なる、ただ思惟され若くは想像されたるのみなる存在ではなく、却てひとつの現実的なる、あるいはむしろ最も現実的なる存在、即ち人間を、したがって最も実証的なる実在原理を、それの原理としてもつ」**、と記している。イデオロギーの批判は、単にそれの内的矛盾、それの論理的困難を指摘するというが如き、形式的な、抽象的なる道を辿るべきでなくして、それの現実的地盤を明瞭にして、それと具体的存在との連関を決定することによってのみ行われることが可能である。「哲学はかくして自己みずからを始点とせず、却てそれの反対を、非哲学を始点とすべきである。」「哲学の端初は神でなく、絶対者でなく、絶対者若くは理念の客語としての存在でもない、——哲学の端初は有限なるもの、限定されたもの、現実的なるものである。」***イデオロギーの批判が、一のイデオロギーに他のイデオロギーを、一の理論に他の理論を対立せしめることをもって始めらるべきではなく、あらゆる理論、凡てのイデオロギーの現実の土台を吟味することをもって始めらるべきである、ということは、フォイエルバッハがマルクスに教えた最も重要な思想である。

* Feuerbach, Grundsätze der Philosophie der Zukunft (II, 317.).

＊＊ Vorrede zur zweiten Auflage vom „Wesen des Christenthums“ (VII, 283.).

＊＊＊ Vorläufige Thesen zur Reform der Philosophie (II, 230, 235.).

然しながら人間を一切の隷属的関係から解放するために、マルクスが要求した全面的なる批判は、フォイエルバッハの哲学の範囲内で遂行されることが不可能であった。フォイエルバッハは神学のイデオロギーをそれの根底に横わるところのアントロポロギーに解消した。アントロポロギーをもって彼は神学の完成と考えられたヘーゲルの思弁哲学に反対した。それにも拘らず彼のアントロポロギーは神学と完全な分離をしていないのである。神学が彼の人間解釈をあらかじめ一定の方向に規定している。彼が分析したのは神学と関係する限りに於ての人間である。彼は現実の人間の存在そのものが何であるかを根源的に研究することなく、却て宗教に於て反射される限りの人間が如何なるものであるかを、神学を手懸りとして研究しているのに過ぎない。フォイエルバッハは人間の本質がどこまでも宗教的なものであると見做し、宗教こそ人間と動物とを区別する標準であると考える。そこでは人間に於ける宗教の最も決定的な支配が既に予想されている。この点に於て彼のアントロポロギーは思弁哲学と共通の前提に立っていると云うことが出来る。そこでマルクスが、「ドイツの批判は、それの最近の努力にいたるまで、哲学の地盤を去らなかった。それはそれの一般的哲学的前提を吟味するどころか、それの全体の問題は却て一定の哲学的体系、即ちヘーゲルの体系の地盤の上に成長しているのである。それの答に於てのみならず、既に問題そのものに於てひとつの神秘化が存した」、と評しているのは正当であろう。* 尤もフォイエルバッハは感性と感覚とを著しく重んじはしたが、そしてそこにヘーゲルとの相違はあるのであるが、しかし彼はこれらのものそのものをさえ直ちに宗教的に解釈して少しも怪しまなかったのである。「人間はかくして、彼が動物の如く制限された感覚論者でなく、絶対的なる感覚論者であるということによってのみ、人間である。此れまたは彼れの感覚的なるものでなく、一切の感性的なるもの、世界、無限なるものが、しかもそれが純粋にそれ自身のために、即ち美的享楽のために、彼の感官、彼の感覚の対象であることによってのみ、人間は人間である。**」私はこの文章に於てロマンティクの基礎経験が雄弁に語られているのを見逃すことが出来ない。――（フォイエルバッハの「人間」は、例えば、シュレーゲルの「ルチンデ」に於て最も美しい表現を見出しはしないだろうか。）――実際、フォイエルバッハのアントロポロギーは、ヘーゲルの哲学とは全く異る仕方に於てではあるけれども、同じロマンティクの基礎経験の表現であるかの如くに思われる。二人が共に、この基礎経験の最も古典的な表現であるところの、シュライエルマッハーの『宗教論』(Reden über die Religion) から影響されたことは、事実の我々に教えるところである。ヘーゲルがこの基礎経験の創造的な過程の中に生きていたのに反して、フォイエルバッハはそれの崩壊してゆく過程を代表する。神学上のイデオロギーを生ける生そのものから解釈するということは、既にシュライエルマッハーがロマンティクの基礎経験の中で企てた天才的な仕事に属するのであって、フォイエルバッハはそれの徹底した、しかしもはやこの基礎経験の頽廃を表現する継続者である。一般にイデオロギーの根本的なる批判と変革はアントロポロギーの根源的なる、本質的なる変革なくしてはあり得ない。しかるに我々はフォイエルバッハの人間学に於てこのような原理的なる変革を認めることが出来ない。それの感覚論的、唯物論的傾向も今や衰亡しつつある基礎経験の頽廃的なる形態であって、まさに新たに発展しつつある基礎経験の積極的なる把握ではなかったのである。

* Marx-Engels Archiv, I. Bd., S. 235.

** Feuerbach, Wider den Dualismus von Leib und Seele, Fleisch und Geist (II, 350).

ひとつの全く新しい基礎経験が発展しつつあった。無産者的基礎経験がそれである。それの発展が一定の段階に達したとき、それはフォイエルバッハ流のアントロポロギーと必然的に衝突せねばならなかった。彼の人間学を覆すべき基礎経験が既に成長しつつあったに拘らず、フォイエルバッハはそれを知らなかったのである。マルクスやエンゲルスは彼に無産者的基礎経験の欠けていることを屢指摘し且つこれを非難している。彼は遂に千八百四十八年という年を理解することなく、彼にとってこの年は現実の世界との最後の絶縁、孤独生活への隠退を意味したに過ぎない。さて進展の過程にあったプロレタリア的基礎経験はフォイエルバッハの人間学と矛盾に陥り、ここにアントロポロギーの変革は必然的に行われたのであったが、この変革を把握したのは実にマルクスであったのである。

三

マルクス学に於けるアントロポロギーは無産者的基礎経験の上に立っている。先ず無産者は世界に対して絶えず実践的にはたらきかけるが故に、彼等はかく交渉することに於て自己の本質を実践として把握する。しかるに如何なる実践も感性なくしては行われないから、彼等はつねに実践的に交渉することに於て人間の本質を感性として解釈するに到る。フォイエルバッハも抽象的思惟をもって満足せず、直観を欲したけれども、彼は感性を実践的活動として理解していない。彼は『キリスト教の本質』に於てただ観想的受動的態度のみを純粋に人間的なものと見、これに反して実践的活動は凡てただその汚らわしいユダヤ的現象形態に於てのみ捉えられて軽蔑され、それの本質的な根源的な意義に於て理解されなかったのである。彼にとっては、「感性的、即ち受動的、受容的」(sinnlich, d. i. leidend, receptiv) の謂であったが、* マルクスは無産者的基礎経験からして感性をもって「実践的な、人間的―感性的な活動」(die praktische, menschlich-sinnliche Tätigkeit) として解さねばならなかったし、そしてまた実に斯く解したのである。**

* Vorrede zur zweiten Auflage vom „Wesen des Christenthums" (VII, 283.).

＊＊ Die Thesen über Feuerbach, 5.

しかるに実践はそれの対象の存在を必然的に前提する。若しはたらきかくべき何物も存在しないか、或はこのものが単に我々の観念的影像に過ぎないかであるならば、感性的活動としての実践即ち労働はあり得ないであろう。人間が労働するにあたっては、彼がそれをもって、それに対して労働すべき何物かが既にそこになければならず、しかもこのものは彼から独立なる「他のもの」としてあらねばならぬ。かかるものを我々は一般に自然と呼んでいる。自然とは人間にとって既にそこにある他のものである。——ギリシア人は自然的存在を ὑποκείμενον（既にそこに横わっているもの）と考えた。——然しながら若しこの他のものがどこまでも他のものであるならばまた労働は存在し得ない。労働の概念は物にはたらきかけてそれを変化することを意味するからである。しかるに自然は人間にはたらきかけられることによって謂わば人間化される。いま大工が机を作るとするならば、彼は彼の前に横わっている木材を加工せねばならぬが、この加工の仕方は人間の存在の規定によって限定されるばかりでなく、作らるべき机はまた人間の存在の規定によって限定されるのであって、例えばそれの高さは人間の身長によって規定されるであろう。更にまた労働に於ては人間そのものもひとつの自然力として、彼の身体に属する自然力、手や足をはたらかせる。かくて労働の過程に於て自然と人間との対立物は同一性に持ち来たされる。「人間はこの運動によって彼の外部の自然に作用し、それを変化すると共に、彼は同時に彼みずからの性質を変化する。*」何故かならば、彼は彼自身の中に眠っている能力を喚び起すのでなければ自然を変化し得ないばかりでなく、彼はその能力を対象的に規定するのでなければこの変化を有効に成就し得ない。大工は彼の可能なる力を現実的にすることによって、そしてその際この力を彼のはたらきかける対象に即して規定することによってのみ仕事をすることが出来るのであり、かくして彼は仕事をすることに於て自己を変化するのである。このようにして自然と人間とは労働の過程にあって弁証法的統一に於て運動するが故に、我々はこれをひとつの自己変化（Selbstveränderung）として弁証法的に合理的に把握することが出来る。そこでマルクスは云った、「環境と人間的活動との変化の合致、あるいは自己変化は、ただ革命的実践としてのみ把握され且つ合理的に理解され得る。**」我々はここに唯物弁証法の最も原始的なる根源的なる形態を見出すことが出来る。唯物史観は、時として全く誤解されているように、人間は環境の産物である、などというが如き俗流の理論を主張するものではない。このような思想に対してマルクスは、「環境と教育との変化に関する唯物論的学説は、環境が人間によって変化されそして教育者自身が教育されねばならぬということを忘れている。だから、それは社会を二つの部分——その一つはその他を超越する——に分たねばならぬ」、と云って断然と反対している。

* Das Kapital, I, 140.

** Die Thesen über Feuerbach, 3.

自然と人間との弁証法はひとつの最も重要なる思想、即ち存在の歴史性の認識に我々を導くであろう。フォイエルバッハは存在の歴史性については何事も理解することがなかった。彼は彼をめぐる感性的なる世界が永遠の昔から全く直接に与えられた、つねに同一なる事物であるかの如く思惟する。けれども最も単純な感性的対象、例えば桜樹でさえ、ただ社会的発展、産業と商業的交通によってのみ彼に与えられたのである、桜樹はようやく数世紀前に商業によって我々の地帯に移植されたのであり、そしてそれ故にそれは一定の時代に於ける一定の社会のかかる行動によって初めてフォイエルバッハの感性に与えられたのである、と云ってマルクスは彼に反対している。静観的なる、受容的なる感性をもって存在と交渉する者にとっては、直接的なる、フォイエルバッハの謂う「感性的確実性」(die sinnliche Gewissheit) の認識にとどまり得るかも知れないが、実践的なる、それ自身過程的なる活動に於て存在と絶えず交渉する者にとっては、存在はそれをそれの γενεσις に於て、過程に於て、したがって歴史に於て把捉することによって、初めて現実的に理解され得るのである。我々にはもはや単純なる自然は存在しない。自然もまた歴史的に限定されている。ところで自然と人間とは弁証法的に相交渉するが故に、自然の歴史はまた人間の歴史と相互に制約し、かくてそれらは一つの弁証法的なる、歴史的なる過程に於て発展する。「我々はただ一の唯一なる科学、歴史の科学を知るのみである。*」唯物史観はそれ故に自然に絶対的に対立するものとしての歴史に関する理論ではなく、全世界の運動過程に就ての一の全体的なる世界観である。それは「一切の世界の進行を自己運動において、自発的発展において、生ける実在において把握する。**」

* Marx-Engels Archiv, I. 237.

** 河上博士訳、『レーニンの弁証法』、一〇七頁。

自然は人間の感性的実践的なる交渉に於てそれの歴史性に於て把握された。この交渉の過程に於て人間の存在そのものの歴史性の理解されぬ理由はあり得ないであろう。けだし人間は自然と弁証法的統一に於てあるからである。単に思惟し観照するのみなる人間にとっては、自己の本質を孤独なる存在として解釈することもまた可能であるであろう。然しながら、実践的なる人間は、彼等の生産に於てただに自然にはたらきかけるのみならず、また人間相互の間にも作用し合う。彼等は一定の様式に於て共同に作用しまた彼等の活動を相互に交換することによってのみ生産する。生産するためには彼等は相互に一定の関係に入り込み、そしてこの社会的関係に於てのみ彼等の自然へのはたらきかけは生じ、生産は生ずるのである。実践的である限り人間は必然的に社会的であり、そして、「一切の社会的生活は本質上実践的である。*」しかるにフォイエルバッハは人間を彼等の与えられた社会的連関に於て、彼等の現実の生活関係に於て捉えることなく、ただ「人間」という抽象体として理解した。彼は人間を歴史的社会的生活過程から抽象して、恰も永遠に変らぬ人間自体があり、そして彼の本質が常住なる宗教的感情にあるかの如く考えた。この人間の根本的規定は意識であり、そして意識の本性はそれが自己の本質を種（Gattung）に於て対象とするにある。ところで種とは「内的な、暗黙な、多数の個人を自然的に結合する普遍性」に外ならないではないか、とマルクスは云う。人間の本質が種の意識にあるとフォイエルバッハが考えている限り、彼はいまだ「現実的なる、歴史的なる人間」を知らないのである。「フォイエルバッハの新しい宗教の核心をなしていた抽象人の崇拝は、現実の人間と彼等の歴史的発展に関する学問（die Wissenschaft von den wirklichen Menschen und ihrer geschichtlichen Entwicklung）によって代えられねばならない。**」彼のアントロポロギーは必然的に変革さるべき理由があるであろう。固よりフォイエルバッハも人間と人間との関係を全く無視したのではない。「人間の本質はただ共同社会のうちに、人間と人間との統一のうちに含まれている」と彼は云っている。***けれども彼は人間と人間との統一を、人類の存在する限り決して変ることなきものとして観念的に把握された性愛や友情やに於てのみ見出したに過ぎない。フォイエルバッハの抽象人から現実の生きた人間に達するためには、人間を「歴史に於て行動する」ものとして考察せねばならぬ。

* Die Thesen über Feuerbach, 8.
** Engels, Ludwig Feuerbach und der Ausgang der klassischen Philosophie (Hrsg. v. Duncker), S. 48.
*** Grundsätze der Philosophie der Zukunft, II, 318.

神学的観念を批判することによってそれ自身ひとつのイデオロギーにまで発展したフォイエルバッハの人間学は、新興の無産者的基礎経験を把握するマルクスの人間学によって、必然的に押し退けられた。マルクスの人間学はフォイエルバッハのそれと対質せねばならなかった歴史的状況に於てまたそれ自身ひとつのイデオロギーにまで展開された。*それは無産者的基礎経験の中から直接に生れる第一次のロゴスとしてのアントロポロギーの自覚された、その当時の学問的意識に於て客観的公共性の中へ持ち出された形態に外ならないのである。それ故に我々はマルクス、殊にエンゲルスのアントロポロギーが、一方では消極的に、フォイエルバッハのそれによって限定されていると共に、他方では積極的に、その当時支配的な学問的意識であった自然科学によって特に著しく色づけられていることを怪しむべきではないのである。マルクスはフォイエルバッハの人間学を、後者がヘーゲルの思弁哲学を抽象的であると考えたように、抽象的であるとして排斥した。けだし如何なるイデオロギーもそれ自身として絶対的に抽象的であるのではない。ヘーゲルの哲学と雖もそれの誕生の地盤であるロマンティクを支配した汎神論的なる基礎経験にとっては具体的であり現実的であったのである。ひとつのイデオロギーが抽象的であるか否かは、それが現実の基礎経験に対する関係に於て決定される。現代に支配的なる無産者的基礎経験に対しては、それとの必然的なる連関なき凡ての思想は、現代の意識にとって抽象的である外なく、そして現代の意識のみが、他の箇所で明かにされるように、我々には唯一の現実的なる意識である。さてマルクスの人間学に於て最も重要なのは、繰り返して記せば、一は人間の実践的感性的なる活動或いは労働の根源性の思想であり、他は存在の原理的なる歴史性の思想である。然るに一般にアントロポロギーの構造はイデオロギーの構造を限定するから、これら二つのものこそまさに唯物史観の構造を限定する最も根源的な契機である。かくて唯物史観は無産者的基礎経験の上に、それの規定する人間学の限定の上に、成立していると考えられる。そしてこの学問の階級性の理論もまた私が第一節に述べた基礎経験とアントロポロギーとイデオロギーの相互制約の原理から最も根本的に把握され得るであろう。

＊『ドイッチェ・イデオロギー』の中で、マルクスは歴史に於て行動する人間を次の如く規定した。先ず最初に、歴史を作り得るためには人間は生活することが出来ねばならぬ。ところで生活には何よりも飲食、住居、衣服、なおその他若干のものが属する。第一の歴史的行為はそれ故に、これらの欲望を満足させるための手段を作ること、即ち物質的生活そのものの生産である。第二に、満足させられた最初の欲望そのもの、満足させる行為、そして既に獲得された、満足させるための器具は、更に新しい欲望に導く。そしてこの新しい欲望の生産は第一の歴史的行為である。そもそも最初から歴史的発展の中へ入り込むところの第三の関係は、彼等自身の生活を日々新たにする人間が、他の人間を作り、繁殖し始めるということである。夫婦、親子の間の関係、即ち家族がそれである。——初めには唯一の社会的関係である家族は、後には、増大した欲望が新しい社会的関係を、そして増大した人間の数が新しい欲望を作るとき、従属的な関係となる。——以上のものは人間の社会的活動の三つの

方面若くは契機である。しかるにそれらの活動は凡て社会的であるが故に言葉によって行われる。言葉は他の人間との交通の欲望と必要とから生れる。言葉は意識と共に古く、むしろ言葉こそ実践的なる、他の人間に対しても存在し、したがってまた私自身に対しても存在する、現実的なる意識そのものである。意識は根源的なる歴史的関係の第四の契機である。

私は最初に基礎経験はロゴスに於て表現されることによって安定を獲得すると云った。若しそうであるならば、無産者的基礎経験は唯物史観に於て把握されることによって果して安定におかれているであろうか。このことはこの基礎経験の特殊性によって絶対に不可能である。何故ならプロレタリア的基礎経験はそれの特殊性に於て根源的に実践的であるからである。それにとっては意識を変革するということが最大の関心であり得ず、却て存在そのものを変革することが第一の関心事なのである。従てそこでは、マルクスが云ったように、「理論は物質的なる力となる。」しかして他方では、斯くの如き特性を有する基礎経験の充全なる表現であるためには、唯物史観はまたそれ自身実践を止揚することなくしては理論としても成立し得ないのである。それは意識の変革の範囲内にとどまることが出来ない。フォイエルバッハはイデオロギーの変革によって直ちに真に人間的なる文化が創造され得るかのように思惟する。然しながらマルクスは云う、「意識を変革しようという、この要求は、結局、現に存在するものを他の仕方で解釈しようという、即ちそれを他の解釈によって承認しようという要求に外ならない。」「哲学者は世界を種々に解釈しただけだ、世界を変革することが問題なのだ。」マルクス学はひとつの革命的なる理論である。そのことはこの理論が根源的に実践的なる、現存の事物を革命的に変化することに於て自己の本質を見出すところの無産者的基礎経験によって限定されていることによって必然的であるであろう。「一定の時代に於ける革命的なる思想の存在は既に革命的なる階級の存在を前提する。*」そして他方から考えるならば、無産者的基礎経験はそれの発展形式であるロゴス、唯物史観を戦いとることによってのみ、それを指導とし、指針とすることによってのみ、自己みずからを発展せしめることが出来る。しかるにイデオロギーがひとつの物質的なる力となり得るためには、このイデオロギーが現実の基礎経験を的確に把握していると共に、このイデオロギーを指導原理とすべき現実の基礎経験がまたそれに対して必要なだけ十分に発展しているのでなければならぬ。イデオロギーが目的意識的に経験に対してはたらき得るためには、基礎経験が自然成長的にそのイデオロギーへの発展の過程にあるのでなければならぬ。基礎経験はつねに自然成長的に自己を表現すべきロゴスを要求する、けれどロゴスは基礎経験に対しては明かに「他のもの」である。基礎経験は自己を発展せしめるためにイデオロギー即ち「他のもの」を必要とするのであるが、この「他のもの」はしかしそれ自身現実の基礎経験に於て具体的な地盤をもっているのでなければならぬ。基礎経験は自己から出て「他のもの」に移り、しかもこの「他のもの」が自己の把握であることによって、「他のもの」に移ることが自己に還ることとなる。レーニンが好んで用いた自然成長性と目的意識性との両概念の関係はこのように弁証法的に把握さるべきであろう。そして基礎経験とイデオロギーとの弁証法的統一の要求は、経験の現実の段階の分析研究をつねに要求せずにはいないであろう。かくてイデオロギーは、この弁証法的統一の故に、経験を変化し発展させると共に自己を変化し発展させずにはいられない。経験の発展とイデオロギーの発展とは相互に制約する。これイデオロギーの実現の過程に於て所謂方向転換が要求される所以である。さて、我々の研究は、マルクスが、「哲学はプロレタリアートを止揚することなくしては実現され得ないし、プロレタリアートは哲学を実現することなくしては自己を止揚し得ない」、と云った言葉に多少の解明を与え得たであろう。** ——（一九二七・五）——

* Marx-Engels Archiv, I, S. 266. アントロポロギーのマルクス的形態を論ずるに当って、階級の理論は決して見逃すべからざる、重要なものであるが、私はそれについての研究を後の機会に譲ることにした。

** Zur Kritik der Hegelschen Rechtsphilosophie (Nachlass, I, S. 398.)

〔『思想』一九二七年六月号掲載、原題「人間学のマルクス的形態——唯物史観覚書その一——」〕

マルクス主義と唯物論

一

言葉は魔術的なはたらきをする。或る人々にとっては、唯物論の名は、既に最初から何かいかがわしいもの、汚らわしいものを暗示する。彼等はその名を聞くとき、肩をゆすぶり、十字を切って去り、それを真面目に相手にすることをさえ、何か為すまじき卑しきことであると考える。それにも拘らず自己を唯物論として憚《はばか》るところなく主張するマルクス主義は、もはや誰も見逃すことの出来ぬ現実の勢力である。一般に現実を回避することによって思想の高貴さを示そうとする者は、ただ単に然か自己を粧うのみであり、却てたまたま彼の思索の怯懦と怠慢とを暴露するに外ならない。嘗て哲学はフランス革命に対する感激によって著しい進展を遂げたように、今はまたそれは何等かの仕方でマルクス主義と交ることによって、恐らく現在の無生産的なる状態を脱し得るであろう。マルクス主義はそれ自身多岐多様なる意味に於て語られる唯物論の長い歴史の列に属している。人々はこれに特に近代的唯物論の名を負わせている。このとき冠せられた近代的とは正確には何を謂うのであるか。マルクス主義はその如何なる構成の故に、そもそも唯物論として自己を規定するのであろうか。

この問を正しく捉えようとする者は、唯物論の名と共に不幸にも最も屢連想されているところの、一は理論的見解に関する、他は実践的態度に関する、唯物論のかの二つの形態を遠くに追い退けておかねばならない。マルクス主義は第一に生理学的唯物論ではない。それは意識の現象が脳髄の物質的構造そのものから導き出され、若くは思想が、恰も尿が腎臓から排泄されるように、人間の脳髄から分泌されるというが如きことを説くものではない。斯くの如き唯物論は、それをマルクスが形而上学的と銘打って排斥した当のものである。ところでまたマルクス主義は第二に倫理学的唯物論でもない。それは人間の一切の行為を物質的欲望の満足と個人的幸福の追求とに従属せしめようとする主張ではないのである。マルクスはこのような快楽主義的、功利主義的思想に対して手酷《てきび》しい攻撃を加えており、それについてはつねに侮蔑と憎悪とをもって語っている。

十八世紀風の、粗雑なる、粗野なる唯物論が退けられた後に、我々は先ず如何にして、マルクス主義的唯物論のために、現実の地盤を獲得すべきであろうか。我々は既に、唯物史観の構造を規定する人間学が、プロレタリア的基礎経験の上に立っていることを論述した。したがって近代的唯物論がまた実に近代的無産者的基礎経験のうちにその理論の具体的なる根源を有するということを明白ならしめることが、我々の現在の課題でなければならぬであろう。私はこの課せられた問題を十分に解決し得ることを期待する。

私の意味する基礎経験とは現実の存在の構造の全体である。現実の存在はつねに歴史的必然的に限定された一定の構造的連関に於て組織されている。存在の組織――アリストテレスの謂う τάξις ――は、最も原始的には、それの全体を構成する契機であるところの、人間の存在と自然の存在との動的双関的統一のうちに横わっている。それが現実性に於て在る限り、人間は自然に於ける存在即ち生であり、そして自然はこの生に関係して限定されてゆく存在である。基礎経験が我々にとって構造づけられたまたは組織づけられた存在、したがってまさに現実の存在そのものを意味する以上、人々はこの概念によって、何者かの意識若くは体験が直接に表現されていると考えてはならない。私が無産者的基礎経験というとき、私は特に無産者の体験する、或いは無産者のみの体験し得る意識を謂っているのではない。却て私はそれによって特殊なる構造ある現実の存在そのものを指しているのである。ひとは基礎経験の名に於てなによりも存在的なるものを理解すべきであって、決して意識的なるもの、従てまた観念的なるものを理解すべきではないのである。むしろ私は意識的なるもの、観念的なるものが一定の構造と組織とを有する――それ故にこそまさに存在は運動し、発展することが出来る、――存在の運動と発展の過程に於て初めて、現実的になるということを主張したいと思う。基礎経験の「基礎」とは、このものが種々なる意識形態の根底となって、それを規定することを表わすのである。現実の存在そのものを特に「経験」と称するのは、さきにも記した如く、存在をそれ自体に於て完了したものと見做すところの、従てそれを特に運動に於て把握することなく、却て静的なるものに固定する傾向を含むところの、素朴実在論から我々を出来る限り截然《せつぜん》と区別するためである。かくして基礎経験とは、相互に自己の存在性を規定しつつ発展する諸契機を有する、動的なる、全体的なる存在に外ならない。しかるに存在を組織づけ、構造づけるものは、根本的には人間の存在の交渉の仕方である。この交渉の仕方そのものは歴史的社会的に限定されているのであって、「無産者的」とはこのような交渉の仕方の謂わばひとつの歴史的類型であり、またそれによって規定された現実的存在そのものの歴史的なる性格である。それ故に我々はそれを恐らく正当に存在の歴史的範疇のひとつに算《かぞ》え得るであろう。

さて無産者的基礎経験の構造を根源的に規定するものは労働である。無産者は感性的実践として特性づけられる交渉の仕方をもって存在と交渉する。このとき、彼等がそれをもって、またそれと共に働くところの物は、若し労働ということがその本質を維持すべきであるならば、彼等の心の映像というが如き観念的なるものであることが出来ない。実践はそれの存在に於てそれの対象が実践する者とは異る他の独立なる存在であることを本質的に必然的に要求する。そうであるから、最も徹底した観念論者であったフィヒテにあってさえ、自我は自己の「実践的なる」本質を発揮するために、自己の克服すべき「抵抗」として、自我ならぬものを要請し、かくして必然的に非我を定立するに到る、と考えられた。むしろフィヒテは自我の実践的なる根本規定から感覚、したがって感性的なる世界を演繹した。人間が実践的に交渉する限り、彼のはたらきかける存在がそれの存在に於て空無なる影であることは不可能である。もとよりフィヒテに於ては、実践はどこまでも叡智的活動であったから、自我がみずからの抵抗として定立する非我もなおかつ観念的なる性格を失うことがない、と彼は思惟することが出来たのであった。これに反して、我々にとって実践は、労働として、それ自身人間的感性的活動であるが故に、斯くの如き交渉の仕方に於てその存在性を顕わにする存在は、最後まで独立する、感性的にして物質的なる存在のほかの何物でもあり得ない。労働はあらゆる観念論を不可能にする。フォイエルバッハは云う、「観念論の根本欠陥はまさに、それが世界の客観性または主観性に関する、実在性または非実在性に関する問題を、単に理論的な立場から提出しそして解決するところにある。けれど実際には世界は、それが意志の、存在に対する、また所有に対する意志の客体であるの故をもってのみ、もともと、はじめて、悟性の客体なのである。」[*] 心の外に世界が実在するか否か、そしてこの世界が感性的物質的であるか否か、の思弁的なる問題は、労働に於て存在と交渉する者にとっては、問題となることさえ出来ぬ、ひとつの原始的なる事実に於て解決されてある事柄である。

* Feuerbach, Ueber Spiritualismus und Materialismus, besonders in Beziehung auf die Willensfrei-

heit, X, 216.

ところで労働に於て自然と構造的連関に立つ者として人間はまた彼自身感性的存在でなければならぬ。彼は彼の物質的な力をもって絶えず自然にはたらきかけ、斯く交渉することにおいて直接に彼は自己の存在を感性的として把握する。即ち労働は自然を感性として、そして人間をまたかかるものとして構造づける。この場合ひとは感性を抽象的に理解してはならない。それは感覚そのもの若くは純粋感覚というが如きものを意味するのでない。却て感性とは存在の「存在の仕方」の概念である。それは魂または意識そのものの作用を謂うのではなく、寧ろこの現実的なる人間の「存在」――「私は魂でなく、却て人間である」、とプルタークの失われた書の断片の中で既にひとりのギリシアの哲学者が云っている、――がその存在の現実性に於て存在するひとつの特殊なる仕方を示すのである。人間は言うまでもなく精神物理的統一体である。この存在を感性的として規定するとき、それは感覚主義的観念論の立場を採るものでは固よりないが、然しながらまたそれは精神から絶対に分離された物質を説く機械的唯物論の立場に与《くみ》するものでも断じてない。「真理は唯物論でも観念論でもなく、生理学でも心理学でもない。真理はただアントロポロギー(人間学)である」*、とフォイエルバッハは云っている。彼は抽象的な観念論や唯物論に反対して、具体的なる、人間学的なる立場を支持する。単に霊魂が考えたり、感じたりするのでないと同じく、また単に脳髄が考えたり、感じたりするのでない。意識とは却て全体的な人間的存在の具体的なる存在の仕方に外ならない。マルクスが「意識（das Bewusst-sein）とは意識された存在（das bewusste Sein）以外の何物でも決してあり得ない」、と云ったのはこの意味に解されねばならぬであろう。総じて精神と物質とを絶対的に対立せしめ、その一を排してその他を樹《た》てる思想は、いずれも抽象的思惟の産物に過ぎぬ。そこでまたフォイエルバッハは記している、「人間を身体と精神に、感性的本質と非感性的本質とに分離することは、ただひとつの理論的なる分離である。実践に於て、生に於て、我々はこの分離を否定する。**」実践に於て生きるマルキシストは観念論者であり得ないと共に、抽象的な意味に於ける唯物論の把持者であることも出来ないであろう。かくて唯物論と観念論の問題は、物質から意識を「導出し」、若くは思惟から存在を「演繹する」というが如き、それ自身既に形而上学的なる見地から放たれて、他の地盤に移されねばならぬ。マルクス主義は如何にして、具体性を失うことなしに然も唯物論であり得るであろうか。答は既に与えられている。存在は人間がそれと交渉する仕方に応じてその存在性を規定するのであるが、人間はまた斯くの如く交渉する仕方に即して直接に自己の本質を把握する。それ故に労働即ち感性的物質的なる実践に於て存在と交渉するところの者は、自己の存在の存在性あるいは存在の仕方を感性的物質的として理解せずにはいられないであろう。マルクス主義の唯物論に謂う「物」とはかくして最初には人間の自己解釈の概念であり、我々の用語が許されるならば、一の解釈学的概念であって、純粋なる物質そのものを意味すべきではないのである。労働こそ実に具体的なる唯物論を構成する根源である。

＊　Feuerbach, Wider den Dualismus von Leib und Seele etc., II, 340.

＊＊　Op. cit., II, 345.

労働はその一層具体的なる規定に於て生産である。しかるに近代的なる生産はその様式に於て特に社会的である。マルクスは『経済学批判』の序説の首《はじ》めに云っている、「社会に於て生産しつつある人々が――従て人々の社会的に規定された生産が言うまでもなく出発点である。スミスやリカアドがそれをもって始めるところの、個々の孤立的な猟夫や漁夫は、十八世紀の想像力なき空想に属する。」我々の研究は現実には存在せぬ一個の抽象体であるロビンソンをもって始むべきでなく、社会に於て生産しつつある人間を出発点とすべきである。人間は彼等相互に一定の関係に入り込むことなくしては生産し得ない。彼等は彼等の活動を相互に交換してのみ生産する。社会的である限り、私はいつまでも単に私としてとどまることが出来ない。その活動に於て相互の間に作用し合う限り、我は汝となり、汝は我となる。私は私に対しては我であり、同時に他の人に対しては汝である。私は主観であると共に客観である。それ故にフォイエルバッハの次の言葉は正しい、「現実的な我はただそれに汝が対立するところの我であり、そしてこの者自身は他の我に対しては汝であり、客観である。しかるに観念的な我にとっては、客観一般が存在しないように、如何なる汝もまた存在しない。[＊]」我と汝との統一として人間の現実性は初めて成立する。

人間はひとつの綜合的概念である。「私はただ主観―客観（Subjekt-Objekt）として在り、思惟し、否、感覚する。**」然しながらこのとき、主客の綜合、若くは統一（Einheit）と謂うのは、両者の同一（Identität）と直接には等しくないのである。ロマンティクの所謂同一哲学諸体系（Identitätssysteme）は主観と客観との絶対的な同一性を主張した。これに反して、我々にとっては我と汝、主観と客観はどこまでも互に相異る他の存在である、――若しそうでないならば相互の間の実践的交渉は不可能であるであろう、――そして恰もその理由によって人間は、社会的存在として、主客の綜合である。私は、私の存在の現実性の最初にして最後の根拠から、本質的に私を私以外の他の存在に関係させる存在であり、この関係なくしては在り得ない。このようにして各の人間の存在が主観・客観であり、そしてその意味に於て独立的であるならば、そこにはもはや、あらゆる客観を生産するものとしての、若くは支持するものとしての観念的な絶対自我、または純粋意識は、何処にも存在すべき余地を見出し得ないであろう。社会的生産はあらゆる種類の絶対的観念論を不可能にする。

* Feuerbach, Ueber Spiritualismus und Materialismus etc., X, 214.

** Ebd., 215.

人間が社会的に生産することに於て相交渉することによって、ここにひとつの著しい現象が生れる。即ち意識の埋没がそれである。従来の唯物論が処理するに最も苦しんだところの、したがってそれらの凡てに対してあらゆる機会に於て試金石であったところの「意識の問題」は、この現象を根本的に把握することによってのみ無理なしに、具体的に解決され得る、と私は信ずる。

二

現代の認識論の中心問題は意識である。意識がむしろ今の哲学にとって唯一の、あるいは凡ての研究対象を形造っている。それは如何なる哲学も必ず取扱わねばならぬ、最初にして最後の問題であり、それ故に自明なる、永遠なる問題である、と考えられている。しかしながら、我々にとって自明なるものは多くの場合我々にとって悪しき因縁であるものであるに過ぎず、永遠なるものは時として我々にとって宿命であるものを意味する。我々は斯くの如きものを支配し得る位置に身をおくのでなければ、我々の学問、また我々の生を発展させることが出来ない。現代の哲学は意識の問題に対してそれを自由になし得る優越なる立場を発見し得るのでないならば、恐らく身動きのならぬ、もはや前進することの出来ぬ状態に固着されてしまうであろう。この状態を脱却するためには、哲学は我々が歴史的破壊的方法と名づけようと欲する特殊なる方法に従って、自己の道を開拓してゆかねばならぬ。けだし一切の存在は歴史的であり、歴史的なる存在は凡て我々を解放することから我々を圧迫することにまで必然的に転化する矛盾の存在である。この矛盾を歴史的必然性の根源に於て把握することが我々の要求する方法である。*

* 我々の学問にとって最も重要な意義を有するこの方法については他の場合に詳論されるであろう。

あらゆる存在は発見された存在である。如何なる存在も元々から単純に在るのでなく、我々が歴史に於てそれに出会いそれを見出して在るのである。意識が哲学の中心に現われて来たには歴史がある。外的社会的生活の一切を排して個人の内面的生活に唯一の、最高の価値をおくキリスト教の宗教的態度に於て意識は初めてその存在に於て捉えられたのである。宗教的関心の要求に従って、内的世界の実在性と独自性とを明かにし、意識の事実の無限なる豊富さを顕わにしたのはアウグスティヌスであった。かくして発見され闡明《せんめい》された意識は、デカルトに至って、知識、殊に数学、力学等の認識の確実性の基礎付に対する関心によって著しい変容に出会った。アウグスティヌスにあっては、意識はそれが精神生活にとって何物かを意味する限りに於て解明されたに反して、デカルトの意識の解釈は絶えず学的認識に対する支配的なる関心によって導かれている。*カントは更に、彼に於てはまた数学的自然科学の普遍妥当性の権利付がその中心問題であったのであるが、この関心からそれまでは「存在の領域」であったところの意識を意識一般の概念のもとに「主観」として解釈し直した。それと共に主観はもはや存在の一つであることをやめて、むしろあらゆる存在を向うに廻わしてそれを統括するという普遍的意味を負うものとなった。最近に於てフッサールの現象学は、――彼にとっても数学や形式論理学が認識の理念性のモデルである、――デカルトの物心二元論を排棄しつつ、しかも意識を、アウグスティヌスの場合ではその最も根本的なる規定は神と関係させられて恐怖や欲望として顕わにされたところの意識の存在を、デカルトの Cogito ergo sum の方向に徹底して解釈すると共に、このものに凡ての存在がそれに還元されるという普遍的意味を担わせている。このようにして、もともと宗教的内面性とのつながりに於て見出され、その意味に於てその存在を規定された意識は、その後次第にその根源を離れて、純粋なる理論、それも主として形式論理学、数学、自然科学等の認識の基礎付をすべき任務を負わされて、遂にその視点からのみ根本的には解釈され闡明されることになった。** この転釈 (Umdeutung) の過程に於て意識は次第に普遍的意味を獲得した。けれどこの普遍的意味は、マルクス的用語に於ける「妖怪的対象性」(gespenstige Gegenständlichkeit) のうちに横わっているに過ぎない。嘗ては人間の生を解放する役目をもっていた意識は、今はそれの固定された妖怪的対象性によって我々を身動きもならず支配する。意識は今や矛盾の存在である。マルクス主義的唯物論はこの矛盾の解釈でなければならぬ。

＊ デカルトとアウグスティヌスとの対立を、デカルトと、彼と同時代に生きていてアウグスティヌス

の思想につながっていたパスカルとの対照に於て眺めることは、我々にとって教訓多きことであるであろう（拙著『パスカルに於ける人間の研究』参照）。

＊＊ 現代の心理学もまた主知的傾向から自由でない。そこでは知覚、表象、注意、思惟などが主なる問題を形成している。これに反して中世の哲学的心理学に於ては如何であるか。情緒若くは情念（passiones）はそれの最も好んで取扱った対象であった。近世の初めに当っても、デカルトやスピノザは、その主知主義的傾向にも拘らず、また情念について詳細な、卓越した研究を遺している。

我々が足をギリシアの思想世界の中に踏み入れるとき、そこには全く新しい展望が開ける。我々はもはや所謂主観の概念に出会うことがない。今日主観と呼ぶ代りにギリシア人は我々（ἡμεῖς）と云った。主観が我々であると同時に、主観の内容としての意識に対して、我々は言葉（λόγος）として内容を規定された。ギリシア人にとっては人間は本質的に社会的であり、孤独なる人間というが如きはそれ自身矛盾した概念であった。従て我は最初から我々を意味する。そして社会的である限り、意識はつねにただロゴスによって代表され、むしろロゴスに於てのみ存在することが出来る。そこで彼等は人間を二重の規定に於て、即ち、社会的なる生存（ζῷον πολιτικόν）として、言葉ある生存（ζῷον λογιστικόν）として、最も根本的に規定し得ると考えたのである。社会的に生きる限り、個人の意識は公共的なる存在である言葉の中に埋没する。個人は自己の意識を言葉をもって表現することによって、それの主観性を言葉の中に没入せしめて、それを公共的ならしめることなしには、社会的に交渉し得ない。言葉こそ社会に於て唯一の現実的なる意識である。人間を歴史的社会的存在として考察したマルクスは云っている、「言葉は意識と共に古い、——言葉は実践的なる、他の人間に対しても存在する、従てまた私自身にとっても存在する、現実的なる意識である。そして言葉は、意識と同じく、他の人間との交通の欲望と必要とから初めて、生ずる。」* ここでは運動する空気の層、音、簡単に言えば言葉の形式に於て現われる物質と結合した精神が意識と考えられたのである。物質を呪う「純粋なる」意識は実践的であることが出来ない。我々はフォイエルバッハに於ても同じような思想を見出すことが出来る、「人間は人間に話という器官を通じて彼の最も内面的な思想、感情、欲望を自ら進んで伝達する。ところでこの感性的に言表された本質から区別されて、魂、内面、本質そのものは一体何であるのか。」**

* Marx-Engels Archiv, I. Bd., S. 247.

** Feuerbach, Wider den Dualismus von Leib und Seele etc., II, 343.

それ故に私は進んで言葉が存在に及ぼすはたらきのうち最も注目すべきものに関して研究しよう。言葉はその具体性に於て社会的である。話すということは、或る人が、或る物について、或る人に対して話すという構造をもっている。* 言葉のこの構造によって、語られた物は、語る私のものでもなく、聴く彼のものでもなく、誰という特定の人のものでなく、我々の共同のものになる。このとき存在を所有する者は「我々」であり、「世間」であり、範疇的なる意味に於ける「ひと」(ドイツ語の „man" ――フランス語の «on»)である。言葉の媒介を通じて初めて存在は十分なる意味で公共的となる。そして世界を相互いに公共的に所有することによってまた初めて社会は成立する。言葉が社会的であるというのは、言葉によって社会が存在するということである。アリストテレスも人間がロゴスをもっていることが彼の特に社会的なる存在である理由だと述べている**。然るに存在が言葉によって表現されて社会的となり、「ひと」という範疇に於て成立する世界へ這入って来るとき、それはひとつの著しい性格を担うに到る。我々が存在の凡庸性もしくは中和性と名づけるものがそれである。私がいま机を買いに行くとする。私は家具屋の主人に向って「机をくれ」と云う。このとき彼は私をただちに理解して、若干の机を取り出して私に示すであろう。彼が私を理解し得るのは机が言葉に於て中和的にされているからである。家具店よりの帰途私は電車に乗る。車の中には高位高官の人もあるであろう、場末の商人もあるであろう。また悲しみに充てる人もあり、喜びに溢れたる人もあるであろう。然しながらこの場合それらの人々の凡ては乗客という言葉に於て凡庸化され、むしろこの言葉の見地から経験されるのである。そのとき二三の空席が車中に見出されるならば、私はそのいずれであるかを構わず私に与えられた席に腰を卸すであろう。それはそれらの空席が凡て空席として中和的にあるからである。存在が斯くの如く中和性に於て在ることによって、我々の特に社会的なる実践は可能になる。机が若し中和的に存在し得ないならば、商人は机を売り、私は机を買うことは不可能であるであろう。言葉はその根源性に於て理論的でなく却て実践的である。存在の凡庸性の現象はこのことを何よりも明かにする。言葉が本来社会的実践的であるということを理解するのは、ロゴスと共に先ず第一に論理或いは理論を考えることに慣れている今の人々にとって極めて大切である。そのことと関係して、存在の中和性が恰も概念の普遍性に基くものの如く見做す普通に行われている誤解から、ひとは全く自由にならねばならぬ。私が家具屋と理解し合うのは机という概念の普遍性に依るのである、と一般には思われている。然しながら、私が「机をくれ」と云うとき、私は抽象的なる、即ち理論的に普遍的なる机を意味しているのではなく、却て私は一個の具体的なる、現実的なる机を買おうと欲しているのである。しかもそのとき机という言葉は私が商人の示す種々なる机を選択し吟味した後買って帰るところの全く特定の机をまさに最初から意味しているわけでもない。若しそうであるならば、何故に商人は一個の机の代りに数個の机を取り出し、そして何故に私は選択と吟味を行うか、は理解し難きことであろう。存在の中和性は概念の抽象性もしくは普遍性によって成立するのでもなく、また反対にそれの特殊性もしくは個別性によって基礎付けられているのでもない。むしろそれは存在の独立なる、具体的なる、しかも夫々の存在を表現する。簡単に云えば、それは存在の Jeweiligkeit の謂である。現実のどれでももの存在が凡庸性ということによって意味される。アリストテレスの謂う τὸ ἕκαστον とはかかる性格に於ける存在であって、多くの場合考えられているように個別的なるものの謂ではない。言葉が最初には実践的性質のものであり、そしてこの実践が本質的には社会的性質のものであるところに、存在の凡庸性はその根源をもっている。このとき存在は勿論交渉的存在である。前段で述べた、「意識―主観」の形式にあってはそれに対するものは客観または対象としての存在であるが、これに反して「言葉―我々」の形式に於てはそれに対するものは交渉的存在であるの外ない。それ故にギリシア人は物を *πράγμα* という語で表わした。ところで存在の凡庸性に於て意識の埋没の行われることは固より明かであろう。我々が存在に対して懐《いだ》く愛も憎みも、主観的なるもの、内面的なるものの一切はそこでは埋没してしまい、従て存在の主観的なる、内面的なる規定はそこでは隠され蔽われてしまう。けれどもかくして失われるものに比して得られるものは一層大であるであろう。人間の社会的なる、実践的なる規定はそこに於て発揮され、満足させられることが出来るのである。然しながら、最も注意すべきことには、嘗てはこのように人間の社会性を発展させることに役立ち得た存在の凡庸性は、今ではそれの発展に対する桎梏にまで転化した。かかる転化が行われるためには、現実の存在そのものの構造に於て既に重大な変化が成就されていなければならない。けだし近代に於ける存在の凡庸化の原理は商品である。商品が次第に支配的範疇となり、遂には普遍的範疇となるに及んで、存在の凡庸性は人間の社会性の発展を拘束し、妨害することにまで到達した。存在の凡庸性はかくして矛盾に陥り、それと共にロゴスもまた同じ矛盾に陥らねばならなかった。我々はこのことについて考察を試みるであろう。

＊　アリストテレスは言葉が三つのものから結合されていることを既に述べている。即ち第一には話す人（ὁ λέγων）、第二にはそれについて彼が話すところのもの（περὶ οὗ λέγει）、第三にはその人に対して、彼が話すところの人（πρὸς ὅν）。Aristoteles, Ars rhetorica, A. 3.

＊＊　Derselbe, Politica, A. 2.

資本主義社会の全体を明かにしそれの根本的性格を示そうとした、マルクスの二つの大なる、成熟した著作が、共に商品の分析をもって始められているのは偶然でない。社会とは近代に於ては現実には商品生産社会である。人類の発展の現段階にあっては、如何なる問題も、それの究極の分析は必ず商品を指し示し、それの最後の謎はつねに商品の構造のうちに横わっている。商品の問題は特殊科学としての経済学の特殊問題ではなく、更にそれの中心問題であるばかりでなく、却て資本主義社会そのものの全体的なる問題である。商品の構造はこの社会に於けるあらゆる存在の対象性の形式の原型である。この社会的特性に応じて、存在の凡庸化の傾向は極限にまで推し拡げられる。そしてそれに応じて意識は我々の現実の生活から益《ますます》埋没し、かくて存在の物質化は愈《いよいよ》支配的となる。そこでは人間の労働、その最も内面的なるものも、一個の商品に過ぎない。最も物質的なる労働と雖も固よりそれが精神的なる意味を有し得ることを妨げるものではない。或る時は他に仕えて他のために働くということが、一の道義的精神の現われであることもあったであろう。

然るに商品が全体の社会的存在の普遍的範疇として支配する資本主義社会に於ては、単に人間相互の間の意識的なる関係のみならず、一切の社会的関係そのものが埋没し、没入してしまう。商品の構造の本質は人間の間の関係が物質性の性格を得、かようにしてこのものにそれ自身の厳密な法則性に於て人間の間の関係の一切の痕跡を隠蔽するところの、かの妖怪的対象性を賦与するところに存在する。本来各の労働は社会的全体的労働の一部分であり、そしてそれらの凡ての部分は互に依存する。ところがそのことは、我々の社会に於ては、事実上は相互のために働くところの人間の間の社会的連関は、我々の眼に隠されてしまうような形式に於て、行われているのである。資本主義の世界に於ては人間の間に於ける労働結合は眼に見えぬものである。それは何に因ってであるか。事物がすべて商品の形態をとり、市場において運動し、そして人間が合理的に市場を支配するのでなく、却て市場がその価格をもって人間を支配しているからである。人間の間の関係は斯くの如くにして商品の間に於ける関係として現われる。これがまさにマルクスが「商品の魔術性」(Fetischcharakter der Ware) と呼んでその秘密を暴露したところのものの意義である。彼は次の如く記している、「商品形態の全秘密はそれ故に単純に、それが人間に彼等自身の労働の社会的性質を、労働生産物そのものの対象的性質として、これらの物の社会的なる自然性質として反射し、かくしてまた総労働に対する生産者の社会的関係を、彼等の外部に存在する対象の社会的関係として反射するところに横わっている。この quid pro quo

〔取り違え〕によって、労働生産物は商品、即ち感性的に超感性的なる、或は社会的なる物となる。……ここに人々の眼に物と物との関係の幻想的形態を採って映ずるものは、唯人間自身の一定の社会的関係に外ならない。*」商品の世界のこの魔術的性質は、商品を生産する労働の特有なる社会的性質から生ずるのである。この根本的事実によって、その背後に真実には人間の相互的労働が隠れている事物の運動は自己の法則に従って固有の運動をし、そして逆に人間を支配するに到る。それによって、人間に彼自身の活動、彼自身の労働が或る客観的なるもの、彼から独立なるもの、即ち商品として、彼を人間とは縁なき自身の法則性によって支配するものとして対立することとなる。簡単に言えば、人間は人間みずからの作ったものによって支配される。ここに於て「人間の自己疎外」（die menschliche Selbstentfremdung）は成就される。資本主義社会の特質は存在の凡庸化が斯くの如き自己疎外に於て普遍的に完成するところにある。

＊ Das Kapital, I, 38–39.

この社会にあって無産者的存在の可能性は如何なるものであろうか。社会的存在の客観的現実性は、それの直接性に於ては、無産者にとっても有産者にとっても「同一」である。けだし無産者は資本主義的社会秩序の必然的産物として現われる。一切の生のかの物質化をそれ故に無産者は有産者と共同に分有する。然しながら両階級がこの同一なる直接的現実性を、それの媒介性に於て、本来の客体的現実性にまで高める範疇は、両階級の存在の存在の仕方の相異るに従って、根本的に相異るものでなければならぬ。マルクスはこのことを次の如き明瞭な言葉をもって言い現わしている、「有産階級と無産者の階級とは同一の人間的自己疎外を現わす。しかし第一の階級はこの自己疎外に於て幸福さと確実さを感じ、この疎外を彼自身の力として知り、そしてそれに於て人間的存在の仮象を所有する。第二のものはこの疎外に於て否定されたのを感じ、それに於て彼の無力と非人間的存在の現実性を見る。」彼は更に我々に語る、「一切の人間性からの、人間性の仮象からさえもの抽象は、発達したプロレタリアートに於て実践的に完成されているが故に、プロレタリアートの生活条件のうちに、今の社会の凡ての生活条件はそれの最も非人間的頂点に於て総括されているが故に、人間はプロレタリアートに於て自己自身を亡失しており、然しながら同時にこの亡失の理論的意識を獲《え》たのみならず、またもはや拒むべからざる、もはや掩《おお》うべからざる、絶対的に命令するところの窮迫に——必然性の実践的表現に——よって直接的に、この非人間性に対する叛逆にまで余儀なくされているが故に、それ故にプロレタリアートは自己を解放し得るし、また解放せざるを得ぬ。*」このようにして、同じ直接的現実性に対して相反する二様の実践的態度が可能となる。有産者はこの社会の自己疎外に於て彼等の存在を肯定されているから、その存在の必然性に従って、この疎外の現象形態をそれの資本主義的地盤から、従てそれの歴史性から游離せしめて、それを独立のものとし、そしてそれを——商品形態に於て構造づけられた人間の間の関係を——人間の関係の可能性一般の無時間的なる典型として永遠化する。斯くの如き永遠化は一応可能であるかの如く見える。何故なら今や商品の構造は社会的存在一般の対象性の原型として普遍的意味を担うことにまで到達したからである。そこで彼等はこの永遠化を実現するために所謂「永遠なる」イデオロギーを打ち建て、所謂「普遍妥当的なる」理論を築き上げる。真実を言えば、このそれ自身抽象的なる永遠性若くは普遍妥当性は、商品に於ける人間の自己疎外の、人間性そのものからの抽象の反映に外ならない。資本主義の発展の過程に於て、商品の構造は絶えず一層深く、一層運命的に、一層構成的に人間の意識の中に這入ってゆく。あらゆるロゴスは商品の範疇の普遍的なる、決定的なる支配のもとに、人間から抽象された、従て現実の存在から游離された、悪しき意味に於けるイデオロギーに移り変ってゆき、かくして逆に人間性の発展を抑制し、圧迫する。然しながら有産者にはこのようなイデオロギーを批判する可能性がその存在のうちに与えられていない。なぜかならば彼等の存在はそこに於て直接に肯定されており、それ故に存在を過程に於て、歴史に於て考察することが拒まれているからである。これに反して、無産者は現在の社会に於てその存在が否定されているが故に、まさしくその否定性の故に、存在を運動性に於て、歴史性に於て把握することが出来、また把握せざるを得ない。彼等は所謂永遠なる理論が資本主義社会の歴史的条件の上に立っていることを理解する。「支配階級の思想が各の時代に於て支配的なる思想である。」**彼等は所謂普遍妥当的なるイデオロギーが有産者階級のイデオロギーに過ぎないことを理解する。プロレタリアートは、その存在の必然性に従って、必然的に批判的である。私は更にこの批判の特性、そしてそれと関係して、マルクス主義的唯物論の特性を見るであろう。

＊ Die Heilige Familie oder Kritik der kritischen Kritik, Nachlass, II. Band, S. 132-133.

＊＊ Marx-Engels Archiv, I, 265.

三

イデオロギーを現実からの游離に於て見出した批判は、必然的に現実そのものから出発せねばならぬ。従て唯物論はその限りに於て先ず現実主義、実証主義を意味する。マルクスの先蹤《せんしょう》として、宗教的イデオロギーの批判に従事したフォイエルバッハは、すでに記している、「思弁は宗教をしてただ、思弁みずからが考えた、そして宗教よりも遥かによく語ったところのものを、語らしめる。それは、宗教から自己を規定せしめることなく、宗教を規定する。それは自己から出ることがない。しかるに私は宗教をして自己みずからを語らしめる。私は単にそれの聴手と通訳をなし、それの後見をなさない。案出することでなく、——被《おお》いを去ること、「現実の存在を顕わにすること」、が私の唯一の目的であった。正しく見ることが私の唯一の努力であった。[＊]」即ち『キリスト教の本質』の中で彼の行おうとしたことは、「物に忠実な、それの対象に最も厳密にくっついてゆく、歴史的—哲学的分析**」(eine sachgetreue, ihrem Gegenstand sich aufs Strengste anschliessende, historisch-philosophische Analyse）に外ならなかったのである。彼はまた斯うも云っている、「私は精神上の自然研究者に外ならぬ、ところで自然研究者は器具なしには、物質的なる手段なしには何事もなし得ない。」物質的なる手段とは経験の謂である。若し我々が同様の思想をマルクスに於て見出し得なかったならばむしろ不思議であるであろう。実際、彼は云っている、「我々がそれをもって始めるところの前提は、随意なものではなく、ドグマではない、それは、それからひとはただ想像に於てのみ抽象し得る、現実的な前提である。……これらの前提は純粋に経験的な方法で確められることが出来る。***」また我々は、「この考察の仕方は無前提ではない。それは現実的な前提から出発し、それを瞬時と雖も離れない。その前提は、何等かの空想的な閉鎖性と固定性に於ける人間ではなく、却て一定の条件のもとに於ける、彼等の現実的な、経験的に見ることの出来る発展過程に於ける人間である。」という言葉に出会う。マルクスは唯物史観の歴史考察を、従来の観念的な歴史叙述に対立せしめて、「現実的な歴史叙述」(die reale Geschichtschreibung）と呼んでいる。**** 恰もそのようにマルクス主義は本来の意味に於ける現実主義である。そしてこのことはマルクス主義の理論的構成の必然的帰結であるであろう。この理論はもともと自己のうちに実践の契機を含んでいる。然るに存在に対して実践的にはたらきかけ、それを実践的に支配し得るためには、存在それ自身の法則を認識せねばならぬ。「自然はそれに従うのでなければ征服されない」とはベーコンの有名な言葉である。現実の変革の理論は、現実にどこまでもかぶりついてそれの運動の法則を見究めるほか方法をもつことが出来ぬ。マルクス主義は、革命の理論として、現実から游離した悪しき意味に於けるイデオロギーではあり得ないのである。

* Vorrede zur zweiten Auflage vom „Wesen des Christentums" VII, 283.
** Op. cit., VII, 290.
*** Marx-Engels Archiv, I, 237.
**** Zur Kritik der politischen Ökonomie, XLVI.

唯物論の批判的実践的意義を確認することは極めて重要である。マルクスは『神聖家族』に於てフランスの唯物論と対質するに際して、それのこの意義を明かにしている。彼に従えば、フランスの唯物論にはその起源をデカルトにもつものと、ロックにもつものとの二つの方向が存在する。前者は本来の自然科学の中へ流れ込んでしまったに反して、後者は直接に社会主義または共産主義と結合した。例えばフーリエは直接にフランスの唯物論の思想から出立《しゅったつ》している。共産主義と十八世紀の唯物論との連関は、主として、このものが神学や観念論的な形而上学、そして両者から影響されている道徳に対して行った批判の鋭さのうちに存する。唯物論は神学の独断的な信仰、形而上学と倫理学との説く永遠なる観念や理念に反対して、時と境遇とに応じて人間の道徳や価値判断の変化することを教えた。マルクスはイギリス及びフランスの社会主義または共産主義が唯物論の社会批判的方面と特に密接に結合していることを示している。彼は、「人間の本性の善、平等な知的天分、経験、習慣、教育の万能、人間に対する外的境遇の影響、産業の重大な意味、享楽の是認、等々に関する唯物論の説から、それと共産主義及び社会主義との必然的な連関を洞見するには、大なる慧眼を少しも必要としない。」*と述べた。唯物論の実践哲学が何よりも特に共産主義の基礎であったのである。然しながら、マルクスは同時に、この実践哲学と関係する唯物論の理論的方面の、従てまたこの実践哲学そのものの欠陥を紛《まが》う方なく認識した。この欠陥は第一に、十八世紀の機械的唯物論が存在の歴史性について何事も理解しなかったところにある。それ故にそれは一の抽象的理論に終り、その上に立てられた実践哲学はまた一の空想に終らねばならなかった。それは真に現実的な、そしてその意味に於て真に学問的な方法を知らなかった。マルクスは『資本』の中で、「抽象的、自然科学的唯物論の欠陥が歴史的過程を除外するにある」**ことを記している。これに反して、「唯一の唯物論的な、そしてそれ故に学問的な方法」(die einzig materialistische und daher wissenschaftliche Methode) であるマルクス的方法は、現実をそれの現実性に於て、歴史的過程に於て把握する。第二に、「あらゆる従来の唯物論(フォイエルバッハのそれをも計算に入れて)の主欠陥は、対象、現実性、感性がただ客観のまたは直観の形式のもとに於てのみ把握され、感性的・人間的活動、実践として把握されず、主観的に把握されないことである。」所謂「純粋なる唯物論者達」は、人間を静的、観照的存在として分析し、分解する。これに反してマルクス主義にとっては、生産行為——人間相互と自然との材料交換行為——が、人間の存在の、生活の、意識の基底である。「初めに行為があった」(Am Anfang war die Tat)、それ故に人間は思惟する前に行為していた、——これがマルクス主義的唯物論の根底である。***

* Nachlass, II, 238-239.

** Das Kapital, I, S. 336, Anmerkung.

*** Die Thesen über Feuerbach, 1.

従来の唯物論は恰も右の欠陥の故に、それの上に立つ変革的実践は単にユートピアを描くにとどまり、或はそれ自身は現存の世界の革命的変革に到ることなく単にイデオロギーの理論的変革を要求するにとどまった。これらの唯物論は凡て片端《かたわ》である。けだし唯物論は、空想的実践にはしるときそれの現実主義的本質を失い、イデオロギーは範囲内に終始するときそれの唯物主義的特質を発揮し得ないからである。簡単に言えば、それらの凡ては理論と実践との弁証法的統一を理解しない。これを把握するものはまさにマルクス主義的唯物論である。このものは第一に理論を重んずる。それはユートピア的社会主義に対して自己を科学的社会主義として規定する。「革命の理論なくして如何なる革命の運動もあり得ない」（レーニン）、とはそれのモットーである。現実の忠実な歴史的哲学的分析がそれの第一の課題である。第二にこの唯物論は本質的に実践的である。マルクスは云う、「実践的唯物論者、即ち共産主義者にとっては、現存の世界を革命すること、現在の事物に実践的にはたらきかけ、変化することが問題である。*」然しながら、マルクス主義は理論と実践とを、第一のもの、第二のものとして、単に対立せしめるのでなく、却て両者を弁証法的統一にもちきたす。そこでは理論は実践の要求する限りの理論であり、実践は理論に指導される限りの実践である。理論と実践との対立物は相互に制約し合い、実践は理論に指導されることによって発展し、かくして発展した実践は更に新しき段階に於ける理論を要求する。理論は実践を発展させると共に自己を発展させ、かくして発展した理論は更に新しき段階に於ける実践を要求する。理論と実践とはかかる必然的統一に於て各の段階を通じて相互に発展する。斯くの如き弁証法的統一の故に、理論は決して現実の地盤から游離することが出来ない、マルクス主義がひとつのイデオロギーでありながら、決して悪しき意味に於けるイデオロギーであり得ない理由は根本的にはここに横わっている。また恰もその故に、ひとはマルクス主義の概念のもとに固定したドグマを考うべきでなく、却てつねに発展の過程にある現実的なる理論を理解すべきである。そしてマルクス主義が従来の哲学的用語法に於ける相対主義若くは絶対主義の如何なるものでもない理由は、まさにその故である。この理論と実践との弁証法的統一に於てマルクス主義はそれの現実性の頂点に到達する。マルクス主義が単に従来の唯物論に対してのみならず、またあらゆる観念論に対して、理論として有する最も固有なるもの、最も優越なるものは、実に斯くの如き弁証法のうちに表現されている。そしてこのような特質はマルクス主義が無産者的基礎経験をそれの現実の地盤とする限り必然的なる帰結として生れるであろう。今ひとりの労働者が机を作るとせよ、彼は木材を鋸《のこぎり》でひき、それに鉋《かんな》をかけ、鑿《のみ》で孔《あな》を穿《うが》ち、そしてそれを組合わせる。このことは彼の労働過程そのものから段階的に要求される。鋸でひくとき彼はその法則を必要とする、けれどそのとき彼は鉋を用いる法則を必要としない。このものは彼が鉋をかける段階にまで進んだとき初めて必要とされるのである。鋸でひく実践は必然的に鉋をかける法則を要求するに到る。あるいは鋸を用いる法則は必然的に鉋を使う法則にまで転化する。斯くの如く、無産者的労働者にあっては理論と実践とは弁証法的統一にあり、これなくしては彼は彼の存在をもち得ないから、彼にとっては所謂イデオロギーは成立のしようもないのである。

＊ Marx-Engels Archiv, I, 241.

マルクス主義は理論と実践との弁証法的統一を知るが故に、それは如何なる当為をも、如何なるゾルレンをも知り得ない。マルクスは云う、「共産主義は我々にとって作り出さるべき状態ではない、現実がそれに準ぜねばならぬ理想ではない。我々は今の状態を止揚するところの現実的なる運動を共産主義と呼ぶ。この運動の諸条件は今現存する前提から生ずる。*」そこでエンゲルスもまた云っている、「マルクスはそれ故に彼の共産主義的要求を決して我々の道徳的感情の上に基礎付けなかった、却て彼はそれを我々の眼前で毎日《ひ》増《まし》に成就されつつある、資本主義的生産社会の必然的な崩潰《ほうかい》の上に基礎付けた、彼は、ひとつの単純な事実である、剰余価値は支払われざる労働から構成されている、ということを語るのをもって満足する。**」ところでマルクス主義に従えば、この理論的な必然性は必ず実践的な表現を得ていなければならない。プロレタリアートの窮迫（Noth）はまさにこの必然性の実践的な表現（der praktische Ausdruck der Nothwendigkeit）である、とマルクスは考える。今や人類の大衆が全く「無産」となり終り、彼等の貧困はもはや忍び難きものとなった。かかる現実を将来した資本主義的生産方法はもはや「堪え難き」力となり、それを革命することはもはや止むを得ざることとなった。無産者の生活の窮迫はかくしてもはや拒否し得ぬ絶対的命令に於て社会の変革を命令する。これがマルクス主義の理論の「実践的前提」である。マルクス主義は理論と実践との弁証法的統一の上に立つが故に、全無産階級の物質的貧困と窮迫とをその理論のうちに止揚する。ここにマルクス主義が自己を唯物論として規定するひとつの根源は横わっている。

＊ Marx-Engels Archiv, I, 252.

＊＊ Misère de la philosophie, Préface, p. XII.

さて無産者は彼等の基礎経験の特殊なる構造の故に生れながらの弁証論者であるから、

彼等は自己を物質的窮乏から解放するために、全く物質化された彼等の現実、そして全社会そのものの現実とは少しの縁もなき何等か精神的なる方法に従うことが出来ない。むしろ彼等の物質的要求を最も徹底的に主張することによってのみ、単に彼等の現実のみならず、現実の全社会を変革し得ることをこの弁証法は彼等に必然的に認識せしめる。然しながら、真実を語るならば、物質の最も徹底的なる主張によって解放されるものは、弁証法の本質に従って、単に物質のみではないのである。既にマルクスは云っている、「プロレタリアートはだが、彼自身の生活条件を止揚することなくしては、自己自身を解放し得ない。プロレタリアートは彼の状態のうちに総括されている今日の社会の一切の非人間的生活条件を止揚することなくしては、彼自身の生活条件を止揚し得ない。*」無産階級運動の本質は、彼《か》れ若くは此《こ》れの無産者を解放することでなく、むしろ全無産階級を解放することであり、そしてこのことは、無産者的存在そのものの歴史的本質に従って、却て一切の階級を止揚することなくしては実現されない。恰もそのように、物質の解放を要求する無産者は、此れ若くは彼れの物質的欲望の解放を要求するのでなく、むしろ全物質的生活の解放を要求するのであり、しかもこのことは、弁証法的唯物論の内的本質そのものに従って、却て全人間的生活を解放することなくしては成就されない。最も徹底的に物質を主張することによって解放されるのは単なる物質のみではない、単なる精神ではもとよりない。却て物質と精神とは止揚されて全体の人間性そのものが解放されるのである。そこでは虐げられた物質は自由となるであろう、埋没した意識は回復されるであろう。そこでは物質的精神的人間の全体がそれの全体性に於て輝き始める。――私は私の研究が史的唯物論としてのマルクス主義に多少の解明を与え得たことを期待する。

――（一九二七・七）――

* Nachlass, II, 133.

〔『思想』一九二七年八月号掲載、原題「マルクス主義と唯物論――唯物史観覚書その二――」〕

II　歴史哲学、アリストテレスと西田

ハイデッゲル教授の想い出

私がハイデルベルクからマールブルクへ移ったのとちょうど同じ頃にハイデッゲル氏はフライブルクからマールブルクへ移って来られた。私は氏の講義を聴くためにマールブルクへ行ったのである。

マールブルクに着いてから間もなく私は誰の紹介状も持たずにハイデッゲル氏を訪問した。学校もまだ始まらず、来任早々のことでもあって、ハイデッゲル氏は自分一人或る家に間借りをしておられたが、そこへ私は訪ねて行ったのである。何を勉強するつもりかときかれたので、私は、アリストテレスを勉強したいと思うが、自分の興味は日本にいた時分から歴史哲学にあるのでその方面の研究も続けてゆきたいと述べ、それにはどんなものを読むのが好いかと問うてみた。そこでハイデッゲル教授は、君はアリストテレスを勉強したいと云っているが、アリストテレスを勉強することがつまり歴史哲学を勉強することになるのだ、と答えられた。そのとき私には氏の言葉の意味がよくわからなかったのであるが、後に氏の講義を聴くようになって初めてその意味を理解することができた。即ち氏に依れば、歴史哲学は解釈学にほかならないので、解釈学がどのようなものであるかは自分で古典の解釈に従事することを通じておのずから習得することができるのである。大学での氏の講義もテキストの解釈を中心としたもので、アリストテレスとか、アウグスティヌスとか、トマスとか、デカルトとかの厚い全集本の一冊を教室へ持って来て、それを開いてその一節を極めて創意的に解釈しながら講義を進められた。私は本の読み方をハイデッゲル教授から学んだように思う。

シュワン・アレーに定められた教授の宅へは私も時々伺ったが、そこにドイツ文学の古典の全集がぎっしり並んでいたのが特に私の注意を惹いた。それを私はいささか奇異の感をもって眺めたのであるが、昨年『ヘルデルリンと詩の本質』という氏の論文を読むに至ってその関係が明瞭になった。最近氏の講義には芸術論が多いということである。氏は一度フライブルク大学の総長になられ、あの『ドイツ大学の自己主張』にあるような思想を述べられたこともあるが、ナチスとの関係が十分うまく行かなかったためか、総長の職は間もなく退いてこの頃では主として芸術哲学の講義をしていられるようにいわれている。日本でもマルクス主義に対する弾圧が激しくなった頃多くの人が芸術論に逃れたことのあったのを私は想い起し、ハイデッゲル教授の現在の心境を察し、一般に哲学と政治との関係について考えさせられるのである。

マールブルクのハイデッゲル教授の書斎で私の目に留ったのはもう一つ、室の中央にあった教会の説教机に似て立ちながら本を読んだりものを書いたりすることのできる高い机である。あんな机が欲しいものだと時々想い出すのであるが、私はいまだそれを造らないでいる。

〔『読書と人生』小山書店、一九四二年所収。三笠書房発行の雑誌『読書と人生』第二巻第四号、一九三九年一月初出時の原題は「ハイデッガー教授の想い出」〕

歴史哲学（抄）

第一章　歴史の概念

一

ここに考察される対象を表わすところの「歴史」という語は、普通に二重の意味を負わされている。これは我々に先立って歴史の問題に就いて探求した人々によって注意されたことであって、既にヘーゲルの如きも、それをこの語の含む主観的及び客観的方面として区別したのである。即ち、歴史という語は、多くの国語に於て、我々の国語も例外をなすことなく、一方では主観的に、「出来事の叙述」historia rerum gestarum の意味に於て、そして他方では客観的に、「出来事」res gestae そのものの意味に於て、用いられている。後者はまさに存在としての歴史にほかならず、これに反し前者はかかる存在としての歴史に就いての知識及び叙述であり、ロゴスとしての歴史と呼ばれることが出来よう。かくの如き二重の意味に相応して、我々は歴史を経験する、などと云われると共に、我々は歴史を書く、などとも云われているのである。

いま歴史に関する考察を始めるに際し、先ず、歴史のこのような二つの概念を区別しておくことが大切である。それが必要なだけ十分に区別されていないために、思想の曖昧と混乱とを惹き起し、多くの議論も的《まと》無きものとなっているということは、決して稀ではない。両者の区別は、例えば、次のように考えることによって理解されよう。もしも東ローマの著述家たちが彼等の隣人に対して活発な関心をもっていなかったとしたならば、歴史家の云う如く、ロシア人、ハンガリア人、セルビア人、クロアチア人及びブルガリア人の早期に就いての我々の歴史的知識は「白紙」であったであろう。然しながら、伝記者が書き留めるか否かということから独立に行われる客観的な出来事の見地からするならば、「歴史無き」如何なる民族も存しない。歴史は必ずしもつねに歴史として記し伝えられるのではない。記し伝えられぬ歴史ということは歌わぬ詩人ということほどの矛盾も含んでいない。そこでロゴスとしての歴史と存在としての歴史との間には或る距離、或る乖離があるということは明かであって、この距離とこの乖離とに留意することが我々に対して先ず要求されるのである。固よりかくの如き乖離は両者の関係の一面である。一つの語「歴史」Geschichte, histoire, history が歴史の二つの意味を自然的に結合して含むところに表現されているように、存在としての歴史とロゴスとしての歴史との間には、他面に於て、或る統一の関係がある。けれども我々は、後に至ってこのような統一の関係を一層明瞭に認識し、それの性質を一層明確に規定するために、最初に両者の間の乖離の関係を十分に理解しておかなければならないのである。

ところで事物の本性に従うならば、存在としての歴史はもちろんロゴスとしての歴史の出発点である。前者は後者に先行し、或る歴史的事件の行われた後に於て初めて、それに就いての歴史叙述も成立し得ることは明かである。然るにロゴスとしての歴史即ち歴史叙述の立場から云うならば、存在としての歴史は自己の出発点ではなく、寧ろ自己の到着点であるということが普通である。歴史叙述は殆ど凡ての場合、出来事をそれが行われている間に直接に観察することを許されていない、それは却て出来事の残して行った痕跡を研究することによって、これを間接に知るのである。かくの如き痕跡は一般に史料と称せられている。恰も史料が、——Quellen（源泉）というそれに当る語の表わしているように、——歴史学にとっての出発点である。然し史料は、——docere（知らせる、教える）から出たところの documents（史料）という語が示しているように、——出来事そのものであるのでなく、出来事に就いて知らせるものであり、歴史家は史料のもとに来たって出来事に就いて問い合わせるのである。従って史料と出来事そのものとの間には距離がある。歴史叙述にとっては、「史料、それは出発点である。過去の事実、それが到着点である。*」

と云われなければならぬ。そこで我々は史料と呼ばれるものの一般的位置を規定することが出来よう。それは存在としての歴史とロゴスとしての歴史との丁度中間に位する。歴史に関する考察にとって有害な混乱の生じないために、史料のこのような中間的位置を正しく認識しておくことがまた必要であると思われる。まことにかくの如き位置に相応して、史料は、一方では或る意味に於て存在としての歴史の性質を担い、そして他方では或る意味に於てロゴスとしての歴史の性質を具えているところから、或はそれが出来事そのものであるかのように、或はそれの羅列が歴史叙述そのものであるかのように、見做されるということが起り得る。然しながら史料はそのいずれとも等しくない。それと存在としての歴史との間には或る距離乃至乖離のあるために、そこからして歴史家が史料の「批判」と称するものも飛び出して来るのである。また史料は歴史叙述の端初でこそあれ、それの目標ではない。歴史的研究に於て史料が突き合わされ、相互の連関が尋ねられるというのは、史料がこの研究の目標であるからではなく、却てかくすることによって史料の背後にあるものが探り求められているのである。史料の研究はこのものを光に持ち来たすための「地下の仕事」(ニーブール)である。歴史叙述にとってはその素材を意味するところの史料の背後になお存在としての歴史が横たわっている。歴史的研究は史料に結び付き、それを把握することを通じてまさにこの背後のものを理解しなければならぬ。

* Langlois et Seignobos, Introduction aux études historiques, p. 44.

史料といわれるものには色々な種別があり、歴史理論家によって種々に区分されている。それはもちろん言語及び文字をもって伝えられたものに限られることなく、古器物、古泉、紋章、その他まことに様々なるものを含んでいるけれども、その中に於て言語及び文字即ちロゴスによるものが、最も重要な、且つ最も優越な位置を占めるということは争われないであろう。他の凡ての種類の遺物の理解または解釈はこのものを前提し、このものに指示を求めている、とさえ云われ得る。それだからランケの如きも、凡ての歴史は文書と共に初めて始まる、と云った。ロゴス的史料の欠けているところでは歴史叙述の実際上の可能性もまた存しないように見える。かくの如き事情から歴史家は時に思想そのものが主として歴史を支配すると考える観念論的偏見に誘い込まれることがあるが、かかる偏見を離れてもロゴスが史料として占める特に勝れた位置は認められなければならない。ところで、いま我々にとって注意すべきことは、ロゴスとしての歴史が絶えずこのようなロゴス的史料の位置へ移って行くということである。即ちその当時にあってはそれみずからが一の歴史叙述であり、一の歴史書であったものが、後世の歴史家にとっては一の史料となる。ロゴス的史料のうちには嘗ての歴史書がその注目すべき一部分として含まれている。云うまでもなく、あらゆる他の種類の史料と同じく、歴史書も史料として、存在としての歴史と決して等しくはない。ロゴスとしての歴史は史料の位置にまで移ることがあっても、存在としての歴史の位置にまで来ることは出来ない。しかもロゴスとしての歴史が史料の位置に移るということは、明かに一定の条件のもとに於て、即ちそれが新たなる歴史叙述、換言すれば、ロゴスとしての歴史のもとに従属させられるときに於て、生じるのである。かくして我々は、史料の概念を媒介とすることによって、ロゴスとしての歴史と存在としての歴史とが歴史の二つの根本概念であること、且つ両者の間には、そこに史料の概念が介在するような距離のあること、を明かにし得たと思う。史料は両者の中間にあって、ロゴスとしての歴史から云えば、なお歴史以下のものであり、存在としての歴史から云えば、既に歴史以上のものである。

然るに我々が丁度今指摘したこと、ロゴスとしての歴史が史料の位置へ移るということは、既に或る重要な問題を含んでいる。それはとりもなおさず歴史が書き更《か》えられるということである。歴史は様々な条件のもとに於て書き更えられるに到る。ひとはかかる条件として何よりも史料の状態を挙げるであろう。従来の歴史叙述の基礎となっていた史料の虚偽または不確実の暴露、新たなる史料、特にこれまで用いられた史料と矛盾するような史料の発見、等々が歴史の書き更えられる条件に数えられるであろう。然しもし史料の状態に何等かくの如き変化が生じなかったとしたならば、如何であろうか。そのときにもなお歴史は書き更えられるに到る。書き更えられるということは歴史の内面的な、必然的な性質に属しているのである。歴史が書き更えられるかくの如き内面的な、必然的な条件とはそもそも如何なるものであろうか。我々の歴史は途上にある。それは既に完結してしまったのではなく、なおつねに進行しつつある。絶えず新たに生起する歴史的事件は絶えず新たな歴史叙述を促し、要求する。けれども唯それだけのことであるならば、歴史は書き加えられるとしても、本質的に書き更えられることはない。単に一が去って他が来たるということ、言い換えれば、今が絶えず昔になるということ、このように歴史の運動の時間が直線的に表象されるところでは、歴史の書き更えの内面的な理由は見出されないばかりでなく、一般に事物が歴史的なものとして受取られることさえも不可能でなければならぬ。単に今が昔になるばかりでなく、昔がまた今であるところに歴史はある。昔が今であるのは、それが単に過ぎ去ってしまったものでなく、今になお働き、影響を及ぼしているためである。エドゥアルト・マイヤーは歴史的なものを「影響あるもの」wirksamと規定している。歴史的関心の対象となる一個人、一民族、一国家、一文化、「これらの対象の如何なるものも、それが嘗てひとたび世界のうちに在りもしくは在ったという理由で純粋にそれ自身のために関心を喚び起すのではなく、却て唯それが及ぼした且つなお及ぼしつつある影響のために関心を喚び起すのである。」「現存する諸状態はそれ自身として決して歴史の対象でなく、却て唯それが歴史的に影響ある限りに於てのみ、歴史の対象となる。*」然るに事物の影響というものはその当時に尽きることなく、またその当時に於て明かであることなく、寧ろ後世に至って初めて顕わになることが屢々であり、かかる事物こそ却て真に影響力あるもの、従って真に歴史的なものと云われ得る。そうであるならば、歴史は対象の影響が後に於て次第に顕わになるに従って書き更えられねばならなくなりはしないか。然しながら唯それだけのことであるとすれば、歴史が書き更えられる必然性はなお十分ではなかろう。もし歴史的なものが影響する仕方にして、ひとつの源から発した水が次第に河床を穿《うが》ち、他の流を合せて進むに従って、付近の土地を灌漑して行くというが如きものであるとするならば、そのとき歴史は書き加えられこそすれ、書き更えられる必要は本質的には存しないであろう。書き更えられる必然性が内在しているためには、歴史的なものの影響の仕方はこのように唯ひとむきなる進行とは異るものであるべきである。

* Eduard Meyer, Zur Theorie und Methodik der Geschichte, Kleine Schriften 1910. S. 45, S. 57.

歴史が書き更えられる条件は同時に歴史が書かれる条件である。それが書き更えられる条件は、それがそもそも書かれる条件である故に、内在的な、必然的なものであるのである。

第一、歴史を書くことはそれを繰り返すということである。伝えられたものはなお歴史ではない。伝えられたものをいま一度繰り返すところに歴史がある。この場合繰り返すということは伝えられるということに対してどのように違った新たなものであるであろうか。伝えられるというとき、昔から次第に今へと伝えられるのである。これとは違って繰り返すということは本来手繰り寄せるということである。繰り返すということが手繰り寄せるということであるから歴史はあるのである。伝えられるというとき、端初は過去にある。

然し手繰り寄せるというとき、端緒は自分の手元に、従って現在にある。歴史の端初は、外見上そうあるように、過去にあるのではない。歴史的研究の行程は寧ろ、ヒッペルが嘗て小説に於て取ろうともくろんだものに似ている、即ち彼は後方に向って、次第に深く過去のうちへ、死から誕生へ、結果から原因へと、彼の道を取ろうとしたのであった。現在が歴史の端初である故に、歴史には書き更えられる必然性が内面的に属する。もしその端初が過去であるとしたならば、歴史は本質的には唯書き加えられるのみで、書き更えられはしない。固より伝えられるということがなければ繰り返すということもないであろう。然し我々は伝えられたものを繰り返すことによってそれを後に伝え得るのである。

　第二、歴史叙述には選択が必要である。如何なる歴史叙述も過去の無数の出来事をそのまま模写することが出来ず、よし出来たとしてもそれは無意味であろう。それは無数の伝えられたものの中から伝えるに足り、伝えるを要するものを選択して繰り返すのである。ところでこのような選択は何に基礎をもつのであろうか。「ここでもまた唯現代のみが答を与え得る。」とマイヤーは云う。「選択は、現代が或る影響、発展の結果に就いてもつ歴史的関心を基礎とし、この関心のために現代はそれを招致した諸機因を探索するという要求を感ずるのである。如何なる領域にこの関心が高い度合に於て向けられるかということは、現代の構成に依存している、前景に現われるのは、或る時は此の、或る時は彼の方面、即ち、或は政治史、或は宗教史、或は経済史、或は文学、或は美術、等々である。*」かの歴史に於て繰り返すということは、選択的に繰り返すということであることによって、既に単に繰り返すということではあり得ず、それは手繰り寄せるということである故に、かかる選択の原理は現代のうちに含まれているのである。歴史叙述に於てこのようにして選び出されるのは、もちろん、そのものが特に歴史的なものと考えられるためでなければならぬ。いずれの歴史叙述もそれの現代の立場から歴史的に重要と見える事件及び関係を取り上げて叙述する。この叙述に取り残されるのは、そのものが特に歴史的なものとは見られていないからでなければならぬ。その限りに於てロゴスとしての歴史と存在としての歴史とは統一されていると云われよう。この統一を成立せしめるものはそれぞれの現代である。然るにかくの如く両者の統一の基礎となるものは同時に両者の乖離の基礎となる。何が歴史的に重要なものと見られるかということにしてそれぞれの現代によって規定されるとするならば、各々の新しい現代は過去の歴史叙述が特に歴史的なものと見たところのものをもはやかかるものとは見做さず、却て他のものを歴史的に重要なものと見るに到るであろう。そのとき従来叙述されたのとは異る対象、関係、側面が新たに歴史的なものと見られ、ここにロゴスとしての歴史と存在としての歴史との距離が顕わになり、両者の間に乖離が生じる。新しい史料の発見などいうこともかかる条件のもとに於て行われることが多い。そこからして歴史は各々の新しい現代と共に絶えず書き更えられねばならぬということが起るのである。固より歴史が過去の出来事のそのままの模写であるとしたならばこのこともあり得ないのであって、歴史を書くということが選択するということであるがために、そのことも行われ得ることは云うまでもなかろう。

＊ Op. cit., S. 44.

第三、歴史が書かれるためには何等かの全体が与えられなければならない。そうでない限り、真の歴史叙述は不可能である。なぜなら個々の出来事、それぞれの段階は、全体と結び付けられ、全体の中で、全体に対する関係に於て考察されるとき初めて、その独自性に於ても、またその必然性に於ても認識され得るのであるからである。然るにかかる全体が与えられるためには、歴史の過程が何等かの仕方で完結したものとして表象されなければならない。その限りに於て、「ミネルヴァの梟《ふくろう》は侵《おそ》い来る薄暮と共に初めてその飛翔を始める。」と云ったヘーゲルの言葉は真である。然しながら歴史は一つの時代の終りを告げるのを待って、唯そのときに書かれるというようなものではない。人間が歴史を書くということは彼の存在の根本的な存在の仕方のひとつに属し、歴史は日々に絶えず書かれつつある。そして歴史そのものはつねに停まることなく無限なる進行を続けているではないか。一の時代の終るところには既に他の時代の萌結《ほうけつ》が含まれている。この場合かくの如き不断の過程を丁度完結せしめ、それによって歴史の一の全体が与えられるような絶対的な時間点があるとしたならば、それはまさに現在を措《お》いてのほかないであろう。歴史の端初が過去でなく現在であることによって、歴史の初めと終りとは一致し、かくして全体なるものが与えられ得るのである。このような全体が形作られることによって、各々のものは任意のもの、偶然的なものであることをやめて、「丁度時を得て」καιρός来たものとして理解される。歴史的認識を特徴付けるものはそれがκαιρόςからの認識であるということであり、そしてそれは現在が絶対的なものとして絶えず移行する時間を一の完結的な全体に形作ることによって達せられる。然るに歴史的認識の欠くべからざる条件であるところの全体を成立せしめるものが現在であるとするとき、それぞれの新しい現在はそれぞれの新たなる全体を形作るであろう。そのとき各々の歴史的なものはその中に於て新たに認識され直すであろう。かくて歴史は書き更えられざるを得ないのである。

簡単に云えば、歴史はつねに唯「現在の時間のパースペクチヴ」Zeitperspektive der Gegenwart からしてのみ書かれることが出来る、とも云われよう。* 然し歴史が書かれるこの条件は同時にそれが書き更えられる条件でもあった。かかる現在は、ロゴスとしての歴史と存在としての歴史とを統一すると共に、また乖離せしめるものでもあった。歴史は現在によって動かされている。このことを理解しない人は、史料にのみ固執して、それをば或は存在としての歴史、或はロゴスとしての歴史と思い誤っているのである。そこで我々の次の問題はかくの如き現在とは何であるかを出来るだけ明瞭に規定するということでなければならぬ。

＊ Vgl. Ed. Spranger, Der Sinn der Voraussetzungslosigkeit in den Geisteswissenschaften, 1929.

二

問題はかくの如き現在が存在としての歴史の秩序に属するかどうかということである。存在としての歴史の秩序に於ける現在は普通に「現代」と称せられる。それは歴史学者の所謂時代区分に於て、古代、中世、近世、そして現代と区別される場合に於ける現代である。いま我々が最も重要な概念として取り出した現在はこのような現代のことであろうか。歴史叙述にとってのそれの重要性を主張した人々の多くは、この問に対して肯定的な態度をとっているように見える。否、彼等はこの点に就いて寧ろ明確な自覚をもたず、曖昧のままにしているのが普通である、と云った方がよい。我々もこれまで「現代」と「現在」という二つの語を区別せずに用いて来た。然し今や両者を術語的に区別することが必要である。我々のいう現在は現代、即ち存在としての歴史の秩序に於て現在と考えられるものであることが出来ない。我々はそれを、存在としての歴史に対して、事実としての歴史と呼ぼうと思う。かくて我々は歴史のまさに第三の概念として、事実としての歴史なる概念を得る。このものを他の二つの歴史の概念、就中《なかんずく》存在としての歴史の概念から区別することが肝要である。マイヤーが「歴史家の現代は如何なる歴史叙述からも排除され得ない一の契機である」と云った場合、この現代は存在としての歴史の秩序に於ける「現代」ではなく、却て「現在」のことでなければならない。クロオチェも現代性があらゆる歴史の本来の性格であり、凡ての歴史は現代の歴史であると述べているが、もしここにいわれた現代にして存在としての歴史の秩序に於ける現代を意味するならば、古代の歴史、中世の歴史、等は、明かに古代の歴史、中世の歴史、等のほかのものでなく、それが凡て現代の歴史であるなどとはもちろん云われ得ない筈である。従って彼のいう現代性 contemporaneità はもと現在性のことでなければならないのであって、凡ての歴史はまさに現在によって支えられ、現在によって一の全体に形作られるが故に、それは同時性という意味での contemporaneità の性格をも得ることが出来るのである。我々は様々な点から現代と現在との両概念を区別し得る。先ずさきに歴史が書かれ且つ書き更えられる条件として挙げたものに関して述べよう。

一、我々は歴史を繰り返すということが手繰り寄せるということであることを云った。歴史の端緒は現在であって、そこから過去が手繰り寄せられるのである。今から昔へのこの順序は明かに存在としての歴史の進行とは逆である。後者は古代、中世、近世、そして現代へと進む。従ってその順序に於ては現代はどこまでも後のものであり、また後のものであるのほかなく、それが歴史の端初であるなどとは考えられ得ない。歴史の端初である現在はこのような現代ではなく、およそ存在としての歴史とは異る秩序のものでなければならぬ。それが事実としての歴史の秩序である。二、歴史的なものの選択は現在を基礎に有する。然るにそのときもしこの現在にして現代のことであり、現代の見地から選択がなされるのであるとすれば、そのときには、マルクスの非難した如き、「最後の形態が過去の諸形態を自己自身への諸段階と見、それをつねに一面的に把握する」という誤謬、或は「一切の歴史的差異を拭い消し、一切の社会形態のうちに市民的社会形態を見る経済学者」に類する誤謬に陥るということも免れ難いであろう。そのときこそ歴史叙述は所謂パースペクチヴィズム Perspektivismus に伴う種々なる危険にさらされる。そうではなくて、現在に立ちながら、しかも諸時代のそれぞれの独自性、その間の本質的な差異が認識され得るのは、この現在が現代のことではないからである。それだからこそ歴史的認識は単に現代とそれ以前の時代との比較というが如き外面的なものでなく、一の内面的な統一を含むことも出来るのである。三、真の歴史的認識が成立するためにはひとつの全体が与えられねばならない。この全体を与えるものは現在である。これに反して現代は歴史的時代の一つとして、寧ろかくの如き全体の一つの部分であるに過ぎぬ。古代、中世、近世と並んで同じ秩序に於て一つの部分であるものが全体を形作る原理であると考えられることは不可能である。かかる原理は存在としての歴史とは異る秩序のものでなければならず、それが事実としての歴史である。歴史は現在の時間のパースペクチヴからしてのみ書かれる、と云われたが、このパースペクチヴの原理たる現在は存在としての歴史の秩序に属さないのであるから、このこともなお十分厳密に語られてはいないのである。歴史は現代を理解せしめる、と一般に云われている。これは固よりその通りである。然しひとは同時に、現在は歴史を理解せしめる、という更に深い真理を忘れてはならない。

かくて現代と現在という二つの概念が区別せられる。しかもそれらは同じ秩序に於て区別せられるものではなく、全く異った秩序に属するものとして区別せられるのである。それ故に現在は現代と同じ列に続きその最先端に位すると考えられる意味に於ける所謂「瞬間」であるのではない。それは一年、一時間、一分などと計量される時間の最小なるものとしての瞬間であるのではない。もしも現在が現代と同じ秩序に於て連続しているとすれば、現在に最も密接に関係するのは古代や中世などであり得ず、まさに現代であるのほかないであろう。然るに真実を云えば、ひとは歴史に於て屢々現代に対して全くよそよそしく覚え、却て遥かなる過去に対して最も親密を感じることがある。かのルネサンス時代の人々は彼等に対して一層近き過去たる中世を葬って、一層遠き過去たる古代に彼等の現在の活動を結び付けたのであった。凡てこのようなことは、現在が存在としての歴史の秩序のものでなく、高次の秩序のものであることによって可能である。現在はたとい瞬間と呼ばれるにしても、それは決して計量される時間の百年、十年などとの比較に於てかく呼ばれるのではないのである。それは一般に計量され得る時間の秩序に属していない。

普通に考えられるところによれば、歴史とは過ぎ去ったもの、既に在ったところのものである。あらゆるものは歴史となる、などと云われるとき、歴史はこのように過去のものと考えられているのである。まことに存在としての歴史は唯過去のものとしてある。それがこの歴史概念の本質的な規定であって、歴史ということが存在としての歴史を意味する限り、歴史の概念と過去の概念とは離れ難く結び付いている。この場合所謂現代と雖も固より例外をなし得ない。存在としての歴史の秩序に属する限り、現代もまたひとつの過去である。それ故にひとが屢々「歴史」と「現代」とを対立させているのは、不精密であると云われなければならぬ。あらゆる過去に対立するものは唯現在のみである。現代が存在としての歴史に属するのに対して、それと区別された現在は事実としての歴史である。後者の立場からするならば、前者に於ける現代も何等現在ではなく、なおひとつの過去であるに過ぎない。一般的に云って、歴史とは凡て過去のことであるとせられるのは、存在としての歴史の立場に於てでなく、唯事実としての歴史の立場に立ってのことでなければならぬ。健全な常識が歴史とは凡て過去のことであるとするのは、存在としての歴史とは異る秩序の事実としての歴史のあることを率直に語るものである。かくて真の現在たる事実としての歴史は、最も近き現代をも要するに歴史であり、過去であるとすることによって葬る。然しこの同じ事実としての歴史は、最も遠き過去をも手繰り寄せ、全体のうちに包むことによって活かす。死のみあって生のなきところにも、生のみあって死のなきところにも、共に歴史はなく、歴史とは死と生との統一である。事実としての歴史は、それが過去の歴史を活かすものである限りまさしく「歴史的なもの」であるが、それがこのものを葬るものである限り却て「非歴史的なもの」である。それは歴史的なものであると共に非歴史的なものである。「非歴史的なものと歴史的なものとは同様に、一個人、一民族、一文化の健康にとって必要である」(ニイチェ)。ところで事実としての歴史はまた屢々「生」と称せられている。そしてこの場合、丁度歴史と現代とが対立させられた如く、歴史と生とが対立させられる。かように考えることが理由のあることであるとしても、我々はなお注意することを忘れてはならない。真の生は死と生との統一である。生は歴史を生あらしめるものであると同時に、歴史を葬るものも生である。また生といわれるものは本来二重のもの、即ち一方存在としての生、他方事実としての生である。前者は伝記に叙述されるような「生涯」である。従って歴史に対立させられた生は存在としての生ではなく、事実としての生でなければならぬ。むろんこのように対立するからといって、事実としての生が歴史でないのではない。それは事実としての歴史であるのである。

さて一般的に次の如く云われることが出来る、——事実は存在に先立つ。これは一の最も原理的な命題である。もし事実にして存在に先立つならば、事実こそまさしく形而上学的なものである。もと形而上学 Metaphysik という語はギリシア語の *τὰ μετὰ τὰ φυσικά* に由来する。この不思議な名称は、その *μετά* (後に) が trans (越えて) の意味に解釈されることにより、物理的なものの或は自然を越えるものを現わす。形而上学的なものはかかるものとして本質存在もしくはイデーであったり、意識の領域であったりするのであろうか。自然の存在、或はまた歴史の存在、一般に存在を越えるものを何等かの存在と考えるとき、我々は旧き形而上学に陥らなければならない。形而上学的なものは寧ろあらゆる存在を越えるものという意味で事実でなければならぬ。かかる事実としての歴史は、存在としての歴史を越えるものとして原始歴史 Ur-Geschichte（オーヴァベック）と呼ばれてもよいであろう。事実が形而上学的なものと考えられるにしても、それはこのものが不易不動であるということを意味するのではない。それは絶えず運動し、発展する。旧き形而上学が存在をもって変化的な現象となし、これを越えるものを常住不変なものと見做したのとは反対に、事実こそ真に動的なものであり、これに対して存在は寧ろ一面に於て事実の否定として固定的なものと云われよう。存在の運動と発展とは根源的には事実の運動と発展とにもとづくと見らるべきであろう。

存在の概念はいつでも領域の概念と結び付いている。あらゆる存在は領域的と考えられる。従って一切の存在論はその性質上領域的存在論である。このようにしてまた普通に歴史と自然とが区別されるのは、存在の秩序に於て領域の区別としてでなければならぬ。或は自然と精神（ディルタイ等）、或は自然と文化（リッカート等）、などと区別される場合も同様である。歴史と自然とは、存在として、たしかに、それぞれひとつの領域を形作るものと見られる。これに反して事実というものは何等領域的なものではないのである。ここに存在と事実とのひとつの最も重要な相違が横たわっているであろう。それは何等領域的なものでない故に、かかる歴史は、それが領域の意味に於ける自然でないと同じように、領域としての自然に対する領域としての歴史の意味に於ける歴史でもない。事実としての歴史は自然から区別された歴史でない。この意味に於てはそれは寧ろ自然と歴史との統一であると云わるべきである。それは高次の自然であって高次の歴史である。事実としての歴史は、単なる歴史でもなく、単なる自然でもなく、却てもともと事実の歴史性のことである。原始的意味に於ける歴史的なものと自然的なものとの統一が単なる統一でなく、実に弁証法的統一であるところに、事実の歴史性があるのである。

三

先ず事実としての歴史は行為のことであると考えられる。人間は歴史を作ると云われている。このように歴史を作る行為そのものが事実としての歴史であって、これに対して作られた歴史が存在としての歴史であると考えられるのである。作ることは作られたものよりも根源的であり、作ることがなければ作られたものもないのであるから、その意味に於て事実としての歴史は存在としての歴史に先行するであろう。そしてまた実際、作ることと作られたものとは対立する。作られたものは固定した、限界せられた形態をとることによって、それが作られるや否や、作ることに対して他者となる。「魂が語るや否や、既に魂はもはや語っているのではない。」*Spricht* die *Seele*, so spricht, ach, schon die *Seele* nicht mehr. という句は、単に言語に就いてばかりでなく、あらゆる歴史的なものに就いて云われ得ることであろう。従って存在としての歴史は事実としての歴史に対して、一方固よりそれの実現であると共に、他方それの否定でもある。行為はたしかに歴史的認識の基礎ともなっている。なぜなら歴史的認識が成立するためには或る全体が与えられねばならないが、かかる全体は絶えず移行する歴史の過程を切断すること Entscheidung によって初めて形作られ得るのであり、そのためには決心すること Entscheidung が必要である。認識しようと欲する者は決心することを避けることが出来ない。ところで凡ての行為は自由を含んでいる。如何なる自由もないところには、本来行為といわるべきものはない。その限りに於て事実としての歴史はまさに自由である。

然しながら行為というとき、行為する「もの」が考えられる。フィヒテの如き観念論の立場に立たない限り、かかる「もの」を離れて行為を考えることは出来ない。哲学的に云ってかかる「もの」とは何であろうか。この問題はこの「もの」を「存在」と考えることによっては解決され得ないように思われる。単に認識の場合に限らず、我々は一般に何等かの意味で主体=客体——認識論的意味に於て主観=客観といわれるのはそのひとつの場合である——なる概念を欠くことが出来ず、両者はどこまでも区別される。認識論者が如何にしても客観化され得ぬものが主観であると云うように、如何にしても客体の秩序に属し得ないところに主体の本性が求められねばならぬ。我々は自己の存在をも行為の客体とすることが出来る。それだからとて、我々は主体乃至主観が純粋自我であるとか、凡《およ》そ意識であるとかと云うのではない。我々は自己の意識の存在をさえ行為の客体となし得る。従って主体を客体と同じ意味で存在と呼ぶことは出来ない。主体は同時に客体であり、我々は主体客体の統一であるということは、或る意味では全く正しいことであるにしても、かかる統一はなお主体と客体との区別を予想せねばならぬ。我々は「行為するもの」を事実と称する。そこでは行為と物とが二つでないところから、それは事実 Tat-Sache と云われる。事実としての主体を前提した上で主体も初めて客体的存在であり得るのである。固より事実と存在とは全く無関係ではない。事実の如何なるものであるかも存在を通じてでなければ客観的に認識されることが出来ぬ。

我々はロゴスとしての歴史と存在としての歴史とを区別して来た。然るにいま事実としての歴史という優越な見地に立つとき、ロゴスとしての歴史もやはり存在としての歴史に属するものと見られ得る。歴史叙述は、芸術、法律等と並んで文化の一形態であり、かかるものとして存在としての歴史の中に数えられる。歴史叙述も作られた歴史の一種であり、それを作る行為と見られる限りに於ける事実としての歴史の産物である。芸術を作ることが時に芸術的「実践」と呼ばれているように、歴史を書くことはひとつの実践と考えられることが出来る。そうだからと云って、もちろんロゴスとしての歴史と存在としての歴史との区別がなくされるわけではない。芸術そのものとそれに就いての歴史叙述たる芸術史とが区別されるように、歴史叙述そのものが文化のひとつとして、存在としての歴史と見られる場合にも、それとは区別されてかかる歴史叙述に就いての歴史叙述即ち史学史なるものが存し得るからである。実際、歴史を叙述するということは人間の行為の最も根本的なものに属しているのである。人類の最も古き伝説乃至神話も既にそれ自身の仕方に於てひとつの歴史叙述であったのである。ヴィコは最古の諸神話は政治的真理を含んでおり、そしてそれだから最初の諸民族の歴史を表現していると考えた。アリストテレスは神話を愛する者 φιλόμυθος は或る意味では智を愛する者 φιλόσοφος 即ち哲学者であると云ったが、我々はこの言葉を移して、神話を愛する者は或る意味では歴史家であるとも云い得よう。ところで問題は、何故に人間の行為の最も特色ある且つ最も根本的なもののひとつが歴史を書くことであるかということ、この全く単純な意味に於て既に何故に人間の行為が歴史的行為であるかということである。このときもしひとが歴史を書くことは認識であって行為ではないという一面に於ては固より正しい反対をなすならば、我々はこれに答えて、歴史の認識そのものと雖も右に記した如く行為を前提すると云い得るであろうし、更に歴史が書かれるということは純粋な認識でなくそのためにはペンや紙などが必要であるばかりでなく、古来歴史は「かがみ」と云われたように人間はまことに屡々実践上の目的から歴史を認識するのであると云い得るであろう。人間は彼等の現在の行為を過去の歴史に結び付ける。これらのことは凡て人間の行為そのものの根本的な規定にもとづく筈であり、かかる規定はその行為の歴史性を現わすのでなければならぬ。そして問題はこのような歴史性が何であるかということであり、言い換えれば、何故に行為が事実としての歴史と呼ばれねばならぬかということである。そこで我々は次のことに注意せねばならぬ。

第一、我々は事実としての歴史を現在と称して来た。然るに我々にとって行為の概念は未来という時間概念と結び付いているのがつねである。我々の行為は絶えず未来への関係を含む。このように現在は未来への関係を含むが故に、我々にとって現在は「永遠」でなく、却て「瞬間」であるのである。永遠は時間でなく超時間的である。現在が瞬間であるところに時間がある。従って時間の最も重要な契機は未来である。その限り時間の特性は予料 Antizipation であり、時間は本来予料的時間であると云ってよいであろう。それにとって現在は瞬間であるから、我々の行為は歴史的と考えられるのである。これに反して永遠は超歴史的であって、歴史的ではなかろう。そして現在が瞬間である故に、実にまた我々の行為には「決心する」ということが属するのである。我々は上に於て、歴史は現在から書かれると述べておいたが、今や進んで、歴史は未来から書かれると云わねばならぬであろう。然るにかくの如く現在が永遠でなく瞬間であるのは、そこに否定的なものが含まれているからでなければならない。即ち現在のうちに含まれる未来が現在に対して否定的なものの意味を担っているために、現在は瞬間であるのである。瞬間と云われる最も特殊な時間概念はこのように否定的なものを離れてはないのであって、単に未来を予料するということだけからは現在が瞬間であるということは生じて来ない。行為は未来に於て実現されると考えられる。然しながら単に実現という関係だけでは行為的現在が瞬間であることはなく、かかる実現は同時に否定であるがために、現在は瞬間であるのである。事実としての歴史は存在としての歴史となる必然性を含む。かくなるということは一面実現の意味をもっている。けれども事実としての歴史と存在としての歴史とは、既に云ったように、対立せざるを得ないのであるから、後者は他面に於て前者の否定である。未来が現在の否定または死である故に、未来を予料する現在はまさに瞬間であるのである。この意味に於て時間の本性は終末観的 eschatologisch 時間であるとも云われよう。それだからこそ人間の行為は決心するということであるのである。かくの如き瞬間が常識の考えるような計量的時間の最小なるものとは全く異ることは前に云った通りである。現在たる瞬間は未来を含むばかりでなく、過去をも包み得る、過去の歴史を包んで活かすものは現在であると述べられた。まことにかかるものとして瞬間は時間のうちにありながら永遠の相を現わしている。

第二、然るにもし現在の予料する未来が現在に対して否定的な方面を有するとするならば、このことは現在そのものが否定的なものをそのひとつの契機とすることを証するのでなければならぬ。現在そのものが既に否定的な契機を含むが故に、否定的な方面を有する未来を含まざるを得ないのである。換言すれば、行為は絶対的に自由なものでなく、また必然的なものであるから、行為は歴史的なのである。歴史は、シェリングも論じた如く、絶対的な自由をもっても、絶対的な必然をもっても成立するのでなく、却て唯両者の結合によってのみ可能である。＊このような必然の原理は自然と呼ばれる。それは固より存在としての自然ではなく、事実のうちに含まれる自然的なものを意味する。いまかかる自然的なものは我々の行為に必然的に結び付いているところの感性的なもの、特に身体的なものと考えられることが出来る。我々は事実をば領域的ならぬものとして規定したが、哲学の歴史に於て領域的ならぬものを発見したのはカントであったと見られ得る。彼のいう自我がそれである。彼はこれによって旧来の存在論、形而上学を破壊した。カントの自我は純粋に実践的なものに徹底されることによってフィヒテの所謂事行となった。然しながら我々のいう事実としての歴史はカントの自我はもとより、フィヒテの事行とも決して等しくない。それはフィヒテに於けるが如き純粋な行為でなくして、却て感性的なもの、身体的なものと結び付いた実践である。それはTathandlung（事行）ではなく、まさにTatsache（事実）である。換言すれば、それはTat――しかもHandlungより一層客観的な意味に於ける行為――であると共に、Sache――しかもTatよりも一層客観的な意味に於ける物――の意味をもっている。行為が物の意味をもつのは、それが身体的、感性的であるがためである。蓋《けだ》しもし事実としての歴史が単に行為であると解されるならば、この行為の主体は何であるかという問題が提起されるであろう。この行為の主体は何等かの「存在」であり、行為に先立ってそれの予想をなすものと考えることが出来ない。そうかといって、我々はフィヒテの如き立場を認めることはなおさら出来ないのである。そのいずれでもなくて、歴史の基礎であるところの行為に於ては行為が直ちに物の意味をもち、行為が即ち事実であるのである。固より物もまた行為の意味をもっている、そうでなければ物は事実（*Tat-sache*）とは云われない。物が行為を前提するのでもなく、行為が物を前提するのでもなく、行為と物とが一つであるのである。感性は身体的なものとして決して単に受容的であるのではなく、寧ろ行為的、実践的である。感性のかくの如き実践的性質を認め、力説したのはマルクスであった。このように身体的、感性的であるために、人間の行為は必然的に自然の存在或は存在としての自然に結び付く。身体は単に自然の存在であるのではない、――それだからしてそれは外的自然に対して内的自然とも、人間の自然とも呼ばれ得るのである、――身体は同時に事実としての自然的なものである。我々は身体を通じて外的自然につらなる。何等かの自然の存在に結び付くことがない如何なる行為も歴史的とは云われない。歴史は決して自然の存在から切り離されたものでなく、これと最も密接に連関して展開するのである。

* Vgl. Schelling, System des transcendentalen Idealismus, WW. I. 3. S. 587 ff.

ところで第三に、このように身体と見らるべきものは、単に個人的身体であるのではなく、他方に於て、また社会的身体とも云うべきものである。かような社会的身体を我々は、思想の歴史の伝統に従って、種族 Gattung という語をもって表わそうと思う。ここに謂う種族は人間という類概念のことではなく、また人類学や民族学などの対象であるような存在としての種族のことでもなく、人間の社会的自然のことであり、一切の人間がもつと考えられ得る社会的身体のことである。そして我々の見るところによれば、かような社会的身体の概念を除いて如何なる社会概念も基礎付けられることが出来ない。ブルジョワ社会の成立以来、近代的な考え方は社会概念の解明にあたって個人から出発するのをつねとする。* ルッソオ的の社会契約説は固より、カント的な人格の共同体としての社会の概念、現代の社会学の諸学説に至るまで、殆ど凡てがそれである。然しながらこのようにしては社会は人為的なものとなり、或は現実的ならぬ倫理的当為となってしまい、社会の現実性と根源性とは失われてしまう。そうではなくして、あらゆる人間は事実として社会的身体ともいうべきものを具えているのであって、そのために人間は社会の存在、従って存在としての歴史に自己を結び付けるのである。プラトンは『シュムポジオン』の中でアリストパネスをして、昔男女は一つの全体の身体であったが、二分されてその各々の半分が男となり女となったのであるために、今男と女とは相求め、相愛し合うのであるというひとつの神話を語らしめている。このように人間は社会的身体を有するが故に、社会の存在も作られるのであり、彼の凡ての行為は存在としての歴史に結び付かざるを得ないのである。

そのことがなければ、人間には彼の最も特色ある活動のひとつとして歴史を書くということも属しないであろう。「種族」は人間の社会的「事実」である。個人的身体の保存と発達とのために自然物が消費されねばならぬように、種族即ち社会的身体の保存と発達とにとっては個人の死滅するということが必要なのである。種族は個人の犠牲を要求する。個人が社会のために喜んで犠牲になろうというのは、種族が彼の社会的身体であるためである。シェリングは云っている、「如何なる犠牲も、ひとがそれに属する種族は、進歩することを決してやめることが出来ないという確信なしには可能でないとすれば、いったいこの確信は、もしもそれが唯専ら自由の上に築かれているとするならば、如何にして可能であろうか。」人類の歴史が犠牲の歴史であるところに、我々は事実としての歴史のうちに或る必然的なものが含まれているのを知ることが出来る。種族はかかる必然的なものを現わすのである。云うまでもなく、我々は種族の概念をもって社会の階級的構成を否定し、国民主義、民族主義、人類主義、等々に加担しようとするのではない。我々の問題にしているのは一般に種々なる社会の存在が成立するに至る哲学的基礎である。即ち我々は、何故に一般に人間は自己を社会の存在に結び付けるかと問うているのである。一定の構造を有する社会の存在が人間に一定の影響を及ぼし、そのために人間が一定の仕方で結合することによって例えば階級なるものも成立するのであるが、このことは既に人間が一般に自己を社会の存在に結び付けるという事実の必然性を前提しなければならぬ。ここでも事実としての歴史が存在としての歴史を作るのである。固よりまた逆に存在としての歴史が事実としての歴史に影響を及ぼすことがなければ階級などいうものも構成されない。両者のこのような弁証法的関係に就いては更に後に詳論される筈である。

＊　拙著『観念形態論』一九八頁以下参照。

四

事実としての歴史の含む否定の契機を明かにするために、ここになおひとつの概念を持ち出そう。我々は従来の歴史哲学のうちに於て運命 Schicksal の概念がひとつの重要な役割を絶えず演じて来たのを認めることが出来る。実際、現実的な歴史的思惟は唯或る特殊な運命の感情の背景のもとに於てのみ発展し得るとさえ見える。歴史上の大人物が屢々運命の直接的な干渉、のみならずその神託的な啓示に対する特殊に色づけられた信仰をもっている如く、歴史的思惟もまた運命の感情、従って特殊な運命の概念に結び付けられている。ひとは運命の概念の変遷に於て歴史的意識の変化の洞見へのひとつの大切な手懸りを捉え得るであろう。かくして個人主義的思惟から歴史的思惟への、早期ロマンティクからヘーゲルへの決定的な転換は、実に運命の感情の変遷のうちに表現されて見出されるのである。早期ロマンティクの熱烈な信仰告白書、シュライエルマッハーの『モノローゲン』

に於ては、運命は単に永久に敵対する「世界の過程」、自由なる自我がそれに対して反抗するところの粗野な、外的なものに過ぎない。個人はこの「世界」に対して永久の敵対関係にあり、そこに彼の自由の意識がある。かような運命の暴圧の最後の残余まで滅ぼしてしまうということが自由の最高の勝利である。「かくの如き（即ち自由なる）意志の思惟にあっては運命の概念は消え失せる」、とシュライエルマッハーは云っている。ヘーゲルは夙《つと》に、運命の思想を深く表現せるギリシア悲劇によって、歴史的思惟に導き入れられた。彼は既に『キリスト教の精神とその運命』の中に於て運命の概念に就いての甚だ深い哲学的思索を示したが、『精神の現象学』の一章に於ても「罪と運命」に就いて取扱ったのである。ところでヘーゲルにあっては運命はもはや粗野な、不可抗的な、外的な力ではなく、却て深い、内的な必然性を意味する。「運命とは単に一定の個人が自体に於て内的な根源的な規定性としてあるものの現象である」、と彼は云う。運命は或る全く内的なもの、肆意《しい》を完全に脱した或るものとなった。ヘーゲルはそのためにパトス Pathos という特色ある概念を見出した。悲劇に於ける人間は、「実際生活に於ける凡俗な行為に伴う言語のように、無意識的に、自然的に、素樸《そぼく》に彼等の決意と行動との外的なものを表白するのでなく、却て内的な本質を発表し、彼等の行為の権利を証明し、彼等が属するところのパトスを、偶然的な事情や個人の特性から自由に、その一般的な個性に於て思慮深く主張し、明確に表白するのである。」と彼は書いている。この場合パトスとは内的必然性として解された運命にほかならないのである。更にシェリングはまた次のように記している、「歴史家にとって悲劇は諸々の偉大な観念及びそれに向って彼が訓練されていなければならぬところの崇高な考え方の真の源泉である。」[****] ヘーゲルも、シェリングも、悲劇と云えばギリシア悲劇のことを考えていたのであって、殊にシェリングに於て運命の概念が彼の歴史の見方に対し決定的に重要な意味をもっていたことは、彼が世界史の哲学的構成にあたり、世界史を運命、自然、摂理という三つの時代に区分したということによっても窺い知り得られるであろう。

* Schleiermacher, Monologen, Hrsg. v. F. M. Schiele, S. 54.
** Hegel, Phänomenologie des Geistes, WW. II, S. 236.
*** Ibid. S. 550.
**** Schelling, Vorlesungen über die Methode des akademischen Studiums, WW. I. 5, S. 312.

いま我々は種族の或る概念、即ち氏族の概念がギリシア悲劇のひとつの中心概念であったことを想い起す。即ち祖先の罪過の遺伝により子孫が故なくして罰せられる運命におかれるということがそれの主なるテーマであった。キリスト教は氏族や民族等を遥かに越えて人間種族 Menschengattung 即ち人類 Menschheit の理念を発見した。あらゆる人間はアダムの子であり、彼の罪を凡て遺伝するということは、キリスト教の歴史哲学の根本的前提であった。後の歴史哲学の多くはこの思想を受け継いでいるのであって、思索はかくの如き種族及び運命を哲学的に如何に理解すべきであるかということに向けられる。ヘーゲルはそれを全く精神的なものの方向に解釈しようとした。かくして彼は種族を説明して云う、「生命的なものそのものに於て種族であるところのものは、精神的なものに於ては合理性 Vernünftigkeit である。蓋し種族は既に理性的なものに属するところの内的普遍性という規定をもっている。種族と理性的なものとのこのような統一のうちに、生涯の過程に於て現われる精神的諸現象がこの過程に於て発達する個人の身体的諸変化に一致するということの理由が横たわっているのである。*」このように種族と理性的なものとの統一を考えるところから、ヘーゲルの歴史哲学に於ては種族の概念は次第に自己の影を潜《ひそ》めて、民族精神及び世界精神の概念が立ち現われる。彼は種族という身体的なもの、自然的なものと、理性的なもの、イデー的なものとの対立の方面を没却したのである。これは彼の体系に於て一般にイデーに対する自然の根源性が考えられなかったということに照応する。この点に関して私は彼が現象学の中で運命の概念に解明を与えてパトスとなし、且つ精神をさえパトスと呼んでいるのに興味を覚え、重要な意味を認めざるを得ない。曰く、「精神は個人に於て彼の普遍者として、個人がそれによって支配される彼の力として、それに身を委せて彼の自己意識が自由を失うところの彼のパトスとしてある。**」我々はこのパトス、即ち情熱とも訳される言葉をば、かの甚だ屢々引用されるところの彼の歴史哲学の中の、「世界に於ける如何なる大いなるものも熱情 Leidenschaft なしには成就されなかった。」といわれた句に於けるライデンシャフトから区別しなければならぬ。我々の解釈によれば、ライデンシャフトは個人的身体に結合し、パトスは社会的身体に結合する。歴史に於ける如何なる大いなるものもライデンシャフトなしには、然しまたパトスなしには為し遂げられなかったのである。凡ての歴史的行為は個人的身体と社会的身体とに結び付いている。精神が格別超個人的であって、身体は単に個人的であるというのではない。身体は個人的な方面と共に社会的な方面を含んでいるのである。

＊ Hegel, Encyclopaedie § 396 Zusatz.

＊＊ Phänomenologie des Geistes, WW. II, S. 530.

そこで我々は運命の概念に於て表現される哲学的なものが何であるかを一層明確に規定しておこうと思う。運命が先ず或る必然的なものを現わすということは上の叙述からして明かである。然しながら単に必然的なものはなお運命的とは云われ得ない。因果必然的なものを我々は運命的なものとは考えないのである。寧ろ因果と運命とは根本的に対立する概念である。ヘルダーが運命をば「歴史の骰子《さいころ》投げ」Wurf der Geschichte と云ったように、運命は或る偶然的なものの意味をもち、因果法則の概念とは相容れない。しかも固より単に偶然的なものはなお運命的なものではないのである。偶然的なものが必然的なものの意味を含むところに運命の概念は成り立つ。然しこのことは如何にして可能であろうか。偶然的なものが必然的なものの意味を含むことによって運命的なものとなるのは、かかる偶然的なものが、普通偶然的と云われるもののように、単に付帯的なもの、副次的なものではなくて、偶然的なものこそ却て原理的に根源的なものであるからであり、そして次に、かくの如く偶然的なものが否定の原理を自己自身に於て担っているからである。運命とは或る否定的なものである。ところで運命は、それが偶然性を予想しつつしかも偶然性の否定としての必然性であるように、実践的なものの上に立つ実践的なものの否定である。それ故もし歴史的思惟が或る運命の概念を欠き得ないとすれば、歴史が単なる行動主義の立場に於て成立し得ぬこともまた明かであろう。歴史は我々が作るものであると同時に我々にとって作られるものである。行為が同時に物の意味をもっているところに歴史はある。為すことが同時に為されることであるところに歴史はある。従ってヘーゲルが運命をパトス——πάσχω（働きかけられる）から来た πάθος——と呼んだのは意味深きことであって、出来事が、πάθημα——パトスと同じ語原を有するこの言葉は、実際、ギリシア語に於て出来事 Ereignis の意味を有した——の意味をもつところに歴史はある。それだから運命の概念は勝れて悲劇という美的観想的なものの中心概念ともなり得るのである。然しそれは決して純粋に観想的なものを現わすのでなく、寧ろ実践的なものを予想しつつこれの否定としての観想的なものである。更に運命の概念が歴史の概念に対して有する重要な意味は、前者が後者にとって本質的な時間の概念と最も内面的につながっているところにも見られる。因果の概念は時間的前後の関係を除外し得るばかりでなく、時間の関係を除外するということが因果的な概念構成の理想であるとも見られ得よう。因果に対して運命はたしかに或る時間的なものを現わす。時間の関係はそれにとって決定的な意味を有する。否、ヘーゲルが「時間は自身に於て完結していない精神の運命であり、必然性である。」と云った如く、時間こそ運命的なものであり、凡ての運命的なものの象徴である。「唯本来の時間性——それは同時に有限的である——のみが、運命というような或るもの、即ち本来の歴史性を可能ならしめる。」とハイデッガーも書いている。*

* Martin Heidegger, Sein und Zeit, Erste Hälfte 1927, S. 385.

かくて運命とは一般的に云って否定的なものであった。歴史はかくの如き否定的なものを離れて考えられ得ない。我々は運命の概念が従来負わされて来た重要な役割に鑑みて、ここになお次のことを付け加えておかねばならぬであろう。オスワルト・シュペングラーはかのセンセイションを惹き起した書物『西洋の没落』の中で自然と歴史とを区別するものとして「因果の原理」と「運命の理念」とを掲げた。* このことは或る程度までたしかに正しいものを含んでいる。然しながら歴史と云っても、事実としての歴史及び存在としての歴史という二重のものであって、運命的と考えらるべきは本来前者であり、そしてこのものに於てもそれはなお一つの契機であるに過ぎず、他方そこには行為或は自由の契機が含まれることを忘れてはならない。運命は行為と自由とを予想しての否定的なものである。且つ事実としての歴史に於ける運命的なものは自然的なものと見られ得るのであり、自然とは区別された歴史、即ち存在としての歴史に就いて云えば、それの認識はよし因果の認識に尽きないとしても、決して因果の原理と相容れぬものでなく、却て因果の原理を欠くことが出来ないのである。存在としての歴史はもと運命的なものであるのではない。シュライエルマッハーは、上に記した如く、「世界」または「世界の過程」を、従って我々の歴史を運命と考えた。そして我々の普通の意識もこのように存在としての歴史を運命と見做しているのがつねである。然しながら本来的な運命 Schicksal と云わるべきものは唯事実としての歴史であって、存在としての歴史は寧ろ非本来的な、それ故に外的な運命 Geschick であるに過ぎぬ。しかもそれが、たとい非本来的なものであるにせよ、なお運命と考えられるのは、存在としての歴史の根源であるところの事実としての歴史がもと運命であるためである。我々は本来――事実としての歴史として――運命であるが故に、世界または世界の過程も我々にとって運命の意味を得て来るのである。

＊ Vgl. Oswald Spengler, Der Untergang des Abendlandes, I, 1923, S. 154 ff.

五

さて事実そのものの中に於て「基礎経験」と我々の称するものが自己自身を浮き上がらせる。事実としての歴史の中に於て歴史の基礎経験が浮き出て来るのである。このことは左の如く観察することによって明瞭になろう。既にシェリングによって、或はロッチェによって言い表わされた如く、歴史の思想はもとギリシアになく、キリスト教によって初めて人類に与えられた、と見做されている。* シェリングによれば、ギリシアの神々はより高き自然の存在であり、常住不変なる諸々の姿である。これに反して、「キリスト教はその最も内的な精神に従って且つその最も高き意味に於て歴史的である。」時間の各々の特殊な瞬間は神の一の特殊な方面の顕示であり、その各々に於て神は絶対的である、「ギリシアの宗教が同時的としてもったものをキリスト教は継起的としてもつのである。」ところで、もしもロゴスとしての歴史の見地からするならば、固よりギリシアにも立派な歴史があった。ヘロドトスは歴史学の父と呼ばれ、ツキヂデスは歴史叙述の古典的なものと見られている。またもしも存在としての歴史の見地からするならば、ギリシア人こそ最も輝かしき歴史を作った民族である。それにも拘らずギリシアには歴史の思想がなかったと云われるとき、歴史という語は前者の意味に於てでもなく、また後者に関係してでもなく、却て或る他の意味に於て、他のものに関係して語られているのでなければならぬであろう。或はまた十七世紀は非歴史的であったと云われている。近代に於ける歴史的な見方はヘルダーから出て、十九世紀に於て成熟したと考えられ、この世紀は「歴史の世紀」とも称せられる。更にまた今日、ブルジョワジーは非歴史的な見解をもち、これに反してプロレタリアートは歴史的な立場に立つ、と主張されている。このような場合凡て歴史ということがロゴスとしての歴史及び存在としての歴史のいずれにでもなく、却て或る他のものに関係して語られていることは明かであろう。しかもそれが特に或る優越な意味に於ける歴史の概念であることも同時に明かでなければならぬ。なぜならそれは、他の見方からは一様に歴史的と見られているものに就いてなお歴史的と非歴史的とを区別するからである。従ってそれは或る規範的な意味のものである。このような歴史の思想は、我々はこれを歴史的意識と呼び慣わしている。** そこで我々は、ギリシアには歴史的意識がなかった、プロレタリアートは歴史的意識を有する、などと語るのである。歴史的意識を与えるものは根源的には事実としての歴史のほかなかろう。——一般に存在の概念からは規範的な、価値評価的な意識の成立は説明されないのであって、これを説明するためにも我々のいう如き事実の概念が必要である。——然し事実の凡てが歴史的意識といわれる優越な、規範的な意味に於ける歴史の意識を与えるのではない。なぜならば、事実としての歴史は存在としての歴史の如何なる歴史的時代の根底にもあると考えられねばならぬに拘らず、歴史的意識は唯一定の歴史的時代に於て、唯一定の関係のもとに於てのみ、与えられているからである。それ故に事実としての歴史に就いて特に歴史的意識を与える事実そのものが区別され得、また区別さるべきであって、私はかかる優越な意味に於ける——固より唯歴史的意識との関係に於てのみ——事実を歴史の基礎経験と名付ける。

* この点に関して全く異論がないわけではないことを我々は注意しておこう。例えば、ブルンナーは

キリスト教の信仰の教義は歴史的思惟とは鋭い、意識的な対立をなすと主張する。我々はここでこの問題に深入りすることを必要としない。唯ブルンナーがその場合、歴史に就いて我々の如き弁証法的な考え方のあることを顧みないで、歴史的思惟は直ちに有機体説的発展の思想であると解していることを云っておけば足りる。Vgl. Emil Brunner, Erlebnis, Erkenntnis und Glaube 1923, S. 105 ff.

＊＊　歴史的意識に関しては拙著『観念形態論』に於ける「歴史主義と歴史」を見よ。

かくて優越なものの意味を担う歴史的意識は、事実としての歴史、特にその優越なものであるところの歴史の基礎経験によって規定されて与えられる。歴史的意識は、それが意識の名をもって称せられるにしても、ロゴスとしての歴史と同位のものであるのではなく、却てこれの根底にあってこれを規定するのである。前者は後者に対しては根源的な、従って哲学的と云われ得る意識である。然しまた歴史的意識は存在としての歴史に就いてそれをその存在に於て示し、その本来の歴史性に於て顕わにするものである。歴史的意識は存在の歴史性そのものを初めて発見せしめる。いま歴史叙述がかような哲学的な、世界観的な意識によって規定されるということは一般に如何なる意味を有するであろうか。歴史的意識は根源的には事実によって規定される。然るに事実は存在に対して主体的なものの意味を担う。従ってこの哲学的な意識に於ける固有なるものは、それが主体的事実を表出しているところに求められねばならぬ。かくて歴史叙述は一方に於て存在としての歴史を模写する関係を通じて客観的存在によって規定されると共に、他方に於て歴史的意識によって規定される関係を通じて主体的事実を表出する。ロゴスとしての歴史は存在としての歴史を模写すると同時に事実としての歴史を表出する。しかもそれが如何に前者を模写するかという仕方はそれに於て表出される後者によって根源的に規定されるのである。事実は意識にとって超越的である。それは意識によって規定されるのではない。事実としての歴史もそれが如何なるものであるかは歴史的意識を俟《ま》って初めて顕わになるにしても、このように事実を照らし返えす光であるところの意識はその根源に於て既に事実そのものによって規定されているのである。事実というものは単に意識ではない。寧ろ事実は意識を生むものなのである。歴史は生れた意識から始まるのでなく、却て意識が生れるというところにこそ歴史の端初はある。意識そのものもまた歴史的であるのである。

我々は歴史的なものが何であるかに就いて様々に理解されているのを見出すであろう。例えば、フンボルトは云っている、「歴史の目的は唯、人類を通じて表現さるべきイデーの、あらゆる方面に向っての、有限な形式がそれに於てイデーと結合され得るあらゆる姿態に於ての、実現でのみあることが出来る、そして諸々の出来事の過程は唯、両者が互にもはや貫き合うことの出来ぬ場合にのみ中断し得る。」「歴史家の仕事はその最後の、然し最も簡単な解決に於て、現実のうちで存在を獲得しようとするイデーの努力の叙述である。」「あらゆる出来事のうちに直接に知覚し得ぬイデーが支配するということ、然しこのイデーは唯諸々の出来事そのものに於てのみ認識され得るということは、この研究の行程の固持しようと努めて来た二つの事柄である。」かくてフンボルトは「世界歴史は（神の）世界統治なしには理解されない」という有名な言葉を語る。このような歴史の見方に対して、然し、マルクスはその唯物論的な見地から反対し、批評しつつ云うであろう、「従来の凡ての歴史観は、歴史のこの現実的な土台を全然顧慮せずにおいたか、さもなければ、単にそれを歴史の過程とは全く何等の関連をももたぬ一の付随物と見做して来た。それだから、歴史はいつも、歴史の外に横たわれる規準に従って記述されざるを得ず、現実的な生活の生産が非歴史的なものとして現われ、これに反して歴史的なるものが普通の生活から離れた格別超世俗的なものとして現われるのである。」そして彼は自分の立場を主張して云う、「このようにして、道徳、宗教、形而上学及びその他のイデオロギー、並《ならび》にそれらに相応する諸々の意識形態は、もはや独立性の外観を保持しない。それらのものは何等歴史をもたない、それらのものは何等発展をもたない。却て彼等の物質的生産と彼等の物質的交通とを発展せしめつつある人間が、このような彼等の現実と共にまた彼等の思惟と彼等の思惟の生産物とを一緒に変化するのである。意識が生活を規定するのでなく、却て生活が意識を規定する。」フンボルトとマルクスとに於てはかくの如く歴史を理解する立場が異っている。然しフンボルトは近代の歴史的意識を豊かに表現した人と見られており、マルクスもまた固より発達せる歴史的意識を体現せる人であった。そこで注意すべきことは、歴史的意識は歴史を単に平面的なものとしてではなく寧ろつねに立体的なものとして考えているということである。換言すれば、それは歴史のうちに、或はイデーとその現象、或は下部建築たる物質的生産的生活と上部建築たるイデオロギーという風に、いわば階層組織を考えている。このことは、我々の意見によれば、根本的には、歴史が事実としての歴史と存在としての歴史という二重のものであることから来るのであって、この二重のものの一定の史観にもとづく解釈として現われるのである。フンボルトのような歴史の見方は観念論的な史観と云われ、マルクスの如き歴史の把握の仕方は唯物論的な史観と云われる。二人の史観はかく対立せるにも拘らず、共に歴史的意識を有したと云われ得るならば、「歴史的意識」の概念が「史観」の概念に対して或る形式的な意味のものであることは明かであろう。丁度ヘーゲルは観念論者であり、マルクスは唯物論者であるが、共に弁証家であるところから、両者に共通な弁証法一般の理論というものが考えられ、且つかかる弁証法一般の理論が打ち建てられ得るように、我々はヘーゲル、フンボルト等の観念論的な史観及びマルクス主義の唯物論的な史観に共通な歴史的意識一般の理論というものを考えることが出来、且つこのような理論を打ち建てることが出来よう。歴史哲学とはかかる歴史的意識の理論である、と定義されてもよい。この理論は哲学的である。なぜなら第一に、歴史的意識は個々の規定された史観に対して形式的な意味をもち、このような形式性乃至一般性は哲学的認識のひとつの特徴をなしている。第二に、歴史的意識は規範的な意味を担っている。そしてこのような規範的な性質もまた哲学的認識のひとつの特徴に属する。

第三に、歴史的意識はロゴスとしての歴史即ち歴史学と同位のものでなく、却てそれの根底にあってそれを規定する。歴史哲学はかかる歴史的意識の理論としてベルンハイム、セイニオボ等の論述したが如き歴史学方法論とは異る独自の理論であり得る。弁証法の理論が弁証法は観念論的であるべきか唯物論的であるべきかを決定するように、歴史的意識の理論は史観が唯物論的であるべきか、それとも観念論的であるべきかを決定する。然し歴史哲学が単に何か一定の史観そのものの叙述とは異る或るものでなければならぬことは当然である。

* Wilhelm von Humboldt, Ueber die Aufgabe des Geschichtschreibers. Die sprachphilosophischen Werke Wilhelm's von Humboldt, Hrsg. v. H. Steinthal 1884, S. 143, 144.

我々は既に史観という語を用いたのであるから、ここにこの概念を他の歴史の諸概念に対する秩序及び関係に於て規定しておくことが必要であると思われる。史観は歴史的意識と特に呼ばれたものと同じ秩序に位する。それは主として事実としての歴史を自己のうちに表出する。ロゴスとしての歴史はその根底に於て史観によって規定され、このことを通じて、それは単に存在としての歴史を模写するにとどまらず、また主体的事実を自己のうちに表出せざるを得ない。歴史叙述がイデオロギーとしての性格をとるに至る根源はここに存している。史観が歴史的意識の概念に対して一面或る内容的なものを意味することは既に云われた。全く異った史観を有するフンボルトもマルクスも共に歴史的意識の上に立っていたと見られる。然し今や他面に於て史観の概念の範囲を拡張することが要求されているように思われるのである。蓋し我々の規定したところでは、歴史的意識は優越な意味のものであった。これを与えるのは優越な意味を有する事実、即ち歴史の基礎経験であった。けれども事実としての歴史は唯或る一定の歴史的時代にのみあって、他の歴史的時代にはないというが如きものではない。それはつねにある。そしてまた他方に於てあらゆる歴史的時代に、従って規範的な意味に於ける歴史的意識からは非歴史的と見られる時代にも、ロゴスとしての歴史即ち歴史叙述が存在し、且つそれの根底には歴史に就いての一定の見方が横たわってそれを規定しているのが認められる。例えばかの啓蒙時代は非歴史的であったと云われている。然しこの時代にも種々なる歴史叙述があったし、そしてこのものは歴史に就いての一定の見方を含んでいたのである。このような歴史の見方の代表を我々は、歴史哲学 philosophie de l'histoire なる語を初めて用いた人として知られ、当時最も広く影響を与えたヴォルテールに於て見出し得よう。かれヴォルテールは就中次のことを記している、「歴史の利益は主として、一政治家、一市民が外国の法また風俗を自分の国のそれらと比較し得るところに存する、これは芸術に於て、農業に於て、商業に於て近代の諸国民の競争心を刺戟することである。過去の諸々の大なる過失は凡ての種類の人にとって大いに役立つ。ひとは罪や不幸をどれほど新たに考え直させられても過ぎることはなかろう、ひとは、何にせよ、この両者のいずれをも予《あらかじ》め防ぐことが出来るのである。」

その後様々な運命に出会った歴史哲学という語は、ここではひとが歴史から教訓もしくは指導として引出して来る助言を意味したのであった。かくの如き歴史の見方は本来の歴史的意識をもたぬ、或は不十分にしかもたぬものと正当に批評されるであろう。けれどもそれは屢々繰り返して現われている歴史に関する一定の見方であって、史観の一形態と見做されることを妨げない。実際それは「実用主義的」と名付けられるところの史観に属している。このように見るならば、我々は史観の概念をば、凡ての歴史叙述の根底につねに含まれる或る哲学的なものとして規定することが出来る。この一般的な意味での史観はいずれの時代にもあり、且つそれぞれの時代に於てそれぞれ異っている。非歴史的な見地に立つと云われるブルジョワジーも、非歴史的として特徴付けられる史観をもっているのである。かくて史観には歴史的意識なき史観と歴史的意識を含む史観とがある。

然しながら一層重要な点は、等しく歴史的意識を含むとせられる史観に就いて、唯物論的と観念論的とが区別せられるということでなければならぬ。この区別は存在としての歴史に於て何が優越な意味に於ける存在として決定されるかということに関係する。或は非感性的なイデーが、或は感性的な物質がそのようなものとして決定せられる。即ち存在論的決定と我々の称するものが各々の史観のうちには含まれているのであって、このものが史観の性質を規定する。然るにいわば客観の側に於ける「存在論的決定」に主観の側に於ては「人間学」が対応する。一定の人間学は必ず一定の存在論的決定と結び付く。この意味に於ては、主観が客観を規定するのでもなく、また客観が主観を規定するのでもなく、却て事実というものが主観と客観とを共に規定するのである。即ち主観の側に於ける人間学と客観の側に於ける存在論的決定とは共に事実としての歴史によって規定され、従って両者はまたつねに対応の関係にあることになる。史観の問題という空漠な問題は、このようにして、人間学及び存在論的決定の問題としてその哲学的内容を明かにされる。そこで歴史哲学にとっての一の重要な課題は、マックス・シェーラーがその論文『人間と歴史』の中で企てたが如き、史観と人間学との連関を明かにすること、然しとりわけ優越なものの意味を有する歴史的意識を構成するが如き歴史の人間学とは何であるか、歴史の存在論的決定とは何であるか、を示すことである。シェーラーの立場からは甚だ不十分にしか解決され得なかったこれらの問題に就いては、後の章に於てつまびらかに論究されるであろう。

このようにして我々は我々の歴史哲学の体系の基礎となるべき若干の根本概念をさしあたり必要な限り分析し、且つその一々を秩序付けて来た。中でも重要なのは事実としての歴史、存在としての歴史及びロゴスとしての歴史という三つの概念である。もしこれら三つの概念に相応するものを他に求めるとすれば、ディルタイがその『精神科学に於ける歴史的世界の構成』という勝れたる論文の中で生の三つの契機として挙げた体験、表現及び理解という三つの概念があるであろう。* 私は読者の理解を容易ならしめるためにここにこのことを特に記しておこう。それにも拘らず我々の思想とディルタイの思想との間には種々なる、決して重大でなくはない対立があるのであって、そのことは彼のいう体験が心理的乃至意識的なものであるに反して、我々のいう事実としての歴史が単にこのようなものでないところに於て既に明瞭である。一般的に云えば、彼の歴史哲学は解釈学的思想によって導かれている。解釈学の論理は有機体説的論理である。そこでディルタイは体験、表現、理解の間の連関を一の構造連関であると考える。これとは反対に、我々の歴史哲学を導くものは弁証法的思想である。ディルタイ及び彼の先輩たちは従来歴史的意識の発達に対して甚だ貢献するところがあった。我々はもちろん彼等の功績を認めなければならぬ。然しながら今や彼等の歴史観のうちに含まれる解釈学的、有機体説的思想を批判し、克服することが要求されていると思う。これより後我々は歴史を構成する三つの契機としての事実としての歴史、存在としての歴史、ロゴスとしての歴史の間に於ける弁証法的な関係を更に詳細に究明するに際し、それぞれの機会の与えられるに従って、ディルタイ及び彼の先蹤者《せんしょう》たちの批判にも立ち入るであろう。

＊ Vgl. Wilh. Dilthey, Der Aufbau der geschichtlichen Welt in den Geisteswissenschaften, Gesammelte Schriften, VII. Band 1927. なお拙著『史的観念論の諸問題』に於ける「ディルタイの解釈学」参照。

第二章　存在の歴史性

一

我々は歴史の概念に就いて論じ、三つのものをその主要なる概念として区別して来た。いま次第に問題に深入りするに際し、さしあたり存在としての歴史の概念を手懸りとして我々の研究を進めようと思う。そして我々は、存在としての歴史はその存在に於て何か、と尋ねる。存在の歴史性の問題がそれである。研究のかくの如き手続は事物の秩序そのものに従って与えられると見える。なぜなら存在としての歴史は、事実としての歴史及びロゴスとしての歴史に対し、秩序上丁度中間に立つのであるから、これを手懸りとして研究を進めることにより、我々は他の二つのものに対する見通しを得つつ、区別された歴史の三つの概念をそれら相互の連関に於て統一的に把握することが出来ると考えられるからである。然しそのためには、存在としての歴史がそれにふさわしく根本的に取扱われることが要求されている。現代の歴史哲学の通弊である如く、このものが歴史叙述乃至《ないし》歴史学的概念構成の方面から一面的に見られることのないように特に慎まれなければならない。

我々はリッカートの如く、我々の歴史哲学を何よりも歴史的認識の問題に結び付けるのでなく、ましてこの問題を、彼がその主著を名付けたように、『自然科学的概念構成の限界』の意味に於てその方面から考察するのでないばかりでなく、我々はまた存在としての歴史を、ディルタイの如く、『精神科学に於ける歴史的世界の構成』の意味に於て何よりも精神科学的認識の側面から問題にするのでもない。現代哲学のうちに何等かの仕方で共通に現われているこのような「認識論的偏見」は、先ず我々の研究から遠くに推し退けられておかねばならぬ。存在としての歴史を何よりもその存在に於て問うということが大切である。

歴史はその存在に於て何であろうか。この問に対して我々は、歴史はその存在に於て現実存在である、と答える。この答は一見あまりに平凡であり、陳腐である。歴史的なものが現実的なものであるということは、殆ど凡ての場合に認められたことであると云ってよい。歴史を軽蔑した十八世紀の哲学者たちに於てそうであった。彼等は恰も歴史を現実的なものと見做したが故に、法則、恒常的なもの、一般的なものを探求する哲学者にはふさわしからぬものとして、それを軽蔑したのであった。史的唯物論の立場に立つ者が歴史を現実的なものと考えることは云うまでもなく、その歴史的諸著作に於て歴史の行程に対するイデーの影響を高調したランケも、「単にイデーが独立なる生命をもち、凡ての人間は自己をイデーをもって充す単なる影または幻である」、かのように見るヘーゲル学派の見解に反対し、歴史の指導的イデーというものを、「各々の世紀に於ける支配的なる傾向」として解釈し、規定したのである。* かくの如く、歴史は現実的な或るもの、少くともその本性に於て現実的なものとの必然的なつながりを含む或るものとして理解されるのがつねである。そこで歴史学はまた時に「現実科学」Wirklichkeitswissenschaft とも称せられる(ジンメル)。歴史と現実ということがこのように一緒に語られざるを得ないものであるにしても、所謂現実とはその存在に於て何であるか、ということにして明瞭に規定されない限り、そのこともなお殆ど全く何事も語っていないに等しい。現実的なものとは感性的なものである、と無雑作に云ってしまえば、ヘーゲルは反対に「唯イデーのみが現実的である」と主張するであろう。それ故に、歴史はその存在に於て現実存在であるという我々の命題は、答であると同時に問の意味を負わされなければならない。現実存在とは何であるかを根本的に解明し、そしてそこから存在としての歴史の諸規定を統一的に、原理的に展開するということが我々に対して要求されているのである。

* Vgl. Leopold v. Ranke, Ueber die Epochen der neueren Geschichte, München und Leipzig, 1921, S. 18.

現実的な如何なるものもその現実存在の理由をもっている。ライプニッツが定式化して云ったように、「理由なしには何物も存在しない。」現実存在 existentia は、他の場合に述べておいた如く、* 「出て来てしまった」existit ものとして在り、それにとってはつねに「それの出て来るもと」が予想される。即ちそれに於ては「存在」と「存在の根拠」とが区別せられるということが現実存在の根本的規定である。現実的なものは凡てこのように自己の存在とは区別せられた存在の理由または根拠の上に立つのであるから、世界——歴史的世界も固より——の一切の存在は、神学的な意味を離れても、creatures——スコラ哲学者は世界の存在を ens creatum として特性付けた——と呼ばるべき意味を担っている。それらは神を除き、あらゆる現実的なものに於てその存在と存在の根拠とは一つでない。これが現実存在自己の存在の根拠を自己のうちに含まず、却て他のもののうちに有する。これが現実存在に関する従来の存在論の伝統的な、然し今では殆ど棄てて顧みられない根本思想である。我々にとって必要なのは、この伝統的な思想を再び取り上げ、新たに理解し直すことである、と信ぜられる。

＊ 拙稿「弁証法の存在論的解明」、国際ヘーゲル連盟日本版『ヘーゲルとヘーゲル主義』参照。

歴史的なものにして現実存在であるとするならば、そこから従って来る第一のことは、歴史的なものはその本性に於て偶然性を含むということでなければならぬ。歴史が或る偶然的なものを含むということは、否定され難き我々の根本的な経験に属する。然しこのような偶然性の本来何であるかが十分に透察されていないために、歴史の偶然性ということは果てしなき、無効果なる論争の種となっている。我々はここでも新たなる理解のもとに従来の存在論に結び付くことが出来ると思う。それによれば、偶然的なものとはそれの現実存在と現実存在の理由とが一ならぬものを謂うのである。ヴォルフは次の如き定義を与えた、„ens necessarium est, cuius existentia absolute necessaria, contingens, quod rationem existentiae suae extra se habet." 即ち偶然的な存在とは自己の現実存在の理由を自己の外に有するもののことであって、必然的な存在とはこれに反し、それに於ては現実存在と現実存在の理由とが一つであるところのものである。ヘーゲルもこのような規定を踏襲して、「偶然的なものとは一般に、その存在の根拠を自己自身のうちにでなく、却て他のもののうちにもてるが如きものである」、と語っている。* かくて神以外の一切の現実的なものは凡て偶然的であると云われるのである。ことわるまでもなく、偶然性に就いてのかくの如き規定は、現実的なもののその存在に於ける規定であって、今日普通になされる如き、認識の見地から、従って法則、殊《こと》に因果法則の見地から偶然性を規定するのとは全く異った仕方に於ける規定である。ひとはこの場合にも先ず認識論的偏見によって導かれるようなことがあってはならぬ。

* Hegel, Encyclopaedie § 145 Zusatz. 哲学の歴史に通じている者は、ヘーゲルがその論理学に於て如何に多くの場合従来の存在論の諸規定を踏襲し、新しい解釈を賦与しつつ、彼自身の立場に於て統一したかを知っている。この態度は学ばれなければならぬ。

それでは如何ようにして我々は、現実存在並《ならび》にそれの偶然性に関する右の如き伝統的な存在論の思想を新たなる理解にもたらし、我々の歴史哲学の内容となそうとするのであろうか。

第一、自己の存在の根拠を自己自身のうちにでなく、却て他のもののうちに有するものは、存在することも存在せぬことも可能であると見られ得る。その限りに於て偶然的なものは、トレンデレンブルクの定義した如く、「在らぬことの出来るもの」quod potest non esse である。* 然しながら在らぬことの出来るものと云っても、決してそれが現実に存在しないということでない。寧ろ正反対に、偶然的と呼ばれるものは凡ての場合に於て既に現実に現われているものなのである。既にそこにあるのでないものは、もともと偶然的とは云われない。この特殊な「既に」が凡ての偶然的なものを性格付けている。それは何等かの既にそこにあるものである。それは恰も現実的なものとして「現に」そこにあるのであるが、この「現に」ということが真の「現在」を意味するのでなく、却て「既に」の意味を担っているところに、偶然性をその根本的規定とする現実存在の特性があるのである。このことは、「現にある」が「今ある」と言い換えられる場合に於ても、何等変りはない。「今」は決して真の「現在」でなく、「既に」の意味を含む「現に」ということである。かくして現実的なものに就いては、いわばその現存在が同時に既存在の意味を含んでいるのである。固より、前に述べた如く、偶然的なものは在ることも在らぬことも可能であると考えられる故に、その限りに於て我々は、ローゼンクランツに従い、「偶然とは単に可能性の価値を有する現実である」、と云うことも出来よう。然し偶然的なものは単に可能的でなく、どこまでも現実的である。どこまでも現実的であるものが単に可能性の価値を有するに過ぎないのは、その現実性が真の現在でなく、「既に」ということであるからでなければばならない。かくの如き存在に対して、それから区別せられる存在の根拠は真の意味に於ける現在として区別せられるのでなければならぬ。ところで我々は事実としての歴史をかかる「現在」として規定した。歴史はその存在に於て現実存在であると云われるとき、それに於ては存在と存在の根拠とが二つでなければならないが、このとき存在の根拠と見らるべきものは真の現在たる事実としての歴史である。

* A. Trendelenburg, Logische Untersuchungen 1870, II, S. 218.

第二、近代に於ては、自然科学的思惟の優勢な支配のもとに、存在の根拠と云えば、直ちに所謂「原因」のことが考えられる。かくて必然性ということも因果必然性の意味に解され、従って偶然的なものとは因果必然的でないものと見られるのがつねである。歴史的なものは偶然的であると云われる場合に起る喧《かまびす》しい論争も多くはこれにもとづいている。然るに本来、現実存在及びそれの存在根拠という問題は、因果的な見方とは全く秩序を異にする見方から問題にされるのであり、従って現実存在の偶然性ということも一切の存在の因果法則的決定性ということと何等牴触《ていしょく》するものでない。ヴォルフによれば、全因果連鎖も、全く偶然的な諸要素から結合されたものとして、それ自身偶然的である。凡てのそれの出来事を含めて全世界は、丁度異った仕方でも仕掛けられ得たであろう時計の歩みの如く、偶然的とみられる。ひとはカントのうちにも不思議に同じ思想が残されているのに出会う。即ち彼は同様の理由から、「現存在に於ける制約されたるものは一般に偶然的と云われる」、と記し、まさに因果的に制約されたるものをば偶然的なものと見做したのである。* このようなことは如何に理解さるべきであろうか。因果的な見方に於て、存在の根拠が所謂「原因」と考えられるとき、存在の根拠はやはり存在であると見られる。一の原因であるものは他の結果であり、一の結果であるものは他の原因であると見られ、存在と存在の根拠とが同じ秩序に属するということが因果的な見方を特徴付けている。従ってヘーゲルが悪しき無限の例としたように、因果の系列は直線に象《かたど》られ得る。そこでは現実的なものはいわば一重のものである。これに反して、いま問題になっているような見方は平面的でなく、却て立体的である。ここでは現実的なものは寧ろ二重のものである。即ちこの場合、存在と存在の根拠とが区別せられるばかりでなく、両者は同じ秩序のものでないと考えられる。或るものの存在の根拠は再び存在の秩序に属する他のものではない、というのでなければ、因果的な見方に対してこのような見方の独自性は基礎付けられない。然るに存在の根拠は再び存在であり得ない、ということは、全く原理的に理解されることが必要である。現実存在の根拠は、従来の存在論が考えたように、現実存在とは異なる他の存在、即ち本質存在或はイデア的存在であってもならぬ。もしもそうであるとするならば、かかる存在の根拠の上に立つ現実存在は偶然的とは云われない筈である。一般に存在の根拠が何等かの存在であると考えられる限り、偶然的なものはなく、そこには単に必然性の関係があるのみであろう。ところで如何なる意味に於ても存在といわれないものは唯「事実」のあるばかりである。その存在の根拠が事実としての歴史であるが故に、存在としての歴史の根本的規定は偶然性であるのである。事実としての歴史と存在としての歴史とが秩序を異にすることは屢々述べて来た通りである。しかも存在の根拠たる事実はみずからのうちに否定の契機を含む故に、存在は偶然的なのである。そして現実的なものを二重のものとして立体的に把握し、存在と存在の根拠とを秩序に於て区別される二つのものと見る見方が、後に示される如く、弁証法的な見方の特徴をなす。まさにかかるものとして弁証法的な見方は因果的な見方とは秩序を異にしている。

＊ Vgl. W. Windelband, Die Lehren vom Zufall 1870, S. 74. なおジンメルが現存在の自然法則的決定性の限界に就いて論じているのを参照せよ。G. Simmel, Die Probleme der Geschichtsphilosophie 1922, S. 130, 131. ジンメルに従えば、世界の現存すること、そしてそれがもともと一定の形態を有するものとして現存すること、否、自然法則の「現存」Existenz ということでさえも、「或る単に現実的なもの、法則からは理解され得ぬものであり、寧ろ一の歴史的事実」である。我々のいう「既に」がそれの現存を性格付けるであろう。然るに現存の問題、所謂事実の確定の問題が歴史家にとってはどこまでも第一次的な問題である。

第三、存在の根拠は再び存在の秩序に属し得ない、という原理的な命題は、存在の根拠が「主体」として把握されねばならぬということを意味する。その限りに於て弁証法を確立したと云われるヘーゲルが、「私の意見によれば、凡ては、真なるものを実体 Substanz としてでなく、却て恰もまさに主体 Subjekt として把握しそして表現する、ことにかかっている。」と云ったのは、まことに正しい。そしてそのことは我々が存在と事実とを「客体的存在」及び「主体的事実」として規定して来たことに照応する。従来の存在論が存在の根拠を「実体」として何等か客体的なものと考えたのとは反対に、我々によって存在の根拠と見られる事実は却て主体的なものである。それが主体的なものであると云っても、所謂主観的なもののように、それが客観的なものに比していわば存在の量に於て劣るとか、個人的なものであるとか、いうことであり得ないのはもちろんである。かかる意味に於ては寧ろ主体的な事実こそ客観的であり、存在的であり、超個人的でさえある。そうでないならば、それが存在の根拠であるなどとはそもそも云われない筈である。主体として把握されたイデーはヘーゲルに於てもそれが ens realissimum〔最も実在的な存在者〕を意味した。然し固より我々のいう事実はヘーゲルのイデーとは決して等しくない。それが如何なるものであるにせよ、一般にイデー的なものの根拠の上に於ては存在の偶然性なるものは基礎付けられ得ない。我々の規定した意味に於ける事実はそのうちに否定的なもの、自然的なものを含むが故に、事実を自己の存在の根拠とする存在は偶然的であるのである。認識論に於て論ぜられる如く、主観はどこまでも客観化されない或るものでなければならぬ。

けれどもそれだからとて、主体的なものは必ず純粋な自我でなければならぬとか、或は何か意識でなければならぬとか、などとは云われないであろう。必ず認められねばならぬことは、主体と客体とが同じ秩序のものであってはならぬということである。そしてこの条件は観念論的立場に於てのほか充《みた》されないというが如きものではない。事実は主体として、どこまでも客体的存在の秩序に属さないけれども、我々は意識を指して事実と云っているのではないのである。寧ろ我々によれば、意識もまたひとつの存在と考えられることが出来る。殊にフッセルの説くように、意識がノエシス・ノエマ的構造を含むとすれば、そのことはまさに意識もそれ自身なおひとつの存在と見られ得ることを示すものではなかろうか。このとき自我の無限なる反省可能という有名な思想を持ち出して、如何なる意味に於ても存在とは云われない事実とは畢竟《ひっきょう》かかる自我のほかあり得ないではないか、とひとは論ずるかも知れない。然しながら自我の無限なる反省可能ということも、かのボルツァノに於ける真理は無限に多くあるという論証と同様に、或る形式的なものであり、従って少くとも歴史を考える立場にとっては或る空虚なものであり得る。そうであるべきでない限り、われがわれを省みるということは、かの発心《ほっしん》または更生といわれる場合の如く、われが新たに生れるという意味をもつのでなければならぬ。然るにかくの如きことは、宗教家がそれを神の恩寵に帰して説明するように、純粋に内在的な立場からは真に理解され得ない。そこではまさにわれそのもの、意識そのものが新たに生れることが問題になっているのであるからである。そのように、歴史はわれそのもの、意識そのものの生れるところから始まる。われといわれ、意識といわれるものも、生れたもの、作られたものとしては存在と考えられなければならぬ。このようにわれそのものを作り、意識そのものを生むところのものこそまさしく我々が事実と呼ぶものである。われは事実に於て絶えず新たに作られつつある。そして意識を生むものは固より意識に内在的なものであることが出来ない。事実は寧ろ意識を絶えず破るところのものである。事実はまことに超越的なものである。たとい存在が或る意味では内在的なものと考えられねばならぬとしても、事実は決して内在的と考えられ得ないものである。

二

さて以上の叙述が歴史の考察にとって何か縁遠いことであるかの如き外観を惹き起さないために、我々はここに一二の現実的な問題の研究を試みよう。歴史的なものは一般に状況に於てあるものと云われ得る。歴史的なものは単に大抵の場合或る状況に於てあるというのでなく、このように状況に於てあることは歴史的なものにとって構成的な意味をもっている。数学的存在は本来状況性を担うものとは考えられない。凡そ本質もしくは本質存在なるものは状況性を有しないか、もし状況性を有するとしても状況性はそのものにとって構成的であるとは考えられないのである。我々の普通見る赤は赤旗の赤、また赤い部屋の赤である。然し赤の本質、赤の自体にとっては旗とか部屋とかは単に付帯的なものと見做される。従って色の本質の研究に於てはこのようなものは括弧に入れられ、かくて色の幾何学として「色の空間」Farbenraum の理論（マイノング）も考えられ得る。然るに歴史的なものはその本性上かくの如きいわば純粋な存在ではなく、却ってつねに一定の状況に於てあるということをその最も根本的な規定として含んでいる。状況性はそれにとって構成的な範疇のひとつである。何等かの状況のうちにないものは歴史的とは云われない。状況性は存在の歴史性の基本的なもののひとつである。ところで歴史学に於てはこのような状況は一般に「ミリュウ」（環境）milieu なる名称をもって知られている。凡て歴史的なものはつねに或る環境に於てあるのである。

　ミリュウの概念及びその理論は特にフランスの学者によって有名にされた。就中テエヌがその『英文学史』の序に於て、歴史的研究の方法を規定しつつ、歴史を作るに与《あずか》る三つの主要な力として人種 race、環境 milieu 及び時代 moment を挙げたことは著名である。*それらのものは、内部の弾力、外部からの圧力及び既に習得された動力を意味し、歴史の実存的な原因であるばかりでなく、それの運動の可能なるすべての原因であると考えられた。テエヌは環境の理論に就いて、或はボダン、モンテスキュウに於て、或はコントに於てその先蹤者をもっている。イギリスでは既にベーコンがこの思想を唱えた。もともと、地理的状況、土壌の性状、気候等のものがその地方の住民の性質に影響を及ぼすという発見は極めて古く、ヒポクラテスは夙に様々な観察を基礎とし多くの実例をもってそのことを示している。ドイツに於てヘルダーは単に諸民族の存在ばかりでなく、またその思惟、活動、即ち歴史は、その状況、その物理的環境に依存するということを詳細に論述した。彼の古典的な著作の冒頭には次の如く書かれている、「人類歴史に就いての我々の哲学は、それがいわばこの名に値すべきであるならば、天体から始めなければならない。」**なぜなら我々の歴史の行われる地球は「諸々の星のうちに於ける一つの星」であるからである。ヘルダーの思想はカール・リッターによって科学的に展開され、フリードリヒ・ラッツェルに至って所謂「人文地理学」Anthropogeographieとして発展させられた。このものは人間を、「彼が地球の空間的諸関係に依存しもしくは影響される限りに於て」、地理学の対象の中に引き入れる。そしてラッツェルは「宗教、科学及び詩は大部分人間の精神に於て反射された自然の諸反映である」***とまで云っている。

* H. Taine, Histoire de la littérature anglaise.

** Herder, Ideen zur Philosophie der Geschichte der Menschheit.

*** F. Ratzel, Anthropogeographie oder Grundzüge der Anwendung der Erdkunde auf die Geschichte, I. Teil, zweite Auflage, S. 21.

環境に関する諸理論の内容に立入って詮議を試みるということは我々のさしあたっての

仕事ではない。一般に環境なる概念の哲学的意味をば、しかも歴史はその存在に於て現実存在であるという我々の主張及び現実存在に就いての我々の規定の仕方との関係に於て、闡明するということが我々の今の課題である。ところで、ミリュウという語も色々に使われている。普通にそれは気候乃至風土等、地理的或は自然的環境の意味に用いられる。けれども環境の意味はこれに限られないのである。テエヌもミリュウなる概念のうちに種々なるものを包括せしめた。彼はこの表現のもとに時には主として自然の諸影響を考え、他の場合にはこのものを特に風土 climat と呼んで、寧ろ文化的な或は社会的な諸要素をミリュウと称している。それだから彼のミリュウ説は次の如き形をもとる。「かくて我々は遂に次の規則を立てる、即ち芸術作品、芸術家、芸術家の団体を理解するためには、彼等が属した時代の精神及び風習の一般的状態を正確に思い浮べることが必要である。そこに最後の説明が見出される、そこに爾余《じよ》のものを決定する根源的原因が存する。」とテエヌは云う。*『英文学史』の序に於ては風土、政治的事情、社会的状態の三つがミリュウの概念の内容として述べられている。歴史的勢力としての風土の意義を重要視し、「歴史は諸時代及び諸民族の運動せしめられた地理学以外のものでない」、と云ったヘルダーも、歴史理解の範疇として「状況」Umstände なる概念を掲げ、「最も広き意味に於ける一民族の政治的状態、法律、政府、習俗、市民的運命」をこのような状況と見做した。然るに自然的環境ということが天体から人間の生理的性状に至るまであらゆる自然的なものの上に拡張され得るように、文化的或は社会的環境ということも言語、習慣及び風習、道徳及び宗教、職業、商業、芸術、科学、法律及び憲法、経済的及び社会的諸関係の一切を含むことが出来る。** アンリ・ベルの如きはなお「論理的環境」milieu logique ということをさえ語っているのである。*** 蓋し彼によれば、思想の発見と雖も空に懸《かか》れるものではない。思想は思想につらなる。発明的天才は集団的、国家的、社会的でなく、人間的で、非人格的なミリュウ、即ち論理的ミリュウのうちに属する、このものは「意識に反射され意識によって解釈された実在」である。このようにして、実際、環境という概念はあらゆる存在をその中に包摂し得る。もしそうであるならば、それは恐らく世界ということと同意義のものにならなければならなくなる。かくの如く普遍的な意味を有し得る環境なるものの最も一般的な且つ最も根本的な規定は如何なるものであろうか。

* H. Taine, Philosophie de l'art, I, p. 8.

** Vgl. E. Bernheim, Lehrbuch der historischen Methode und der Geschichtsphilosophie 1914, S. 634 u. S. 677 ff. フランスの学者は「自然的環境」milieu naturel と「人為的環境」milieu artificiel との区別を立てている。P. Lafargue, Le matérialisme économique de Charles Marx. Ch. Seignobos, La méthode historique appliquée aux sciences sociales. 等参照。

*** Henri Berr, La synthèse en histoire, p. 215.

普通考えられるところでは環境とは一般に或る外的なもののことである。そして我々もまた多くの場合このような考え方を無雑作に受け容れている。然しながら、既に述べた如く、環境は歴史的なものにとって構成的な意味を有するとすれば、それは単に外的なものとは云われ得ない。アンリ・ベルの如きが論理的ミリュウというようなものを認めたのも、あらゆる歴史的なものはその本性上ミリュウのうちにあると考えられねばならぬことによるのである。それ故にまたデュルケムは「内的社会的環境」milieu social interne という語を用い、「何等かの重要性ある凡ての社会過程の最初の起原は内的社会的環境の構造のうちに尋ねられねばならぬ」、と云っている。* 社会の形態を特性付けるにあずかる種々なる要素が内的社会的ミリュウを構成する。かかる要素として就中デュルケムが社会の容積 volume と呼ぶもの即ち社会単位の数、及び彼が社会の密度 densité と称するもの即ち人口の集中の度が挙げられるであろう。かくして単に外的ということは環境の根本的な規定であり得ない。たといそれを或る外的なものとして規定し得るとしても、問題は寧ろ、外的とは何を意味するか、外的なものに対立せしめられる内的なものとは如何なるものであるか、ということでなければならぬ。そこで我々は一層原理的に次のように考えねばならないであろう。

* E. Durkheim, Les règles de la méthode sociologique, p. 138.

第一、環境の概念は或る偶然性の概念を含んでいる。凡てのものが他と悉く《ことごと》絶対的に必然的な関係に於てつながり合っているところでは、もともと環境と云わるべきものはあり得ない。従って数学の世界に於ては固より、ラプラスの考えたが如き世界型式、一般に自然科学的世界像のうちに於ては環境なるものはその固有の意味では考えられ得ない。必然性の網の中には環境として示さるべき如何なる場所もないのである。尤もここにいう偶然性は決して必然性と相容れないものであってはならぬ。環境と考えられるものはそれ自身に於て現実的なものであり、その存在に於て現実存在である。従ってそれは、上に云った如く、その存在の根拠から抽象されて単にその存在に於て見られる限り、言うまでもなく他の一切のものとの必然性の連鎖のうちに立っている。然しながらかかるものとしてはそれはもはや環境としての意味を失い、凡そ歴史的なものの領域のうちに這入って来ることがないであろう。このように必然的なものがその存在の根拠との関係に於て偶然的として受取られたとき初めて、それは環境の意味を担うことが出来る。それ故に事実としての歴史の立場に於てのみ環境なるものは成立するのである。主体的事実との関係に於て客体的存在は凡て環境と見られ得るのである。

第二、もとミリュウ milieu という語は「中央」を意味し、そこからこのものの「周囲」を意味する。何物かが中央となるのでなければ環境なるものもあり得ない。このとき中央にあるものとは如何なるものであろうか。もしこのものにして限定されないならば何が環境であるかも規定されない筈である。中央にあるものとは、純経済過程、純法律過程、などういうような何等か「純粋なもの」であろうか。よしそのように純粋なものを抽象して考えることが可能であり、また一定の学問上の目的から必要であるとしても、かかるものはもはや現実的に歴史的なものではない故に、そこに於ては環境に就いて語ることは無意味にされており、否、環境的要素との絶縁ということこそかかる学問的抽象の目的であるのである。現実の歴史に於ては寧ろ、法律、政治、宗教等の諸々の文化は相互に作用し合い一の作用連関を形作っていると見られねばならぬであろう。この場合、例えば文学史を書く者がその認識目的の上から文学を中心としてそれ以外の文化的諸要素をそれに対する環境と見做すことが出来る。然しながら実際に於て環境の概念は単にこのような科学的概念構成に於て初めて作られたとは見られない現実的な意味をもっている。そこで環境に対して中央にあるものとは「働くもの」と考えられないであろうか。この説明は尤もらしく見える。人間は働くものであり、彼等の周囲の自然は彼等によって働きかけられるものとして環境といわれるようである。然るに思想の歴史に於ては寧ろ反対に、環境理論は人間が自然によって働きかけられるということ、従って環境は働きかけるものであるということを主張することによって発展したのである。もちろん自然の人間に及ぼす影響の重大性を説くラッツェルなどの人文地理学が一面的であることは免れないのであって、これに対して、フランスの人文地理学 géographie humaine は自然に働きかける人間の研究を重要視する。人間は自然に働きかけると同時に自然から働きかけられる。個人に対して社会が環境と考えられる場合も同様である。それ故に環境がそれにとって環境であるところのもの

ことが働くものであるとしても、それは環境とは異った秩序の或るものでなければならぬことは明かである。そこでひとはこの場合カントの思想を想い起すであろう。我々は畢竟カントの云うような自然の「終局目的」Endzweck の概念を立てるのでなければ、環境の概念を基礎付け得ないのではないであろうか。カントによれば、かかる終局目的は自然の範囲内にはなく、それとは全く秩序を異にする自由の王国に属する。人間も自然的存在と見られる限り自然の終局目的ではあり得ないのであって、彼が道徳の主体であるとき初めて、一切の自然がそれに従属せしめられる終局目的であり得るのである。* 実際、カントに於ての如く、自然の秩序とは全く異る自由の秩序のうちに自然の終局目的を立てるならば、たしかに環境の概念は基礎付けられるであろう。然しながら、よしカント的な二元論が正しいとしても、そのときにはまた環境の概念のうちへこの概念の含む以上のものが投げ込まれることになる。我々の、そして歴史家の有する環境の概念はかくの如き道徳的、価値的な見方からは遥かに遠い。かくして、要するに、現実的な環境の概念を基礎付けるものは事実としての歴史のほかないであろう。環境的存在とは秩序を異にし、それを成立せしめるものは事実としての歴史である。一切の歴史的なものの中心は事実としての歴史である。主体的事実にとってはあらゆる客体的存在、所謂世界は凡て環境の意味をもつことが出来る。我々が歴史の中心たる事実そのものの上に立つとき、凡てのものは悉く環境とも考えられるのである。

＊　拙著『史的観念論の諸問題』五九頁以下参照。

第三、環境的なものは既にあるもの、与えられたものの性格を担っている。如何なる種類のものであれ、我々が何等かの活動を始めるにあたっては、必ずつねにそこに既に何物かが見出される。これは全く原理的な関係であって、この関係こそ実に我々が中央であるということの意味であり、従ってそこに環境なるものが与えられる。かく中央にあるものにとっては環境は最も広い意味に於ける手段となる。そこでMittel（手段）なる概念はMitte（中央）という概念なくしては存し得ない。然るに環境といわれるものは「既に」の性格をもつのであるから、それは或る意味で過去のものである。テエヌは彼が風土と区別したミリュウを「以前の諸世代の影響」とも云っている。けれどもここに影響と云われている如く、環境はそれが過去のものであるにしても、それが現在に影響している限り、それは単に過ぎ去ってしまったものでなく、今なお在るものでなければならぬ。環境的なものは現に在るものである。従ってそれは以前の諸世代に限られず、現世代もなお環境であり得る。然しながらそれは「現に」あるものであるとしても、まさに環境として「既に」そこに在るという性格をどこまでも担っているのでなければならない。このようにして、一方では過去のものを現にそこに在るものたらしめると共に、然し他方では現にそこに在るものに「既に」の性格を担わせるものは、事実としての歴史のほかあり得ないであろう。我々が他の箇所に於て現代を過去として現わすものが事実としての歴史であると述べておいたことを想い起してみよ。

右の如くにして我々は環境の概念が根源的には事実としての歴史、即ち存在としての歴史の存在の根拠の基礎の上に於て成立することを明かにした。そして事実としての歴史の見地からすれば、単に外的自然ばかりでなく、人間によって作られた凡てのもの、ひとり他の人間によってのみならず自分自身によって作られたものでさえが環境の意味を含んでいる。実際、普通なされる如く、自然的環境のほかに社会的環境などいうものが数えられるとすれば、いったい環境であり得ないような如何なる「存在」があろう。如何にしても環境とは考えられぬものは唯「事実」のみである。それ故に単に存在としての歴史、従ってこのものに結び付くところの歴史叙述の立場に於ては、環境の概念は寧ろ無用であるとも云われよう。ベルンハイムは環境という語を避け、歴史の「要素」として、自然的要素、心理的要素――これはもちろん我々の謂う事実としての歴史のことではない――及び文化的要素の三つを挙げている。このとき人間と自然、或は社会と自然とを対立せしめ――両者は存在の領域としては区別される――、人間に対して自然を環境と見做すことが、なお有意味且つ必要であるとしても、重要なのは、マルクスの考えた如く、この対立が一の弁証法的な対立であり、従って弁証法的な統一をなし、かくて人間と自然との相互作用の過程は全体として一の「自己変化」Selbstveränderung として把握され得るということである。* 然しながら固より環境の概念は我々の現実的な歴史的活動にとっても、我々の現実的な歴史的思惟にとっても、欠くべからざるものとして含まれているのがつねである。このことは明かに歴史が二重のもの、即ち存在としての歴史及び事実としての歴史であることを示す。換言すれば、主体的事実と客体的存在とが秩序を異にするにより環境の概念は生れるのである。ところで環境はまた屢々運命的なものと考えられる。然しそれが本来的な運命でなく、却て本来運命的なものを予想する非本来的な運命と見られねばならぬことは、我々が他の箇所で運命の二重の意義に就いて述べたところから明瞭であろう。

＊ 拙訳『ドイッチェ・イデオロギー』岩波文庫旧版三二頁参照。同書五四頁に我々は次の文章を読む、「大評判の『人間と自然との統一』なるものは産業に於て既に以前から成立しており、しかも各々の時代に於て産業の発達の大小に応じて異った程度で成立していた、同じように、人間の生産力がそれに適応せる基礎の上に発達するに至るまでは、人間と自然との『闘争』もまたそのようであった。」

三

単に環境といわず、一般に存在としての歴史は、それ自身として見られる限り、云うまでもなく、因果必然性の連鎖のうちに立っている。従って存在としての歴史を直接の対象とする歴史学にとっては、先ずこのものの因果的認識が必要である。歴史学は決して因果的認識を全く排斥するのでなく、却てそれを欠くべからざる条件とする。因果的認識によって初めて、それは或る歴史的なものが存在しなければならぬ必然性を把握することが出来る。因果法則に合致しない何物かが見出される場合、歴史家がそれの歴史的真理を否定するということは当然である。然しながら我々は、歴史的認識が因果的認識以上の或るものであることを、多くの勝れた歴史家たち及び歴史理論家たちの認めたのを知っている。因果的認識は真の歴史的認識にとって欠くべからざる条件であるとしても、終局的なものでない。因果的必然性は真の歴史的必然性に対する条件であるけれども、そこにはなお高次の必然性ともいうべきものが考えられねばならぬ。それによって真の歴史的認識が成立する高次の必然性とは如何なるものであろうか。これ即ち、全体と部分との関係に於て規定される必然性にほかならない。それぞれの特殊な出来事、特殊な段階は、それが全体の部分として全体に対する内面的な関係の明かにされることによって初めて、その真の歴史的必然性に於て理解されるのである。真の歴史的必然性は、或るものが抽象的な法則的普遍によって規定されているところにではなく、寧ろそれが具体的な全体的普遍によって生かされ、かかる全体をつねに自己のうちに写し出しているところにある。然るにこのような、部分の全体に対する関係は、実に「意味」Bedeutung の範疇を基礎付ける。歴史の最も重要な範疇の一なる意味の範疇は、ディルタイの述べた如く、一般に、部分の全体に対する関係のうちに横たわっているのである。* 歴史的なものは凡て有意味的 bedeutsam である。歴史的認識はその本性に於て事物の有意味性からの認識である。けれどもこれらのことを哲学的に把握するためには、次のことどもが明瞭にされなければならぬと思う。

* Vgl. W. Dilthey, Gesammelte Schriften, VII. Band, S. 232 ff.

一、存在としての歴史に属するものは悉く因果必然的である。かくの如きものはそのまま で高次の必然性たる意味必然性、即ち全体と部分との関係に於て規定される必然性の秩序へ這入って行くことが出来ない。二つの異なる必然性の秩序がある場合、何等かのものは、その一つの秩序に於ける必然性の資格のままで直ちに他の秩序に於ける必然性を担うということは不可能である。それには、論理的過程としては、因果必然的なものがなお偶然的と見られることがなければならぬ。このことによってそのものの意味必然的として把握されるための地盤が与えられる。ところで上に論じた如く、因果必然的な存在がなお偶然的と見られるのは、事実の立場から、事実との関係に於てである。事実としての歴史は先ず存在としての歴史よりその必然性を奪い去る。二、然しながらこのようにその必然性を奪い去るということは次にこのものに高次の必然性を与えんがためである。かかる高次の必然性たる意味必然性は、一の現実的な全体が形作られ、各々の歴史的なものがその部分として、それのうちにそれぞれ位置付けられることによって生ずる。絶えず移行して停止することなき歴史の過程を丁度完結せしめ、一の全体を形作りつつ、これを担うものは事実としての歴史以外のものであり得ない。これ我々が既に示しておいた通りである。存在としての歴史に於て形作られる全体は、つねに事実としての歴史によって担われているのであるから、生ける全体である。全体は生けるものとして初めて全体とも云われることが出来る。三、我々は部分の全体に対する関係が意味の範疇を基礎付けることを述べた。実際、単なる存在の概念からしては意味というが如きものは出て来ないのであって、存在は事実に対する関係を含むことによってのみ有意味的となり得るのである。因果必然的な存在としての歴史を全体と部分との関係に構成するものがまさに事実としての歴史であるところから、部分の全体に対する関係が有意味性を担うのである。このようにして歴史的なものを因果的必然性とは異る意味的必然性に於て認識する基礎となるのは事実としての歴史である。歴史的認識は事実としての歴史の立場からの、事実としての歴史に関係付けられたところの、存在としての歴史の認識である。

なお事実としての歴史と存在としての歴史との関係に就いて起り易い誤解を防ぐために、我々は更に詳しくこの関係を規定しておこう。この場合多くの者は恐らくそれを内的なものと外的なものとの関係と見るであろう。かくの如く見ることが或る正しいものを現わしているとしても、そのことがまた種々なる危険を伴い易いことも注意されねばならぬ。普通理解されるところでは、外的なものとは感官に落ちて来る sinnfällig なもののことである。それではこれに対して内的なものと考えられた事実は何等か純粋に精神的なものであって、感官の意味をもたないであろうか。我々は寧ろその反対のことを主張して来た。事実としての歴史は感性的なものの意味を含む。このことはヘーゲルが内的必然性としての運命をパトスと云ったのに就いて我々がさきに与えた解釈を想い起してみても明かであろう。デカルトに於て、機械論的に歪められているにせよ、明瞭に言い表わされた如く、古典的な心理学乃至人間学は情念passionsを凡て身体的なものの基礎の上に於て理解している。我々はヘーゲルのいうパトスを事実としての社会的身体に結び付けて解釈した。我々が事実と称するものはさしあたり内面性の問題とはかかわりをもたぬ。事実と存在とは、それが精神的なものと感性的なものとして対立するのでないように、また単に主観的なものと客観的なものとして対立するのでもないのである。かく考えることもまた固より全く間違っているのではない。我々自身「主体的事実」及び「客体的存在」なる語を用いて来た。然しながら主観的及び客観的という語は種々なる歴史的重荷を担っていることが注意されねばならぬ。たとい事実が主観的と呼ばれるにしても、それは決して個人的、非現実的なという意味に於て主観的なのではない、この意味に於てはそれは却て客観的である。或はまた事実は如何なる意味に於ても「物」の意味をもたぬと考えられて主観的と云われるのでもない。この意味に於てはそれは寧ろ存在である。行為が直ちに物の意味をもっているものが事実と云われるのである。それ故に我々はことさらに「主観的」という語を避けて「主体的」という語を用いた。けれども事実は「存在」と同じ意味に於て存在とは云われ得ず、両者はどこまでも秩序を異にする。我々は両者の関係を存在と存在の根拠との関係として示した。このようにしてまた歴史の主体が純粋に精神的なものでないからと云って、それを所謂精神物理的統一体であるとすることをもって満足することの出来ないのも明かであろう。フンボルトが歴史の主体たる人類を「精神的・感性的性質」geistig-sinnliche Naturのものと考えたことは有名であり、近くはディルタイが歴史の基礎たる人間を精神物理的統一体として規定したのは周知のことである。かく見ることが或る意味では正しいとしても、精神物理的統一体と考えられた所謂全体的人間は我々のいう事実の秩序に属するか、それとも存在の秩序に属するかが問題とならざるを得ないであろう。人間は現実存在として固よりそれ自身二つの秩序に同時に属している。一切の現実存在に就いてその存在と存在の根拠とが区別せられるからである。然るにこの場合精神物理的統一体と考えられたものを再び分割して精神を所謂内的な事実、身体を所謂外的な存在と見做すことは出来なかろう。それのみでなく、身体と云っても、我々によれば、二重のもの、即ち存在及び事実として見られ得、また見られなければならないのである。このように考えて来るならば、ディルタイがその『精神科学概論』に於ける精神物理的統一体としての全体的人間を高調した立場から、『精神科学に於ける歴史的世界の構成』に於ては体験、表現という語を使って二つの秩序を区別する方向を取ったのは、ひとつの進歩と云われねばならぬ。たしかに体験及び表現ということはこれまで挙げたいずれの言葉よりも適切に事実としての歴史と存在としての歴史との関係を規定し得るように見える。然しながらそこにはなお種々なる問題がある。

一、体験と云われるとき、それは意識を意味する。然らばこの意識の内容をなすものは如何なるものであろうか。それは何等かの存在であると答えられるかも知れない。けれどもそれが特に体験と名付けられる限り、それは単に「対象的な」意識でなく、寧ろ主観的に色どられ、それのうちには主観的なものがにじみ出ていると考えられている筈である。換言すれば体験は感情的なもの、気分的なものを含む。このことは根本的には、体験というものが単にいわば前面に於て客体的な存在によって規定されるばかりでなく、背後に於て主体的な事実によって規定されていることを意味するのでなければならぬ。かかる関係は就中創造の体験、或はまた運命の感情に於て顕わにされて与えられるであろう。これらのものは、我々の意識には存在ならぬ事実によって規定される方面のあることを認めるのでなければ、十分に理解されない。それは一般に「無」の体験と云われるであろうが、そうかと云ってそこに何物も無く、空無であるのではない。無の体験とも考えられる創造の体験は却て最も積極的なものを孕《はら》む。ハイデッガーは無を現存在の有限性から解釈した。*これによって運命などいわれるもの、即ち事実としての歴史の含む否定的契機、の体験は説明されるにしても、同じく無の体験と呼ばれ得るところの創造などいうもの、即ち事実としての歴史の含む肯定的契機の体験は説明されない。無は単に意識に過ぎないのではない。事実が存在に対して無と云われるのである。事実は意識でなく、却て意識を規定し、自己をそのうちに表出するものである。ところでヘーゲルの考えた如く、有と無との対立及び統一が弁証法の根本であるとするならば、存在と事実とはかかる意味に於て弁証法的関係をなしている。然しこのことは後に譲ろう。

＊　Vgl. M. Heidegger, Was ist Metaphysik? 1929.

二、然るに体験及び表現と云うとき、対立的関係は現わされない。それは単に連続的関係を現わすのであって、両者の間に於ける非連続性の方面は認められない。寧ろそのような対立的、非連続的な関係を認めないところに、それを表現の関係として現わす理由がある。けれども実際は如何であろうか。事実としての歴史は一面存在としての歴史に於てその実現に達すると考えられる。かかる実現の関係は表現という語をもって表わされ得るけれども、後者が主として芸術的なものに就いて用いられるように、それによって事実が行為的なものであることの隠され易いことに注意せねばならぬ。然し他面に於て存在は事実の否定である。表現という語をもってはかくの如き両者の間の関係は表わされ得ない。人間によって作られたものが、作られたものでありながら逆に、それを作る人間に作用し、圧迫するということは、あらゆる場合に経験されるところである。これを一般的に且つ根本的に考察するならば、存在としての歴史は事実としての歴史に対して否定的に対立する方面をもっているということである。存在と事実とは連続的なものでなく、両者の間には秩序の差異があるというばかりでもなく、そこには更に根源的な対立及び矛盾の関係が横たわっているのである。

三、事実としての歴史を体験と云うとき、この体験が自己を表現する場合、何故に必ずつねに自己を自然の存在、及び、過去並に現代の歴史的なものに結び付けねばならぬかの必然性は理解されない。体験と表現という関係は全く自己充足的な過程と見られることが可能である。然るに実際に於ては、現在の体験はその表現にあたって必ずつねに自己を既にそこにあるものに結び付ける。どのような根源的な体験内容と雖も自己を表現するに際し、先ず歴史に於て既に与えられた形式の或るものを取って来なければならぬ。それは固よりそれ自身の形式を自己のうちに含んでいるのであるけれども、先ず自己を歴史のうちに既にある何等かのものに結び付けることなくしては、それはかかる自己に内在的な形式をも発展させることも出来ないのである。人間は絶えず歴史に学ぶ。それ故に何等かの模範的なもの、「古典的なもの」をつねに有するということは歴史の根本的な規定の一つであり、「古典的なもの」というのは存在の歴史性を表わす一の範疇的なものと見られ得る。然るにかくの如く現在の行為（認識の活動、芸術的制作等を含めて）が必然的に他の既にそこにあるものに自己を結び付けるということは、もし事実にして純粋意志などいうが如きものであるとするならば、説明されないであろう。そのためには事実そのものが否定的なものを自己の契機とすると考えられねばならぬ。事実は否定的なものを含む故に、自己を実現するに際して過去の歴史に結び付かざるを得ないのである。かくすることによって事実も自己を生かし、自己を発展せしめ得る。然しながら同時に過去の歴史は事実を制限し、抑圧するものでもある。「我々は凡て過去によって生き、そして過去に於て滅ぶ」Wir alle leben vom Vergangenen und gehen am Vergangenen zu Grunde. とゲーテが書いている。

一般に次の如く云われ得よう。存在としての歴史と事実としての歴史との対立は存在と存在の根拠との対立である。しかも両者は、存在と存在の根拠として互に相俟《あいま》ち、対立でありながら統一である。如何なる現実的なものもその現実存在と現実存在の理由との二つの契機を含む統一である。かかる対立に於ける統一、統一に於ける対立は弁証法的として規定される。従って一切の現実的なものは弁証法的である。事実としての歴史は自己の対立物たる存在としての歴史に於て自己を実現する。この場合それは過去の存在としての歴史に結び付くことを通じて自己の存在を規定する。これらのことなしにはそれはみずからを発展せしめ得ない。その限りに於て存在としての歴史は事実としての歴史の発展形式である。然し存在としての歴史はどこまでも事実としての歴史の対立物であり、前者はやがて後者に対する桎梏に転化する。かくて一切の現実的なものは矛盾に陥るべき運命を有する。事実としての歴史はそのとき旧き存在形式を破壊し、新たなる存在形式へと発展する。ニイチェが、「現存在はただ一の間断なき既存在である、自己自身を否定し、食い尽し、自己自身に矛盾することによって生きる物である。」Dasein ist nur ein ununterbrochnes Gewesensein, ein Ding, das davon lebt, sich selbst zu verneinen und zu verzehren, sich selbst zu widersprechen. と記しているのは、かくの如き消息を伝えるであろう。弁証法は存在の歴史性に対する最も根本的な且つ最も包括的な表現である。ところでここに一の原理的な命題がある。――存在と存在の根拠との間に於ける弁証法的関係は存在そのもののうちに現われる弁証法的関係の基礎である。存在としての歴史そのもののうちには弁証法的関係が見出されるのであるが、かような弁証法的関係の根底となってそれを現出せしめるものは、もともと事実としての歴史と存在としての歴史との間に於ける弁証法的関係である。これは後の章に於て示さるべき根本命題である、その準備の意味をも含め、今はこれまで述べて来たこととの連関に於て次のことを記すにとどめよう。

第一、事実としての歴史に就いて云えば、それが原理的な根源性をもっている。それは存在に対して自己が存在の根拠であるという意味に於て既に根源的であるばかりでなく、他の意味に於てもまた根源的である。即ち存在としての歴史は事実としての歴史に対立し、これに働きかけ、これを圧迫する性質を有する、けれども後者は、前者によってどれほど抑圧されようとも、そのために決して馴らされてしまい、萎えさせられてしまうことのない原始的なものである。弁証法的に矛盾するものは、いわば同等の力をもって対立するのでなく、かく矛盾するものの一方が究極的な根源性を有するが故に、そこに弁証法的発展なるものもあり得るのである。唯物史観に於て生産力と生産関係とが弁証法的な関係をなすと云われるとき、生産力に就いてかくの如き根源性が認められているのである。しかも生産力は生産関係の存在に対する存在の根拠と見られてかかる根源性を有するのである。

第二、存在としての歴史と事実としての歴史との関係は「有」と「無」との関係として一般に規定され得る。前者が後者に対して有として性格付けられるのは、如何なる存在も「形態」あるものであり、「範疇」のうちに現われたものであるからである。このようなものに対する関係に於ては、事実は寧ろ無と呼ばれるにふさわしい性格を具えている。それが無と称せられるにしても、もちろんそれが空無であるというのではない。それは却て根源的なものとしてあるのであるけれども、それを名付けるためには我々は存在の言葉によるのほかないのであって、それ自身に於ては無と云われるのみである。丁度生産関係の言葉が「経済的範疇」であるに対して、生産力を現実的に表わす言葉はなく、それを現実的に表わそうとすれば生産関係の言葉を通ずるのほかないのと同様である。そこからして我々は、ヘーゲルに倣って、弁証法の一般的なものは有と無との弁証法であるとも云い得るであろう。否、ヘーゲルのいう有と無との弁証法は、我々の如く、存在と存在の根拠との弁証法と解するとき、初めて現実的に成立するのである。この場合無の根源性が認めらるべきは当然である。

第三、存在としての歴史に就いて云えば、それは固より事実としての歴史をその存在の根拠とするけれども、しかもそれ自身の論理と法則性とを有する。もしそれがそれ自身の論理と法則性とをもたなかったとしたならば、如何にしてそれは、根源的な勢力であるところの事実としての歴史に対して真面目な対立物として、これに影響を及ぼすことが出来よう。従って存在としての歴史は事実としての歴史の単なる「反映」であるとか、「表現」に過ぎぬとかと考えられ得ない或るものである。生産関係は自己自身の含む必然性に従ってみずから発展せんとする内面的な傾向を有すればこそ、生産力に対して矛盾するものともなるのである。一般にこのような関係があればこそ、科学に於て叙述されるものが「諸範疇の転化」でもあり得るのである。例えばマルクスの『資本』に於て叙述されているのは経済的諸範疇、即ち生産関係を表わす諸概念、の転化である。——科学の直接の対象となるのは一般に「存在」である。——そのとき諸範疇は恰も自己自身の含む矛盾によってそれ自身だけで発展するかのように現われる。然し諸範疇のこのような転化も、根源的に見れば、我々が後に詳説すべき根本命題として掲げておいたものに従って、本来存在と存在の根拠との弁証法にもとづく。経済的諸範疇の自己変化として現われるものは、もともと生産力と生産関係との弁証法に由来するのである。

さてジンメルは『現代文化の葛藤』に就いて論ずるに際し、次の如く云う。「生が単に動物的なものを越えて精神の段階に進み、そして精神がそれ自身文化の段階に進むや否や、生のうちに於てひとつの内的な対立が顕わになる、この対立の発展、調停、新たなる生成が文化の全体の道を形作っている。即ち明かに我々は、生の創造的な運動が或る生産物を作り出し、それらのものに於てこの運動が自己の表現、自己の実現の諸形式を見出し、そしてそれらのものがそれ自身また後に来る生の潮《うしお》を自己のうちに受け入れ、これに内容と形式、活動範囲と秩序とを与えるとき、文化に就いて語る、社会制度、芸術作品、宗教、科学的認識、技術、市民的法律及び無数の他のものはかくの如きものである。然るにこれら生の過程の生産物は、それがその生成の瞬間に於て既に自己自身の確固たる存立性をもち、この存立性たるや、生そのものの休み無き律動、その生起と没落、その絶えざる更新、その不断の分裂と再結合とはもはや何等関係するところがない、特有なものをもっている。それは、それを再び見棄て去るところの創造的な生の殼《から》であり、そして遂にはそのうちにもはや宿を借りないところの後から流れて来る生の殼である。それは、それを創造した生の運動に対する或る種の分離と独立とに於て、それ自身の論理と法則性、それ自身の意味と抵抗力とを示している。この創造の瞬間に於てはそれは恐らく生に相応しているであろう、然し生が更に発展する程度に応じてそれは生に対する凝固した無関連、実に対立性に陥るのをつねとする。ところでここに文化が歴史を有するということの究極の根源が存している。」また彼は云う。*「生は唯自己の反対物の形式に於てのみ、換言すれば、一の形式に於てのみ現実のうちに現われるということと離れ難く結び付いている。この矛盾は、我々が唯生そのものと呼び得るのみなるかの内面性が、その造形されぬ強さに於て自己を主張する程度に応じて、他方では形式がその凝固せる自己存立性、その時効にかかること なき権利の要求に於て自己を我々の生存の本来の意味もしくは価値として告知する程度に応じて、それ故に恐らく文化の生長した程度に応じて、愈々《いよいよ》激しくなり、調和し難く見えるのである。**」

* G. Simmel, Der Konflikt der modernen Kultur 1921, S. 3. なお同じく Simmel, Die Transzendenz des Lebens in der „Lebensanschauung" 1918. を参照せよ。

** Op. cit., S. 28.

我々はこれらの文章のうちに所謂生の哲学の智慧を認めることが出来る。そして読者は、かかるジンメルの、且つ多くの生の哲学者たちが同じく種々なる形で繰り返した思想と、我々の述べたところとの間に、容易に類似点を見出し得るであろう。それ故にかくの如き生の哲学と我々の主張との間のそれにも劣らぬ根本的な対立点の一二を、既にこの箇所に於て指摘し、後の論述のために準備しておくことが必要であると思う。最初に、生の哲学がその根源的な生を何等かの仕方で内在的——ジンメルのいう「内面性」——と考えるに反し、我々の意見によれば、寧ろ、存在は何等かの仕方で内在的と考えらるべきものとしても、存在の根拠であるところの根源的な事実は超越的なものである。次に、文化——我々のいう存在としての歴史——は、ジンメルの説く如く、いかにもそれ自身の論理と法則性とをもっている。然しながらそれは生（もし事実としての歴史をかく呼ぶならば）の新たなる発展に対して孤立し、無関係なのでなく、却て生は一面過去の文化に結び付くことなしには自己を発展せしめ得ない。また文化は単に凝結し、固定せるものでなく、却て生の発展が要求するに従って運動せしめられ、過去の文化も蘇るに至る。それ故かの「復興」または「再生」(ルネサンス)ということは歴史にとって全く本質的な現象である。歴史は絶えず古くなる veralten と同時に絶えず若返る verjüngen ものである。そこに歴史の弁証法的な運動の姿が見られる。* ヘーゲルも歴史の範疇としての「変化」に就いて論じ、それは一面没落を意味すると共に、他面更生を意味すると云っている。** 尤もジンメルの説く如く、文化が自己自身の存立性と法則性とを有しなかったならば、歴史はないであろう。けれど、もし彼の云うように、生の発展に伴って文化の形態が単に凝固した無関係と独立性とに陥るに過ぎないとすれば、或はそれが創造的なる生の殻であるに過ぎないとすれば、そこにはまた歴史というものはないであろう。然し固定への傾向を含む存在としての歴史が一般に運動するのは、根源的にはそれが事実としての歴史によって担われ、動かされるからである。前者は後者との弁証法的関係に於てのみ発展することが出来る。それ故に我々は、生の哲学に対する批評の見地を一層明瞭ならしめるために、今や歴史的発展の問題の考察に這入って行かねばならぬ。

* 私はこのような関係を嘗て「生の歴史性」及び「歴史の生命性」という語で表わした。拙著『社会科学の予備概念』一三三頁以下参照。

** Hegel, Philosophie der Geschichte, Hrsg. v. Lasson, S. 10 ff.

第四章　歴史的時間

一

歴史的なものは時間的なものである。時間的ならぬものは非歴史的もしくは超歴史的と考えられる。歴史的なものは本来「時間から理解されることを欲する事物」である。蓋《けだ》しそれは運動的、発展的なものであった。その意味に於ては歴史 Geschichte は出来事 Geschehen であって、存在 Sein ではないとも云われることが出来よう。*歴史は在るのでなく、成るのである。然るに運動及び発展は時間というものを離れて考えられない。かくて時間は、空間に対して、歴史を自然から区別するところの最も本質的な規定であるとさえ見られている。ヘーゲルは云っている、「それだから世界歴史は一般に、恰《あたか》も空間に於てイデーは自己を自然として開示する如く、時間に於ける精神の開示である。」歴史的科学を「発展の科学」と呼んだラッツェルはそれをまた「時間の科学」Zeitwissenschaft とも称した。ドロイセンもまた次のように書いたのである。「我々は我々の言語のうちに自然及び歴史なる語を見出す。そして何人《なんぴと》も、歴史という語に直ちに過程の表象、時間的なるものの表象が結び付けられることを、一致して認めているであろう。」そしてひとは彼が多少カント的な言い廻しをもってヘーゲルの上の命題を繰り返しているのに出会うであろう。曰く、「我々はたしかに諸現象の総体をば、我々がそれを空間及び時間に従って秩序付けられたものとして考えるとき、即ち、我々が自然及び歴史と云うとき、包括することが出来る。**」ところでこのように歴史的なものが時間的なものであることを思うとき、まさに時間の驚歎すべき性質のために、歴史は我々にとって愈々不思議なものとして現われるのである。時間に就いて嘗て恐らく最も深き思索をめぐらしたアウグスティヌスは語る、「然らば時間とは何か。もし誰も私に尋ねないならば、私は知っている。もし私が尋ねる者に説明しようと欲するならば、私は知らない。***」quid est ergo tempus? si nemo ex me quaerat, scio; si quaerenti explicare velim, nescio. 歴史の秘密は時間の秘密である。時間の問題は歴史哲学の中心に立たねばならぬ。それ故に我々はこれまでに於ても種々なる場合に時間に関して述べて来なければならなかったが、いま必要なる限りそれを補うために更《あらた》めてこの問題を取り上げなければならないと思う。

* Vgl. F. Gottl, Die Grenzen der Geschichte 1904.

** J. G. Droysen, Grundriss der Historik 1875, S. 64. u. S. 67.

*** Augustinus, Confessiones, XI, 14.

歴史に於ける時間の問題は特に「歴史的時間」の問題として提出される。そしてひとは歴史的時間の問題は、或は自然科学的時間との区別に於て、或は所謂空間化された時間との対立に於て取扱われねばならぬと考える。このこと自体に固より間違いはないであろう。然しながらそれは少くとも不精密であると思われる。なぜなら先ず、同じく自然的と云っても、「自然科学的時間」と「自然的時間」とが区別され得るし、また区別されなければならぬからである。例えば、我々が後に至って論及しようとする「世代」Generationという概念の如きは、もと自然的時間を表わすけれども、それだからとてそれは本来の自然科学的時間であるのではない。然るにもし人間の歴史にして自然を基礎とするものであり、何等かの仕方で自然と織り合わされているものであるとするならば、よし自然科学的時間の問題は歴史の問題にとって没交渉であるとしても、自然的時間の問題は決してそうではあり得ない筈である。それと共にまた、特にこのような自然的時間の概念に対して、固有なる意味に於ける歴史的時間の概念——ここでは「世代」の概念との区別に於て「時代」Zeitalterという概念をかかるものとして挙げることが出来る——の明かにされることが要求されるばかりでなく、更に両者の連関の示されることが必要になるであろう。けれどもそれだけでなお問題は全く透明にされたわけでない。この不透明は歴史という語のもつ両義性に関係しているものの如くに見える。即ち我々は最初に歴史なる語の担う意味を分析し、就中事実としての歴史と存在としての歴史とを区別したが、丁度このことに相応して、自然的時間からひとまず区別された歴史的時間の概念に於てもまた二つの意味が区別されねばならぬものと考えられるのである。我々はその一方を「事実的時間」と称し、その他方を特に固有なる意味に於ける「歴史的時間」と名付けよう。ところで後者が例えば時代の概念として歴史的諸科学に於てそのロゴス的表現に達するものとするならば、前者即ち事実的時間は何処に於て自己をロゴス的に表現することになろうか。我々はかような表現の場所として、歴史的諸科学を裏付けしている史観なるものを示すことが出来ようかと思う。これ〔マヽ〕史観のうちには事実としての歴史が自己を表出するということに相応するのである。それのみでなく、我々は事実としての歴史と存在としての歴史との間に或る一定の本質的な関係の横たわっていることを見出した。そこでまたそれに相応して歴史的時間——自然的時間から区別されたそれ——の二つの概念の間にも何等か一定の内面的な連関が存するのでなければならない。

かくて時間の問題が歴史に関係して論ぜられるとき、そこには必ず明かにさるべき三つのものの関係のあることが知られるであろう。自然的時間、歴史的時間及び事実的時間の関係がそれであって、このものを解明することによって初めて時間の全構造は、歴史にかかわる限り、明瞭にされることが出来る。もしかくの如く現実の歴史の時間にしてこれら三つのものの構造連関に於て成立せるものであるとするならば、それを普通になされるように唯ひとむきなる直線的進行として表象することが如何に誤っているかは明白である。寧ろ歴史の現実的な時間を形成するそれら三つの要素はかかる時間の三つの次元と見らるべきであろう。現実の時間には奥行もあり、深さもある。云うまでもなく時間形成的な三要素の形作る構造連関は、時間の本性上動的であり、従って現実的な時間はそれぞれの場合に於てそれぞれ異っている。時間の範疇そのものが歴史的である、とも云われ得るであろう。そして我々はそこに範疇の歴史性の最も原始的な且つ最も根源的な形態に出会うのである。

いずれにせよ、歴史に於て甚だ種々なる時間の観念が現われていることはたしかである。二、三の例を挙げてみよう。今日普通に時間は無限に涯《はて》なく前進するものと考えられる。然るにこのような時間の観念は古代人には殆ど全く縁のないものであった。彼等のもっていたのは却て回帰的時間の観念であった。「必然の環」とか「運命の車輪」などいう言葉、プラトンの「完全年」の思想等がこれを示している。アリストテレスもあらゆる種類の運動のうち円運動が時間の最も正確なアナロジーを現わすと云った。そして実際、歴史が円環行程を形作るということは、単に最も偉大なギリシア及びローマの歴史家たちの見解であったばかりでなく、その民族の一般的な考え方であったのである。彼等にとって歴史は無限なる進歩を過程するという思想ほど縁遠いものはなかった。これは全く近代人のものである。そこでフリードリヒ・シュレーゲルは、古代史と近代史とは二つの全く異った法則の上に立つそれぞれの全体であると見做し、前者は「円環行程の体系」をなし、後者はこれに反して「無限なる前進の体系」をなすと解釈した。* 然るに原始キリスト教の場合に於ては如何であったであろうか。その信徒等は彼等の感激に於て固より全く新しく明ける日の微風に包まれているのを信じたが、然しそれは同時にこの世界の過ぎ去る最後の審判の日であるべきであったのである。パウロがテッサロニケの教会を建てたとき、改宗者たちはかかる新しき日を経験することなく死んで行く兄弟たちのために憂慮した、そこでパウロは自分自身は少くともこの日を肉の眼をもって見るのであるという希望を仄めかすことによって彼等を慰めたと云われる。古代的な回帰的時間、近代的な無限進行の時間に対し、ここには或る第三のものとして終末観的時間がある。

* Vgl. Friedrich Schlegel, Vom Wert des Studiums der Griechen und Römer.

かくの如き時間がそれぞれの史観のうちに具体的に表現されて出会われるところのものである。例えば、回帰的時間は歴史の循環 ἀνακύκλωσις の思想として、古代にあって既にツキヂデスのうちにその萌芽が見られ、ポリビオスの見解のうちに於て残りなく発達せしめられた。即ち諸国家の全発展は、興起、成熟及び死滅という段階を通じて運動し、かくて次に再び繰り返して最初からこの過程を始めるという思想がポリビオスの歴史叙述を内的にも外的にも制約したのであった。或はまた無限進行の時間は啓蒙時代に於ける人類の完成の無限なる可能という思想のうちに制限されることなく表現されている。即ちそれは、十七世紀に於て特にフランスに生れ、有名な「古代人近代人の優越に関する論争」— querelle des anciens et des modernes となって現われ、近代的な史観の支配的な特徴をなすかの所謂「進歩の観念」idée de progrès と結び付いている。然るにこのような時間が客体的な時間、換言すれば存在としての歴史の時間、我々のいう「歴史的時間」とは異る或るものであることは、その最も極端な場合を観察するとき、容易に理解されるであろう。初代キリスト教の信徒たちはこの世界の終末が全く間近に迫り、神の国の到来の近づいたことを堅く信じた。けれども彼等の信仰は客観的歴史的には実現されはしなかった。この世界はなお依然として存続しており、事物の客観的歴史的過程はその後と雖も連続して行われている。ここにいま述べたような時間と歴史的時間との間の乖離が現われて来る。それだからと云って、問題の時間が虚妄であるのではなく、却てそのことは二つの時間が何等か異った秩序のものであることを示すに過ぎない。かのキリスト教の信徒等は恰も彼等が生きたような時間の意識に於てのみ、まさに彼等のなしたが如き世界史的意義を有する歴史的活動をなし得たのである。もちろん、かかる時間は歴史的時間が客観的であるに対してたしかに主観的な意味を含んでいる。その故をもって、ひとはそれを単に主観的なものに過ぎぬとして却《しりぞ》けるであろうか。然しこの同じ人は、彼自身もまた、「甲は過去に生きている」、「乙は未来に生きている」、などという言葉を口にすることがないであろうか。もし彼がこのように語るならば、それは客観的な歴史的時間とは異る或るものに関して語っているのである。なぜなら、単に客観的に見るならば、甲も乙も共に所謂現在即ちこの一九三一年に生きていることは疑われないからである。しかもなおかつ「現在に生きよ」

などと命令され、そしてそれが有意味なこととして受取られるのは、それが単なる客観的時間でなく、却てこれとは秩序を異にする時間を意味するためである。或はまたブルジョワジーは現在を永遠化し、プロレタリアートはこれを過渡的として把握すると云われる場合、そこに意味されているのはもと客観的な歴史的時間とは違ったもののことでなければならぬ。このようにしていま歴史の問題に関係して云えば、史観のうちに現われている時間の観念が客体的な存在としての歴史の時間とは異る秩序の主体的な時間を含んで表出していることは明かであろう。このことはさきに述べたように、史観のうちにはつねに或主体的なものが表出されている、ということに相応する。我々によれば、かかる史観のうちに表出される時間の観念は、存在としての歴史の時間即ち固有なる「歴史的時間」に対して、事実としての歴史の時間即ち「事実的時間」、もしくはこれの変形であるのである。事実的時間の概念がこのようにして歴史的時間の概念から区別されねばならぬことは明瞭である。そして事実的時間が行為的時間であるということは固より論ずるまでもなかろうと思う。

我々は事実としての歴史をこれまで「現在」として規定して来た。「現在」は屢々「今」とも言い換えられる。然るに普通用いられるところでは、「現在」もしくは「今」という語は多義であって、ここに少くともその三つの意味を区別することが必要である。そして我々のいう事実的時間は、既に最初の章で云った如く、まさに「瞬間」として規定せられて、それの他の二つの意味、即ち一方では「永遠」そして他方では後に説く如き固有なる意味に於ける「今」から区別されるのである。瞬間は先ず「永遠」ということと等しくない。永遠もまた多くの場合に現在もしくは今という語で表わされている。アウグスティヌスに於ての如きがそうである。彼は云う、「汝の年は一日である、そして汝の日は毎日でなく、今日である、汝の今日は明日に移るのでなく、また昨日に継ぐのでもないからである。汝の今日は永遠である。* hodiernus tuus aeternitas.」今日ということはここで永遠の意味に於て語られている。ニコラウス・クザーヌスの「かくて今即ち現在は時間を包む」Ita nunc, sive praesens, complicat tempus という有名な言葉にあっても、今または現在が永遠を意味することは明かである。それはまさに永遠であって、時間ではない。然るにかように現在が凡ての時間的なものを包むという思想はまたアウグスティヌスのものであったのである。アウグスティヌスは彼の、そして一般にキリスト教の歴史哲学の最も雄大な体系を叙述した『神の国』の中で、時間は運動及び変化というもののなしには考えられないと述べている。「ひとは正当にも永遠と時間とをば、時間は何か変化し運動するものなしにはなく、然るに永遠のうちには何等の変化もないという点で区別する。そこでもしもそれに於て運動によって或る変化が行われる被造物が生じなかったとしたならば、明かに時間も存しないであろう。蓋し時間は両者同時に存し得ぬところの一の状態が他の状態に所を譲り且つ継ぐ場合、この運動及び変化によって要求されるより短い或はより長い持続の間隔から従って来るのである。**」それ故に何等の変化も含まぬ神は永遠であって時間的でなく、却て「時間の創造者にして整序者」creator et ordinator temporum である。永遠のうちにあっては何物も過ぎ行くことなく、却て凡てはつねに現在的である。過ぎ去りしもの及び来らんとするあらゆるものは、永遠に現在的なるものによって造られると考えられる。かくてアウグスティヌスにあっては時間の問題は神に対して被造物の根本的な存在の仕方の問題に関係しているのである。そして彼がその深き解明を試みたのは、外部の世界の時間、所謂「世界時間」の問題ではなく、寧ろ特に被造物たる人間の本質及びそれの神（従って永遠）に対する関係の問題としての時間であった。人間の本質とは精神 anima である。そこからして彼に於ては主体的な、内面的な時間が問題にされる。この場合にあたり我々は凡ての時間の様態がまさに「現在」の方向に解釈されたということに注目しなければならない。即ちアウグスティヌスは云っている、「いまや次のことが明白であり、明瞭である、未来も過去もあるのでなく、また三つの時、過去、現在及び未来、があると本来云わるべきでなく、却て恐らく本来、三つの時、即ち過去せるものの現在 praesens de praeteritis、現在するものの現在 praesens de praesentibus、未来なるものの現在 praesens de futuris があると云わるべきであろう。***」彼は進んで時間の諸様態を精神のはたらきに関係して説明を企てた。未来と現在と過去とはそれぞれ期待 expecto、直観 attendo 及び記憶 memini という精神の三つのはたらきから解明された。長い未来と云われるとき、長いのは未来の時間ではない、なぜならそれは未だないから。却て長い未来とは未来の長い期待のことである。或はまた長いのは過去の時間ではない、なぜならそれは既にないから。却て長い過去とは過去の長い記憶のことである。このように見るのは時間の諸様態を特に現在から解明することでなければならない。詳しく言えば、期待とは未来なるものを現在的に把持することであり、直観とは現在するものを現在的に把持することであり、記憶とは過去せるものを現在的に把持することである。そしてこのように時間が現在から解明を受けるとき、この現在がまた永遠というものの方向に理解されていたのである。ところで、かくの如く時間を現在の方向に解釈するということは、人間の観想的もしくは瞑想的態度と内的につながっているであろう。我々は他の機会に於てアリストテレスの哲学のひとつの重要な要素をなす「現在」の概念をこの哲学の観想的性格から説明しておいた。かような観想的態度はアリストテレスの場合ではまた時間が客体的に解釈されたということにも関係をもっている。彼が時間論を根本的に展開したのは何よりもその『フユジカ』に於てであったことを想い起してみよ。アウグスティヌスは現在的に見る video. intueor という精神のはたらきの基礎の上に時間の諸様態を考える。従って過去の基礎も現在であり、未来の基礎もまた現在であると云われる。疑いもなくアウグスティヌスの時間論は遥かに内面化されている。彼がそれに就いて最も深き思索をめぐらしたのはその『コンフェショーネス』に於てであった。観想は純粋に内に向けられた観想である。それはギリシア的な「観想的生」βίος θεωρητικός の意味に於ける観想を越えたキリスト教的な「瞑想的生」vita contemplativa の意味に於ける瞑想であり、アウグスティヌスの哲学は最も深き「内面性」の哲学を代表する。従って彼に於ては、未来なるもの、現在するもの、過去せるものが先ずあって、然る後それに就いての期待、直観及び記憶の作用が行われ、そこから時間の諸様態が生ずると考えられたと見らるべきでなく、寧ろ期待、直観、記憶の作用と共に時間の諸様態が生れ、それと共に未来なるもの、現在するもの、過去せるものも志向的に区別せられるのであると理解さるべきであろう。然しながらそれにしても、彼に於ける時間の問題がフッセルなどのいう「内的時間意識」の問題に過ぎなかったと考えることは出来ない。彼に於て意識の問題も被造物たる人間の本質的な存在の仕方としての精神の問題であり、そしてそこから神につらなる問題であった。彼は内的時間意識を永遠なる神をもって形而上学的に裏付けるであろう。彼が時間を現在から解釈したのはもともとこれに関係するということを忘れてはならぬ。かくて一般的にこうも云われ得るであろう。ギリシア的な永遠はなお客体的に理解されていた、それ故に現在（永遠という意味を含めて）もなお過去の、即ちかの「既に」の意味を担っていた。――プラトンに於けるイデアの憶起《おつき》ἀνάμνησις という思想がこのことを示す、イデアは「存在」であったのである。――これに対してアウグスティヌスは現在（永遠という意味を含めて）を真に現在（永遠的）として把握する方向に進んだのである。

* Augustinus, Confessiones, XI, 16.
** De civitate Dei, XI, 6.
*** Confessiones, XI, 26.
**** Ibid. XI, 28.

そのいずれとも異って、我々は現在をば「瞬間」として性格付け、説明する。我々は一方キェルケゴールと共に云わねばならぬ、「ギリシア的情熱が憶起に集中せられるに反し、我々の企図の情熱は瞬間に集中せられる。」けれど他方我々はアウグスティヌスの如く時間を現在から、従ってまた永遠から解釈するのでなく、却て未来から規定する。瞬間は固より現在であり、今である。然し瞬間は永遠がいわば現在的現在であるに対して、未来がそのうちに喰い入れる現在である。しかもそれがまさに瞬間であるのは、この未来が普通考えられる如く単に可能なものという意味ばかりでなく、根源的に否定的なものの意味を担うからである。我々のいう事実としての歴史は純粋にイデー的なものでなく、そのうちに否定の契機を含むものであった。然るに一般に否定の原理なしに運動はなく、運動を離れて時間は考えられ得ないとすれば、瞬間こそ時間の最も本来的なものでなければならぬ。本来的な時間は根源的な未来から時来 sich zeitigen する。そして行為的時間は永遠の意味をもつ現在としてではなく、唯瞬間としてのみ特性付けられることが出来る。現在が瞬間である故に我々の行為には決心するということが属する。尤も瞬間として規定される事実的時間は或る意味では実に永遠の相を具えている。蓋し事実としての歴史と存在としての歴史との関係は単に連続的でなく、却てまた非連続的である。それだからこそ、一方では、事実的時間は瞬間である、なぜならもし両者の関係が単に連続的であるとしたならば、さきに述べた如く、かの「現在は過去を含み未来を孕む」ということが時間の優越な姿を現わすこととなり、そしてかくては瞬間なるものの固有なる意味はなくなるであろう。然しそれだからこそ、他方では、瞬間はまた永遠の意味を担うのでもある、なぜなら事実としての歴史は存在としての歴史に対して超越的な方面を有する故に、我々は前者の立場から後者の何処へでも降りて行き、かくて自己を最も近き過去の歴史に結び付けることも出来れば、最も遠き過去の歴史に結び付けることも出来る。我々は「瞬間」から「歴史的時間」の何処へでも降り立ち得る。その意味で存在としての歴史の時間即ち歴史的時間に対して事実的時間は永遠の意味を担うものとも云われることが出来る。「瞬間は本来時間の原子ではなく、却て永遠の原子である。」とキェルケゴールも書いている。瞬間はそれによって「存在」の時間が構成される原子ではない。この意味ではそれは寧ろ永遠の原子である。然しながら瞬間はそれ自身永遠であるのでない、また我々は永遠から時間を解釈するのでもなく、反対に永遠をば主体的行為的時間としての瞬間から理解するのである。キェルケゴールは云う、「時間と永遠とが接触すべきであるならば、このことは唯時間のうちに於てのみ行われ得る——かくていまや我々は瞬間の前に立つのである。」更に彼は云う、「永遠なものとは本来ひとつの物、ひとつの或る物ではない、却てそれはひとがそれを得る仕方である。永遠なものをひとは唯一つの仕方で得る、そしてそれが唯一つの仕方で得られることが出来るという点で永遠なものはまさに他の凡てのものから区別される。」観想に於てでなく、行為に於て我々は永遠なものにつながることが出来る。その仕方がそれぞれの場合唯一つの仕方しかないところに行為的時間が瞬間である理由があり、事実が時間的として優越な意味で歴史と呼ばれる理由があるのである。ところでもしかくの如く見られ得るとするならば、我々が上に史観のうちに表出されているとした時間の種々なる形態のうち特にキリスト教的な終末観的時間が事実的時間の面目を比較的によく現わしていることは明かであろう。そこで歴史の思想がキリスト教によって初めて人類に与えられたと云われるのも決して偶然ではないのである。これに反し他の種類の時間の観念にあっては多かれ少なかれ主体的な時間は客体的な時間の方向に転釈され、もしくは前者は後者のうちに埋没せしめられていると見られることが出来る。

かくて事実的時間が、現在として、瞬間という意味で、先ず永遠という意味に於ける現在或は所謂「永遠の今」から区別せられるばかりでなく、それが次に客体的な時間に於ける現在からも区別せられなければならぬということもまたおのずから明かであろう。我々はさきにそれを「現在」と「現代」との区別として説明した。現代というのは存在としての歴史の時間、即ち事実的時間から区別せられた歴史的時間の意味に於ける現在である。

ここに於て我々はかような歴史的時間の本質を、瞬間として特性付けられた事実的時間に対して、更に正確に特性付けなければならぬと思う。

二

歴史的時間は範疇の一つであり、それは「範疇」としての時間である。さしあたりここにこの時間の重要な規定がある。これに対し事実的時間は同じ意味では決して範疇と云われることが出来ない。もし強いてそれを範疇に対して名付けようと欲するならば、ひとはそれを寧ろハイデッガーが Kategorie（範疇）と Existenzial（実存疇）とを区別したのに従い Existenzial と呼ぶのが適当であろう。彼によれば Existenzial が Dasein（現存在）に対する関係は Kategorie が Vorhandensein（既存在）に対する関係の如きものである。* 我々のいう事実は固よりハイデッガーのいう現存在とは種々なる点に於て根本的に異っているが、然しハイデッガーもその現存在の概念をもって我々と同じく客体的な存在ならぬところの主体的な存在を考えようとしたのであって、そこに彼の存在論が従来の存在論とは異る最も重要な特色が横たわっている。いずれにせよ、事実的時間は普通考えられる範疇とは区別されねばならない或るものである。蓋し範疇なるものは普通には我々のいう「存在」、即ち真の現在でなく「既に」の性格を担う存在の存在論的規定を表わすべきものであるからである。歴史も「存在」としてはまことにかくの如き範疇的関係を含み、時間はそれの主なるひとつである。事実的時間に対しこのような範疇としての時間の特殊性は何であろうか。

* Vgl. M. Heidegger, Sein und Zeit, Erste Hälfte, S. 54. 云うまでもなく、我々は範疇という語をかかる制限を離れて用いることも出来、本書に於ても屡々そのような使用がなされている。例えば我々もそれに就いて論じた「意味」なるものをディルタイは「生の範疇」に数えている。そしてハイデッガーのいう Existenzial はディルタイの「生の範疇」の純化し徹底されたものとも見られ得る。

アリストテレスは「何時」ποτέ ということを「時間」χρόνος というものから区別した。彼は今日普通なされる如く「時間」という語を範疇の意味に用いず、却て彼が範疇として掲げたのはつねに「何時」ということであった。時間そのものの問題が彼によって研究されたのは範疇論としてでなく、物理学に於てであった。「何時」とは「限定された時間」である。即ち「何時」は関係の限定を包む。それは一定の時間点をばかりでなく、「何時から」「何時まで」などという場合に於ける「何時」をも現わす。もちろんアリストテレスに於て「時間」と「何時」とは無関係であるのではなく、またそうあることも出来ない。物理学に於て解明されるような時間にして初めて、後に述べられる如く、「何時」という範疇的関係を含み得るのである。ところで先ず、範疇としての歴史的時間はこのような「何時」ということに於て性格付けられると見える。そこでジンメルの如きも『歴史的時間の問題』に就いて論じ、次のように書いている、「一の現実内容は、我々がそれを我々の時間体系の内部に於て一定の所に綴じ付けにされているのを知るとき、一の歴史的なものである——尤もこのような限定はその際様々な精密さの度合をもち得るであろう。この自明なこと且つ平凡なことは、歴史的なものに関するより深い且つより進んだと見える形式的な諸定義に比して実により決定的なものであることが認められるであろう。」即ち単に一般に時間に於てあることでなく、一定の時間に於て立っているということが歴史的なものにとっての根本的な規定に属している。一言で云えば、歴史的なものに就いては「何時」ということが範疇的である。何等かのものは、それに就いて何時起ったかと問うことが有意味であり、何時起ったと確定される限りに於て、本来、歴史的な或るものであるのである。従って年代記というものが歴史叙述の最も原始的な、然しまた最も基本的なものとも考えられ得るのである。どのような歴史も年代の前後関係に従って叙述される。いまかくの如き「何時」という範疇的関係を成立せしめるものとして時間はそれ自身如何なる規定を含まなければならないであろうか。

＊ Vgl. G. Simmel, Das Problem der historischen Zeit (Zur Philosophie der Kunst 1922).

歴史的時間も或る意味では永遠と考えられることが出来る。それはたしかに無限なる持続という意味で永遠であるように見える。けれどもそれは「恒常的持続」duratio permanens であるのでなく、却て「継起的持続」duratio successiva である。歴史的時間にあっては、凡てが同時であり、凡てが全体であるというのではなくて、凡ては前後継起する。然るに歴史的時間が継起的持続であるということは、二重のことを意味するであろう。即ち歴史的時間にあっては先ずその如何なる部分に於ても「前後」の関係が含まれており、そして次にかくの如きその凡ての部分に於て見出される前後の関係は歴史的時間が「刻み」を含むということによって存在する。それだからこの場合アリストテレスが時間に与えたところの、かの古典的な定義が十分に適用され得る。「時間とは前後に従っての運動の数である。」* τοῦτο γάρ ἐστιν ὁ χρόνος, ἀριθμὸς κινήσεως κατὰ τὸ πρότερον καὶ ὕστερον. 時間は運動ではなく、却てただ数を含む限りに於ける運動である。ここに数とは数えられることであり、我々のいう「刻み」にほかならない。ところでアリストテレスは更に次の如く云っている、「今 τὸ νῦν が時間を、それが前後を含む限りに於て、量る。」「時間は今によって連続的であると共に今に従って分たれる。」即ち時間は先の今、今の今、次の今、という風に刻まれるのである。「それが時間を分つ限りに於て、今はつねに異ったものである、それが結合する限りに於て、今はつねに同一である。」時間は今、今、今、という同一の今の連続であると見られるのである。このようにして、事実としての時間を特性付けるものが「瞬間」であるとしたならば、存在としての時間を特性付けるものは、アリストテレスに従って実に「今」であると云うことが出来よう。瞬間はたとい今と称せられるにしても、かくの如き今とは根本的に区別されなければならない。まさにかくの如き今として規定される時間にして初めて、前後に従って刻まれそのうちに「何時」という範疇的関係が現われ得るのである。

* Aristoteles, Physica Δ. 11, 219b.

然しながら右の如くにして歴史的時間の本性は説明し尽されたであろうか。歴史的なものにとって「何時」ということがどこまでも範疇的な意味を有する限り、歴史的時間は前後継起し、刻まれ、根本的には「今」として性格付けられる方面を欠くことが出来ない。もしそうでないならば、それに於て「何時」ということを語ることも出来ないであろう。実際、歴史的時間が存在としての歴史の時間である以上、それはそのような方面をもたなければならぬ。然しながらそれは、あらゆる存在が、従って単に歴史の存在に限らず、アリストテレスの説明したように自然の存在もまた、それが運動するものとして把握される限り、そのうちにある時間の性質ではないであろうか。それ故に歴史的時間は、それがまさに自然の存在とは区別される存在としての歴史の時間である限りに於ては、更に他の特殊な方面を含んでいるのでなければならない。このような他の方面とは如何なるものであろうか。ジンメルは上記の論文に於て、如何なる歴史的なものも一定の時間のうちに立っていると云った後、続いて特に理解という見地を持ち出し、次のように論じている。疑いもなく、理解ということは一の現実内容を歴史的として認めるために欠くべからざる条件である。例えば、ひとりの人間に就いて報告されている行為が、彼の他の知られている性格に関係して我々にとって全然「理解され難き」ものであるときには、その行為がそれ自体としては可能であるとしても、我々はそれを歴史的事実として認めることを拒むのである。然るにここに一のパラドックスと見える事柄が生ずる。というのは、この理解そのものは歴史的現実そのものと何等かかわる必要がなく、却て全然無時間的な或るものである。私がパウロもしくはモーリッツ・フォン・サクセンの性格を理解する作用は、私がオセロまたはヴィルヘルム・マイスターの性格を理解する場合に於けると原理的には全く同一の作用である。即ちジンメルに従えば、理解は専ら観念的な内容に向う。私はパウロを彼の歴史的実在性のために理解するのでなく、寧ろいわば逆に私はこの歴史的実在性に就いて唯観念的にそれから分離され得る内容を理解するのである。ところで歴史的時間は専ら現実性の形式であるから、理解はまた歴史的時間からの完全な独立に於て行われる。かくて一方或る内容はそれが時間上固定されている場合にのみ歴史的と認められ得るのであり、しかし他方また実にそれが他のものと一緒に一の理解の統一を形作るときにのみ歴史的として認められ得るのであるが、この理解の統一なるものは、理解を規定するのは専ら無時間的な実質である故に、理解を何等減ずることなしに、任意の時間点におかれ得るということがある。このような矛盾は、ジンメルによれば、理解はそれが現実化された諸内容の総体を自己のうちへ関係付けたとき初めて完全であり、然るにこの理解的に秩序付けられた総体はそれの各々の部分内容に対して唯一つの場所を有するのみであることを洞察するとき、除かれる。「一の出来事は、それが実質的な、それの時間点に対して全然無関係な諸根拠から一義的に一の時間点に固定されているとき、歴史的である、とひとは云うことが出来る。それ故に、一の内容が時間のうちにあるということがそれを歴史的にするのではない、それが理解されるということがそれを歴史的にするのでもない。二つの事柄が交叉するとき、即ちそれが無時間的な理解の根拠の上に時間化されるとき初めて、それは歴史的であるのである。然るにこのことは原理的には唯理解が諸内容の総体を把捉する場合にのみ行われる、なぜなら唯絶対的な全体の連関のうちに於てのみ個々のものは真に理解されるからである。そこからして、時間化ということはこの場合唯一定の時間点に於ける固定化ということをのみ意味することが出来る。」真の理解のために要求される歴史の全体なるものは、まさに全体である故に時間を超越する、「時間とは単に諸々の歴史内容の関係に過ぎない」、これらの諸内容はかかる全体のうちに於て理解的に全く一義的に決定された位置を占めるものとして、まさにその故に歴史的と云われる。これがジンメルの意見である。然しそれは彼に於て孤立せるものでなく、また他の多くの歴史哲学の明《あ》からさまな、もしくは隠された前提をなすものであるから、我々はここにそれに対して若干の批評を加えておくことが適当であると思う。

歴史の全体は我々にとって現実に与えられたものでなく、却て単に一の理念に過ぎない。それ故にもしも歴史的時間の問題の解決の鍵がこのような全体のうちにあるとしたならば、歴史的時間は理念的本質のものとなり、かくて存在の歴史性ということもつまりは理念的性質のものとなり、時間はまさに現実性の形式であり、存在の歴史性ということもその基本的な意味では存在の現実性にほかならぬという最も明白な事柄に矛盾することになる。ジンメルの云うように、歴史の全体が恰も全体として時間を越えたものであるとしたならば、かかる無時間的な全体のうちに於て一定の場所を決定されるということが、如何にして現実的に時間的の意味をもつのであろうか。絶対的な全体のうちに於て一義的に位置付けられるということは、時間的な事物が永遠化される所以でこそあっても、事物の時間化される所以ではあり得ないであろう。彼のいう理解の統一としての全体はイデー的な全体であるが、単にイデー的なものからは時間は説明されない。時間的が考えられるためには、全体は永久に絶対的な仕方で自己自身のうちに安らえるものでなく、却て絶えず運動し発展するものと見られなければならぬ。理解の条件として我々も認めねばならず、且つ実際に認めて来たところの全体なるものは、ジンメルの説く如き何等かの仕方で与えられたものと見られる絶対的な全体として無時間的であるのでなく、却て我々のさきに述べたようにそれぞれの場合に課せられたものであり、形作られるものである故に、そのうちに一義的に位置付けられたものは時間的の意味をもつのでなかろうか。このような全体は事実としての歴史の立場から、これとの関係に於て存在としての歴史に於て形作られる。従って後者の理解も前者の立場から、前者との関係に於て行われるのである。ジンメルは現実内の容は無時間的な根拠から時間化されると云うが、このことは我々によれば、存在としての歴史の秩序に属するものの時間性は、これと同じ秩序の意味の時間とは見られない事実としての歴史の根拠から規定されるということでなければならぬ。然し事実もそれ自身時間的であるから、理解は超時間的でなく、寧ろ時間的である。歴史的時間はこのようにして事実的時間によって制約される方面をもっている。従ってそれは単に直線的なものでなく、却て全体と部分という形式をとる。このとき全体はどこまでも課せられたものの意味を含んでいる。それだからこそそこに時間が考えられ得るのである。全体は課せられたものとして予料的意味を含む、そしてコーヘンの云った如く、予料は時間の特性をなす。然るにジンメルは真に主体的な事実的時間の概念を知らない。彼の知るのは客体的な存在の時間の概念のみである。それ故に彼は歴史的時間の問題を現実的に解決することが出来ない。この問題を解決するために彼は理解の統一たる全体の概念を持ち出す。ところで一般的に見て、歴史の問題を論ずるに際し、歴史を作る行為の立場からでなく、歴史を理解する立場からそれに近づいて行くということは、現代の哲学に共通な傾向であり、それのひとつの偏見に属する。ひとりジンメルのみでない、ディルタイに於ても歴史の理解ということが何よりも歴史の問題への接近の通路をなしている。ディルタイは客観的な存在の時間とは異る「内的時間」を考えた、けれどもそれが要するに内的な意識の時間に過ぎなかったのは、理解の立場が彼の哲学を指導していたということにも関係があるであろう。世界時間とは異る主体的な時間を純粋に取り上げることに全努力を傾けつつあるハイデッガーにあってさえ、理解の立場、従って解釈学的立場が決定的にはたらいている。然るに一般に解釈学的立場は内在の立場であり、そこでは時間は結局意識の時間にとどまる。これに反し新しい歴史哲学は何よりも歴史そのものを作る行為の立場に立たなければならぬ。固より人間は凡て或る意味で「歴史家」である。その限りに於て、理解ということは彼の存在の仕方に根本的に属している。然しそれより以上に人間は凡て「歴史人」、即ち歴史を作りつつある人間である。行為の立場は、これを徹底するとき、意識の立場、従って観念論的立場を突き破る。このことはひとり、普通云われるように、行為の立場は行為の対象として意識を超越する「存在」を認めねばならぬということを意味するのみではない。それは単に前面に於て意識を超越する客体をばかりでなく、更に背後に於て意識を超越する主体たる「事実」を認めることなしには真に行為の立場であることが出来ない。かくの如きいわば二重の超越が初めて行為の立場を成立せしめるのである。このようにしてまた我々の事実的時間というものは単に意識の時間と考えられてはならない。単なる意識の時間は瞬間という意味をもつことが出来ない。寧ろ超越的な主体的事実が絶えず新たに意識を破るところに瞬間なるものの面影がある。そして行為の立場に立つとき、歴史的時間が事実的時間によって規定されるということは誰にとっても明瞭に理解されよう。

歴史的時間は事実的時間によって構造付けられる。具体的な歴史的時間とはまさにかくの如きものであり、そしてそこにそれが特に歴史的時間と呼ばれる特性があるのでもある。我々はさきに存在の歴史性に就いて論じ、それを存在と事実との弁証法的関係に於て見出した。そこからまた我々は歴史的時間の構造を弁証法的として規定することが出来る。即ちそれは到る処全体と部分という関係を含み、しかもこの全体はつねに事実としての歴史の立場から新たに課せられ、予料せられるものである。固より歴史的時間は、上に云った如く、どこまでも存在としての歴史の時間であり、その限り前後の関係に於て刻まれるという性質を失うことが出来ない。けれどもよく観察すれば、このように前後の関係に於て刻まれる仕方そのものがそれ自身既に事実的時間によって構造付けられているのが見出される。いま西洋に於ける年代計算に眼を投ずるならば、そこにはキリストの誕生以来初めて文化の一直線の向上があるという、それ以前の凡てのものが唯そのための準備に過ぎぬところの一回的な行為によって、完成に向って進む世界年代が開始されたという、一定の見方、史観が含まれていたことが見られ得るであろう。然し特に歴史的時間を表わすものとして時代なる概念がある。歴史は時代的に区分され、刻まれるのをつねとする。このことは歴史的時間が刻々に交替してやむことなき時間でなく、却てそれが優越な意味に於ける「持続」Dauer を含み、時間が「期間」Zeitraum であることを現わす。このとき時代というものは全体の意味を何等かの仕方で担わせられている。かの Periode という語はもとこのことを表わすべきであるのである。時代なるものは単に一の持続であるばかりでなく、また一の全体概念である。それはかかるものとしてそのうちに含まれる諸部分に対して有意味性の構造連関に立っている。このようにして時代の概念は単に存在としての歴史の時間をもっては考えられず、却てそれは事実的時間によって構造付けられている。歴史に於ける時代区分は暦の時間に従って平等なる間隔をもって幾何《いくばく》かに区切られているのではない。また時代区分は史観の異るに応じてそれぞれ異っているのである。最も簡単な例をとろう。今日なお普通に行われる古代、中世、近世なる時代区分はルネサンス時代の子供である。その当時盛んになった古代研究はローマの偉大を知った、人文主義者たちは千年以前に没落したこの偉大を復興し得るものと考えた、かくてかの没落とこの再興との間に横たわる期間は、いわば冬籠りの時期として、陰暗な中間時代 media aetas, medium aevum と見做され、そこからして三つの時代が区分されるに至ったのである。その他各々の史観が各々自己に相応せる時代区分を立てているばかりでなく、この区分が最も屢々三分法であること——五分法をとっているものも根本的には三分法の基礎の上に立ち、このものに還元されることが多い——などは、恐らく、歴史的時間は凡て一様に過去と見られ得るに拘らず、それが事実的時間によって規定され、構造付けられているところから、現実的な時間の含む過去、現在、未来という三つの時間契機がそこに写し出されることを暗示するものではないであろうか。ひとは歴史とは本来現代の歴史であると云う。それ自身固より時代の概念のひとつでありながら、現代といわれるものがかくの如く優越な意味を負わされるのは、それがまさに事実的時間の存在としての歴史の時間のうちに於ける投影であるためである。そこからしてまた、かの根本的には三分法の上に立つところの古代、中世、近世なる時代区分にあっても、なお近世のうちに特に現代なるものが選び出され、かくてそれが恰も古代、中世、近世、現代なる四分法をとるかの如き外観を呈するに至るということが起るのである。かかる四分法の外観は、その三分法がまさに真の現在たる事実によって規定されていることを現わしている。

このようにして我々は云うことが出来る。――第一、歴史的時間は先ず存在としての歴史の時間として、事実的時間に対してはつねに或る過去の意味を担う。それはどこまで延長されるにしてもいつでも「既に」の意味を含んでいる。然しながらそのことは歴史的時間が回顧的時間であるということと必ずしも等しくはないのである。却てそれは歴史的時間が存在としての歴史の時間であるということと根本的に関係する。即ちそれは「今」として特性付けられる存在の時間の本質に属している。そこでは未来もなお或る「既に」の性格を負わされる、未来も「次の今」であり、「今」は真の現在でなく「既に」の意味を含んでいる。あらゆるユートピアは、存在としての歴史の秩序に於て考えられる限り、つまり過去の像である。真の現在は今ではなく瞬間である。然るにこのように未来もなお「既に」の意味をもつところでは、発明、発見、創造などいうこともその固有なる意味をもち得ず、従って真の歴史はない。これ根源的な歴史が存在とは区別される事実に於てあると考えられる所以である。

第二、歴史的時間は次に存在としての歴史の時間として、事実的時間によって構造付けられている。「今」の時間は何よりも連続性を現わす。これに反し「瞬間」の時間は寧ろ非連続性を現わしている。事実的時間に於ては時は一瞬一瞬に消え、一瞬一瞬に生れるのである。それ故に根源的な歴史性は瞬間的歴史性である。存在としての歴史はこれに対し寧ろ連続性を含み、従ってそれの歴史性は体系的歴史性であるとも言われよう。歴史と云えばもと二重のもの、即ち事実としての歴史及び存在としての歴史であった。両者は存在と存在の根拠として対立であると共に統一であった。かくてその具体的な姿に於て歴史は瞬間的歴史性と体系的歴史性との弁証法である。事実は存在に対し絶えずその連続性を破ろうとする。然し存在はかく破られた連続性を絶えず綴り合わそうとする。歴史的時間は事実的時間によって構造付けられたものとして現実的に歴史的である。ヘーゲルの弁証法の体系的歴史性に対して瞬間的歴史性を高調したのはキェルケゴールの所謂性質的弁証法の功績であった。然しまた後者が客観的な存在の歴史を無視することによって、却てまた他の意味では歴史的なものを失い、非歴史的な見方に陥ったということも争われないのである。

第三、存在の時間は過去から未来へと流れる。いまこれが事実的時間によって構造付けられるとき、それは逆に未来から過去へという方向をとらせられると見える、事実的時間は本来の未来性を特徴とするからである。それはコーヘン的に云うならば継起 Folge でなく系列 Reihe の形式をとることとなる。*ところで過去から未来への時間が因果的な見方に相応するならば、未来から過去への時間は目的論的な見方に相応すると考えられるであろう。目的手段の関係は原因結果の関係の逆であると普通に考えられている。歴史の原理が目的論であるということは我々も或る意味ではこれを認めなければならない。けれども目的論は因果論の単なる逆であるのではない。蓋し既に云った如く、因果的な見方に於ては原因と結果とは同じく存在の秩序にあると考えられている。然るに本来の目的論はこのような一重の見方でなく、存在とは区別される事実を認めるところに成立する。目的論的関係は、因果的関係の如く存在と存在との間に於てでなく、主体的事実と客体的存在との間に於てのみ成立することが出来る。しかも両者が単に連続的でなく、却てまた非連続的であるが故に、そこに目的論もあり得るのである。このとき目的は根源的には事実の側にある。従ってかかる目的論にあっては、目的は存在の意味に於ては無いに等しい。本来の目的論はその限り目的なき目的論であると云われなければならぬ。目的論は因果論の逆であるという通俗の見方にとってのみ目的論は目的ある目的論であるのである。このようにしてまた目的論は全体と部分との関係に於て成立すると云われるにしても、このような全体と部分との関係は単に有機的に把握さるべきでなく、却て我々の述べた如き弁証法の基礎の上に於てのみ目的論は成立するのである。

＊ Vgl. H. Cohen, Logik der reinen Erkenntnis, zweite Auflage 1914, S. 154.

三

さて従来自然的時間として注意されて来たのは自然環境の時間であった。即ち地球の公転を基礎とする所謂太陽暦、或はまた太陰暦などの時間がそれである。このような自然的時間が存在の時間としてそれ自身前後の関係に従って刻まれることは云うまでもない。それが歴史にとって有する重要性は、それがその規則性、就中その周期性の故に、歴史的時間を刻むための単位を与えるというばかりでなく、その根本的な重要性は、寧ろ、人間のあらゆる歴史的活動が自然の基礎の上に於て行われ、従ってまたつねに自然によって制約される方面を有するという所に存している。それだからこのような自然的時間は歴史的時間にとって単に外面的である以上に深い関係を有するのでなければならない。歴史的時間はたしかに自然的時間に制約される方面をもっている。

然るにかくの如き人間の歴史的活動の地盤乃至《ないし》環境としての自然のほかに、なお他のひとつの自然がある。普通に歴史的活動の主体と見られている人間そのものがまさに一の有機的自然なのである。人間的有機的自然の時間の統一は「世代」という概念をもって表わされる。ところでこのような時間概念は歴史にとって環境的自然の時間よりも遥かに重要な意味をもっているものの如くに思われる。なぜなら世代は、環境的自然の時間のように、歴史を外部から測定するのでなく、却てまさに歴史の主体と見做される人間生命に結び付き、従って歴史を内部から測定するように見えるからである。それは人間の歴史的活動に於ても、自然的環境からの相対的な独立性の程度の高いところの所謂文化生産的な活動の歴史にとってはとりわけ重要なものであるように考えられるのである。それ故に特にイデオロギーの歴史の研究に従事する人々の歴史理論の中へ世代の概念が一の原理的なものとして導き入れられるに至ったということは偶然ではなかろう。我々は最近ドイツの文学史家の間に於て著しくこの傾向を認めることが出来る。その代表的理論家としてユリウス・ペーターゼンなどの名が挙げられるであろう。ペーターゼンの主張するところによれば、単に文学に関する科学ばかりでなく、人間及び彼の生産物に就いての一切の科学は、何等かの仕方で世代の問題に関係するのである。*

* Vgl. Julius Petersen, Die literarischen Generationen in der „Philosophie der Literaturwissenschaft," Hrsg. v. E. Ermatinger 1930.

世代の概念は、云うまでもなく、もと自然的基礎の上に立っている。即ちそれは個々の家族の系列の内部に於ける生殖の序列のうちから由来する。父と子との間の年齢の相違に於て規則的に観察される時間の幅が世代の概念を形作る。既にギリシアの歴史家ヘロドトスは、エジプトの僧侶によって、三世代が丁度一世紀をなすということを教えられたと伝えられる。この場合そのような年齢の相違は平均三十三年三分の一にあたるわけである。然るにグスタフ・リュメリンは『世代の概念及び期幅に就いて』*統計的研究を遂げ、このような平均は時代及び民族に従ってそれぞれ異っており、近代のヨーロッパにあってはそれが三十二年から三十九年（当時のドイツでは三十六年二分の一、イギリスでは三十五年二分の一、フランスでは三十四年二分の一）の間にあり、従ってヘロドトスの計算は、彼の時代にとっては正しかったとしても、決して不変な、一般的に妥当する時間の幅を示すものではない、という結論に達したのである。一世紀を三世代とするということは、このように統計的に必ずしも正確でないばかりでなく、それはまた歴史的協働という重要な事実を現わすことが出来ない。人類に於ける世代の継起にあっては、ヒュームの力説した如く、或る種の動物に見られるのとは異り、親の死が子供の誕生を初めて可能にするのではなく、却て親と子供とは同じ時に重り合って生活するのである。従って一世紀は事実上五世代を含んでいる。単に両親のみでなく、祖父母もまた、彼等のあらゆる生活経験を子や孫に伝え得る。そこで一世代を三分の一世紀と見做そうとする人々は、自分の主張をば、個々の人間の「生活活動」ということによって維持しようとしている。このような生活活動は、一世紀のうちに含まれる五世代のうち唯三世代にのみ属する。人間の歴史的活動は平均的に見て三十歳をもって始まり、六十歳と七十歳との間に終る、それだから曾祖父及び孫は、祖父、父、子と同じ世紀のうちに見出されるにしても、前者はあまりに老いたるをもって、後者はあまりに幼き故に、その生活動はこの世紀のうちに数えられないというのである。有名な歴史家ランケの弟子オトカル・ローレンツは、かくの如き家族系図学的年数計算の基礎の上に、『歴史的時代の自然的体系』を打ち建てようと企てた。** 彼に従えば、父から孫に至る三世代は、つねに相互の直接的な影響の連関に立ち、そのうち中間に位する者にいつでも、彼が親から継いだものを子供に伝え、そしてそこに何か排除すべきものがあればこれを子供から遠ざけるという任務が負わされている。彼は歴史的意味に於ける三世代の平均期間を百年として計上し、かの「世紀」なる概念の有する重要な意味は、それが原本的な「三世代の法則」にもとづく或る精神的歴史的統一を現わしているところに見出されるとした。著名な家族即ち君王家の歴史に於てこの法則が明瞭に認められるばかりでなく、一般的な観念及び思想の伝播または後退に於ても同じ法則が見られる、とローレンツは考えた。それ故に「世紀」なるものは「一切の歴史的現象の客観的に基礎付けられた時間単位」である。歴史的時間をば世紀を単位として刻むということは客観的意味のあることでなければならぬ。けれども歴史的諸事件の長い系列にとっては世紀はあまりに小さい単位であろう。そこで彼は次に高い単位として、丁度一世紀が三世代から成るように、三世紀即ち三百年をとり、更に三世紀の三倍をとった。ローレンツはその三百年単位説の支持をドイツの文学史に於て、実際を云えば、ヴィルヘルム・シェーラーのかの波動説のうちに見出し得ると信じた。このシェーラーによるならば、ドイツの文学史は三百年目の興隆と三百年目の衰微との間を往復しており、かくして紀元六〇〇年、一二〇〇年、一八〇〇年の三つの最高頂を経験したとされる。

＊ Vgl. Gustav Rümelin, Ueber den Begriff und die Dauer einer Generation in den „Reden und Aufsätze" I. 1875.

＊＊ Vgl. Ottokar Lorenz, Ueber ein natürliches System geschichtlicher Perioden in der „Geschichtswissenschaft in Hauptrichtungen und Aufgaben" 1886.

尤も世代の概念はそれほど新奇なものではなく、却て我々の普通の歴史の見方に絶えず影響を及ぼしているものである。国家の統治者の家系に従っての歴史叙述は広く——殊に日本や支那などに於て——行われており、このようにして我々はまたペリクレス時代のアテナイ、アウグストゥス時代のローマ、フィレンツェに於けるメディチ家時代、或はエリザベス時代、或はルイ十四世時代などという言葉を始終用いているのである。世代概念の特色は、既に述べた如く、それが自然的時間の概念でありながら、歴史的活動の主体と考えられる人間そのものに関係しているところにある。ローレンツは彼の所謂「三世代の法則」を「一の人間的自然に内在する原理」と呼んでいる。然るに世代理論の主張者はかかる自然的時間を直ちに歴史的時間の位置に引き上げ、そこに一切の歴史的現象の時代区分の原理を求めようとする。この場合世代は、地球の公転の一年の如く、歴史的時間測定の一の外的な単位にとどまるのでなく、それ自身が本質的に時代区分を形作っているると見做されているのである。然るにこのことがあるのは、そのとき人間はもはや単に歴史的活動の基体としての自然の存在としてではなく、寧ろ歴史的活動そのもの、歴史そのものとして理解されているためでなければならぬ。そこでは例えば文化の蓄積及び伝承などいう歴史的行為に重要な意味が与えられ、世代という自然的なものはかかる歴史的行為と有機的な結合を保ち、有機的な統一を形成すると解釈されているのである。ローレンツの如きが一世代をもって歴史的時間を刻むことをせず、却てかの三世代の法則を立てねばならなかったというのも、根本的にはそのような理由によるのである。かくて世代の概念は次第に所謂精神科学的意味のものに解釈されることとなる。今日文学史家たちによって開拓されているのはそれのかかる意味なのである。既にディルタイがこの方向をとった。*ディルタイは世代の概念を年齢 Lebensalter の概念と共に精神科学の方法概念として導き、それを彼の『シュライエルマッハー伝』に於て巧《たくみ》に使用した。彼によれば、世代とは「諸個人の同時性の関係」である。いわば相並んで生れたる、即ち共通の少年時代、共通の青年時代をもち、そしてその壮年の活動時代が一部分合致するところの人々は、同一の世代と呼ばれる。このような人々はひとつのより深い関係によって結ばれている。彼等はその感受性の最も強い年頃に於て同一の指導的な諸影響を受ける。彼等の感受の時代に於て現われた同じ大きな事件及び変化に同様に依存していることによって、それに付け加って来る他の要素の差異にも拘らず、一の同質的な全体に結び合わされる一定の範囲の個人は、一個の世代を形作る。このような世代を、例えば、アウグスト・ヴィルヘルム・シュレーゲル、シュライエルマッハー、アレキサンダー・フォン・フンボルト、ヘーゲル、ノヴァーリス、フリードリヒ・シュレーゲル、ヘルダーリン、ワッケンローデル、ティークフリース、シェリングが形作っている。ディルタイはひとつの世代の知的活動にはたらきかける無数の制約の総体を二つの群に分った。先ず第一に、世代が形作られるとき、そこに与えられて見出される知的文化の資産ともいうべきものがある、この資産よりひとは諸々の進歩の甚だ大なる可能性を望み見る。然るに今や生長した人間が蓄積されている精神的諸内容を占有し、そこから先へ前進しようと試みるとき、彼は第二の群の制約の影響のもとにおかれる。即ち周囲の生活、社会的、政治的、その他種々様々な文化状態、特に新たに加って来る知的諸事実がそれであって、これらのものによって、前の世代から与えられたより先への進歩の諸々の可能性に対して一定の限界がおかれる。実にかくの如き諸制約の影響のもとに、それらによって規定された同質的な諸個人が一世代として形作られるのである。いまローレンツなどの世代概念に対しディルタイに於ける同じ概念の含む比較的新しきものは、第一に、ここでは世代の現象に於て単に前後継起ばかりでなく、また「同時性」の現象が単なる年代学的意味よりも一層深き意味を得たということである。このことによって世代の概念は、一方遺伝学的乃至家族系図学的の狭い地盤から解放されてより現実的な社会的歴史的現象のうちへ引き入れられると共に、他方単に直線的な時間に対して具体的な、持続的な全体性の意味を含む歴史的時間を考えることが可能にされた。然し一層重要なことは、第二に、ディルタイが世代の問題に関心したのは、彼自身云うところに従えば、主として、世代統一によって、時、月、年等を基礎にもつところの、精神的諸運動の過程の普通の単に外的な足場が、「内部から測られる表象」によって置き換えられ得るためであった。世代統一は精神的諸運動の一の追体験され得る直観的な測定を可能ならしめると考えられた。ディルタイに於ける新しきものは、まさにこのような量的に測られ得る時間と唯質的にのみ捉えられ得る内的な体験時間との区別であった。世代は彼に於て単に外的な時間を現わすのでなく、寧ろ内的な時間を現わすべきであった。

* Vgl. Wilh. Dilthey, Ueber das Studium der Geschichte der Wissenschaften vom Menschen, der Gesellschaft und dem Staat 1875, Gesammelte Schriften V. Band, S. 38 ff.

然しながらそれにも拘らず、世代概念の世代概念たる基礎的な意味はどこまでもそれが自然的時間の刻みを現わすところになければならない。従って歴史理論としての世代理論の担うべき特徴は、かくの如き自然的時間の刻みが本来の歴史的時間の刻みと平行し、対応し、調和すると考えられるところに求められなければならぬ。ローレンツはこのことを主張した。詳しく云えば、世代理論にあっては、一方では世代が我々の時計の時間の如く歴史的過程にとって外的なものでなく、一の内的な且つ自然的な単位であり、そして他方ではこのような内的な自然的な統一が本来の歴史的進行と一致する、と見られているのである。ディルタイは次のように記している。「精神的諸運動及び科学的諸活動の過程の足場は、唯外部から見られるときにのみ、我々がそれらを秩序付けるところの時、月、年、十年という体系のうちに存する。我々がそれによってこの過程を直観的に表象するところの統一は、この過程そのもののうちに存しなければならない。時計の秒や分と内的な心理学的な時間との間の関係に、歴史的過程の大きな期間にとっては、十年、百年とそして他方ではその中間の平均に於ける及びその年齢の継起に於ける人間生活との間の関係が対応する。というのは、人間生活の経過のうちに精神的諸運動の歴史の直観的な測定にとっての自然的な統一が与えられているからである。」即ち彼は外的な時間と内的な時間または本来の歴史的時間とを区別しながら、しかも同時にかかる歴史的時間と人間的自然の時間とを統一的に見ようとしているのである。彼が「人間生活」というのはかかる統一の基礎である。彼もまた一世代を約三十年であるとし、ヨーロッパの知的歴史は、その名と業績とが伝われる最初の科学的研究者たるタレース以来、彼の時に至るまで僅か八十四世代に過ぎない、と云っている。このようにして世代理論の根本思想をなすのは、我々がかの浪漫的有機体説を特徴付けたところのものにほかならないことが知られよう。言い換えれば、その理論の基礎には、自然的なものと精神的なもの、実在的なものと観念的なもの、外的なものと内的なもの、との調和、連続乃至統一の思想が横たわっている。

そこで我々は世代概念の歴史理論的特性を有機体説的として規定することが出来る。このことを我々はこの概念の歴史的起原を突きとめることによっても理解し得るであろう。即ちローレンツの権威に従えば、彼の師ランケが世代の思想を暗示したと云う。ランケはその『ロマン的・ゲルマン的諸民族の歴史』の改訂（一八七四年）に際し、屢々引用されるところの次の文章を付け加えたのである。「恐らく一般に、諸世代をば、能う限り、それらが世界史の舞台に於て互に一体となり且つ互に区別される有様に従って、順次に配置するということが課題であるであろう。ひとはそれら諸世代の各々を完全に公平に取扱わねばならぬであろう、ひとはその時々にそれぞれ互に最も密接な関係をもち且つその諸対立に於て世界発展が更に進展するところの最も光輝ある諸形態の系列を叙述し得るであろう、そのとき諸事件はそれぞれの本性に一致する。」なおローレンツの伝えるところでは、ランケは世代の概念のもとに「人間一代のうちにはたらける或る一定の理念に対する表現」を理解した。然るにランケも根本的には例外をなさず、一般に、広義に於けるドイツ歴史学派の特色をなしたものが有機体説的な歴史理論であったことは、さきに論じた通りである。この学派はその最初の形而上学的傾向から次第に実証主義的方向へ進んで行ったが、それに応じてその有機体説も最初の形而上学的意味のものから実証主義的意味のものに変化した。このとき人間的有機的生命がその歴史理論の基礎におかれるようになったのは、最も自然的なことであったであろう、この過程に於てかの「民族精神」なる理念は世代の概念によって代られたとも見られることが出来る。そこでまた世代の概念を特色付けるものは、有機体説的な歴史の論理と実証主義との混合ということである。実際、ローレンツの如きはランケ的な歴史を支配する理念という思想を全く棄て去っていないに拘らず、その世代の理論を生物学上の遺伝説によって基礎付けようとしたのである。かようにして、世代理論はまた我々がさきに有機的発展の思想に就いて掲げた種々なる性格を具えている。例えばそれは、その実証主義的意図にも拘らず、その有機体説的な理論に制約されて、歴史学に法則科学的意味を負わせることが出来ず、これを寧ろ形態学的に見るのほかない。従ってそこでは一般に類型、即ちテュプス、シュティルの如きが歴史学の中心概念とならざるを得ないのであって、これ全くペーターゼンなどの明らさまに主張している通りである。然るにローレンツは彼の世代理論をもって歴史学の本来の意味に於ける「将来理論」であると主張した。同じようにフランスの人ジュスタン・ドロメルはその『諸革命の法則』(一八六一年)に於て将来に対する科学的見通しを与えることを公言したのである。ドロメルによれば、民主主義の社会にあっては市民の政治的活動は平均四十年間に亙るが、この活動の初期は前世代の人間がなお生存していることによって、その末期は自分自身の世代の人間が既に死滅しつつあることによって、共に制限を受ける。そこで各世代はただ約十五年の間投票に於ける多数を制し得、これによって国家の運命を決定し得る。この法則はフランスに於ける諸変革が一七八九、一八〇〇、一八一五、一八三〇、一八四八の年々に起っていることによって証明される、と云うのである。今かりにローレンツの三世代の法則、或はドロメルの十五年説——この場合にはなお社会が凡ての時代に民主主義的議会主義的であるのでないということを勘定に入れないで——が事実に適合するとしても、それは何等本来の意味に於ける法則であるのではない。それはたかだか歴史が周期的に、波動的に進行するということを記述的に表わすのみである。寧ろ我々は世代理論の特徴をその有機体説的方向に、その個性記述的乃至類型記述的理論の方向に求むべきであろう。そしてこのことによって世代理論は美的な、観想的な史観に属するのであって、それが今日特に文学史家たちの間に喧伝されているのも偶然的ではなかろう。

さて我々は事実的時間、歴史的時間及び自然的時間の三つを区別して来た。後の二つは共に存在の時間である限り最初のものに対して或る共通な性質を具えている。然し自然と歴史とが存在として区別される限り両者の間にはまた差異がなければならぬ。我々は自然的時間を「待つ」wait 時間として、歴史的時間を「期待する」expect 時間として特性付けることも出来るであろう。自然は繰り返すこと或は循環することを特色とする。そこでは我々は待てばよいのである、待てば繰り返して来るのである。自然は繰り返すものと考えられ、歴史はこれに反し繰り返さぬもの、一回的なものと考えられる。待つのでなく期待するということが歴史的時間の特色である。自然人は待ち、文化人は期待する。既に述べた如く、歴史的時間の歴史的なる所以はそれが事実的時間によって構造付けられているところに存し、そしてそれによってその何処に於ても「既に」の性質を有する歴史的時間ることである。この特殊な未来性を現わすのは「期待する」ということである。然し「期待する」という未来性は寧ろ非本来的な未来性に過ぎぬ。本来的な未来性はひとり事実的時間の性格である。これは期待するということでなく、寧ろ予料するということである。思惟の意味に於て予料するというのでなく、却て行為の意味に於て先取するということである、否、まさに「決心する」decideということである。期待するという未来性のうちにはもはや「既に」の意味が含まれている。瞬間は未来から時来すると云っても、それは決して期待する時間ではないのである。ところで三つの時間は、固よりそれぞれ独立な時間であるのでなく、却てそれらは真に現実的な時間を構成する三つの要素乃至次元と見らるべきである。真に現実的な時間はそれらのものの構造連関に於て成立する。このようにして、例えば、観想的態度は自然的時間に優位を与える。観想的な世界観の模範たるギリシア思想に於てそうであった。そこでは自然的時間に象《かたど》って歴史的時間が理解され、従って歴史は循環すると考えられた。けれどもこれが決して単なる自然的時間のアナロジーの意味に尽きるものでなく、また事実的時間の意味を含んでいたことは、かかる回帰的時間がまさに運命的なものを意味したということによっても知られよう。そしてこのような観想的態度に於て永遠は「円環」をもって象徴されるのをつねとする。或は時間を「包む」ということが永遠の本性であると考えられる。然るに実践的態度にあっては自然的時間に対する歴史的時間の独立性と独自性とが高調される。このとき瞬間こそ永遠の象徴であると見られる。瞬間は凡ての時間を包むものという静的な意味で永遠であるよりも、寧ろそれは存在の時間を超越し、そこから存在の時間の何処にでもつながり得るという動的な意味で永遠の相を現わしているのである。然し実践的態度は歴史的時間の現在に最も重要性をおくであろう、しかもそれは未来を期待するということと無関係ではなく、却てこのことの結果である。そこからしてフィヒテがその人類歴史の哲学的構成に於てこれを五つの時代に分ち、彼の現代はまさしくその第三の時代即ち「罪悪の完成した状態」にあると見做したが如きことも一部分説明され得るであろう。* 即ち現代を最大の危機として把握することによって現代の決定的な重大性が力説されるのである。なおシュレーゲルは古代史は円環行程の体系をなし、近代史は無限なる前進の体系をなすと述べたが、このことは少くとも一面では、近代の歴史的発展に於て歴史的時間が自然的時間に対して次第にその相対的独立性を増大して来たことを意味し、そしてこれは人間の自然に対するはたらきかけが深刻になり、拡張されて来たことを示すものとも考えられよう。いずれにせよ、我々の生活しつつある真に現実的な時間はいわば一音のものでなく、却て多くの音の合成である。それは自然的時間、歴史的時間及び事実的時間のそれぞれ具体的な構造連関に於て成立する。けれどもそこに響いて来るのは必ずしもつねに美しいシュムフォニーではない。この連関は何よりも弁証法的に構造付けられている。そしてこのことは存在と事実との弁証法的関係に相応する。固より事物の運動そのものが時間ではない、運動は却て時間のうちにあるのであるとも云われるであろう。然しまた事物の運動を離れて時間は考えられない。かくて現実的な時間の形成そのものが動的である。

* Vgl. Fichte, Die Grundzüge des gegenwärtigen Zeitalters.

〔『歴史哲学』岩波書店、一九三二年四月刊。第一章は「歴史の概念——歴史哲学の一章」と題されて法政大学哲学会編『哲学年誌』一九三一年一二月に初出、第二章は「存在の歴史性」と題されて『思想』一九三一年一二月号に初出。なお、第三章「歴史的発展」、第五章「史観の構造」、第六章「歴史的認識」は割愛した。〕

アリストテレス 形而上学（抄）

第一章 学の規定

一

「凡ての人間は生れながらにして知ることを欲する。」これはアリストテレスの形而上学開巻の有名な句である。知ろうとする欲求は人間に生具し、知ることは人間にとって悦びである、と彼は指摘する。その兆しに、我々はすでに感性的に知覚することに、実際上の有用性を離れて、それ自身として悦びを感じる。とりわけ視ることの悦びは大きい。視覚は他の感覚よりもよく知らしめ、多くの区別を明かにする。そこで我々は視覚を凡ての感性知覚のうち最も勝れたものと認めている。純なる知識に対する欲求は人間の本性に属し、人間にとって知識よりも純なる悦びを与えるものはない。

勿論、感性知覚は人間にのみ固有のものでなく、動物も具えている。或る動物にあってはなお知覚から記憶が生ずる。記憶力を有する動物はこれを有しない動物に比して一層知的で、怜悧である。そして記憶の能力に加えて聴覚を有する動物は物を教えられることが出来る。聴くことは知ることの重要な源泉である。動物は経験というものを僅かしか有しない。人間に於ては記憶から経験が生ずる、同じ物に就いての多くの記憶から一個の経験が形成される。然し人間の場合知識は単に経験に留まらないで、経験から学に達するのである。

このようにアリストテレスの形而上学は知識の系譜学的叙述をもって始められた。いま学と技術との区別を姑《しばら》く措くならば、知識は知覚、記憶、経験、学という、およそ四つの段階を経て発展すると考えられた。これらの段階は、そのより低い段階がより高い段階の地盤となり、そのより高い段階はより低い段階を基礎とするという関係に立っている。記憶は知覚から生じ、経験は記憶から生ずる。学は経験を通じて達せられる。知覚や記憶は、また僅かながらも経験は、動物も有するに反し、学は人間にのみ属している。然るに学が人間にとって可能であるのは、人間は他の動物と異りロゴス（言語、また思惟）を有するからである。人間は「ロゴスを有する動物」（*ζῷον λόγον ἔχον*）と定義される。人間的の名に値する一切はロゴス的であるが、学はその第一のものである。

凡て生あるものは精神を原理とする。精神は生命を有し運動するものの本来の存在性を形作っている。アリストテレスの精神論は単なる心理学でなく、まさに生の存在論であった。精神は種々の形態に於て現われ、それに応じて生の段階的な発展が見られる。植物も生きたものとして既に精神を原理としている。この精神は「営養の精神」と呼ばれる。植物は養分を摂取し、生長し、繁殖する。然し植物は知覚を有せず、植物には「知覚的精神」は属しない。動物にして初めて知覚する。動物的生は云うまでもなく営養の精神を含み、その上に知覚するのである。然し動物はロゴスを有しない。語ること、考えることは人間の固有な存在性を形作る精神によって規定された運動である。植物的生が営養の精神によって、動物的生が知覚的精神によって性格付けられるに対して、人間的生の特質は「思惟的精神」である。もとより人間的生は営養及び感性知覚を含んでいる。思惟は感性知覚を土台とし、且つこのものを通じてまた営養を土台としている。一般に、高次の精神は低次の精神なしには存し得ず、高次の生は低次の生の凡てを含んでその上に発展する。かくの如く段階的発展的に見られた生の存在論もしくは精神の現象学に於て、その最高の段階を現わすものは学、特に哲学である。学と生とはアリストテレスにあって根本的な連関に於て捉えられている。学はロゴスを本質的規定とする人間的生のひとつの、しかもその最も勝れた在り方にほかならない。

アリストテレスの形而上学に於て我々が先ず出会うのは学の規定である。彼は学を就中経験と区別しつつその特質を論じている。一、経験が個々のものに就いての知識であるに反して、学は普遍的なものに関する知識である。二、経験は単に斯くある（τὸ ὅτι）ということを知らせるに過ぎないが、学は何故に然かあるか（τὸ διότι）ということを示す。つまり学は原因に就いての知識である。三、学は教え得るもの、従ってまた学び得るものである。即ち学は方法的な知識であるからである。四、学は実用のためのものではない。学は本来それ自身のために求められる知識である。それ故に学は、実際生活の必要が既に満されて閑暇のあるところで生れる。アリストテレスは歴史的註釈を加えて、エジプトに於て最初に数学が現われたのは、かしこでは僧侶の階級が閑暇を有したためであると述べている。また彼は、人間は昔も今も驚異（θαυμάζειν）によって哲学することを始めたと云っている。驚異は実際生活の快楽や必要とは関わりのない純粋に知的なパトスである。

然し学のこのような規定は、アリストテレスが抽象的に立てたものでなく、彼が初めて設けたものでもない。アリストテレスは寧ろ彼のつねに用いた方法に従って、如何なる人間が「智者」と称せられているかに就いてギリシア人の諸意見を分析することによって、学に関するかような規定を見出したのである。智者はギリシア人の人間理想を、人間の理想的なタイプ——中世に於ける聖者の理想と比較せよ——を現わした。従ってアリストテレスによって明かにされた学の理念は、いわばもとギリシア人の生活そのものの中から生れたものである。人類思想の歴史にとって重要な意義を有するギリシア人の諸業績のうち、かかる学の理念の発見は、ロゴスを有する動物という人間定義の発見と共に、特に影響深きものである。智者という語は日常比較級に於て用いられる。手仕事をする大工よりも設計をする棟梁がより智者であると云われている。然らば最も勝れた意味に於て智者と考えられるのは如何なるものであるか。物を個別的に知っているというのでなくて凡てを知っている者が智者である。また我々にとって知るに困難なもの、容易に近づき得ないものを知っている者が智者と呼ばれる。更に智者は物の根源にまで達している者である。彼は物を根源的に知っている故によりよく教えることが出来る。智者の有すべき智慧はこのようにして普遍的なもの、究極的なものに関する知識でなければならぬ。この知識はあらゆる他の知識の上に位し、他の目的のためでなくそれ自身のために求められる。真に智慧の名に値するのは第一原理と第一原因に就いての知識である。かような「智慧」は最高の学たる哲学に属している。

ギリシア的な学の理念に於ける最も特性的なものは、学が純粋に観想的本質のものと考えられたところにある。このことはすでに学が実用と没交渉であると云われていることで明白である。学は本来それによって物を作り或は名誉を得るというが如く自己の外に目的を有するものでなく、それ自身が目的である。学の目的はテオリア（*θεωρία* 観想）に存する。テオリアという語は、今日単に「理論」を意味するが、もと「観る」という意味であり、しかも特に宗教的意義のものであった。テオリアはギリシア的敬虔の固有なものである。学としてのテオリアの意味もギリシア的敬虔の背景を離れて十分に理解することが出来ない。学の本質が観想であるということは、それが生と無関係であることを意味せず、却って観想こそ人間的生の最高の形態である。アリストテレスは人間の生活を、享楽的生活（βίος ἀπολαυστικός）、政治的生活（βίος πολιτικός）、観想的生活（βίος θεωρητικός）の三つの段階に区別した。学と観想は人間生活の一形態として、享楽的生活は固より実践的生活の上に位し、最高の段階を占めている。多くの人々は感性的な快楽や物質的な富を求めて生活する。より勝れた人々は政治的実践的生活に於ける名誉のうちに幸福を見出す。自己の名誉は他人に依存するが、社会的行為に於ける徳は思慮ある人々から尊敬されることとである。然しこれとても外的事情に依存するに反して、観想的生活はその幸福の源泉を自己自身のうちにもっている。そして学の本質が観想に存するということは、それが非実践的であることを意味するものでなく、却ってテオリアこそ生の最高の活動、実践の最高の実現と考えられたのである。自己目的的な（αὐτοτελεῖς）観想は、政治学第七巻第三章によれば、単に「ひとつの行為」（πρᾶξίς τις）であるのみでなく、「最も勝れた意味に於て」（κυρίως）行為すると云われるものは「思惟の棟梁たち」（οἱ διανοίας ἀρχιτέκτονες）である。学が生の価値を有しないということはあり得ない。そして人間のあらゆる活動は幸福を目的とするものであって、これを否定することは事実に矛盾するというのがアリストテレスの一般的見解であった。観想は生の最高の活動としてまた最高の幸福を意味している。就中ニコマコス倫理学第十巻は観想的生活の浄福に就いて美しい言葉をもって語っている。「叡智の活動は、観想的なものとして、厳粛性に於て勝れると共に、自己以外の如何なる目的をも追い求めず、固有の快楽を有し（この快楽が同時にその活動を増大させる）、そしてその活動には、人間に可能なる限りの自足、閑暇、不倦怠、及びその他すべて幸福なる者に属するものが、属すると思われる。かくてこの活動は、それが全生涯の間続く場合、人間の完全な幸福であるであろう、なぜならそこでは幸福に属する如何なるものも不完全ではないから。」かくの如くアリストテレスは純粋な思惟と観想とを称《たた》えた。観想はまさに人間の完全な幸福を意味し、生の価値の最高の実現である。

このような思想が特殊なギリシア的敬虔を背景とすることは既に触れた。それはまた、社会学的には、奴隷制度によって維持されていたギリシアの有閑階級生活の観念的表現と見られ得るであろう。「高貴な閑暇」（σχολὴ ἐλευθέριος）という思想はギリシア特有のものである。本書に於ける我々の問題は、かくの如き思想がアリストテレスに於て特定の存在論、しかも生の概念並びに善の概念の解釈をも自己のもとに従える包括的な存在論と密接に関連していることを明かにすること、かくの如き存在論がその根本的な規定に於て如何なるものであるかを示すことである。

二

学は真理の認識にある。ところで ἀλήθεια（真理）という語はもと、存在が蔽われずにあること、隠されずにあること、顕わにされてあることを意味する。アリストテレスは屢々その動詞形 ἀληθεύειν を用いているが、存在を蔽われてあることから顕わにすること、存在を開示することの謂である。ギリシア人はこのように真理を否定的に、隠されずにあることとして現わした。それは屢々隠されてあるのである。そして見得るもののみが盲であることが出来、語り得るもののみが沈黙することが出来るように、不完全性は完全性の欠乏と考えられる。それ故に ἀ-λήθεια（真理）という語は ἀ-privativum（欠乏を意味するアルファ）によって現わされた。この特殊な表現は存在の開示が一定の仕方によって初めて獲得されねばならぬことを示しているであろう。それはロゴスによって開示されるのであるが、人間のロゴス的な活動はもとより単に固有の意味に於ける学に限られていない。アリストテレスはニコマコス倫理学第六巻の中で、肯定的に或は否定的に語ることによって存在を開示するものは、数に於て五つあると述べている。技術（τέχνη）、学（ἐπιστήμη）、実践知（φρόνησις）、智慧（σοφία）、叡智（νοῦς）がそれで、これらはいずれも ἀληθεύειν（存在を開示すること）のそれぞれの仕方である。

ロゴスとは如何なるものであろうか。ロゴスは思惟を意味するが、また差当り言語を意味する。かかるものとしてそれは音であると云われるであろう。然し単なる音、石と石とを打って発する音の如きものでない。ロゴスは声音、即ち生あるものが自己の内部から発するものである。声音は生あるものにのみ属し、生あるものの本来の存在性を形作る精神によって規定されている。しかもロゴスは物を示し意味する声音（*φωνὴ σημαντική*）である。それは単に生理的なものでなくて、有意味のものである。ところで例えば「馬」というが如き名も意味する声音である。けれどもこれはなお本来のロゴスでない。馬と云うのみでは十分に限定されていないからである。「馬は嘶《いなな》く」とか、「馬は語らず」とかと云うとき初めて、馬の名は限定されて本来のロゴスが生ずる。そこに判断と呼ばれるものが出て来る、そのとき結合と分離が行われ、肯定或は否定が現われ、そこにまた初めて真と偽との区別が認められる。これが固有の意味に於けるロゴスであって、*λόγος ἀποφαντικός* である、即ち限定し、限定することによって存在を開示するロゴスである。ロゴスの機能は *ἀποφαίνεσθαι* に、存在を顕わにすることに、語られたものをそのもの自身から示すことに存し、かかるものとしてロゴスは *ἀπόφανσις*（いわゆる命題）と呼ばれる。かようにしてアリストテレスが技術、学、実践知、智慧、叡智は肯定的に或は否定的に語ることによって *ἀληθεύειν*（存在を開示すること）に関わると云ったとき、その意味は明かであろう。これらはいずれもロゴスに関係し、ロゴスを基礎としている。これらの活動はロゴス的或は「ロゴスをもって」（*μετὰ λόγου*）であり、或はかかる活動の最高の可能性としてのヌース（*νοῦς*）である。ヌース（叡智）はそれ自身最高の活動形式であるのみでなく、他の諸活動形式も、智慧や学は固より、技術や実践知も、凡て *ἀληθεύειν* に、従って究極は認識に仕えるものと見られることによって、凡てヌースに、このものを最後の、最も本来的なテロス（目的）として、定位をとっている。あらゆる人間的な、それ故にロゴス的な——なぜなら人間の本質規定はロゴスである——活動は、いわばヌースに牽引され、ヌースに向って上昇する内的傾向性を有し、その尖端に於てヌースに接している。

右の五つの活動形式のうち先ず技術は、部分的には動物にも属し得る経験から区別される。技術には経験によりも一層多くの知識と理解が属し、技術家は経験家よりも智慧があると云われる。その理由は、経験家は単に然かあるということを知っているに過ぎぬに反し、技術家は何故に然かあるか、即ち原因の知識を有するからである。技術のかかわるのはもと制作（ποίησις）である。然しそれは、一の目的に対する手段を明かにするの堪能という形式的な意味に於て、そこからまた時として生に処し、生を形成する手段の場合へ移して理解される。けれども技術と実践知とは同じでない。前者は後者に対してすでにいわば形式的である。プロネシス（実践知）は処生に於ける善との内容的結合を含むからである。テクネ（技術）が制作（ポイエシス）に関係するに対して、プロネシスは実践（プラクシス）に関係し、且つ後者は「人間にとって善なるものと悪なるもの」との見地のもとに立っている。制作と実践とは原理の在り方を異にする。制作的活動にあっては目的はこの活動そのものでなくて他のもの、即ちまさに制作される作品である。実践もしくは行為にあってはそうでなく、この場合には正しく或は善く行為すること（εὐπραξία）そのことが目的である。然し技術も実践知も共に「他のようにでもあり得るもの」(τὸ ἐνδεχόμενον ἄλλως ἔχειν)を対象とする点に於ては同じである。制作と実践とは他のようにでもあり得るもの、即ち変ずるものに関してのみあり得ることである。

技術並びに実践知の対象が「他のようにでもあり得るもの」であるに反して、学と智慧とは「他のようにはあり得ないもの」(τὸ μὴ ἐνδεχόμενον ἄλλως ἔχειν)に向う。学の対象は他のようにはあり得ないもの、従って必然的なもの、恒にあるものである。それは既にそこにあるものであって、我々によって作り出されるものでない。然し学は、単なる学としては、恒にあるものをいわば全的に取扱うのでなく、却ってそれが論証にとって近づき得るものである限りに於て、一層正確に云えば、それが論証のうちに現象する形態に於て、取扱うのである。これに反し、それから推論が行われ、結論が導かれる根拠乃至原理は、それ自身もはや論証し得ないものであり、従って単なる学にとっては近づき得ないものである。「蓋し学は普遍的なもの及び必然的なものの把握であり、そして論証し得るものにとって及びあらゆる学にとって(なぜなら学は概念的 μετὰ λόγου である)原理が存するのであるからして、このような仕方で知られるものの原理自身はもはや学によっても、技術によっても、実践知によっても達せられ得ない。蓋し一方学に於て知られるものは論証によって知られるものであり、他方技術や実践知は他のようにでもあり得るものに関するのであるから。」とアリストテレスは云っている。論証の根拠となる原理、即ち第一原理は恒にあるもの、他のようにではあり得ないものであって、技術や実践知の対象とは性質を異にするのみでなく、それはまた論証的知識としての学にとってもその前提乃至予想であって、このような学自身の対象とはならない。かくの如き原理、論証の根拠であってそれ自身は論証され得ない原理の知見をもたらすのはヌースである。ただヌースにとってのみ原理は近づき得るものである。ヌースは直観的思惟である。「ヌースの作用は感性知覚の如きものである」(*ἔστι τὸ νοεῖν ὥσπερ τὸ αἰσθάνεσθαι*) と精神論の中には記されている。ヌースの叡智的なものに対する関係は、感性知覚が感覚的なものに対する関係と同じである。言い換えると、ヌースは叡智的なものを直接的に受け容れ、諸原理を現在的に持つところのものである。直観的なヌースに対して比量的思惟は *διάνοια* と呼ばれる。技術や実践知、また学はかかるディアノイアに属している。

最後に智慧(ソピア)とは如何なるものであろうか。アリストテレスはこれを *νοῦς καὶ ἐπιστήμη* (叡智且つ学、ヌースと結び付いた学)として規定している。「かくて智慧が諸学のうち最も厳密なものであることは明かである。智者は単に原理から従って来るものを知るのみでなく、また原理そのものに就いて開示しなければならぬ。従って智慧は叡智且つ学であり、いわば頭《かしら》として他の上に立ち、最も尊いものを捉える学である。」そこで分るように、ソピア(智慧)には根本に於て独立の能力が属するのではなく、寧ろそれは、単に論証的な学に対して高次の学を謂うに過ぎない。なぜならそれはかような論証の原理乃至根拠を直観的に認識するヌースと結び付いた学であるからである。それ故に智慧は完全な、本来的な意味に於ける学でなければならぬ。アリストテレスも、根拠への知見を有しない者はただ非本来的な意味に於てしか学を有する者でないと云っている。智慧は「原因及び原理に就いての学」とも規定される。いま形而上学が学としてかくの如き智慧であるべきことは明瞭である。智慧には独立の能力が属するのでなく、却ってこの概念は学の派生形態を現わすものとして特殊な意味をもっている。即ちそれは観想的生活の規定に結び付けられるのである。

このようにして、一方には技術と実践知とが、他方には学と叡智とがある。そして形式的には、技術及び実践知は広い意味での実践的態度に関わるものとして、理論的態度を形作る学及び叡智に対立する。同時に形式的に見れば、前の二者は他のようにでもあり得るものを対象とし、後の二者は恒にあるものを取扱うことによって、対象の上で区別される。技術と実践知、学と叡智に於て精神の一貫した機能は ἀληθεύειν（存在開示）である。けれども前の二者にあっては、存在開示は制作及び行為のそれぞれの場合の個々の目的のためのものである。これに反し後の二者即ち理論的態度は、認識活動自身のうちにその目的を有し、その活動自身の外に如何なる結果、また如何なる行動をも目的乃至限界として有しない。それは対象の理論的所有及び観照のうちに満足を見出すのである。尤も、技術や実践知もディアノイア（比量的思惟）の活動であって、それらにも真なるロゴス（λόγος ἀληθής）が含まれる限り、それらに関することも広い意味では学に属すると見られ得るであろう。そこでアリストテレスは学を理論的学、実践的学及び制作的学の三種に区分したと云われている。彼は比量的思惟（διάνοια）に「認識的機能」（ἐπιστημονικόν）と「分別的機能」（λογιστικόν）との区別を認めた。前者は恒にあるものに向い（従って理論的学に関係し）、後者は他のようにでもあり得るものに向い（従って技術並びに実践知に関係し）、それぞれその対象を対象の性質に適合した仕方で開示する。ただその知識は、その対象が一方は恒にあるもの、他方は他のようにでもあり得るものと異るに従って、同一の厳密性（ἀκρίβεια）を有するものではない。あらゆるものを論証しようとすることが却って教養なきこと（ἀπαιδευσία）即ち方法に就いての無知を示すように、それぞれの領域に於て対象の性質に相応する厳密性を要求することが教養あること即ち方法に於ける堪能を証しする、とアリストテレスは考えた。あらゆる種類の知識に同一の厳密性を要求することは却って不厳密であることを意味するとも云われ得るであろう。固より厳密性に於て勝れた学は学として勝れたものである。従って理論的学は制作的学や実践的学よりも勝れている。かかる優越性は対象の性質によって規定されている。自然の永続的な秩序、就中天体は、恒にあるものとして、それらに関する学には対象のこの性質の故に勝れた位置が与えられる。アリストテレスの哲学に於て自然の概念が、また理論的学とされる自然学が全く特殊な、基礎的な意義を有するのも、そのためにほかならない。恒にあるものは精神によって絶えず現在的に所有されることが可能である。恒にあるものは「凡てのもののうち本性上最も顕わなもの」（τῇ φύσει φανερώτατα πάντων）である。ヌースはかかる対象を現在的に所有するものとして優越なものである。ここに容易に連想される神の概念に就いては後に至って論究されるであろう。学がそれ自身のために求められる知識であるということは、その認識を無差別ならしめることでなく、却って認識の対象の性質、それの所有の仕方に全く特殊な重要性が属せしめられ、それに応じて学の位階が考えられる。この場合決定的な見地はテオリアである。恒にあるものは絶えず現在的なものであり、かくのごとき本性上最も顕わなるものを現在的に所有することに於て学的観想は「最高の限界」（κάλλιστος ὅρος）に達するのである。

　政治学第一巻第二章に云われている、「動物のうち人間のみがロゴスを有する。しかるにロゴスは益あるものと害あるもの、そこでまた正しいものと正しくないものとを顕わにする（δηλοῦν）ことに関わっている。善と悪、正と不正及びその他かようなことに対する感覚を有するということは、他の動物に対して人間に固有なことである。」動物の発する声は単に苦と快との記号に過ぎないが、人間に固有な言語には善悪、正邪等の識別がある。かかる言語をもっての活動が「人間的な活動」（ἐνέργειαι ἀνθρωπικαί）、詳しく云えば、特に人間的な活動であり、社会に於て実現される。実践知に従っての活動はこのように固有的に人間的な活動である。しかるに智慧に従っての活動はそれと異り、いわば神的な活動である。このものも固より人間的な、徳（有能性）に従っての活動一般の地盤から生長するのであるが、「最も悦楽に充ちたもの」（*ἡδίστη*）としてその中から擢《ぬき》んでている。この生活は人間としての人間に属する生活よりも高い。ひとはただ人間である限りに於てこの生活を生きるのでなく、彼のうちに「或る神的なもの」（*θεῖόν τι*）が属する限りに於てそれを生きるのである。ヌースは人間に比して神的なものであり、これに従っての生活はまた人間的な生活に比して神的なものである、とニコマコス倫理学の中では云われている。然るにかくの如き観想と幸福、従って善との結合はアリストテレスに於て存在論を基礎として行われた。我々はやがてその間の特色ある存在論的構造を明かにするであろう。

〔『アリストテレス　形而上学』大思想文庫第二巻、岩波書店、一九三五年六月刊〕

西田哲学の性格について

——問者に答える——

一

西田哲学について一般に理解されている種々の特徴を挙げ、私の意見を求められた質問に対し、簡単に答えたい。私は先ず、当然のことだが、西田哲学はどこまでも哲学として理解さるべきものであると思う。この哲学という立場を離れて、それをすぐに宗教もしくは宗教哲学と結び付けて考えることは却って誤解を招き易い。西田先生自身、宗教は自分にはなおこれからの問題である、と語られている。先生の最近の中心問題は歴史的実在であって、今後の哲学は歴史哲学でなければならぬとすら語られているのである。西田哲学を仏教、殊に禅と結び付けて考えることは、君の云われる通り、以前からの伝統であり、一つの伝説にすらなっている。私はもちろん、そしてもしこう云って失礼でなければ、西田哲学を仏教と結び付けて論じている人々と同様、仏教を深く知らない。君も多分同様であろうと思う。だから君は西田哲学を仏教と結び付けて考えることは後廻しにして、それをそれ自身の哲学として理解することに努力するのが好いのである。ついでながら、キリスト教の人は西田哲学が弁証法神学に類似するように云っている。仏教と弁証法神学とが同じだなどと云えば、仏教家もキリスト教徒も容易に同意しないであろう。二つの思想を結び付けることは、自分自身がそれらを綜合統一する新しい立場を発見し把握している場合初めて真に有意義なのであって、さもなければ、却ってその一をもその他をも正しく理解せしめないことになる。私は西田哲学に東洋的なところ、日本的なところがあることを否定しない。けれどもそれは寧ろ先生がどこまでも自分自身で考え抜いて行かれた結果現われて来たものと見るべきであって、その結果を何等か従来の東洋思想で説明することは、日本の哲学を後へ戻すことになる恐れがある。例えば仏教は歴史的実在をどのように考えたか、また禅にはどのような歴史哲学があるのか。かような先決問題を除いて西田哲学と仏教とを関係させてみたところで、全く抽象的な議論に終るほかない。私はこれらのことを東洋に於ける過去の勝れた思想を軽視するために云うのでなく、日本の哲学の前進のために云いたいのである。哲学の研究者にとってあまりに簡単に宗教を持ち出すことは寧ろ好ましからぬ傾向である。宗教にせよ芸術にせよ、深い体験を有する哲学者は、そのことを語らなくともおのずから現われるものである。芸術を軽んじたプラトンは最大級の芸術家であった。しかしそれだからと云って、彼の哲学を芸術的な見地から理解したペーターのプラトン解釈の如きが最も正しい解釈であるとは云い得ないであろう。彼れと此れと同じ意味ではないが、西田哲学の根底に深い宗教的なものが潜むことは事実であるとしても、それをただ宗教的乃至宗教哲学的見地から解釈することは、殊に解釈者自身に真の宗教的体験があるかどうか疑問である場合、正しい理解に達し難いことになる。哲学は哲学として理論的に見るのが好いのである。西田哲学の歴史的位置は、明治以後に於ける西洋哲学の模倣時代から東洋思想の伝統への全く新しいつながりを作ったところにあると見るのは、間違っていないであろう。しかしそれは西田哲学の根源性に基くのであって、日本主義乃至東洋主義の結果ではない。それはどこまでも西洋文化移植後の日本に於いて作られた独創的な哲学であって、かかるものである故に将来の日本の哲学の新しい伝統のひとつの出発点となり得るものである。かかる出発点としての意味を理解しないで、それを過去の何等かの東洋思想と関係づけて満足することは我々の哲学の後退となる。

西田哲学の難解はその考え方が綜合的であって分析的でないのによると一般に考えられていることは、君の云う通りであろう。しかしこの点について、私は寧ろ反対の意見である。西田哲学ほど分析的な哲学は現在の日本では他に見当らず、却ってそのために難解であると云ってよいほどである。それがどこまでも具体的に考えようとしているという意味では、西田哲学は綜合的であるとも云える。けれどもあの強靭な思索力は分析的追求力である。綜合的は形式的抽象的となり易く、従ってそれは実にしばしば折衷主義の特色をなしている。具体的であろうとする西田哲学はその分析が、普通の分析に於ける如く平面的でなくて立体的であり、その限り綜合的とも考えられるが、その独特の力強い立体的な分析力こそ私を驚かせるものである。もし君が西田哲学の特色は綜合的というよりも分析的であると考え直すならば、或は一層よくその思想を理解することができるかも知れない。綜合的と関係して直観的ということも西田哲学の特色として挙げられ、それがまた難解の主要素ともされている。どのような独創的な哲学が直観に基かなかったであろうか。独創とは直観である。西田哲学の根底に豊富な直観があるところから、それは芸術的な哲学であるとも云われ、また文学主義であるとすら批評されている。先生の論文執筆の有様には芸術家の創作の場合に似たところがあって、先生は芸術家の創作活動に類する体験を持たれ、そしてそのことが先生の哲学そのものの内容にも深い影響を与えているように思う。しかしそのことから西田哲学の文学主義などと云うことは当らない。哲学は論理的でなければならぬが、分析的な西田哲学の直観にはその意味に於てむしろ数学者の直観に似たものがあると云えるようである。そう云えば、あの主語主義から述語主義への転換のあたり、ユークリッド幾何学から非ユークリッド幾何学への発展に似たところがないであろうか。だからもし君が述語主義という新しい立場を認めるならば、どこまでもその立場であらゆる問題を考えて行かねばならない。従来の主語主義と同じような立場から見て足らないところがあるからと云って、西田哲学もなお抽象的であるとするが如き批評も見受けられるが、それでは結局折衷主義になってしまわねばならぬ。折衷主義は外形的には整備したものであることが容易であり、従って一見甚だ論理的に見えるが、それが遂に無力であることは哲学史の実証している通りである。西田哲学にも取残された点があるであろう、しかしそれはどこまでも述語主義の立場から内面的に展開さるべきものであって、もう一度主語主義に還って補足するというのであれば、それは後戻りになり、折衷主義になる。西田哲学には数学者の直観に似た明晰判明な直観がある。先生がフランス哲学の研究を勧めていられる理由の一つも、その辺にあるのではないか。もちろん西田哲学の中心問題は数学的存在でないから、数学との類比は制限して考えねばならぬが、西田哲学は綜合的直観的芸術的であるという批評に対して、私はむしろ右の点を指摘したいと思う。

申すまでもなく西田哲学はプラトンのような主知主義でない。そこで非合理主義と云われるのだが、この点もよほど注意しなければいけない。非合理主義というようなことから西田哲学を理解しようとすると却って誤解を招く恐れがある。従来の論理は対象の論理であり、論理は対象の規定であった。カントの先験論理によって対象の論理は対象を考え対象を認識する主観に関係付けられたが、しかしまだかかる主観そのものをも包む論理とはならなかった。知ることも行為することの一つと考えられるが、かかる行為する自己をも包む論理とはならなかった。従ってカントに於ては実践理性の領域は理論理性の圏外におかれ、その倫理は主観的倫理に留まっている。しかるにヘーゲルは倫理と論理との同一を考え、これによって倫理を客観的倫理にまで高めた。彼が論理と存在論との同一を述べたことは周知であるが、それと共に倫理と論理との同一を考えたことはそれにも劣らず重要である。近代的意味に於ける主観主義とも客観主義とも云い難いギリシア哲学には、かくの如き、論理と存在論との同一の思想と共に倫理と論理との同一の思想があった。ヘーゲルはそれらの思想を彼の哲学に取入れたが、いま西田哲学に於てもまたそれらの思想が全く新たに活かされていると見ることができる。ヘーゲルに於ては倫理の根本をなす自由の概念は目的論の原理によって構成されている。彼の弁証法はそのように目的論的な、有機体的な構造を含んでいた。しかるに屢々批評される如く、ヘーゲルの弁証法に謂う特殊と一般の関係に於ては、個体の自由、自主性が考えられず、従って働く個物というものが考えられない。働くとは独立な個体と個体とが関係することであるが、かかる関係がヘーゲルの論理では説明されない。個物と個物とが関係する行為の世界を明かにする西田哲学の論理は、それが同時に倫理でもあると云ってよいであろう。ヘーゲルの論理によっては行為の世界が考えられないとすれば、西田哲学は初めて、論理と存在論との同一に留まらず、進んで倫理と論理との同一を明かにしたものと云うことができる。行為とか倫理とか云っても、何等かの当為もしくは理想をいうのではない。西田哲学の問題はどこまでも現実の世界の構造である。現実の世界は歴史的である。歴史的世界はドロイセンの云った如く「倫理的世界」(sittliche Welt)である。この意味に於て歴史的実在の論理は同時に歴史的行為の倫理でなければならぬ。行為は単に主観的でも単に客観的でもなく、主観的・客観的なものである。主観・客観を包む論理を明かにすることによって西田哲学は、カントの主観主義の倫理でもヘーゲルのなお客観主義的であった倫理でも不十分であった倫理的世界としての歴史的世界の意味を明かにしようとしている。しかるに実にかくの如き行為の世界に於て初めて、論理と存在論との同一も考えられ得るのである。この場合、論理が何か出来上った形式として存在するかのように考えることをやめねばならぬ。カントの先験論理もそのような先入見から自由でなかった。反対に、論理をその出て来るところから捉えなければならぬ。先生が最近、アリストテレスから、またプラトンから更に溯《さかのぼ》り、ヘラクレイトスあたりから論理を考え直さねばならぬと云われているのも、その意味であろう。君はたしかディルタイの『経験と思惟』(全集第五巻)という論文を読んだ筈である。ディルタイは形式論理の出来上った諸方式に満足せず、経験そのものの分析から論理の諸方式を導き出そうとした。彼はそれを「分析的論理」(analytische Logik)と称した。単に仮設的にでなく妥当する知識が存在すべきであるならば、知覚と思惟との間には、認識の基礎の二元性を止揚し、かくて単に仮設的な、前提され要請された関係を客観的に妥当する関係に転化するような、発生的関係(genetisches Verhältnis)が存しなければならぬ、と彼は云っている。ディルタイの意図は正しい。ただ彼の如く経験を心理主義的に解することはできない。一般に経験という概念のうちには、自己が主観として自己に対する凡てのものは客観であるというような考え方が含まれている。ところが実際を云えば、私は物に対するよりも根源的に君に対するものとして私であり、主体は客体に対するよりも根源的に他の主体に対するものとして主体である。カントの豊富な「経験」の概念に於ても、働く自己というものがその中に入っていない。かようにして経験の概念は出来事の概念によって代られねばならぬ。出来事とは独立な個物と個物とが関係することである。経験に於ては現実的でない関係の概念は出来事に於て現実的となる。論理と云い範疇と云うも、その根本的な意味に於ては関係にほかならぬとすれば、それは、そこでは関係が真に現実的であるような行為の世界から考えて行かねばならないであろう。そのような意味で私はデュルケームが『宗教的生活の原始諸形態』の中で述べているが如き社会学的認識論に興味を感じ、そのような考えを新しく活かしてみたいと思っている。西田哲学の性格に戻って云えば、それは決して単なる非合理主義ではない。従来の論理を超えたものに重要な意味を認めている点では、それは非合理主義とも云い得るが、かかる非合理的なものをも包む新しい論理を考えようとしている限り、それは非合理主義とは云われない。丁度ヘーゲルが生の哲学者として出発し、やがてかかる生をも合理的に把握する論理を見出したように、西田哲学はヘーゲルの論理によっても考えられない一層深い生の問題から出発しつつ、それを思惟する論理の発見を目差している。当時の浪漫主義者の生の哲学に対するヘーゲル哲学の関係は、現代の生の哲学に対する西田哲学の関係であると見られ得るであろう。

生の哲学が非合理主義であるのと同様の意味に於て西田哲学は非合理主義であるのではない。固よりその論理は、後に云う如く、単なるロゴスでなくて、寧ろロゴス的・パトス的なものを包むロゴスと見らるべきものであると思う。

二

西田哲学の中心問題はその発展のあらゆる段階を通じて実在であると云うことができる。実在はいろいろに考えられたが、最近では歴史的実在が中心問題になっている。寧ろ実在は歴史的実在であると考えられる。かく考えることによって西田哲学は従来の意識哲学乃至自我哲学の立場を越えるに至った。西田哲学の最近の発展に於て、私にとって特に重要に思われるのは、それが意識もしくは自我の世界から脱け出して来たことである。そこに現象学などとは異る新しい立場がある。昨年の秋、君たちの前で話したとき、私は今後の哲学は世界哲学でなければならぬと述べたが、そのとき私はかかる世界哲学の現存形態として特に西田哲学を念頭においていたのである。西田哲学は世界哲学と特徴付けることができる。このことを把握することが大切である。君を躓《つまず》かせるように見える「無の論理」は実は世界の論理にほかならぬ。先生の論文に絶えず出て来る「世界」という語を、君はその全き重さに於て理解しなければならない。世界は歴史的である。従って歴史ということは西田哲学に於て社会ということよりも広い意味に考えられている。社会は体系的には歴史的世界の一形態として考えられる。ただ社会は世界構造の最も発展した形態と見られる限り、世界の論理の解明は歴史的社会的現実の論理の解明に俟《ま》つと云うこともできるであろう。

西田哲学は世界哲学として我々をどこまでも世界の中に入れて考える。これは何よりも注意すべき根本的特徴である。普通に世界は我々に対するものと考えられている。しかしそれでは我々は世界の外にあることになる。固より我々は客観的なものとしてどこまでもそのような客観界に属すると考えられるであろう。けれども我々は単に客観的なものでなく、主観的なものである。世界が単に客観界と考えられる限り、それは主観的・客観的なものを包むことができない。しかし世界は固より所謂主観の如きものでない。世界は自己でなく、却って自己がそれに於てあるものが世界である。それは自己を内に於て超越するものと考えられるであろう。しかもそれは単に内に於て超越するのみでなく、かかるものが客観的自己をも包むと考えられねばならぬ。外に於て我々を超越する客観的有に対して、内に於て我々を超越するものは無と考えられるが、しかし単にかく考えられる無は真の無でない。ただそれのみでは結局主観主義乃至神秘主義と異らないことになる。単に有でなくて無と考えられるものは真の無ではない。内に於て超越するものが客観的なものをも包み、かくして外の超越と内の超越とが或る意味に於て一つと考えられる。分り易く云えば、世界の深さを論理的に明かにしたのが西田哲学である。それは客観的なもの、対象的なものを認めないのでなく、それを表現として行為の立場から見るのである。世界哲学としての西田哲学に於ては、個物は世界の自己限定として考えられる。個物は一方どこまでも環境から限定されるものであり、環境に属する、西田哲学の用語に従えば、個物はどこまでも一般的限定に於て限定される。このとき一般者というのは客観界の意味であり、我々は一方どこまでも客観界に属し、かかる一般者の限定として考えられる。しかし単にそれのみでは独立な個物は考えられない。個物は他方またどこまでも自己自身を限定するもの、即ち個物的限定に於て自己を限定するものである。或は個物は単に客観的限定に於て限定されるのでなく、主観的限定に於て限定されるのでなければならぬ。個物は働く個物としてどこまでも環境から限定されると共に逆にどこまでも環境を限定し返すものである。そこで右の如き相反する方向に於ける限定の合一として個物は弁証法的物である。弁証法的物は弁証法的世界に於てあるものであり、その自己限定として考えられる。弁証法的世界は弁証法的一般者であり、その個物的限定即一般的限定、その一般的限定即個物的限定というが如き弁証法的自己限定として弁証法的物がある。物はつねに主観的及び客観的の二つの相反する方向に於て限定され、しかも一つの方向に於ける限定はつねに同時に他の方向に於ける限定であり、その統一として弁証法的である。丁度フッセルの現象学に於て意識がつねにノエシス・ノエマ相関の構造を有するように、西田哲学に於ても主観的・客観的、個物的・一般的ということは相関していて、一方へ限定されると共につねに他方へ限定されるのであるが、しかしそれは単なる相関でなく、相反する方向に於ける限定の統一として弁証法的である。それは否定面肯定面という関係に立ち、肯定面即否定面、否定面即肯定面として矛盾の統一と考えられる。ところで個物はただ個物に対してのみ個物である。個物と個物とが関係するには媒介者がなければならず、個物と個物とを媒介するものは一般者である。かような媒介者は先ず客観的一般者としての客観界と見做される。客観的に考えられた物と物とを媒介するものは空間であると云える。その極《きわみ》、客観的物は空間の限定乃至変容と考えられるであろう。客観的限定もしくは一般的限定は空間的限定とも言い換えられる。けれどもかような空間的限定によっては真の個物は考えられない。個物はどこまでも個物的に自己自身を限定するもの、客観的にでなく主観的に、空間的にでなく時間的に自己を限定するものである。個物的限定は時間的限定であり、直線的限定である。かく限定される個物と個物との関係の媒介者は客観的な一般者であることができぬ。個物と個物とは円環的に限定されることによって弁証法的に統一される。弁証法的一般者は直線的に限定される個物と個物とをその根底に於て円環的限定に於て媒介するものである。円環的限定に於て独立な個物と個物とが同時存在的であるという意味に於て、円環的限定は空間的限定の意味をもっている。けれどもまたそれに於ては独立な個物が弁証法的に統一されるという意味に於て、それは非連続の連続と考えられる。しかるに非連続の連の直線的限定は、単なる連続でなく非連続の連続と考えられているのである。単なる一般者としての客観界に於てあるものは空間的並列的にあると考えられる如く、弁証法的一般者としての世界に於ては、過去も未来も現在に同時存在的と考えられる現在に於てある。時はかかる永遠の今の自己限定として考えられるのである。かようにして西田哲学に於ては時間と空間とが相即して考えられている。そこから「歴史的自然」という概念も出て来るのであって、従来は空間と時間とがそれぞれ自然と歴史とに配当され、歴史哲学が時間哲学的であったのに対する関係に於ては、西田哲学は寧ろ空間哲学的であるとすら云い得る特色を感ぜしめる。そこに東洋的な最も深い意味に於ける自然が歴史哲学的に活かされたと見られ得るところがある。世界は弁証法的世界として時間的にどこまでも動くと共に空間的にどこまでも留まっており、動即静、静即動である。

かくの如き世界が歴史的世界である。歴史的世界の一般的な性格は表現的世界ということである。世界の論理は表現の論理である。歴史を表現と考えることはディルタイなどから広く行われるようになったが、西田哲学は表現の問題を行為の立場に於て考える。歴史的世界は表現的世界であるとすれば、歴史的行為はすべて表現的行為の意味を有するのでなければならぬ。普通に表現と云えば、人間の作ったもの即ち所謂文化のことが理解される。しかし単にディルタイの謂う文化の体系のみでなく、また彼の謂う社会の外的組織も表現的なものである。単に人間が作ったものが表現であるのでなく、実に人間そのものがてある歴史的物の一切が表現である。表現的なものは普通に作られたものと考えられるが、すべての歴史的物は歴史的世界から生れたものとして作られたものの意味をもっている。表現は制作的行為即ちポイエシスの立場に於て考えられねばならぬ。我々人間の存在の如きも、単に与えられたものでなく、却って行為に於て、すべて制作的・表現的行為の意味を有する行為に於て作られるものである。行為はすべて形成作用の意味をもっている。ゲーテは Bildung ということを単に人間に於てのみでなく、自然に於ても見た。この場合自然も表現的なものと見られたのである。あらゆる表現的なものは主観的・客観的なもの、或は内的・外的なものである。或はそれはパトス的・ロゴス的なものである。表現的行為は表現的なものに対して起る、表現的なものから訴えられ、呼び掛けられることによって我々の行為は始まるのである。全く無意味な物質に対しては行為は起らないであろう。行為する私と君とを媒介すると考えられる限り、客観界は一般的意味、或は客観的意味、或はロゴス的意味を有するものでなければならぬ。かかるものとしてそれは表現である。しかし単にロゴス的一般的に限定されたものは真に表現的とは云われない。表現的なものは個物的限定乃至主観的限定、従ってパトス的限定を含むものでなければならぬ。我々の行為はどこまでもパトス的に限定されたものである。パトスは自己肯定的である。しかし表現的行為は単なるパトスからは考えられず、それが自己を否定してノエマ的にイデアを見ることによって成立するのである。ジンメルの所謂イデーへの転向（Wendung zur Idee）によって表現的となるのである。表現的行為は直接的でなく、否定によって媒介されたものでなければならぬ、さもなければ行為に於ける技術の意味も理解できぬ。けれども行為が単に客観的な一般的なイデアによって媒介されるものとすれば、行為は真に表現的であることができず、およそ行為というものは起らない。ヘーゲルが云った如く、大いなる歴史的行為にはライデンシャフト（熱情）が必要である。行為はどこまでも主観的に、個体的に、パトス的に限定されたものである。行為はまたつねに社会的である。パトス的限定に於て限定された行為と行為とを媒介するものは、直線的限定の根底に円環的限定が考えられ、そして円環的限定は空間的限定とも考えられるように、ロゴスであると云われよう。けれどもこのロゴスは客観的一般者の意味に於けるロゴス（イデア）でなく、寧ろ無の一般者の意味に於けるロゴス的である。また円環的限定は単に空間的意味のものでなく時間的意味を含むと考えられるように、このロゴスは同時にパトス的なものでなければならぬ。それはロゴス的・パトス的なものを包むロゴスである。それは客観的ロゴスを越えたものである。凡て表現的なものはかかるロゴスの表現であり、無の表現であると云うことができる。表現的なものはロゴス的・パトス的なものとして自己自身を表現すると共に世界を表現するのである。

三

そこで私は、西田哲学に於て国家の如きものは如何に考えられるかと云う君の質問に対して、私見を述べよう。国家の如きものを先生は特殊社会と見ていられるようである。ところでフッセルの現象学に於て意識のノエシス・ノエマ的構造に多くの様相が考えられるように、西田哲学に於ても、世界の自己限定に無限の様相もしくは段階が考えられると思う。その客観的限定の方向に無限の客観的限定の過程が考えられ、その主観的限定の方向に無限の主観的限定の過程が考えられるのである。かかる過程の各々の段階に於て成立する弁証法的物について、すべて西田哲学的な世界図式が当嵌《あては》まると見てよいであろう。尤も先生は国家などの問題はまだ詳しく論じられていないが、世代の問題については度々触れられている。私はいま世代の問題を先ず年齢の問題から考えてゆこう。人間の年齢は少年、青年、壮年、老年等に区分される。それが生物学的なものに制約されていることは云うまでもない。我々の一生は時間的で、直線的に限定されている。しかし年齢は単なる直線的限定からは考えられないのであって、直線的に進行するものが同時に円環的ないし空間的に纏《まと》まってゆくところに年齢は考えられる。それは例えば一年一年と過ぎてゆくものでなく、かように過ぎてゆく時が円環的に纏まり、一つの期間（Zeitraum）とし

ここにすでに西田哲学の意味に於ける世界図式が認められると云い得るであろう。直線的に進行するものが同時に円環的に限定されてゆくことによって、年齢は表現的となる。そこに青年時代であれば青年時代の人生のスタイルが、或はジンメルの謂う意味での形式（Form）が現われる。ジンメルは、形式はすべて限界という意味を有し、生に形式を与えるものは生の限界としての死であると述べている。青年時代が滅びて壮年時代が生れるという風に、非連続の連続の形で、年齢は年齢から年齢へ移るものとして、年齢は形式を具え、表現的になると考えられる。しかし現実に於ては、或る年齢の一人の人間があるのでなく、却ってほぼ同じ年齢の多数の人間が一つの世代を形作っている。世代に於て円環的限定の意味は一層現実的になる。独立な多数の人間が円環的に限定されて一つの世代を形作るのである。世代は自己のスタイルを有し、表現的なものである。そして一世代に属する個人は自己自身を表現すると共にその世代を表現する。個人はどこまでも真に自己自身を表現することによって、また真に自己の属する世代の表現となり得るのである。同じように、各々の世代は自己自身を表現すると共に全歴史を表現するという意味をもっている。歴史は世代から世代へ移ってゆく。そしてそれらの世代はすべて円環的に限定されて、同時存在的に永遠の今に於てあると云われるのである。かくの如く世界図式によって考えられる世代は、マントレのいわゆる社会的世代の意味に於てすでに或る特殊社会と考えられ得るであろう。世代も単なる時間的限定に於て考えられるものでない。ところで先生は国家は生物の種の如きものであると云われている。一定数の人間は同一の種に属するものとして一つの国家を形成すると考えられる。国家は単に多数の個の統一からは考えられず、多数の個の種に於ける統一から考えられねばならぬと云われるであろう。しかしながらまた先生の云われるように国家は単に生物的なものでなく、歴史的なものである。種は不変なものでなく、国家も滅び得るものである。私はオトカール・ローレンツなどの世代についての生物学的解釈に反対するように、国家に関する生物学的(人種的)解釈にも反対する。国家は種であると云っても、国家は歴史的なものとして世界図式に於て考えられるものでなければならぬ。即ちそれはすでに無の一般者の意味を含んでいると云える。種は単に主語的論理によって考えられるものでなく、すでに述語主義的な考え方を要求するものでなければならぬ。さもなければ、結局ヘーゲルに於ての如く、個人の国家に対する独立性は考えられないことになる。個人は一方どこまでも国家に於てあり、国家の中に含まれ、国家から限定されながら、他方どこまでも独立なものであり、逆に国家を限定するものでなければならぬ。種の連続を媒介として個と個との非連続が考えられるにしても、種は非連続の連続として単に主語的には考えられないものである。固より、世代が直ちに無の一般者でない如く、国家が直ちに無の一般者であるのではない。却って世代から世代へ移りゆく諸世代が永遠の今に於てあると考えられる如く、一つの時代から他の時代へと直線的に発展してゆく国家と国家とは世界に於てあり、世界を媒介として相互に関係するのである。ここに謂う「世界」は同じ時代にある国家と国家との円環的限定に於て成立するものであり、かかる世界も西田哲学で謂う弁証法的世界の自己限定として考えられる。しかるに種を媒介者として絶対化することはつまり述語主義から主語主義へ戻ることによってしか可能とはならぬ。その場合、国家はヘーゲルの謂う国家乃至民族の如きものになるであろう。ヘーゲルのイデー哲学に於ては、客観的精神を越えたものとして宗教、芸術、哲学の如き絶対的精神が考えられた。そのときには絶対的精神は却って最高の現実としての国家によって媒介されねばならぬと云い得るであろう。しかし国家と国家とを媒介する世界は決して単にイデー的なものでない。種の如きものが考えられるためには空間に重要な意味が認められねばならぬことは事実である。ジンメルが社会学の中で云っているように、空間性は社会の基礎である。しかし種の如きものが考えられるためには空間の特殊化がなければならず、その意味に於てすでに時間性が認められなければならぬ。或は空間がすでに内的な意味を有するのでなければならない。普通に空間は外的であって、時間は内的であると考えられている。ベルグソンやハイデッガーなどの時間哲学の如きもかかる考え方を離れていない。しかし時間にしても外的と考え得るように、空間にしても内的と考え得るであろう。ゲーテの如きは空間をどこまでも内的に考えて行った人であった。私は君に先生の『ゲーテの背景』という論文を読むことを勧めたい。西田哲学に於て円環的限定は空間的限定とも考えられているのであるが、これによっていわば空間の内面性が考えられている。進んで云えば、場所の思想にしても、更に過去と未来とが現在に同時存在的である現在としての永遠の今の思想にしても、そのような意味に於て空間的であると云えるであろう。時間と空間という相反するものが一つと考えられることになるのである。国家の基礎とされる空間とか自然とかいうものは、単に外的なものでなく、内的な意味を有せねばならぬ。即ち国家の如きも、ちょうど世代がまた或る人々によってそう考えられているように、「運命共同体」と考えられるであろう。西田哲学の円環的限定の思想は述語主義の立場に於て時間に即して空間もしくは自然の内面性を考えたものと見ることができる。私はかかる円環的限定の思想は習慣性、日常、Sitte〔風習〕などを考える論理的基礎となり得るものとして重要であると思う。しかしただ習慣を破り得るものが習慣を作ることができ、伝統を破り得るもののみが伝統を作ることができるように、円環的限定は直線的限定と結び付いている。国家は個人と個人とを媒介するが、媒介者としてそれはすでに弁証法的一般者の図式によって考えられるものでなければならぬ。西田哲学に於ても単に世界と個人との直接媒介を考えるのではなかろう。そこでは媒介者として種の如きものが重要な位置を占めねばならぬことは明かである。しかし種の如きものも述語主義の立場に於て弁証法的世界の自己限定の一様相もしくは一段階として考えられねばならぬ。かくして種に対する個の独立性が、また種は種に対して種であるという関係が認められ、世界はそれら相互の無限の媒介の体系となる。

ヘーゲルの哲学に於ては媒介の体系は結局直線的であるが、述語主義の体系に於ては媒介は立体的に到る処に於て成立することができる。そして特に注意すべきことは、ランケがあらゆる時代は直接に神の傍にあると云ったように、述語主義の哲学に於てはあらゆるものは無限の媒介の過程に入りながら、しかもすべて直接に絶対無に於てあると云われるのである。一方どこまでも媒介乃至否定を重要視しながら、他方同時に直接的結合を説くことができるのは述語主義の哲学である。前の方面を強調することによって後の方面を無視することは却って抽象的になるであろう。

最後に西田哲学に対する私の批評を述べよとの君の要求は、現在の私にはなお力の足らない、あまりに大きな問題である。根本に於て私は、私自身の哲学を築いてゆくことがその批評であると考えている。また解釈はすでに批評であるという意味に於て、西田哲学を如何に解釈するかということが、すでにそれに対する批評を含んでいる。とりわけ西田哲学の如く種々の発展を経ているものにあっては、そのいずれの時期、そのいずれの論文を最も重要と見るかは、人々によって異らねばならず、そこにすでに批評があると見られるであろう。また西田哲学に於ては従来主として論理、しかもその基本的な形式が述べられているのであって、これを具体的な個々の問題に適用し、拡張してみることが必要である。その際或はその不十分な点が明かになって来るかも知れない。ただ立場だけを議論していては、結局抽象論に終ることを免れ難いであろう。その具体的な適用と拡張によって個々の範疇を発見し、更に範疇相互の弁証法的体系の形成にまで到ることが大切な仕事である。その際私は、西田哲学はいわば円の如きものであって、この円を一定の角度に於て分析することが必要ではないかと思う。その角度を与えるものは永遠の意味に於ける現在でなく、時間的な現在、従ってまた未来の見地である。西田哲学は現在が現在を限定する永遠の今の自己限定の立場から考えられており、そのために実践的な時間性の立場、従って過程的弁証法の意味が弱められていはしないかと思う。行為の立場に立つ西田哲学がなお観想的であると批評されるのも、それに基くのではなかろうか。田辺先生が「種の論理」を強調される理由もそこにあるのではなかろうか。そのことと関連して生ずる一つの疑問は、個物が無数の個物に対するということのみで真に矛盾が考え得るかということである。無数の独立な個物が非連続的に存在するということだけから過程的弁証法は考えられず、個人が二つの階級の如きものに統一されて対立することによって初めて社会的矛盾が考えられるように、弁証法は多元的でなく二元的になることによって初めて過程的弁証法となり得るのではないかという疑問である。田辺先生のように種の論理を考えるにしても、単に無数の種が非連続的に存在するというのでは同様の疑問が残る。西田哲学の弁証法はこれらの問題を如何に解決し得るであろうか。それは畢竟「和解の論理」となり、そこではEntweder-oder〔あれか、これか〕という実践の契機が失われはしないか。過程的弁証法は抽象的であるとしても、述語主義の論理は如何にしてこれを自己の契機とすることができるか。これらの疑問は西田哲学に於ける「永遠の今」の思想に集中するのである。私はもう少しよく西田哲学を勉強した上で更めて論じてみたいと思っている。

〔『思想』一九三六年一月西田哲学特集号に初出〕

III　哲学的人間学、制作と技術

哲学的人間学（抄）

第二章　人間存在の歴史性

一

人間学の性質が学問上如何に考えられるにしても、その意図が現実的人間の研究にあることは、今日殆ど一致して認められていると云ってよいであろう。意見の相違は現実的人間というものを如何に見るかに関わっている。我々に就いて云えば、現実的という語はこの場合一般にはただ歴史的という語をもって置き換えることができ、人間の現実性とは歴史性にほかならないと考える。現実的人間の研究を目標とする人間学は歴史に於ける人間の研究でなければならぬというのが我々の見解である。人間学のかくの如き理念を歴史的人間学の理念と称することができるであろう。

現実的という語は固より哲学の根本概念の一つとして従来種々の立場から種々に理解されている。やがて我々自身この語の意味を哲学的に規定すべきであるにしても、最初に考慮に入れねばならないのは、そのような学究的意味の如何なるものでもなく、却ってこの語が世間一般に使用されている意味である。現実的と云えば、普通には実際的という意味に理解されるであろう。それが哲学の歴史に於て負わされてきた種々の学究的意味にも拘らず、かくの如き世間的意味をつねに記憶することが人間学にとってはこの学の性質上大切である。ところで実際的とは先ず行為的という意味である。現実的人間を研究する人間学はこのように行為的人間の研究でなければならず、何よりも行為の立場に立つことを要求されている。次に実際的は日常的という意味を含むであろう。特別の人間の特別の場合に関することでなく、日常の人間の日常の場合に関することが実際的と云われる。そして人間学に就いて語るとき当然その人々のことが真先に想い起される。フランスのモラリストたちが彼等の観察に於て重んじたのは、多くはそのような日常的なものであった。この尊敬すべき伝統に従っても日常的なものは人間学にとって重要な主題であるべき筈である。人間学は自己の研究の足場を絶えず日常的なもののうちに求めなければならない。私が現実的という語の意味に関して先ずその世間的、従って日常的意味に注意を向けたのも、実はそのためであった。哲学に於て他の場合には無視乃至軽視されるのをつねとする日常的なものこそ人間学の耕鋤《こうじょ》すべき土地であり、その豊富さはまさにひとの想像以上である。

我々の実生活と云われるのは行為的な且つ日常的な生活のことであるが、かかる実生活の意味を明かにすることが人間学の任務でなければならぬ。

かくて人間学は、カントが彼の書物を名付けたように「実際的見地に於ける人間学」であるべく、その理念は実際的人間学であると云われるであろう。この人間学はカントによれば「自由に行為する者」としての人間を考察する。それは「自然の所作に属する産物としての人間種族に就いての知識」のことでなく、「世界市民としての人間の認識」を謂うのである。尤もカントは人間学のうちに実際的人間学と並べて自然学的人間学をも含めて考えた。併《しか》し後のものはその実質に於て要するに人類学、乃至民族学、乃至生理学、乃至自然科学的心理学、等の諸科学にほかならなかるべく、従ってこれら人間に関する各名称の諸科学から区別されて人間学という固有の名を保持し得るものは、実際的人間学のみとなるであろう。ところで我々にとってカントの人間学に於ける主要な欠陥と感ぜられるのは、歴史的見地の欠如である。世界市民としての人間の認識という彼の規定は、今日人間学に与えられている種々なる定義に比して遥かに適切なものであるに拘らず、我々はこの、倫理学を初めカントの全哲学に対して基礎的意義を有する世界市民という概念そのものの非歴史性を考えざるを得ない。そして我々は歴史性の見地を人間学の根本的見地となし、人間学は歴史に於て行為する人間の研究でなければならぬと主張する。カントの非歴史的な世界市民という人間概念ですらそれ自身歴史的に制約されたものである。そこで問題は、実際的見地と歴史的見地とは矛盾せず、歴史的人間学は自家撞著《どうちゃく》に陥ることなしに実際的人間学の見地に承認を与え、それと結合し得るか、ということでなければならぬ。

ここにアポリアがある。実際的人間学本来の見地が日常的なものを重んずることに存するとすれば、それは歴史的人間学の主張と相容れぬかのように見える。歴史と云えば、何か偉大なもの、非凡なもの、およそ何か非日常的なものが理解されるのがつねである。歴史的なものは創造的なもの、革命的なもの、日常的なものは習慣的なもの、自然的なものと考えられる。歴史的なものは独自なもの、個性的なものとして規定される（ヴィンデルバントその他）に反し、日常的なものは凡庸なもの、平均的なものとして規定されている（ハイデッゲルその他）。日常的行為は歴史的実践とは見られず、日常的人間は歴史的人物とは云われない。その差異が学問的原理的に如何に規定されるにせよ、両者の間に一定の区別が認められるのでなければ、歴史学も成立し得ぬことになるであろう。歴史学にとっては無数の人間及び人間的活動並にその生産物の中から種別的に歴史的なものを区別し選択することが必要である。歴史学の認識目的が無駄でない以上、歴史的なものと日常的なものとの間には決して抹殺してしまうことを許されない差異が存するのでなければならぬ。その限り日常的なものは歴史的でなく、却ってまさに日常性がその本質規定である。併しながらかかる意味に於て日常性に対立する歴史的なものの歴史性はかの「世界史」の概念との連繫に於て世界歴史性として術語的に規定さるべきものであって、これと概念上区別して本来の歴史性が考えられ得、また考えられなければならない。そしてこのような歴史性に関して、歴史的（世界歴史的）なものが歴史的であるのは勿論、日常的なものも歴史的であると云われるのである。日常的人間は世界史的人物ではないけれども、なおどこまでも歴史的人間である。本来の歴史性と世界歴史性とを区別することは重要であり、これによって人間学に於ける実際的見地と歴史的見地との間に存するかのように見える撞著も除かれることができる。日常性、世界歴史性及び歴史性という三つの概念は、我々の人間学に於ける一連の根本的範疇である。その間の区別並に連関は差当り人間学の課題の方面から簡単に次の如く理解し得るであろう。

人間学は歴史に於ける人間の研究であると云っても、所謂人間歴史 Menschengeschichte の研究でなく、寧ろ従来云われているように人間性もしくは人間的自然 Menschennatur の研究でなければならぬことは明かである。人間的自然はその際普通に人間心理の意味に解され、人間学は一種の心理学と見られてきた。かような見方に我々は容易に同意し得ないにしても、人間学が単に外的人間の考察でなく、心理というが如き内的人間的なものの研究であるべきことは承認しなければならない。人間的自然と謂うのは人間の内的自然であって、外に見られる一切の人間的活動並にその生産物はかかる人間的自然に制約され、また前者は後者を表現するという風に云われている。然るに我々は実にかくの如き人間的自然の一般的な根本的な規定が歴史性であると主張する。人間的自然は歴史的自然である。歴史性が人間の内的な本性一般であるとすれば、所謂歴史がかかる歴史性に制約され、またそれを表現することは云うまでもなく、日常的なものも人間的なものとして既にそれに制約され、またそれを表現し、従って歴史的と考えられ得る筈である。歴史的なものとは区別される日常的なものの根底にも人間的自然の歴史性が認められるのでなければならない。それ故に人間を歴史性の見地から——世界歴史性の見地からでなく——解明する人間学を歴史的人間学と名付けるとき、それが単に人間学の一種類をいうのでないことも明瞭であろう。歴史的人間学は実際的人間学を包含して人間学そのものである。我々は固より人間的自然を直ちに心理と考えることができない。人間的活動並にその生産物のうちに表現されるのは単に心理のみでなくまた身体（内的身体）であり、即ち人間が表現されるのである。併し人間と云っても外的人間のことでなく、内的意味のものでなければならぬ。一般に内と外と云うが如き関係の存しない場合には表現というものも存しない。内的人間と呼ばれるものは心理よりも根源的であって、心理は既にそれの表現とも見られ得るであろう。かくして人間がいわば一重のものでなく、内的人間及び外的人間と云うが如く二重のものと考えられねばならぬところに、歴史性の概念と世界歴史性の概念との区別される最初の理由がある。実際、人間という語は絶えず二重の意味に語られている。「彼の身振《みぶり》は彼の人間をいかにもよく現わす」などという日常始終出会う言い廻しに於ても、外的人間と内的人間とが区別され、一が他の表現と見られているのである。然るに他方、人間はその存在に於て二重のものである故に、もと歴史的でもある。歴史も二重のものであり、二重に語られねばならぬ。私は嘗てこれを「事実としての歴史」及び「存在としての歴史」という風に規定した。いま歴史性と世界歴史性との区別もそれに相応して考えられるであろう。内的人間と云っても単に心理的乃至主観的なものでなく、却って内的人間が外的人間を包むという意味がなければならない。歴史性が主体としての人間の規定であるとすれば、日常性と世界歴史性とは寧ろ客体的な区別に関係している。この区別が歴史学の如き対象的認識を主とする立場に於て特別の重要性を有するのもそのためである。固より世界歴史的なものも日常的なものも、それらがそのようなものとして理解される限り、ただ客体的にでなく既に主体的に把握されているのである。世界歴史的なものの歴史性が人間の根源的な歴史性から明かにされる如く、日常的なものもこの根底から理解されることによってその歴史性が示されるであろう。それのみでなく日常性と世界歴史性との区別の基礎が歴史性そのもののうちに含まれているのでなければならぬ。併しながらまた注意すべきは、単なる内的歴史性も現実的な歴史性でないということである。内と外とが結び付くところに歴史は現実的に考えられる。従って歴史的人間の研究或は現実的な人間の歴史性の研究を目差す人間学は単なる内的人間の研究に留まり得ない。人間の歴史性はその全存在に関わる。それは日常性、世界歴史性及び歴史性という三つの範疇の生命的な連関を展開することによって現実的に解明され得るのである。

人間の歴史性は云うまでもなく歴史哲学と名付けられるものの根本問題でもある。併し歴史哲学の場合、研究の手引となるのは何よりも歴史（世界歴史）であるばかりでなく、その目的となるのも歴史、それ故にまた歴史学的認識の問題の究明である。かくて歴史哲学によっておのずから埒外《らちがい》に置かれてきた日常的なものを人間学は特別に取上げることを要求されている。歴史哲学の課題がディルタイの謂う歴史的理性の批判にあるとすれば、日常性の批判は人間学の特殊な課題である。しかもこの批判は日常的なものの根底に歴史性を究明することによってのみ可能である。人間の歴史性の問題は人間学の中心をなすべきであるが、この場合考察の地盤となるのは勿論、或る意味ではその目的となるのもまた日常性である。かかる点から、歴史哲学が世界歴史性の哲学であるに対して、人間学は日常性の歴史哲学であるとも云い得るであろう。我々は固よりこのように日常性と歴史性とを関係付けることによって、かの所謂実際主義的歴史観即ち凡ての歴史的事件を日常的な心理上の動機及び原因から説明することに味方しようとするのでなく、乃至は歴史に於ける英雄や天才の役割を無視する所謂集団主義的歴史観に無条件に賛成しようとするのでもない。併しながら我々は、歴史哲学が絶えず閑却してきた日常的なものの内奥に歴史性を探求することによって、日常性の一層深い意味を発見し得るであろう。またそれによって我々は、歴史的なものと日常的なものとの抽象的分離を排して、両者を具体的な連関に於て把握し得るであろう。このような抽象的分離は、歴史並に人間の歴史性の問題が従来の歴史哲学に於ての如く専ら歴史学に定位して考察される限りおのずから生じてくる。なぜなら歴史学は、認識は事実の選択であるという認識の単純な基礎的な条件から云っても、そのような分離抽象を余儀なくされている。然るに哲学的に云えば、歴史の問題は優先的に歴史学的認識の方面から考察さるべきでなく、却って人間の歴史性の問題として根源的に問われなければならぬ。かかる根源的な歴史性に於て世界歴史性と日常性とは相関連して、その区別に於ける統一に於て把握されることができる。

かくて人間学は日常性を重んずると云っても、それが立場として乃至は主義として日常性の上に立つということではあり得ない。そして日常性と世間という概念とが密接に結び付いているとすれば、人間学は単なる世間学ではあり得ない。もし我々の人間学の立場に就いて尋ねられるならば、我々は歴史性の立場に立つと答うべきであろう。そのような意味では日常性の概念も一の方法論的意味のものである。蓋し人間の本性は単に所謂歴史からのみでなく、また日常的なものから解明されることが必要である。これら二重の方面から考察されるのでなければ、それの理解は不十分に終り易い。既に日常的なものと歴史的なものとが区別される限り、両者に於て人間の歴史的本性の同じ方面が同じ仕方で現われているとは考えられないであろう。人間に根源的な歴史性の完全な理解は、歴史的なものからのそれの理解と日常的なものからのそれの理解とが相互に照明し、相互に批判し合うことによって達せられる。先ず世界歴史性は日常性を通じて批判される。これによって何よりも世界歴史の虚栄とも云うべきもの——「クレオパトラの鼻がもっと低かったとしたら、地上の全相貌は変っていたであろう」とパスカルは云った——が暴露されるであろう。次に日常性が世界歴史性によって批判されなければならない。これによって何よりも日常的なものに纏《まつ》わる非歴史性の外観——というのは、日常的なものは或る自然的なものと見られる性質を自己自身のうちに具えている——が排除されるであろう。しかもかかる批判にあっては、相対して区別される歴史的なものと日常的なものとが直接に批判し合うというよりも、両者が人間の歴史性の根源に於て対質するということが大切である。かくて初めてそのような相互批判或は相互照明も深さと確かさを得るのである。人間学は日常性を特別に取上げると云っても単に日常的なもののうちに留まるのでなく、却ってこのものをその歴史性から理解しなければならず、人間的自然の歴史性の解明が人間学の問題であるとすれば、世界歴史的なものへの関係付けはまたそれにとって欠くことのできぬ方法論的意味をもっている。尤もこの場合、もしも人間の本性が内的直観によって全く直接に知られ得るものであるとしたならば、この種の迂廻は無用であるとも考えられるであろう。けれども人間の理解にはその表現を通ずることが必要である。「人間が何であるかはただ歴史のみが語る。歴史的研究を見棄てることは人間の認識を断念することである」、とディルタイは云った。まことにその通りである、併しながらただ所謂歴史のみではない、日常的なものも人間の表現として人間学にとっては極めて重要な研究の手引である。日常的なものと歴史的なものとの相互批判或は相互照明によって人間の本性を究明するというのが我々の道である。おおまかに云えば、世界歴史性に定位をとるのをつねとするドイツ流の歴史哲学と日常性に定位をとるのをならわしとするフランス風のモラリストの哲学との綜合によって人間学は新しい基礎に立たねばならぬであろう。この場合固より人間を単にその客体的表現から見てゆくことは許されない。かくの如きは畢竟見られたものから人間を見てゆくことであって、見るものから人間を見てゆくことではない。理解の立場に於てはそれでよいとしても、行為の立場にとってはそれでは不十分である。そのような解釈学的立場は単なる歴史主義に陥らざるを得ないであろう。人間の歴史性は根本的には内的人間が外的人間を包むというが如き立場から捉えられ、日常性と世界歴史性との関係もそこから明かにされねばならぬ。

二

一。日常性は或る意味では歴史の地盤と考えられ得る。歴史に記載されているが如き行為も日常生活に属するものに支えられており、その地盤に於て動いている。日常性は我々の生活の一層永続的な状態である。我々は我々の生存のこのような、一層単純な、一層恒常な条件に就いては殆ど反省しないのがつねである。ひとは事件を好み、事件によって刺載されることを欲する。このことは人間の存在がその内的本質に於て如何に不安であるかを示している。日常的なものは事件性に乏しく、事件というよりも状態と云われるようなものである。然るに歴史のアマチュアが歴史のうちに求めるのは事件である。歴史は我々を容易に「事件によって思考する」penser par événements（ヴァレリイ）ように習慣づける。所謂政治史的歴史はとりわけそうである。政治そのものが屢々虚栄で無益であるのも、政治的思惟が事件によって思考する傾向を有するためにほかならない。歴史はそのアマチュアをして日常的なものを軽蔑させ、このものの深い意味の理解を妨げがちである。けれども元来歴史的事件に属することなく、歴史に於ては寧ろただ逸話として伝えられるに過ぎぬものに関する領域が却って人間の実生活を形作り、歴史的出来事にとってもその一般的な条件となっている。逸話は特に歴史的なものの範囲から逸した日常的なものに就いて語られる。世界史的人物が日常的なものに於ては如何に行為したか、そして彼等が如何に世間普通の者と変らぬ人間らしさを有したか、などということを知らせるところに、逸話の主なる興味がある。モンテーニュがプルタルコスを愛したのも、プルタルコスが英雄たちの稀なる運命に就いて物語りながら、彼等に於て日常的人間的生活を顕わし、彼等を「その日常性に於て」en leur à tous les jours 示すことを好んだがためであった。日常性は歴史の平凡な、自明な前提であるだけ、歴史家の眼から逃れ易く、そして歴史叙述からは抽象されるのがつねである。二。然るに日常的なものはただ歴史の地盤というのみでなく、それ自身既に歴史的である。それは決して単なる状態でなく、却って出来事であり、この根本的な意味に於て歴史性を具えている、歴史の元の意味は出来事である。それは歴史的事件に比して事件とは云われぬが如きものであるにせよ、なお行為的なものである。日常的人間と云っても千篇一律の人間ではなくて、皆それぞれの性格、めいめいの運命を有する独自の、個性的な人間である。彼等もまた屢々逸話の持主である。彼等の逸話は固より直ちに歴史的価値を有するものではなかろう。併し逸話は、一方世界史的な人物及び事件に於ける或る日常的なものに関する如く、他方日常的な人間及び出来事に就いて或る歴史的意義を含むものに関している。歴史的なものと日常的なものとが相接するところに逸話の領域があると云われることができる。逸話は人間の世界に於て稀なものではなく、注意と理解とに富める心は到る処に逸話的なものを発見するであろう。そこで逸話という語に付帯する稀少性の意味を離れ、且つその語（anecdote, *ἀνέκδοτος*, inédit〔未発表の〕）が歴史叙述の、従って世界歴史性の立場から考えられているのを日常性の立場から考えるとき、逸話の概念に代って時事という概念が現われてくる。時事と云う場合、日常的なものはただ日常性に於て考えられるのでなく、却ってその出来事としての歴史性が顕わにされている。日常的と歴史的とが相接するところに時事的なものがある。人間の実生活の現実性は actualité という語が同時に意味するように時事性である。しかも我々はかかる時事性を所謂事件性としてでなく、時間性、変化性、出来事の原始的な意味に於て理解することが必要である。三。併しながらまた日常的なものと世界歴史的なものとの間にはどこまでも区別があり、そして前者は後者の地盤であると云っても、前者がそのまま後者の原因或は動機であると考えることはできないであろう。もしそのように考えるならば、ひとは所謂実際主義的歴史観に陥るのほかない。事実、日常性を重視する実際的人間学はその歴史観に於て従来多くは実際主義的歴史観に終っているのである。我々はかかる歴史観を承認することができぬ。日常的なものと歴史的なものとは原因結果の関係に立っているのでない。前者は後者にとって直接の原因でないのみでなく、間接の原因ですらないと云える。日常的なものと歴史的なものとは直線的に繋がるのでなく、円環的に結び付くのである。日常的なものは一方確かに歴史的なものの条件であり且つそれ自身既に歴史性を有するものでありながら、他方またどこまでも歴史的なものから区別され、このものの直接乃至なお間接の原因とも見られ得ないとすれば、両者が円環的に結び付くということは、ただ如何なる意味を有し得るであろうか。

右の如き問題状況に相応して更に他の方面から新たにアポリアが見出される。一。日常性は歴史の地盤と考えられるのみでなく、寧ろ或る意味ではその目的ですらある。従って両者が円環的に結び付くということは単に、世界歴史的なものが歴史の中心であって、日常的なものはその周辺であるというが如き関係にあるのではない。単にかくの如く見ることはなお謂わば歴史哲学的偏見を脱しないものと云わねばならぬ。歴史と文化とは屢々同一視されている。リッケルトの如き、歴史的なものを爾余のもの、つまり日常的なものから区別する規準として文化価値の概念を掲げた。かようにして歴史を重視する者は一切の人間的なものを偏《ひとえ》に文化価値の見地に於て、文化中心の立場から評価する傾向を有し、従って日常的なものはそれ自身の価値に於て彼等から正当に取扱われないのがつねである。日常的なものは固有の文化的なものに対しては寧ろ或る自然的なものと見られる性質を具えているからである。併しながら文化を日常的なものにするということが重要な歴史的活動でなければならぬであろう。歴史の意義は文化の創造に存すると見做されるにしても、文化は日常性を得ることによってその意義を完《まっと》うすると考えられる。文化の担う普遍妥当性という論理的価値は日常性という生の意味に達することが必要である。我々は歴史哲学が従来屢々陥ったが如き日常性から切離された抽象的な文化主義に同意することができない。寧ろ日常性が人間の実生活として歴史の目標であるべきものと考えられねばならぬ。二。ところで日常的なものと云っても不変のものでなく、変化する。しかもそれは歴史の変化する限りに於て根本的には変化する。歴史的なものは日常的なものに作用する限り真に歴史的なものでもあるのである。かくの如き意味に於ては世界歴史的なものがどこまでも歴史の中心であって、日常的なものはその周辺であると見られるであろう。日常的なものを意欲する者は先ず世界歴史的なもの、文化的なものを意欲しなければならぬ。三。然るに文化固有の立場と日常性の立場とは同一でない。そこには科学と常識との間に於けるが如き相違がある。科学は常識の単なる延長でないように、常識も科学の単なる拡張でなく、そこにはアリストテレスが ἐπιστήμη（学）と δόξα（臆見）との区別に関して述べたが如き相違がある。常識が常識として固有の価値を有するのは自然の世界に於てよりも人間的且つ日常的行為の領域に於てである。即ち常識は日常性と有機的に結び付いた知識であって、常識の性質、その価値、その限界は、日常性の本質を究めることによって明かにされる。ここに科学的知識の批判に終始した従来の認識論が取残してきた常識の批判の問題がある。科学の立場と常識の立場とが異る如く、文化の立場と日常性の立場とは同一でない。これをば同一であるかのように考えるとき、ひとは文化に関して悪しき功利主義に陥らねばならぬであろう。またそのときには二つの立場の相違に基いて生れる文化に固有な悲劇性は見失われ、安価な啓蒙主義に陥らねばならぬであろう。精神的文化は日常性に対する批判、抗議、闘争として現われる。かようにして我々は日常性から切離された抽象的な文化主義に反対して日常性が或る意味では歴史の目的であると考えるにしても、日常的なものは根本的には歴史的なものが変化する限り変化するのであって、しかも文化の立場と日常性の立場とは同じでなく、一を他の延長と考えることは不可能である。日常的なものと歴史的なものとは直線的にでなく円環的に結び付くと云っても、この関係は単なる相互作用の関係とは見られ得ない。相互作用をなすものの基礎には連続性、共通性が存しなければならぬ。固より確かに、日常的なものは歴史的なものに作用し、歴史的なものは日常的なものに作用し、そこに相互作用の関係が認められる。併しながら唯それだけが一般的な関係であるのでなく、両者の間には全く相絶ち、相通ぜざるものがある。凡てかくの如き事態は如何に説明さるべきであろうか。

既に述べたように日常的なものも歴史的である。然るにかくの如く考え得るためには、歴史の概念そのもののうちへその内的要素として或る自然の概念を導き入れることが要求されるであろう。蓋し日常性の概念は何等かの自然の概念なくしては基礎付けられ得ぬように思われる。嘗て日常性の深い意味を考えた思想家は、モンテーニュにせよ、またゲーテの如きにせよ、それぞれ自然概念を基礎とした。東洋思想は歴史的見方を欠くと云われるだけ日常性を重んずることを特徴としているが、この場合に於てもその根底となっているのは独特な自然概念であろう。我々は日常的なものに纏わる自然性の外観を排除すべきであるだけ、それだけ深く歴史そのもののうちに根源的に自然的なものを認めねばならない。この点、自然科学と歴史学との対象的認識の区別から出発する現代の多くの歴史哲学が自然と歴史とを抽象的に分離し、また分離せざるを得ぬのとは反対である。我々の謂うのは、対象的に見られた自然と歴史との関係でなく、歴史の内的な契機としての自然である。単なる自然の概念によって歴史が考えられないことは勿論であるが、単なる自由の概念によっても歴史は考えられることができぬ。単なる自由の概念の基礎に於ては行為の出来事としての意味は理解されず、従って歴史的行為の意味は理解されない。歴史の根本的な意味は出来事ということであり、出来事の意味を有するには、行為は私が為すものであると共に私にとって成ったものという意味を有しなければならぬ。それは自由であると共に運命でなければならぬ。シェリングの云った如く、歴史の根本性格は自由と必然との結合に存し、この結合に於てのみ歴史は可能である。一方歴史は自由の所産であって、単に必然的に生じたものは歴史とは云われない。他方人間の自由はノモス（法）によって保証されるのでなければ、不確かで覚束《おぼつか》ないものである。ノモスは自然の如く一般的必然的な秩序である。しかもかような秩序は自由によって実現され得、その建設は自由に委《ゆだ》ねられている。これはひとつの矛盾である。自由の条件は自由そのものと共に必然であり、併しそれは自由によって実現さるべく、従ってその成立は偶然に属している。かくの如き矛盾の統一として歴史は存在する。ノモスは人間が自由に定立するロゴス的なものであるが、抽象的な理性の法則の如きものでなく、歴史的表現的なものとしてその根底に於てパトス的に規定されたものである。ノモスはパトスが自己を否定してイデアを見ることによって却って自己が肯定され、かくしてロゴス的なイデアが同時にパトス的な意味を含むところに成立する。その弁証法は行為の内的本質を現わしている。

かようにして如何なる自由な行為のうちにも自然が含まれ、如何なる必然的な行為の根底にも自由が予想される。習慣は日常性の基礎をなし、日常的なものは習慣的なものと規定されるほどである。習慣は「第二の自然」と云われ、機械的であると考えられる。その運動の系列を形作る一と他とは必然的に決定されている。それは自然のうちへ挿し込まれ、自然と一致する我々の部分である、それは自然そのものである。然るに全く機械的で単なる外的必然性に支配される物体は習慣というものを有しない。習慣を有し得るものは変化し得るものでなければならぬ。けれども変化し得る凡てのものが唯それだけの理由で習慣を有し得るのではない。物体は場所を変ずる、併しひとがひとつの物体を百度続けて同じ方向に同じ速度で投げたとしても、それはこのために習慣を作るということはないであろう。習慣は単に一の状態でなく、一の傾向性である。それは最早や存しないまた未だ存しない変化にとって、即ち可能なる変化に対して存続する一の傾向性である。習慣は単に可変性を含むのみでなく、傾向性或は内的能力に於ける変化を前提している。従って可能性と現実性、内と外というが如き区別がその物の本質的構造に属するものにして習慣を作ると云い得る。直接性と同質性の世界即ち機械的秩序の世界に於ては習慣は存し得ない。習慣を作り得るものは内的自発性を有するものでなければならぬ。習慣は観念連合というような機械的原理によって説明されるものでなく、逆に観念連合ということも習慣の原理から説明されなければならぬ。固より絶対に自発的なもの、能動的なもの、絶対に自由なものも習慣を作らないであろう。ラヴェッソンの云った如く、習慣は意志と自然との比例中項である。＊自然は意識のうちへ喰い入っている、併しまた自由は自然のうちへ流れ込んでいる。自然の底に自由が見られると共に意識の底に自然が見られるのである。ただ習慣を破り得るもののみが習慣を作り得る。習慣と云っても単に静的なものでなくて動的なものである。それは自然と自由、受動性と能動性との中間であり、従って反対と運動との領域のうちに閉じ込められている。我々はそこに習慣の歴史性を認め得るであろう。歴史は反対と運動とに於てあり、自然と自由との結合である。習慣は単に自然的なものでなく、却って既にノモス的意味を有し、それによって我々の自由も可能にされる。かような関係は社会上の習慣即ち慣習と云われるものに於て一層明瞭に認められるであろう。慣習は知性の自由な産物である。人間が本能から解放され、知性の自由を得るに従って慣習は作られる。人間社会に於ては本能は慣習に征服される。慣習なしには人間社会は存在し得ない。それは社会のうちに秩序を建て、この秩序は精神の自由を可能にする。併し精神は自己が形成した秩序によってやがて自己の自由を脅かされる。批判的精神は大きくなり、慣習を破壊する。それと共に人間は不幸になり、再び慣習を作るに到る。慣習は知性の自由な産物であるにしても、それが慣習として妥当するのはパトス的意識によってである。慣習は単にロゴス的なものでなく、却ってミュトスの意味をもっている。それはロゴス的・パトス的なものとしてノモス的なものである。更に芸術や科学の如き精神的文化と云われるものも、その活動のうちには習慣の要素が含まれ、その表現はノモス的意味を担っている。凡て歴史的世界に於てあるものはノモス的であると云い得るであろう。道徳の如きも、カントの謂うような自由を基礎にしては客観的道徳としての Sitte や Sittlichkeit の意味は明かにされない。単なる慣習と精神的文化、ジッテとジットリヒカイトとの相違は、パトスとロゴスとの統一が絶対的な否定によって媒介されているか否かに存している。

＊ Félix Ravaisson, De l'habitude, Nouvelle édition 1933.

ところで歴史の原理は時間であり、自然の原理は空間であって、空間と時間とは自然と歴史との区別を現わすものと見做されている。それ故にもし歴史の内的な契機として自然を考えるならば、空間性の規定を直ちに歴史のうちに認めることになるであろう。歴史的なものは単に時間的でなく、時間的・空間的なものである。時間が変化の一般的条件であるとすれば、空間は安定の最も基本的な形式である。歴史は単なる生成でなく同時に存在であり、単に流動的なものでなく同時にイデー的なものである。かかるものとして歴史的なものは「形態」を有する。形態を有するものは時間と空間とが一つであるとき生ずる。自然も単に空間的なものでないが、そこでは同一の変化が連続して繰返されると考えることができる。従って無機的存在は時間との限定された関係を有しない。時間はそこでは無限定的である。生命を有するものにして初めて時間との積極的な関係を含んでいる。生命とは限定された時間的持続を意味する。習慣は同一の変化の繰返しである限りに於て自然と見られるが、この場合変化の繰返しは、この変化そのものに関してその存在の性質を変え、これによって自然を変えるのである。即ち習慣は自然を前提するのみでなく、自然の方向に於て発展し、しかもそれによって存在は自発性と自由とを得るのである。自然に於ては時間も空間化された時間であるとすれば、歴史に於ては空間も時間の一方向と見られることができるであろう。時間の標識として継起が考えられるが、歴史的時間はかように単に直線的でなく、また空間の標識とされる同時存在の如き意味を含んで円環的である。歴史的なものは直線的にと共に円環的に限定されている。現実的な歴史的時間は直線的限定と円環的限定との二つの方向を包んでいる。それは Zeitraum という意味を有し、時間的・空間的である。それは持続的であると共に単に持続的でなく、却って相反する二つの方向を含むものとして本来動的である。現実的な歴史的時間はつねにかような直線的と円環的との二つの方向を含みつつ、しかもいずれかの方向に於て充実される。その方向の異るに応じて、我々はそれぞれの時間概念をもっている。例えば période と époque との区別である。一方は円環的限定の、他方は直線的限定の方向を現わすであろう。しかも円環的限定が単なる円環的限定でなく、直線的限定が単なる直線的限定でないことは、ペギの如きがこれらの語を寧ろ反対に、即ちペリオードを歴史の過渡期、エポックを円熟期の意味に用いたことからも知られよう。歴史的時間は円環の外に円環を作りつつ進む。円環の結ばれるところは却って既に新たなる円環へ移りつつあるところであり、円環の毀《こわ》れるところは却って既に新たなる円環の結ばれつつあるところである。円環的限定と直線的限定との方向の区別はまた世代 Generation と時代 Zeitalter との区別に於ても認められるであろう。世代の概念に於ては寧ろ円環的な同時存在の関係が、時代の概念に於ては寧ろ直線的な推移の関係が前面に現われていると見られ得るであろう。しかし歴史的なものは凡て直線的にと同時に円環的に限定されたものとして表現的である。

歴史の構造をかくの如く考えるならば、それに相応して日常性と世界歴史性との区別も考えられるであろう。即ち日常性は円環的限定の方向に見られ、世界歴史性は直線的限定の方向に見られる。歴史が直線的に考えられる場合、主として世界歴史的なものが問題にされる。フォイエルバッハは、歴史哲学的なヘーゲルと自然哲学的なシェリングとを対照して、ヘーゲルの特徴的な要素は、シェリングの同一哲学の東洋主義に対して、差異の要素であり、彼の直観及び方法の形式は単に排他的な時間であって、同時にまた寛容的な空間であるのでなく、彼の体系は従属及び継起を知るのみであって、並列及び共在の何物も知らないと云ったが、世界歴史的なものが時間的限定の方向に於て考えられるに反し、日常的なものは空間的限定の方向に於て考えられる。併しかかる空間的限定は円環的限定として歴史的時間の一つの方向にほかならない。直線的限定と円環的限定とがつねに結び付いているように、世界歴史性と日常性とはつねに結び付いている。日常性は歴史の淀みであり、足溜《あしだま》りである。けれどもそれはまた世界歴史と共に絶えず流れるのである。然るにもし如何なる歴史的なものもつねに直線的限定と円環的限定とを含むとすれば、日常的なものと世界歴史的なものとの区別は如何にして可能であろうか。我々は歴史的時間がつねに二つの方向を含みながら、いずれかの方向に於て充実すると述べた。時間は「熟する」

zeitigen ものであり、歴史的なものは熟する時間に於て考えられねばならぬ。かような時熟もしくは時間充実の意味に於て方向の区別が考えられる。出来事は「充実された時間」―erfüllte Zeit として生ずる。出来事には時熟の意味が含まれている。かような充実された時間、熟する時間を我々は καιρός という語をもって現わすことができる。カイロスは瞬間の意味を有するが、単なる内的時間ではない。却って内と外とはカイロスに於て結び付くのである。行為は出来事の意味に於てカイロスに於て時熟するのである。カイロスは運命の意味を有するが、併しそれは単なる外的運命を現わすのでないように、また単なる内的運命を現わすのでもない。内と外とが結び付く歴史的時間の充実がカイロスである。世界歴史的なものと日常的なものとの区別はカイロス的時間から考えられるのである。

然るにこれらの問題が一層具体的に取扱われるためには「世界」の意味の闡明されることが必要である。蓋し世界歴史性の概念は固より、日常性の概念も「世間」Welt（世界）の概念に関わり、従って共に世界概念と不可分であるからである。そこに両者に共通な性格が認められる。世界と云えば、今日普通に客体的なもの特に自然的対象界が考えられるようになっているが、その本来の意味に於ては、ドイツ語の Welt = wërlt, wëralt（wër „Mann" + alt „Alter," „Generation"）という語原学が示す如く、何よりも人間的世界が、しかも時間性の見地に於て理解されねばならぬ。そして Welt がもと Menschenalter 或は Zeitalter の意味を有したように、人間的世界に関して具体的な時間概念は年齢及び世代である。そしてこれらの概念は歴史理解にとっても重要である。

三

人間の一生は一刻一刻と過ぎ去る。併しながらこの一生は、それが量られる単位が分であろうと、時であろうと、日であり、月であり、年であろうと、決して単に直線的に一様に流れてゆくとは考えられない。ちょうど一日が昼と夜とに区分される如く、人間の一生も一定の区分を含んでいる。かくの如き時間区分が年齢と呼ばれるものである。太陽の一日の行程と人間の一生とを平行的に考えることは、ヤコブ・グリムも述べたように、我々の観念に極めて近いことである。日の出と誕生と、日没と死との関連は直接的な明かさを有する形象に属している。

年齢の最も原始的な且つ最も簡単な区分は、青年と老年との二つの段階の区分である。かかる二分法の形式は、昼と夜、朝と晩、夏と冬というが如き自然的人間に直接に訴える諸対立によって具象化されているところから、倍加された力をもって人間の心を捉える。とりわけギリシア人の感受的な心は青年の美と老年の重荷とを強く感じた。そこで彼等の間には、青年と老年とを生及び死と同一視し、歎くに値する真の死は青年の花盛り ἥβης ἄνθος の過ぎゆくことであるという思想すら生じた。かかる詩的思想は固より年齢の本来の区分を目的とするのでなく、人生の開花期の前にまた最後の段階の前に何があるかを問題にしていない。かくてただ制限された意味に於てしか人生の全体を包括し得ない二分法はおのずから三分法を喚び起すであろう。この場合人生の上り道の青年期と下り道の老年期との間に、人生のいわば中央にして頂点をなす時期が多かれ少かれ或る一定の期間を含むものとして区分される。それはちょうど太陽が到達した天頂から直ぐに沈み始めないで、そこに或る時間たゆたうもののように表象されるのである。かくの如く三分法もまた一日或は一年に於ける太陽の運行と平行的に考えられ、自然に於て具象化されて与えられる。三つの年齢は屢々老年期の追憶、壮年期の充実、青年期の期待という風に特徴付けられている。アリストテレスは『天体論』の始めに、三つの次元に就いて語り、ピュタゴラス学派に従って、終りと中間と初めは一切のものの数であり、それらは三の数（τριάς）をなし、最初の完全な数を現わすと述べている。このような三を我々は自然からいわばその法則として取ってきたのであり、神の礼拝に於ても三の数を用いる、三の数に対して初めて我々は πάντες（一切）という名称を用い、二の数に就いてはそうではなくて ἀμφότεροι（双方）と云われるのみである、とアリストテレスは続けて書いている。即ち彼は、ピュタゴラス学派にあって三が「完全な数」τελειος ἀριθμός を意味したように、三をもって根源的な終りの数と見做す見解に近く立っていたと云われ得るであろう。アリストテレスにとって三の数は倫理学並に政治学に於て重要な役割を演じている。あらゆる行為に於ける過誤は過少もしくは過剰にほかならず、正しいものは中間に存すると彼は考えた。かくて年齢に関する通俗の三分法とピュタゴラス的世界像に於ける三の意義とは彼に於て倫理学の根本思想と結び付き、人生を三つの主なる段階に区分することは最も適切であると見做された。『レトリック』の有名な三章（第二巻第一二―一四章）はかかる三つの年齢に就いて典型的な叙述を与えている。正しい中間は人生の頂上即ち壮年時代であって、身体的には三十歳から三十五歳まで、精神的には四十九歳までに当る。それ以前及びそれ以後は二つの方向に於て過少と過剰とが存在する。青年時代には力と熱との過剰がある。性的衝動、怒りや勇気、憎みや愛に於ける過剰がある。更に希望或は期待に於ける過剰があり、未来のものに心を向け、人生の前途に多くを予想する。青年は自分自身に就いて、また他の者に就いて高く考え、世界から美しいものを待ちもうける。他面追憶、言い換えれば経験、従って認識と世間智との過少がある。従って青年は無邪気で、軽信的で、同情的で、容易に欺かれる。彼等は単なる有用性を軽蔑する、なぜなら彼等はひとを卑しくする経験をしたことがなく、人生の俗事の必要に就いて多く知らない故である。老年の時代は殆ど凡てに於て青年の時代と反対である。そこには力と熱との過少があり、あまりに多い経験とあまりに少い期待がある。老人には勇気と信頼、愛すべき無邪気さが欠けている、彼等はあらゆる悪いことを推量し易い、彼等は人生に於て出会う多くのことが善くないことを経験している。彼等は小喧《こやかま》しく、心配し過ぎ、懐疑的である。彼等は限りなく「若しも」、

「併しながら」と考え、知ろうとは欲しない。その代りに彼等は洞見に富み、熟慮的であり、また外見にあまり拘泥しない。彼等は期待よりも一層多く追憶に生きる。嘗て起ったことに就いて語るのを好み、それに就いて絶えず繰返して語る、彼等にとって追憶は悦びを与えるのである。ところで青年と老年との中間に壮年即ち人生の頂上にある人 οἱ ἀκμάζοντες が立っている。彼等は青年と老年との善きものを併せ持っている。力と経験と信頼とは結合している、反対は彼等に於て均衡を得、勇気を持ちつつ節制があり、節制を保ちつつ勇気がある。彼等は人生に於ける美と有用性とを共に考える。青年と老年との特徴は壮年に於て止揚され、調和していると見られたのである。

　このアリストテレスの年齢論は、先ずその区分が一般的な哲学的理論を基礎としている点に於て、次にその根底の上に人生の諸段階が鮮かに区別されて描かれ且つ相互の論理的連関が巧《たくみ》に示されている点に於て、古典的と云い得る。更に注目すべきことは、そこでは各年齢の特徴がエトス（性格）、従ってまたパトスと関係して展開されていることである。まことに年齢は人間のパトス的規定を現わしている。エトスも根本的にはパトス的に規定されたものである。年齢は身体的に考えられるが、それは内的身体の意味に於てパトス的に規定されたものと考えられねばならぬ。尤も年齢の区分に関しては古代に於ても上述の二分法三分法以外の区分の仕方も行われた。二分法が更に分割されるとき四分法を生じ、少年、青年、壮年、老年が区別されることになる。この場合人間の一生が屢々一年の四季と平行的に表象されたということも想像するに難くはないであろう。その他種々なる数に於ける年齢区分が存したが、それらの多くは、ボルの研究の明かにしている如く、古代の天文学乃至占星術と密接な関係を有した。*このことは一方人間の年齢がなお外的自然的時間として把握されていたと共に、他方それが既に運命というが如き内的なものとして理解されていたことを示すものと見られ得るであろう。今日最も普通に行われるのは四分法に対し更に小児の時代を区分する五分法である。併しいずれにしても年齢は単に外的な時間でなく、内的な意味を有するものでなければならぬ。

* Franz Boll, Die Lebensalter, 1913.

年齢の発展は身体的自然的なものに制約されているところから、アリストテレスの年齢論を初め多くの年齢論は、有機的発展の思想——その根本概念は他の機会に論じた如く自然である——に立っているのがつねである。併しながら有機的発展の思想によっては、年齢の問題も十分主体的に、行為的に把握することができないであろう。これに対しヘーゲルの年齢論は彼自身の仕方で弁証法的に展開されているという点に於て重要である。彼はその哲学体系に於ける人間学の中で年齢の自然的経過を次のように叙述した。この過程は自己自身のうちに包まれた未顕現の精神である少年に始まる。次に顕わにされた対立、即ち理想、空想、当為、希望等の如きそれ自身なお主観的な普遍性の直接的な個別性に対する、言い換えれば、それらの理想、空想、等々に相応しない現存の世界に対する緊張、そして他方に於てなお独立的でなくその定在に於て自己自身に完成していない個人のこの世界に対する態度――これが青年期である――を通じて、真の関係に達し、既に存在する出来上った世界の客観的な必然性と合理性とが承認され、個人はこの世界の独立に成就される業に関与し、それに於て自己の活動の保証を得、現実的な現在性と客観的な価値とを有する或るものとなる。これが壮年期である。そして遂にはこのような客観性との統一の完成に到達する、この統一は、実在的には弛緩した習慣性の不活動への移行であり、しかし観念的には局限された関心及び外的な現在性の纏綿《てんめん》からの自由の獲得を意味する。これが老年時代である。かくてヘーゲルに従えば、最初完全に普遍的な心は特殊化されて個別性に限定されるが、同時にそれはその内的な普遍性もしくはその実体との矛盾に陥ることとなる。この矛盾、直接的な個別性とそのうちに即自的に存在する実体的な普遍性との矛盾は、個別的な心の生活過程を基礎付ける。この過程を通じて直接的な個別性は普遍性に相応するものとなされ、後者は前者のうちに実現され、かくて心の最初の自己自身との単純な統一は対立によって媒介された統一に高められ、心の最初の抽象的な普遍性は具体的な普遍性に発展させられる。単なる動物的生命もそれ自身の仕方で既にかくの如き過程を示している。併し単なる動物的生命は真に類を自己のうちに実現する力を有しない。類の完全な表現に対するこの無能力によって単に生命的なものは没落しなければならぬ。個体の死に於て類は実現されるとしても、かような実現は単に生命的なものの個別性と同様に抽象的に留まっている。なぜならそれは、単に生命的な個別性が類を除外するのと同じく、生ける個別性を除外するからである。類は精神もしくは思惟に於てのみ真に実現され得る。然るにヘーゲルの規定する意味に於ける人間学的なものに於てはこの実現は、自然的な個別的な精神に於て行われる故に、なお自然性の仕方に纏《まと》われている。従ってそれは時間的過程的である。かくして個体の歴進する一系列の相異る諸状態が生ずる、それらの諸状態の継起が年齢の系列である。

ヘーゲルの年齢論に於て更に注意すべきことは、彼が年齢の発展を Bildung の過程と考えたことである。年齢の問題は彼に於て特に教育的見地と結び付けて叙述された。人間の一生を教育もしくは教養と見ることは疑いもなく重要な思想である。それによって、例えば老年に就いての自然的な見方の陥り易いあまりにペシミスチックな見解も訂正されるであろう。年齢の発展がビルドゥングの過程であるためには、それは単にパトス的に規定されたものであることができない。それはヘーゲルに於ての如くロゴス的乃至イデア的に規定されたものと考えられねばならぬ。ビルドゥングは形成作用という根本的な意味に於てパトス的・ロゴス的な弁証法の構造を含んでいる。然るに個体の独立性を基礎付け得ないヘーゲルの弁証法に於ては、ビルドゥングのかくの如き形成作用もしくはポイエシスの意味がなお十分に理解されていない、或は教育といわれるものがより根源的なポイエシスから把握されていない。これとも関連して、彼に於ては年齢の発展が単に発展的に見られ、それぞれの年齢が自己固有の美しさを有するということに対する認識が欠けている。これらの点に関してゲーテ的思惟は一層具体的であり得たと思われる。ゲーテは自然及び人間的文化の一切をビルドゥングと考えたが、この概念は彼に於て自然と芸術とが最も内面的な関係におかれることによって形成作用の意味を中心としていた。またヘーゲルの哲学とゲーテの思想とを比較して、前者は時間的、後者は空間的と云われるように、ヘーゲルに於ては空間的なもの或は歴史に於ける空間的限定の方面が深く顧慮されず、空間の内面的な意味が理解されなかった故に、それぞれの年齢の固有な美と価値とをその独自性に於て評価することも不可能でなければならなかったであろう。

次にヘーゲルの年齢論に於て注目すべきことは、そこでは死の問題が哲学的に把捉されているということである。彼によれば、年齢の発展は個体と類との弁証法的関係によって基礎付けられており、それは類と個体との直接的な、なお無差別な統一をもって、――直接的な個別性の抽象的な生成即ち個体の誕生をもって始まり、そして類が個別性のうちへ嵌《は》まり込むこと、或は個別性が類のうちへ嵌まり込むことをもって、――類の個別性に対する勝利、後者の抽象的な否定をもって終るのであって、このことが死にほかならない。個別的生命は類を表現する無能力の故に消滅しなければならない。けれども類は個体の死に於て単に抽象的な現実に達するに過ぎぬ。類はただ自己と同質的な要素のうちに於てのみ真に実現され得る。かかる要素とは精神もしくは思惟である。生命的なものそのものに於て類であるものは、精神的なものに於ては理性である、類は既に内的普遍性という理性的なものに属する規定をもっている。類と理性的なものとのこのような統一こそ、年齢の経過のうちに現われる精神的諸現象がこの経過のうちに発展する個体の物理的諸変化に相応するという事実の根拠である、とヘーゲルは考えた。かようにヘーゲルが死を類の実現のための個体の否定と見、しかも類は、個別性を除外する抽象的普遍としてでなく個別性を自己のうちに含む具体的普遍としては、精神に於て、それ故に進んで考えるならば彼の所謂客観的精神に於て実現されると見、かくして死の問題は単に個人の立場からでなく、社会の立場からその意味を把握しなければならぬということを示唆しているのは重要である。ひとは死の問題を社会の立場から理解することを忘れてはならない。人間は社会のうちから生れるように社会のうちへ死んでゆくのである。個人は自己の絶対否定を媒介として社会のうちに生れ得る。これがヘーゲルによって示された死の意味であると解することができる。併しながら他方死はどこまでも個人の問題であり、個人が真に個人として問題になるのは何よりも死の立場に於てである。「我々は我々に類する者の社会のうちに安らうことで好い気になっている。彼等は我々と同じく悲惨で、我々と同じく無力で、我々を助けないであろう。ひとはひとり死ぬであろう on mourra seul.」というパスカルの言葉は我々の心を如何に強く打つか。然るにヘーゲルの具体的普遍の弁証法に於てはかくの如き個人と個人との乃至個人と社会との絶対的断絶は考えられない。そこでは個体の独立性が考えられず、従ってまた死の意味も真に理解されない。ヘーゲルの弁証法には真の死がない。真の死が考えられないところに真の生は考えられるであろうか。一般に死の問題は人間学に於て決定的に重要な意味をもっている。生に対して絶対的な「他者」である死こそ、それに於て我々が生を全体的に眺め得る唯一の立場であるとすら云われるであろう。人間学は単に生の立場に立つのでなく、また死の立場に立たねばならぬ。死は年齢論にとっても重要な意味をもっている。年齢は単に生れたところから考えられるのでなく、逆に死ぬるところから考えられねばならぬ。言い換えれば、年齢は単に連続的な発展として考えられるのでなく、非連続の連続として考えられねばならぬ。かく考えることによって各々の年齢のそれぞれの独立な意味も正しく把握され得るのである。

このようにして年齢は先ず、普通の表象に従えば、一年一年と間断なく直線的に積み重ねられてゆく。三十九歳の後に四十歳が、四十歳の後に四十一歳が来ると考えられる。これが通俗的な年齢の概念である。併し次に、単にかくの如く表象することによっては真に具体的な年齢の概念は得られない。それによっては差当り、何故に人間の一生を一ヶ年ずつに刻み、何故に一ヶ月ずつに刻まないのか、等々の問を提出されても、その内面的な理由を挙げ得ないであろう。具体的な年齢はただ一年一年と、その他どのような単位をもって刻まれるにしても、直線的にのみ進行するのでなく、却って直線的な進行が同時に絶えず円環的に纏まることによって年齢時代を作りつつ、一つの年齢時代から他の年齢時代へと移ってゆくのである。或る人間の一生の歴史を書く者は、彼の一年一年の歴史を連続的に書くのでなく、彼の少年時代、青年時代という風に書いてゆく。即ち年齢は直線的にと同時に円環的に、言い換えれば、時間的にと同時に空間的に限定される。かくの如く時間的・空間的に限定されたものとして年齢は表現的である。青年時代、老年時代等、各々の年齢はそれぞれ自己に固有なものを表現し、それぞれ他の代り得ぬ独自の価値を担っている。行為が表現的になるためには習慣的になるということが必要である。行為が習慣的になるというところがなければ、年齢は考えられない。然るに習慣的になるということは生が死へ移ってゆくことである、死は絶対的な習慣性、習慣性の極限と見られ得る。ここに我々は年齢の問題が死から考察さるべき端緒を見出すであろう。

更に人間の年齢は単に彼が生れたところから考えられるのでなく、また彼が死ぬるところから考えられなければならぬ。或は年齢は単に過去から考えられるのでなく、また未来から考えられなければならない。かくの如くただ過去からでなく逆に未来から考えられるということが歴史的時間の特性であり、年齢はひとつの歴史的時間を現わしている。年齢は表現的なものとして形式を具えたものである。然るに年齢が死から考えられねばならぬとすれば、生に内面的な形式を与えるものは死であると云われるであろう。このことをジンメルは深く洞察した。彼によれば、非有機的物体と有機的物体との差異は何よりも、前者にとってはそれを限界する形式が外部から規定されるに反して、後者は自己の形態を内部から自己自身に賦与するという点にある。およそ形式の秘密はそれが限界であるということに存する。それは物そのものであると同時にその物の断絶である、物の存在することと最早存在しないこととが一つであるところの区域である。然るに有機的物体の限界は単に空間的でなく、また時間的である。生命あるものは死ぬることによって、死がそれの本性そのものと一緒に措定されていることによって、その生命は一の形式を得るのである。死が生命にとってその限界をなすという意味は、非有機的物体がこれとはそれ自身では何等の関わりもない物体から、その存在の断絶としてその形式を限定されることによって空間的に終りとなるというのと同じでない。死はもともと内部から生と結び付いている。死は我々の生を所謂臨終の時に於て初めて限界し、従って形成するのでなく、却って死は我々の生のあらゆる内容を色取る我々の生の形式的要素である。生の全体が死によって限界されているということは生のあらゆる内容、あらゆる瞬間に作用しているのである。シエークスピアの悲劇的主人公たちに於て我々は彼等の殆ど最初の言葉から彼等の終末の逃れ難きことを感知するのであって、死は彼等の生及びこれと共に措定された世界諸関係の先天的規定に属している。それらの悲劇に於ける側役《そばやく》たちが外的事件のもたらすままの死に方をしているに反し、かの主人公たちにあっては、生の表現としての彼等の運命の成熟はそれ自身に於て彼等の死の成熟を意味している。死は生の形成者であり、生はその全体の過程に於て死によって形式を賦与される。ヘーゲルの思想、即ち物はその対立物を要求し、そしてこのものと共により高き綜合に入り、この綜合に於てそれはなくなりはする、が併しまさにそのことによって「自己自身に来る」という弁証法は、その深い意味を恐らく他の何処に於てよりも生と死との関係に於て発揮するであろう。生は自分自身から、その対立物として、「他者」として死を要求し、このものなしにはその特殊な意味と形式とを有しないような或る物である。年齢も生のひとつの形式として死から限定されている。然るに生と死とはどこまでも対立するものとして絶対的な断絶の関係にある。従って生が死から形式を与えられているということは、生が単なる連続でなく、非連続の連続であることを意味するのでなければならぬ。主体的な意味に於ける死は我々の生物学的な死の時に於て初めて我々に来るものでなく、我々の生の一瞬一瞬が同時に死である。併し他方死が生に形式を与えると考えられる限り、死は同時に生でなければならぬ。ところがジンメルは死が我々の生の最後に初めて来るものでなく、我々の生のうちに絶えず喰い入っているものであると考えながら、かくの如き瞬間弁証法的な見方を欠いている。言い換えれば、死は彼に於ても真に死に切ることとならない。死は生の影に過ぎぬが如きものではない。死は部分的な死があるのでなく、つねにただ全体的な死があるのみであり、かかる絶対的なものであるところに死の意義がある。固より年齢の問題は単なる瞬間的〔ママ〕弁証法からは考えられない。年齢はどこまでも有機的生命的なものと結び付いている。従ってそこではヘーゲル的な有機体説的な乃至体系弁証法的な見方も一面十分に意味をもっているのであるが、併しまた他面そのような体系弁証法の基礎に於ては真に出来事というものが考えられず、それ故に真に歴史というものが考えられない。年齢は具体的には瞬間弁証法と体系弁証法との統一の上に考えられるのである。年齢は一瞬一瞬に死んで生れるということから即ち内的な弁証法からのみ考えられず、かかる生と死とがより大きく纏められた非連続の連続として考えられる。少年時代と青年時代とは一つが死んで他が生れるという風に移って行く。しかも青年時代という一つの纏りの中に於てそれぞれの時はまた独立の意味をもっている。人生のそれぞれ全く独立なもろもろの時を自己のうちに包んで、それらの独立な時と時とを媒介するものがまさに年齢にほかならない。年齢はかくの如き意味において論理的にはすでに一つの弁証法的一般者の意味をもっている。各々の独立な時と時とは年齢によって媒介されて相互に関係すると共にそのそれぞれが年齢を表現している。

四

併しながら人間の生と死が単に個人からでなく同時に社会から考えられねばならぬように、年齢の問題も社会から考えられねばならぬ。我々の年齢は我々自身のものであると共に社会的なものである。社会も年齢を持っており、各個人の年齢は社会の年齢を表現している。そこに人間存在の歴史性が認められる。社会的なものとして年齢の問題は世代の問題である。

世代という語の元の意味は系図学的のものである。系図学的見地に於ては、世代は父子の関係に於ける段階を現わす、父から子へ一世代があり、父から孫へは二世代がある。両親は一世代をなし、子供たちは他の一世代を形作る。然るに世代という語は縦にこのように系図学的意味を現わすのみでなく、横に社会的世代の意味に用いられる。社会的世代というのは種々なる家族に属するほぼ同じ年齢の人間の一つの群を指し、それは一の特殊な心的統一を示し、一定の時間的持続を包んでいる。年齢の概念が主として縦に継起を現わすとすれば、世代の概念の特色は寧ろこのように横に同時存在を現わすところにあるであろう。

かくて世代の問題は、ピンデルの云う如く、歴史的同時性の問題である。* この問題を接近して観察するとき、先ず同時的なものの非同時性ということが見出される。同時的なものとは同じ現在にあるものである。現在は普通に一の時点と見られている。然るにこの時点即ち例えばこの一九三六年は、この年に生きている凡ての人にとって同じものであるのではない。それは各人にとって、それぞれ個別的な色合に於て体験されるという意味でそれぞれ別のものであるのみでなく、却って個人的なものの下部に於ける現実的な時点としてこの同じ年が違った年齢に属する者にとってそれぞれ違った彼の一生の時点であるという意味でそれぞれ別のものである。単純な現在が一般にあるのでない。各々の歴史的瞬間は自己の一生の種々なる年齢（青年期、壮年期、老年期等）に於ける諸々の人間によって体験され、その各々の者にとって違ったものを意味し、従ってまたひとつの他の時である。けれども歴史は渾沌でなく、そこには諸世代のそれぞれの統一がある。単に同時に存在するものを眺めるならば何等の統一もないように見えるにしても、もし同時に生れたものに注意するならば、そこに一定の秩序が現われる、即ち同年齢の者の群を形成する力が認められる。ピンデルは美術史に於ける世代の問題を論じて云っている。先ず芸術家にとって彼の誕生の時は決定的な意味を有する、それは彼の本質の発展を制約し、この本質そのものをすら制約する。芸術家の本質は何時彼が生れるかということのうちに存する。彼の問題は彼と共に生れるのである。然るに次に、芸術家はこのような事実によって孤立しているのでなく、却って群を成している。近似的に同年齢の者の一群は一世代を形成し、一世代は通常勝れて統一的な問題性格を示している。世代はなおスタイルではないが、スタイルの価値のものである。ピンデルは一世代が実現する統一をその世代のエンテレヒーと名付けた、それはリーグルの「芸術意欲」Kunstwollen の思想を世代の統一の中へ移し入れたものと見られるであろう。各々の世代は自己のうちから自身のエンテレヒーを形成実現し、これによって初めて一の性質的統一となるのである。一世代のエンテレヒーとは、ピンデルによれば、それの内的目的の表現、この世代に生具する生命感情及び世界感情の表現である。

* Wilhelm Pinder, Das Problem der Generation in der Kunstgeschichte Europas, Zweite Auflage 1928.

世代の概念は従来主として生物学的に説明された。それはもと歴史理論に生物学的実証的基礎を与え得るものとして、時代の概念に代って重要視されるに到った。併しながら生物学的なものはなお歴史的なものでない。世代の基礎は疑いもなく生物学的なものであるにしても、このものは単なる自然でなく、歴史的自然の意味を有するのでなければならぬ。世代の形成にあたっては社会的並に文化的環境が作用する。一つの世代が示す統一は、それが同じ環境の中に同時に生活する人間を包括するところから現われる。世代はその環境を表現している。然るに他方もし世代が単に環境から限定されるとすれば、世代の固有な意味は失われねばならぬであろう。その場合には、同時に存在する者は同じ社会的並に文化的環境に生活し、同じ歴史の大事件、大変化に出会うのであるから、世代に関して認められる同時的なものの非同時性、同時と同年齢との差別、或は一時代のうちに種々なる世代が存在するということは考えられなくなる。かくて世代の概念は特に時代の概念に対する区別及び関係に於て次のように理解さるべきであろう。

世代の概念に於ては歴史に於ける主体の統一が問題にされる。歴史の主体というのは人間のことであるが、世代はそのような人間的自然に基礎を置いている。然るに時代の概念は寧ろ客体的なものを意味している。それは我々に対する環境の如きもの、客観的情勢の如きものと見られるのがつねである。これに反し世代は我々自身に於ける統一である。時代の統一は却って同じ時代がその時代の種々なる世代の問題に対して役立てる手段の類似に存するに過ぎぬと云われるであろう。ところで主体は主体として単に環境から限定されるものであり得ない。世代の思想の特色は寧ろ環境に対する主体の根源性を考えるところに認められねばならぬ。また時代の概念と世代の概念とを区別するとき、前者がいわば純粋に歴史的なものを意味するに反し、後者にあっては歴史に於ける自然的なものが強調される。ここでは誕生とか生長とかが重要視されるのもそのためである。併し我々は固より所謂歴史生物学的 geschichtsbiologisch な見方に同意し得ない。我々にとっても主体的なものは或る自然的なものの意味を含んでいる。けれどもそれはまさに主体的意味に於ける自然であり、然るに生物学的なものは客体的自然に過ぎず、これに対して主体的なものは根源的物質、第一次の自然とも云うべきものである。それは外に見られた自然ではない、それは人間的文化のうちに於て表現に達する内的自然或は内的身体であって、歴史的物質の意味のものである。世代を主体的に限定するものはディルタイが考えたような単なる素質の如きものでなく、却って運命である。世代が「自然の骰子投げ」と称せられるとき、それは運命を意味するのでなければならぬ。一世代とは運命を共に分つもののことであり、一の運命共同体である。尤も世代は単に運命的統一でなく、衝動的な傾向性に於ける統一を含んでいる。一世代が統一的な問題性格を示していると云われるのもこれに基くのであって、かかる問題性格は共通の傾向性が共通の時代的環境のうちに自己を見出すことによって生ずるのである。問題はつねに単に自己の内にあるのでも、また単に自己の外にあるのでもない。いずれにしても我々は世代の問題を考察することによって、歴史の主体といわれるものが時代精神の基礎とされるイデーの如く単に観念的なものでなく、或る自然的なものの意味を含むことを知り得るであろう。

世代を限定するものは内的自然或は内的身体としてパトス的なものである。従って世代の理論は文化の形成に於けるパトスの意味を重要視するものでなければならぬ。文化を純粋に理性的なもの、ロゴス的なものと見る立場にとっては世代の問題は多くの意味を有し得ない。例えば新カント派の哲学は、文化とは価値を担うものであると説いているが、この場合価値とは文化の含む普遍妥当的な理性内容、非性格的なロゴス的意味にほかならず、かくの如き価値哲学的立場に於ては世代の理論は歴史及び文化に関する生物学主義として単純に排斥されねばならぬであろう。世代の思想はこれに反し如何なる文化のうちにもその生産者の「人間」、「性格」が表現されていると考える。このとき人間といい性格というのはパトス的なものである。時代精神の概念が同時代の文化のロゴス的もしくはイデー的統一を強調するに対し、世代の概念は同世代のパトス的もしくは性格的統一を力説する。世代の統一は精神の一致によるというよりも運命及び傾向性の共通に基いている。ライプニッツは芸術を「暗き表象」から説明したが、この「精神の波立てる根源」こそ、それから真の精神的文化が生れ出るところのものである。一世代はパトスを共にするものとしてその生産する種々なる文化は性格の統一を示している。時代精神の概念がヘーゲルにあっての如く歴史に於けるロゴス的なものを重んずるとすれば、世代の概念の特色は歴史に於けるパトス的なものの重要性を重んずるところにある。精神 Geist との区別に於て心 Seele は自然によって規定された意識を表わすのがつねである。ヘーゲルによれば、ゼーレとは自然精神 Naturgeist であり、それは自然のうちに縛られ、身体性に関係付けられている。ゼーレは純粋な、普遍的なものでなく、年齢や地方や民族などに従って異っている、と彼は述べた。我々はヘーゲルの観念論に於けるよりも自然に対して一層根源的な、一層原理的な意味を認め、かかる根源的な自然乃至内的身体によって規定された意識をゼーレよりも一層広い且つ一層深い意味に於てパトスと名付ける。我々の謂うパトスはゼーレ的なものであるが、所謂ゼーレの概念に於てはそれと結び付く身体とか自然とかがなお多くは客体的対象的に見られているに反して、我々の謂うパトスの概念に於てはこれをどこまでも主体的に考えようとするのである。時代はなお客体的に捉えられるとすれば、世代は根本に於て内からの統一として内から理解されるのほかない。併しながら文化は固より単にパトス的なものでない。文化はイデー的なものを含むことによって表現的となるのである。世代の統一も単にパトス的なものでなく、客観的にイデー的統一を含むとき現実的となる。従って世代の統一は時代精神の統一の如きものを含まなければならぬ。世代の概念は、単なる生物学的意味から解放され、従来の時代の概念の如き意味を自己のうちに含むことによって現実的となる。世代はイデー的統一を含むことによってピンデルの云うが如きエンテレヒー的統一となるのである。ただエンテレヒーの思想が論理的には有機体説的な考え方に立っているとすれば、我々は世代のイデー的統一をどこまでも弁証法的に考えることが必要である。イデー的なものはパトス的なものの自己否定によって見られるのである。自己肯定的なパトスが自己を否定し、自己に対立するロゴスに於て却って自己を肯定することによって表現的となるのである。かくして世代は単にパトス的性格的統一を有するのみでなく、スタイルの統一乃至タイプとしての統一を得ることとなる。

世代は云うまでもなく個人ではない。とりわけ歴史的に意義ある世代の概念は家族系図学的或は生物学的遺伝的のものを指すのでなく、種々なる家族に属する諸個人の群を意味している。歴史的主体と考えられる根源的物質は社会的なものでなければならぬ。それは個人的身体のことでなく、社会的身体とも云うべきものである。主体は所謂主観のことではなく、却って主観的・客観的と考えられる人間を包むものである。かかるものとしてそれは単に客観的なものであることができぬ。世代は我々の外部にある社会ではない。社会的世代はパトスを共に分つことによって形成される。ひとは世代の如きものを考えることによって、社会的結合に於けるパトスの根本的な意味を認め得るであろう。世代をひとつの社会的結合と見るならば、それは一定の目的、ロゴス的意味に従う社会的結合に対して謂わば無意識的な、自然的な結合である。それは客観的目的によって結び付いたものでなく、おのずから、主体的に、パトス的に結び付いているのである。一世代は運命共同体とも云われるが、かかる運命の意識はロゴス的意識でなくてパトス的意識であり、もと無対象な、或は無の意識である。それは本来的には客体的なものの意識ではない。パトスはつねに性格的なものであるが、性格的ということと個人的ということとは同じでない。一世代の諸個人の活動はパトスを共にすることによって共通の方向を示しているとしても、彼等はそれぞれ性格的であることを失うものでない。個々の人間は各自の運命を負いながらその世代の運命のうちに包まれている。世代は諸個人を統一するものとして或る一般者である。各人は世代的に限定されている。然し世代は一般者として所謂類概念の如きものではない。各々の人間は世代的に限定されながらめいめい独立である。世代はそれぞれ独立な、従って非連続的な個人と個人とをその根底に於て円環的に限定する。世代も論理的には非連続の連続として弁証法的一般者の意味をもっている。

歴史は単に時間的に直線的に進行するものでなく、寧ろ空間的に一つの世代に纏まるのであるが、併しまた世代から世代へと直線的に進行する。世代は直線的にと共に円環的に限定されている。このことに相応して一世代に含まれる多数の個人は単に多数の個人であるのでなく、二つの群に、即ち少数の指導者と大衆とに分たれる。一つの世代は若干の卓越した人間でもなく、また単に大衆であるのでもない。それは自己自身の少数者と自己自身の大衆とから成る社会的体である。オルテガの語によれば、世代は「大衆と個人との力学的融合」である。*かくの如く一世代に包括される多数の個人が二つの群を形成するということは歴史の過程的発展にとって根本的な条件である。指導者と大衆とは固より分離し得ず、世代が直線的にと共に円環的に限定されているように、両者は弁証法的統一に於てある。それは歴史的過程に本質的な二元性である。歴史哲学に於て従来久しく論議された歴史的現実の集団主義的解釈や個人主義的解釈はいずれも一面的である。前者にとっては歴史的過程は目立たぬ多数者の仕事であり、後者にとっては専ら個人が歴史的行動者である。確かに、行動する個人から発する能動的特性は目立ち易く、集団主義的歴史像を認めることを困難ならしめる。大衆は受動的であって、創造的人間の活動に対し或は助成し或は抵抗するに過ぎぬように見える。併し他方孤立した個人は一個の抽象に過ぎず、世界史的人物の生命は大衆に対する影響のうちに存する。大衆と全く異る個人は大衆に何等の影響をも及ぼし得ず、歴史の過程に入ることなく、歴史の主文の欄外に誌され得るに過ぎない。歴史的過程は日常的な大衆と卓越した個人との力学的連関に於て成立する。両者の間の作用連関を媒介するものは世代である。世代はいわば一つの水準であり、あらゆる個人の行為に対して同一のスタートを画するものである。かくて同じ世代のうちに存する対立にしても相異る世代のうちに存する類似よりもなお類似的であるというが如きことがあるであろう。

* José Ortega y Gasset, Die Aufgabe unserer Zeit. deutsch 1930.

五

ところで世代は歴史のリズムを現わしている。この見地に於て歴史のリズムのうちには如何なる根本現象が見出されるであろうか。ビンデルの謂う同時的なものの非同時性は人類社会に於けるひとつの生物学的事実に基くと考えられるであろう。動物の世代は普通に人間の世代よりも短いのみでなく、それらは単に非連続的であって、一の世代は他の世代と連続的な関係を有しない。例えば昆虫に於ては、子供はその孵《ふ》化《か》した瞬間に彼等の親を見ることなく、かくしてその諸世代は、通常冬の期間によって隔離され、互に喰い合うことがない。然るに人間の諸世代は互に入り混り、重り合い、祖父と父と子とが同時に生活する。人間の世代は節と節とを繋いだようなものでなく、却っていずれの時点に於ても種々なる世代が層を成して存在している。即ち人間の世代は固より非連続的でありながら、またどこまでも連続的である。そしてそこに文化の連続、その伝承にとって重要な関係を有する事実がある。もしも人類が唯一回的な世代であるとしたならば、人類は伝統乃至伝承の必要を知らないであろう。伝承に於て基礎となる事柄は、新しい世代が古い世代の内部に生れて同時に生活するということである。かように古い世代と新しい世代とが同時に生活するところに、教育と云われる人間生活に於ける根本的な事実が成立する。ここでは単に意識的な、有意的な教育のことのみが問題であるのでない。意識的に教えられ学ばれることは寧ろその量もその意義も少いものである。相異る世代が同時に生活するという事実によって無意識的に、無意識的に、最も広汎な範囲に於て教育は行われ、伝統は生じている。併しながらまた他面、我々は世代の事実のうちに文化の更新、創造にとっての基礎を見出すことができる。世代の交替は文化の以前の担い手が去り、新しい担い手が現われることを意味する。文化の担い手は絶えず若返る。以前の世代が死滅してゆくということは文化の創造にとって必要な忘却を伴うであろう。人間は忘却することなしには創造し得ない。もしもつねに同一の人間が文化の担い手であるとしたならば、文化の根本的に新しい通路が開かれるということは困難であろう。新しい生命基体から新たに始めるということは人間が新しく生れるということによって起る。新しい世代が入って来ることによって過去の文化も若返る。なぜなら文化の新しい担い手となるこの世代は、現存するものに対して古い世代とは違った距離に立ち、蓄積された文化を新しい仕方で受容し、新しい仕方で加工するからである。

このようにして歴史のリズムは創造と伝統との、伝統と創造とのリズムである。歴史は世代から世代へ、一は他のうちから生れつつ、移り行くが、この過程に於て、生命は各々の世代にとって二つの次元に関わることである。即ちそれは過去から既に生活されたもの

——諸観念、諸評価、諸制度等——を受取り、他方自己自身の創造力を働かせる。世代はこれら二つの要素の間に動揺する。或る世代にとっては伝承されたものと自己自身のものとの調和が存するであろう、そして他の世代に於ては二つの原理の間に深い対立が感ぜられるであろう。或る世代は勝れて伝統的で、他の世代は勝れて革新的であろう。然るにかくの如き現象は世代及び世代の継起を単に生物学的に考える場合説明され得ない。またその場合には世代と世代とがそれぞれ独立で非連続的な個性であることも、従って一の世代が真に創造的であるということも説明され得ないであろう。更にその場合には、或る世代が他の世代の生産したものを伝承するに当り、単にその一つ前の世代から連続的に伝承するのでなく、却って例えばルネサンスに於ける古代文化の復興に於て見られる如く遠き過去から伝承するというような事実も説明され得ないであろう。かくて我々はひとつの根本的な問題に逢着する、——行動しつつある一世代が単に自己に隣接する世代からでなく却って隔離せる世代から伝承するというが如きことは如何にして可能であるか。この問題に面して我々は我々の考え方を次のように進めねばならぬ。

一。歴史は世代から世代へ動いてゆく。それは形態から形態へ移って行くのであって、かかる形態転化 Gestaltwandel はゲーテ的意味に於てメタモルフォーゼと呼ばれることができる。歴史の発展はメタモルフォーゼであって、進歩 Fortschritt とは異なる。それは単に直線的に進行するのでなく、円環の外に円環を描きつつ転化するのである。二。併しながらかくの如く世代から世代へと、その意味に於て直線的に動いてゆくもろもろの世代は、それら凡てがまた円環的に限定されて一つのものに於て同時存在的であると考えられねばならぬ。さもなければ、過去が現在に働くということも考えられないであろう。歴史的なものは単に過ぎ去ってしまったものでなく、現在に働く限りそれは歴史的であるのである。かくの如く諸世代がそれに於て同時存在的であるところのものを我々はシェリングの語を借りて——固より彼と同じ意味に於てではない——世界期 Weltalter と名付けようと思う。* 凡ての世代は世界期に於てあるものであり、世界期の限定として考えられるであろう。三。併しながら単に多数の世代が同時存在的であるということによっては歴史的過程は考えられない。円環的限定は一方どこまでも空間的意味を有し、それのみからは時間的過程は考えられない。また歴史の過程がただ世代から世代への形態転化として見られ得るとすれば、ゲーテのメタモルフォーゼの思想について批評される如く、それは畢竟自然概念であって真の歴史的見方でなく、且つそれはなお有機体説的見方に纏われて弁証法的見方が足らず、更にそれは結局観想的立場に立つものであって真に実践的立場に立つものではないとも云われるであろう。実践的弁証法的過程が成立するためには、円環的に多元的に同時存在する諸世代が相対立する二元性に纏められるのでなければならぬ。詳しく云えば次の如くである。A。それぞれ独立な以前の多数の世代が一様に過去として現在に対立し、また以後の可能なる多数の世代が一様に未来として現在に対立するのでなければならぬ。B。しかも過去も未来も現在に働き掛けるものである限り、現在は単に過去からの時間の延長としてではなく、過去の方向から流れて来る時間と未来の方向から押し寄せて来る時間とが相接触し相撞著するところと考えられねばならぬ。現在はこのような矛盾の集中点として動的であり過程的である。C。かくの如きことがあり得るためには、一方諸世代は円環的に限定されて同時存在的に世界期に於てあると共に、他方かかる世界期が過去現在未来に於て自己を直線的に限定する——この意味でそれはまさに Weltalter と呼ばれる——のみでなく、かかる直線的限定が通俗時間の過去現在未来の如く単に直線的でなくて過去からと未来からと二つの相反する方向から流れて来る時間の相撞著し、しかもかかる撞著矛盾を統一する現在として捉えられねばならぬ。言い換えれば、それは過去現在未来を包む現在であると共に、つねに過去に於てでもなく未来に於てでもなく現在に於て熟する。世界期は世界期としてカイロス的である。それの円環的限定の方向に於て多数の世代が種々の時間として世界期に包まれていると考えられると共に、それの直線的限定の方向に於て種々の時間は相反する二つの方向から現在に於て相撞著し、移行的 übergehend 乃至過程的になるのである。世界期は円環的限定の方向に熟すると共に直線的限定の方向に熟する。

＊ Schelling, Die Weltalter. WW. I 8.

さて世界と人間との関係に就いて、一方人間をどこまでも世界から見て行かねばならぬと共に、他方世界をどこまでも人間から見て行かねばならぬ。二つのことは根本に於て一つに結び付くのであるが、いま人間学的研究の方法に相応して後の方面から見て行くならば、人間と世界との関係は次の如く要約されるであろう。

一、人間は世界のうちにある。

二、人間は世界を作る。

三、人間は世界である。

最初の規定は特に最近ハイデッガーによって周知のこととなっている。彼は人間存在を世界内存在として分析した。我々はかかる規定を人間存在の状況性と名付けよう。併し人間は単に世界のうちにあるのみでなく、みずから働くものとして世界を作る。かように人間の作る世界は一般に表現と呼ばれている。従って第二の規定は人間存在の表現性を意味する。然るにかくの如き人間は更に彼等自身が世界である。この世界は特に社会と名付けられるから、第三の規定は人間存在の社会性を現わすこととなる。これら三つの規定は固より相互に分離され得ない。例えば社会は我々がそのうちにある世界として環境と見られることができ、またこの社会は単に与えられたものでなく、我々自身が作るものとして表現的なものである。ところで社会がそのように見られ得るということはまさに逆に人間存在の社会性が初めの二つの規定によっては十分に規定されず、却って第三の規定を必要とすることを示している。人間存在の状況性、表現性、社会性というこれらの諸規定は云うまでもなく歴史性の立場から考察されねばならぬ。

〔遺稿、一九三五―三六年頃成立〕

構想力の論理（抄）

序*

ここにその第一冊を世に送る構想力の論理についての論文は、雑誌『思想』に連載されたものである。種々の事情から余儀なくされた中断の後、再びそれを書き続けようとするに当って、私は読者のために、しかし何よりも私自身のために、すでに発表された最初の三章を一冊に纏めておく必要を感じた。それはもと研究ノートの形で書かれたものであるが、いま若干の補修をなすにとどめてそれを原形のままで刊行することにした。完全な体系的叙述はこの研究が最後に達したところから始まらねばならぬ。叙述はここに先ず現象学的な形において行われ、しかる後純粋に論理的な形に進むであろう。研究ノートとして書き始められたこの論文のやや錯綜した論述の中で読者に道を示すために、私はこの序に於て私の意図が何処にあるかを簡単に記しておこうと思う。それは私の近年の思想的経歴を要約して述べることにほかならない。もちろん、今後この論文を書き続けるに従って私の方針にも変化発展が生ずることであろうと思う。それは私のように、考えてから書くと云うよりも書きながら考えてゆくという習慣を有する者にとっては、当然のことである。

前著『歴史哲学』の発表（一九三二年）の後、絶えず私の脳裡を往来したのは、客観的なものと主観的なもの、合理的なものと非合理的なもの、知的なものと感情的なものを如何にして結合し得るかという問題であった。当時私はこの問題をロゴスとパトスとの統一の問題として定式化し、すべての歴史的なものにおいてロゴス的要素とパトス的要素とを分析し、その弁証法的統一を論ずるということが私の主なる仕事であった。この間の事情は私の論文集『危機に於ける人間の立場』（一九三三年）において特徴的に示されている。合理的なもの、ロゴス的なものに心を寄せながらも、主観性、内面性、パトス的なものは私にとってつねに避け難い問題であった。パスカルが私を捉えた（『パスカルに於ける人間の研究』一九二六年）のも、或はまたハイデッゲルが私に影響したのも、そのためである。私の元来の歴史哲学的関心から唯物史観の研究に熱中した時（『唯物史観と現代の意識』一九二八年）においてさえ、唯物史観の人間的基礎を求めようとしたのも、やはり同じ心に出たものである。ロゴス的なもののためにパトス的なものを見失うことなく、しかしまたパトス的なもののためにロゴス的なものを忘れないという私の要求は、やがてヒューマニズムの主張の形をとるに至った。いわば人間学からヒューマニズムへ進んだのであり、その時期を現わしているのが私の評論集『人間学的文学論』（一九三四年）である。すでに云ったようにロゴスとパトスとの統一を対立物の統一として弁証法的統一と考えることは、たとい誤でないにしても、余りに形式的に過ぎるということは、私自身つねに感じていた。多くの人の手によって弁証法が一種の形式主義、いわば新しい形式論理、便宜主義にさえ堕落させられてゆくのに対して、私も反感をもたざるを得なかった一人である。ロゴス的なものとパトス的なものとは弁証法的に統一されるにしても、その統一は具体的には何処に見出されるのであるか。単なる論理的構成にとどまらないその綜合は現実において何処に与えられているのであるか。この問題を追求して、私はカントが構想力に悟性と感性とを結合する機能を認めたことを想起しながら、構想力の論理に思い至ったのである。かくして私は私の年来の問題の解決に近づき得るかも知れないという予感に導かれながらこの研究ノートを書き始めた（『思想』一九三七年五月）。しかしその最初の章「神話」を書いていた頃の私にとっては、ロゴスとパトスとの綜合の能力として構想力が考えられたまでであって、一種の非合理主義乃至主観主義に転落する不安があり、この不安から私を支えていたのは、「技術」という客観的な合理的なものがその一般的本質において主観的なものと客観的なものとの統一であるという見解に過ぎなかったと云える。しかるにやがて「制度」について考察を始めた頃から、私の考える構想力の論理が実は「形の論理」であるということが漸次明かになってきた。ギリシア哲学、特に最近アリストテレスを取扱った（『アリストテレス形而上学』一九三五年『アリストテレス』一九三八年）ことが、その点について私の思想を進めることになった。構想力の論理といういわば主観的な表現は、形の論理といういわば客観的な表現を見出すことによって、私の思想は今一応の安定に達したのである。かようにして私は私自身のいわば人間的な問題から出発しながら、現在到達した点において西田哲学へ、私の理解する限りにおいては、接近してきたのを見る。私の研究において西田哲学が絶えず無意識的に或は意識的に私を導いてきたのである。尤も、私のいう構想力の論理と西田哲学の論理との関係については、別に考えらるべき問題があるであろう。

この論文の意図について誤解を除くために、また展望を与えるために、さしあたりなお次の二三の点を取り立てて記しておこう。

構想力の論理によって私が考えようとするのは行為の哲学である。構想力といえば、従来殆どつねにただ芸術的活動のことのみが考えられた。また形といっても、従来殆ど全く観想の立場において考えられた。今私はその制限から解放して、構想力を行為一般に関係付ける。その場合大切なことは、行為を従来の主観主義的観念論における如く抽象的に意志のこととしてでなく、ものを作ることとして理解するということである。すべての行為は広い意味においてものを作るという、即ち制作の意味を有している。構想力の論理はそのような制作の論理である。一切の作られたものは形を具えている。行為するとはものに働き掛けてものの形を変じ（transform）て新しい形を作ることである。形は作られたものとして歴史的なものであり、歴史的に変じてゆくものである。かような形は単に客観的なものでなく、客観的なものと主観的なものとの統一であり、イデーと実在との、存在と生成との、時間と空間との統一である。構想力の論理は歴史的な形の論理である。尤も行為はものを作ることであるといっても、作ること（ποίησις）が同時に成ること（γένεσις）の意味を有するのでなければ歴史は考えられない。制作（ポイエシス）が同時に生成（ゲネシス）の意味を有するところに歴史は考えられるのである。構想力の論理は形と形の変化の論理であるが、しかし私のいう形の哲学は従来のいわゆる形態学と同じではない。形態学は解釈の哲学であって行為の哲学ではない。また形態学の多くが非合理主義的であるに対して、私のいう形の哲学はむしろ形相学（Eidologie）と形態学（Morphologie）との統一であり、しかも行為の立場におけるそれを目差すのである。

従来の論理も、恐らく近代科学に拠り所を求めた論理を除いては、すべて形の論理であったといい得るであろう。形式論理を完成したと称せられるアリストテレスの論理は、もと形或いは形相（イデア、エイドス）を実在と見たギリシア的存在論と結び付いた形の論理であった。けれどもその場合形は不変なものと考えられて歴史的なものとは考えられなかった。弁証法を大成したといわれるヘーゲルの論理も、根本において形の論理であり、ヘーゲルはそれに歴史的な見方を入れたが、しかし彼もまたギリシア的存在論と同様、観想の立場に止まって行為の立場に立っていない。彼の弁証法も反省の論理もしくは追考の論理であって、行為の論理、創造の論理ではない。構想力の論理は形の論理としてアリストテレスやヘーゲルの論理につながるのであるが、それは形を歴史的行為の立場において捉えるのである。しかし構想力の論理は形式論理やヘーゲル的弁証法を単純に排斥するのでなく、却ってそれらを包括する。構想力の論理は原始論理（Urlogik）として、それらを自己の反省形態として自己の中から導き出すのである。

構想力の論理は行為的直観の立場に立ち、従来の哲学において不当に軽視されて来た直観に根源的な意味を認めるであろう。けれどもそれは単なる直観主義であるのではない。真の直観とは反省によって幾重にも媒介されたものである。それは無限の過去を掻き集めて未来へ躍入する現在の一点である。しかしながら構想力の論理は単にいわゆる媒介の論理であるのではない。媒介の論理は結局反省の論理に止まって、端的に行為の論理であることができぬ。それは、そこではあらゆる媒介が結局抽象的なものとされ、そしてあらゆる媒介が一つの形に集中される最も生命的な跳躍の一点を逸してしまうのである。そのことは芸術における創作作用において、また一般に技術における発明において明瞭であろう。そして人間のあらゆる行為は、これを環境に対する作業的適応と見るとき、すべて技術的であると云わねばならぬ。技術の根本理念は形である。かようにして構想力の論理を技術と結び付けて考えるならば、形の論理と科学との関係が理解されるであろう。技術は科学を基礎とし、近代科学の発達によって近代技術の目覚ましい発展は可能にされた。そこから考えられるように、構想力の論理は科学の論理に媒介されることによって現実的な論理に発展し得るのである。

固有な意味における科学の理念は近代に至って生れたものであるが、それ以前においても技術はもとより存在した。それは科学が発達しなかったといわれる東洋においても存在した。技術は人類の文化と共に古く且つ普遍的である。近代科学も技術的要求から生れたのであり、またつねに技術的目的に適用されている。従って技術の理念であるところの形の理念に定位をとる文化の理念は、科学の理念に定位をとる文化の理念よりも普遍的であり、科学もそのうちに要素的に包括されるのである。近代的ゲゼルシャフト以前のゲマインシャフト的文化の理念は形の理念であったと見ることができる。今日、科学の理念に定位をとった近代のゲゼルシャフト的文化の抽象性が指摘され、新しいゲマインシャフト的文化が要求されているとき、構想力の論理は新文化の創造に対して哲学的基礎を与え得るであろう。しかしこの新しいゲマインシャフトはゲゼルシャフトに抽象的に対立するのでなく却ってこれを止揚したものでなければならぬように、形の論理も科学に抽象的に対立するのでなく却ってこれに媒介されたものでなければならぬ。

形の論理は文化の普遍的な論理であるのみでなく、それは自然と文化、自然の歴史と人間の歴史とを結び付けるものである。自然も技術的であり、自然も形を作る。人間の技術は自然の作品を継続する。自然と文化或いは歴史とを抽象的に分離する見方に対して、構想力の論理は両者を形の変化（transformation）の見地において統一的に把握することを可能にする。自然から歴史を考えるのでなく、歴史から自然を考えるのである。そこからして構想力の論理はまた、これまで数学的自然科学に対して不当に蔑視されてきた自然並びに文化に関する記述的科学にその正当な位置を与えることができるであろう。

ゲマインシャフト的文化が一般にそうであるように、東洋文化の理念も形であったと云うことができる。しかるにギリシアにおいては形が客観的に見られ、「概念」を意味するようになり、かくして近代科学と結合されるに至ったのに反し、東洋においては形は主体的に捉えられ、かくして象徴的なものと見られた。形あるものは形なきものの影であり、「形なき形」の思想においてその主体的な見方は徹底した。この思想は我々にとって重要である。形は形に対して形であり、それぞれの形は独立である、かような形の根底にあってそれらを結び付けるものは近代科学の理念とされる法則の如きもの、何等か客体的に捉えられ得るものでなく、却って形を超えた形、「形なき形」でなければならぬ。形は主観的なものと客観的なものとの統一であるといっても、構想力の論理はいわゆる主客合一の立場に立つのでなく、却って主観的・客観的なものを超えたところから考えられるのであり、かくして初めてそれは行為の論理、創造の論理であることができる。ただ東洋的論理が行為的直観の立場に立つといっても、要するに心境的なものに止まり、その技術は心の技術であり、現実に物に働き掛けて物の形を変じて新しい形を作るという実践に踏み出すことなく、結局観想に終り易い傾向を有することに注意しなければならぬ。ここにそれが科学及び物の技術の概念によって媒介される必要があるのである。

右の思想はもとより十分に展開されねばならぬ。私の研究はさしあたり現象学的であり、それも漸くその緒についたばかりである。私は先ず神話、制度、技術の三つのものを取りあげたが、私の目的はそれらを主として構想力の論理の見地から取扱うことであるから、独立の神話論、制度論、技術論としては不完全であることを免れない。私の目的から云っても、それらについてなお考うべき種々の問題があるであろうが、不備な点は論述の進むに従って補ってゆこうと思う。

一九三九年七月

東京に於て

三　木　　清

＊　この序は「構想力の論理　第一」（昭和十四年七月発行）に付されたものである。

技術哲学（抄）

第一章　技術の本質（抄）

第四節　道具と機械

発明の歴史は道具の歴史であるが、その歴史において最も著しい現象は、固有な意味における道具から機械への発展である。機械は広い意味では道具の一つであるが、全く特殊なものである。道具と機械との間には重要な差異があるのであって、同じに考えることは許されない。もとよりその間の発展を単に非連続的に見ることは正しくなく、道具というものにも既に機械の要素が含まれ、そのためにそれは器官から区別される、道具と機械との間には一面連続的な関係がある。道具から機械への、そして機械における発達を或る人は次のように定式化した。簡単な道具——道具の蓄積——組立てた道具——一つの組立てた道具を一個の原動機である人間の手で動かすこと――それらの道具を自然力で動かすこと――機械――ただ一個の原動機を有する機械体系――原動機の代りに自働装置を有する機械体系。機械は単に複雑な道具ではない。両者の間には質的な差異がある。この差異は如何なるものであろうか。

道具は根本的に人間の手に結び付けられている。道具はいわば手の延長である。そこで最初の道具は人間によって発明されたものでなく、むしろ自然のうちに発見されたものが人間の手に結び付けられることによってそのまま道具となった。例えば土地は人間が投げたり、摺ったり、圧しつけたりなどするに用いる石を供給した。人間は自然にあるがままの対象を自分の身体の器官に付け加え、かようにして身体の器官を延長した。自然のうちに与えられた対象はこの付加過程によって彼の道具となったのである。道具は人間の手の形や大いさや力の量などに従って作られ、道具にとっての動力は人間の身体にある。道具による作業はこれを使用する個人の力、熟練、敏速乃至確実さに依存している。手工業における中心的な事実はつねに個々の労働者であり、工業は鍛えられた個人の熟練、創意や勤勉を基礎として考えられる。道具は身体の部分に結び付けられている故に、その技術においては習慣が重要な意味をもっている。習慣はいわゆる第二の自然として道具並びにその技術を身体と有機的に結合するのである。その意味において道具の技術は単に機械的でなく、むしろ有機的であるということもできるであろう。道具の技術は人間と有機的に結合したものである故に、その技術には個性的なところが多く、従って道具によって作られたものは或る芸術的な味をもっている。

機械工業における最初の工夫は、職人が手と人間力によって為していたのと同じ運動を機械的手段によって為すことを工夫するということであった。それは、例えば最初の紡績工業においての如く、工人に同じ手の作業を何重にも為し得るようにするための工夫から出発した。或いはまたそれは、蒸汽力の初期においての如く、機械によって助けられない筋肉労働によって可能であったよりも一層大きな効果をもって与えられた作業を為し得るようにするための工夫から出発した。かようにしてその初期における機械は、進歩した道具のように考えられていた。それは労働者の力の到達範囲を拡大するもの、もしくは手の作業を容易にし或いは軽減するものと見られていた。即ち機械の目差すところは、それを手にする人間の労働の能率を高めるための「労働節約の工夫」であったのである。かようにして機械もその最初の段階においては人間的な見地から考えられていたということができるであろう。道具から機械への決定的な発展は簡単にいうと人間の手から独立になるということであった。

近代技術は基本的に機械技術である。その根本の原理は、ゾンバルトに依ると、「有機的なものの制限からの解放」ということである。近代技術のこの特徴はさしあたり人間という有機的自然の諸制限からの解放を意味している。かような解放は機械の如何なる構造によって可能であろうか。マタレに依ると、道具と機械との区別は、それぞれの技術的手段のこれを動かす力に対する関係が異る点に存している（Mataré, Die Arbeitsmittel: Maschine, Apparat, Werkzeug.）。道具は、これを動かす力を、単にそれに与えられたままの形で技術的対象に伝えるのであって、この力をなんら変形しない。その意味において道具は、これを動かす力に対して受動的であるということができる。もちろん道具も技術的対象に対しては能動的である。しかるに機械の場合、これを動かす力に対する関係においても能動的である。即ち機械は与えられたなまの力を有効力に変形し、異る性質のものにするのである。それは工業的生産の原料に対する関係に類似し、恰も工業的生産が原料を変形し加工するように、なまの力に対して加工を行うのである。かようにして一般に機械と称せられるものの特質は、人間によって考えられる或る一定の目的を達するために力の作用を計画的に変形することであり、その点でそれは道具から区別されるのである。この力の変形乃至加工という機械の特質は、作業機のみでなく動力機についても認められる。例えば蒸汽機関は、先ず蒸汽の四方に働く圧力を一方的の力即ちピストンを押す力に変形加工し、これを更に廻転力に変形加工するものである。ところで機械が道具と違って右のように与えられた力を加工し得るのは、機械がいわゆる機構 Mechanismus を有し、これを通じてその力を変形して技術的対象に伝えることに依るのである。その際機構とは何かというと、我々はこれを因果論と目的論との統一と規定することができるであろう。フォイクトはそれを自由可動的な運動に対する強制運動の概念をもって説明している（Voigt, Technische Oekonomik.）。彼に依ると、一つの物体の個々の点の運動についても、自由可動的な場合と強制運動的な場合とが区別される。即ち完全に自由可動的な場合というのは、一つの物体のすべての点が一つの全体（即ちその物体）を成しているけれども、個々の点の運動が他の点のそれに対して必ずしも一定の依存性を有しない場合である。これに反して一つの物体における個々の点の運動がその物体の他の諸点の運動に依存するときは次第に強制運動的となる。即ちその物体の中の或る一点が動くと他のすべての点がこれに伴って動く場合、これらの点の運動は依存的のものとなるが、その極端な場合として、その物体の特定の点をなす一定の運動に対し、他の諸点が唯一の途をとって運動するとき、これらの諸点の結合は動力学的に一義的であるといわれる。そして諸点がこのように結合されている物体が単純機構といわれるのである。この単純機構によって我々はその中の一点の運動を他の一点の特定の運動によって強制することができる。その際機構の諸点のうち先ず独立に動かされる点を加力点と呼び、この点の運動に依存して動き、しかも加力点の運動の技術的目的である運動をなす点を目的点と名付ける。ところで次に、一つの物体の目的点の運動は更に別個の物体、しかもその運動が同様に動力学的に一義的な物体に伝えることができる。その場合第一の物体の目的点は第二の物体の加力点と一致し、しかも第二の物体の目的点は今や第一の物体の加力点に依存する運動をなすに至る。なおこの第二の物体に対して第三の物体を同様の方法で結合することができ、更にこの方法を無限に繰り返すことができる。かようにして個々の物体を結合し、しかもそれらの結合されたものが一つの全体と見られ得るとき、この全体を我々は機構と称し、結合された物体の数によって二部分から成る機構、三部分から成る機構というように呼ぶ。更になお一つの機構は別個の機構に運動を伝え得べく、また一つの機構によって多くの機構に運動を伝えることも可能である。かようにして一点の運動は他の諸点の運動の目的に対する手段となり、機構の結合の複雑になるに従って、目的・手段の系列はいよいよ複雑なものになるのである。フォイクトはかくの如く機構というものを説明するのであるが、これを哲学的範疇に翻訳すると、機構は因果論と目的論との統一であるということになるであろう。機構はどこまでも機械論的なもの、因果論的なものであると同時に目的論的なもの、合目的的なものである。ところで道具が人間の手から一つの機構に移されるとき、ここに単なる道具に代って機械が現われる。この区別は人間自身が第一の原動機になっている場合にも直ちに認められるものである。人間が同時に使用し得る労働器具は彼の自然的生産器具である彼自身の身体器官によって制限されているのであるが、作業機（道具機）の出現はそれが具えている機構によってこの制限から彼を解放する。例えば紡績機械の如き作業機が登場すると、身体器官上の制限から解放されて一人の労働者によって同時に運転される道具の数が増加し、いわゆる同一過程の乗算が行われることになる。しかし一層高度に発達した近代機械は一般に種々の過程の秩序ある系列を体現しており、これによって嘗ては異る諸種類の道具を持つ多数の個々の個人もしくは個人の団体によって為されていた労働に機械的統一が与えられるようになる。道具の場合には人間がその手工的熟練に基いてこれを直接動かしたのに反し、機械の場合ではそれに属する道具を直接動かすものは機構である。機械の取扱に当る人間は、それを運転せしむべきか否かを決定しはするが、機械が如何に作用すべきかについてはただ極めて狭い限界内においてこれを決定するに過ぎない。近代的機械は自己指導性即ち自働性を目標としている。

かようにして道具から機械へ進化するに従って次第に人間から独立になる。機械産業における労働者の仕事は、その典型において、付添人或いは助手の仕事である。彼の労働は機械の過程を補足するのであって、これを使用するのでなく、むしろ反対に機械の過程が労働者を使用するのである。機械の考案の理想は自働的な機械である。機械技術における完成は、与えられた過程が手の労働を不必要とする程度に応じて達せられるのである。しかるに道具技術における完成は職人の手工の完成を意味している。ヴェブレンは、大産業における熟練工の機械の過程に対する関係は、一般的にいって、職人が彼の道具に対する関係よりも、原始的な牧者、羊飼とか搾乳婦が彼等の配慮のもとにある家畜に対する関係に類似する、と述べている（Veblen, The Instinct of Workmanship.）。即ちそれは道具の巧妙な使用であるよりも付添いの、促進の、熟練した干渉の仕事である。もちろん近代的工人は原始的な牧者と同じではない。厳密な科学を基礎とし複雑な機構を有する近代的機械を取扱う職工は正確な、精密な知識を身につけていなければならない。この点でまた機械技術の労働者は道具技術における職人とも異っている。後者の場合、知識によってよりも手の練習によって、直観的に、また習慣によって、その技術を体得するのである。道具技術が身体的な、個性的なものであるのに反し、機械技術は科学的な、一般的な知識を基礎にしている。

機械はもと人間の作るものでありながら人間から独立になる。人間の作るものが人間から独立になるという歴史の一般的法則は機械の場合において特に明瞭に認識されるであろう。技術はもと人間と環境とを媒介するものであるが、かような媒介者は第三のものとして独立でなければならぬ。独立なものであって真によく媒介し得るということは機械の場合において特に明瞭に理解されるであろう。機械は単に従来の手工労働を模倣し、従来の人間に依る労働に代るだけではなく、従来の人間労働によっては不十分にしか得られなかった効果を十分に齎し得るのであり、また従来人間の労働力によっては全く生産することのできなかった新しい生産物を生産し得るのである。かようにして機械の発達は生産力の増大となって人間生活の発展に大きな寄与をなした。その影響はいわゆる産業革命となって人間の社会生活に大きな変化を生じた。ところで人間生活の発展に役立ったものがやがてその桎梏に転化するというのは歴史の一般的法則である。人間生活を発達させた機械はやがて人間生活を圧迫するに至ったのである。そしてここに技術に関する重大な社会的並びに道徳的問題が生じたのである。そしてその時以来、技術の問題が問題として自覚され、一般的関心を喚び起すようになったのである。

第五節　科学と技術

近代技術は近代科学と密接に結び付いて発達した。ゾンバルトの言葉に依ると、近代技術は近代自然科学の双生児であり、両者は根本において同じ本質のものである（Sombart, Die Zähmung der Technik.）。即ちその根底にあるのは自然についての近代的見解であって、一方は理論的角度から、他方は実践的角度から見ているだけのことである。近代的自然観は自然から神性を奪い去ったが、近代技術は技術的思惟から人間性を奪い去った。機械は人間を離れてそれ自身独立な機構となったが、これは近代的自然観に相応するものである。かような精神に従って、近代技術はまた新しい道をとった。この新しい道は、ゾンバルトに依ると、生ける自然の制限からの解放ということである。即ち例えば以前は木材、皮革等が用いられていたのに対して、現在では鉄、石炭等が用いられるようになった。かような新しい科学と技術を生んだヨーロッパ的精神態度の特徴は、更にゾンバルトに依ると、理論と実践とは不可分であって、相交流し、相互に制約するということに存している。

科学が技術の基礎であることは言うまでもなく明瞭である。科学の発達なしには技術の発達はあり得ない。しかし他方科学の発達には技術の発達が必要である。望遠鏡とか顕微鏡とかの技術的発明を除いて近代科学の発達は考えられないであろう。さらに科学そのものが元来技術的要求から生れたものであるということができる。ベーコンが『ノヴァ・アトランティス』の中で夢みたアカデミーは、「それによって人間の支配の限界を拡げるために、事物の秘密の運動を探究する」ことを目的とした。マックス・シェーレルもいっているように、科学は「仕事の知識」であり、それはまた「支配の知識」であり、その根底には近代的な「権力思想」即ち自然を支配しようとする人間の意志があると見ることができるであろう。しかるにまたベーコンのいった如く、自然はそれに従うのでなければ支配されない。自然を支配するためには自然の客観的な法則を認識することが必要であり、技術はその認識を基礎として自然に働きかけこれを変化するのである。自然法則をどこまでも客観的に認識するために近代科学の用いた方法は実験である。実験の重要性を認識したという点においてまたレオナルド・ダ・ヴィンチは科学史上に先駆者的地位を占めている。彼の生涯の業績を特徴付けているものはアッシャーのいったようにその豊富な想像力と共にその実験的精神である。二つのものは必ずしも矛盾しないであろう。実験的精神は粗野な経験主義ではない。実験にはイデーが必要であり、実験は一定のイデーに基いて構想されるのである。実験することは経験に徴することであるが、この経験は単に経験的なものでなく、むしろカントの考えた如くそのうちに先験的なものが含まれる。実験する者は一定のイデーをもって自然に問い掛けるのであり、自然を彼の問に答えるように強要するのである。彼はただ単に受動的に観察するのでなく、却ってみずから現象を作ることによって現象を観察するのである。彼は経験を構成することによって経験する、単に見るのでなく、作ることによって見るのである。その意味において実験は一つの生産であり、その本質において技術の精神に通じている。実験者が一定のイデーに従って現象を生産することは、技術家が一定のイデーに従って物を生産するのに類似している。実験を根本的な方法とする近代科学は近代技術とその根底において同じ本質のものである。工場における技術的生産は大規模における実験であり、逆に研究室における実験は小規模における技術的生産であると見ることができる。近代科学の根本的な方法が実験であるということは、それがその根底において生産の立場に立つということ、従って技術と結び付いているということを示している。「単なる自然としての自然でなく、人間による自然の変化こそ、人間の思惟の最も本質的な、最も重要な基礎である。」作ることによって知るというのが近代科学の実験的精神にほかならぬ。

しかしながら科学と技術とは直接に同じであるのではない。両者は理論と実践というように対立し、対立しながら結び付いているのである。科学は自然の客観的な、一般的な法則を求める。そのためには科学は技術の実践的な立場を一旦否定し、純粋に理論的にならなければ

なければならない。そこには純粋に知識のために知識を求め、理論のために理論を求めるという態度がなければならない。これによって科学は客観的な法則の認識に到達し得るのである。しかも科学はこのように一旦実践的な立場を否定して純粋に理論的になることによって却ってよく実践と結び付き、実践に役立つことができるようにもなるのである。理論科学の発達によって技術の発達も可能になる。余りに技術的であっては却って技術も発達しない。単に応用をのみ求める者は却ってその目的を達することができないのである。科学は技術に対して自律的なところをもっている。そしてかように独立なものである故に科学は技術にとって媒介となり得るのである。

技術は科学を基礎とするが、単に科学でない。科学はむしろ技術の一つの要素に過ぎぬ。科学は技術の客観的契機である。これに対して技術の主観的契機として技術の目的がある。技術はそれら主観的なものと客観的なものとの綜合である。そこでまた技術における重要な論理的問題は目的論であるであろう。目的論は如何にして因果論と結合し得るか、そして目的論は如何にして客観的であり得るか、これが根本的な問題である。科学の求めるのは自然法則であるが、いまラシュリエは『帰納法の基礎』の中で、自然法則の概念は二つの区別される原理に基くと論じている（Lachelier, Du fondement de l'induction.）。その一つの原理は、それによって諸現象が系列を作り、この系列において先行のものの存在が後続のものの存在を決定する。他の一つの原理は、それによってこれらの系列がまた体系を形作り、この体系において全体のイデーが諸部分の存在を決定する。しかるに他の現象をこれに先行することによって決定する現象は運動原因と呼ばれるものであり、そしてその諸部分の存在を作り出す全体はカントに依ると目的原因である。かようにして帰納法の可能性は運動原因と目的原因との二重の原理に基いている、とラシュリエは考えたのである。もとより二つの原理が別々に自然のうちにあるわけではないであろう。従ってもし自然のうちにも因果論と目的論との統一があるとすれば、自然も技術的であるということができるであろう。カントも自然の技術というものを考えた。即ちカントに依ると、経験的法則は甚だ多様であり、それに合する自然の形態も極めて異質的である、けれども我々はそこに一個の体系を前提し、経験的法則の体系的連関を考える。かようにして判断力にとって特殊的なものを、同じく経験的な、しかし一層一般的なものに包摂してゆき、遂に最高の経験的法則及びそれに合する自然の形態に包摂するということが可能になる、かようにして特殊的な経験の堆積を経験の体系として考察するということが可能になる。そこに自然の合目的性が考えられるのであって、自然は技術的であるといわれるのである。体系は目的論的構造のものである。カントは他の場合、人間理性はその本性上建築的であるといい、「体系の技術」というものについて述べ、これによって知識は一つのイデーのもとに、全体と部分との必然的な関係において、建築的な統一に齎されると考えた。尤もカントに依ると、合目的性は、先験的原理であるにしても、因果の範疇の如く自然の成立の根拠になるものではなく、我々が自然を考察する仕方に関わり、規定的判断力ではなくて反省的判断力に属している。しかしながらラシュリエの考えたように目的原因に、運動原因と少くとも同等の権利が認められ、しかも経験的な実証科学の根本的な方法である帰納法の基礎として因果論と目的論との結合が考えられねばならぬとすれば、自然の技術というものにも実在的意味が認められるであろう。カントみずから次のようにいっている、因果論と目的論との二つの原理は「まさに同じ自然生産物の説明における我々の悟性の制限のために」調和しないけれども、超越的な、我々にとっては認識し得ないところの「自然の共通の最高原理」に従って、「自然が汎通的に二つの一般に調和する法則（物理的原因と目的原因）によって可能であるということは想定され得る、よし我々は如何にこれが行われるかの仕方は洞見し得ないにしても。」（Kant, Kritik der Urteilskraft. Ausgabe Kehrbach, S. 302, 304.）――シェリングは青年期の著作『哲学の原理としての自我に就いて』の中で、カントのこの箇所について「恐らく嘗てかくも僅かな頁にかくも多くの深い思想が圧縮されたことはない。」と述べ、そして彼は理論理性にとって目的論と機械論との合致するより高い原理を要求した。――それにしても、カントにおいては自然の技術も主として知識の立場から考えられた。しかるに技術そのものは何よりも行為の立場から、形成の立場から捉えられることを要求している。自然の技術というとき、自然は形成的であるのでなければならぬ。形成的ということは形の概念に関係している。自然の技術はカントのいう自然の諸形態を作り出すのである。技術はすべてこのように形のあるものを作り出す。機械の有する機構の如きも一つの形と見ることができる。形は因果論と目的論との綜合として形成されるのである。あらゆる現実的なものは形を具えている。我々が自然のうちに見出すのは一本の木、一茎の花という如く形を具えたものであるが、技術はこのように具体的なものを作り出すのである、技術は与えられたものの形を変じてこれに新しい形を与える。転形 transformation ということが技術の根本作用である。そしてそれはまた歴史の根本概念でもある。歴史はメタモルフォーゼである。技術的な自然は歴史的自然であり、人間の歴史も固より技術的に作られてゆく。我々の技術は歴史的世界における形成作用としてその転形に参与するのである。我々の直観に与えられているのは形の多様性における自然である。科学はかような自然の奥に探り入って、そこに一般的な法則を発見する。そして技術はかような科学的認識に基いて自然の物の如く具体的なものを作る。一旦自然から抽出された一般的な法則はここに再び具体的な形をとって自然の中に、歴史的自然の中に還るのである。

ところで技術は発明と模倣、生産と再生産である。自然の技術というとき、そこにやはりこの二重の作用が見出されるであろう。生物の種の如きも、主体の環境に対する適応として技術的に形成されたものであって、そこにすでに発明がある。そして種の繁殖はその模倣である。人間の技術においても単に発明だけが問題であるのではない。ひとたび発明が現われると、それは模倣される。「それを再生産する理想的な模倣者は、一人の個人的技芸家ではなく、技術家の全団体である。」「再生産の連続的に働く機構は、有機的世界において全体の種の繁殖によって表現されるそれに似ている。――この再生産の装置即ち技術家の総体の諸性質、その集合的な発明的天才、その勤勉、その技術的修業、等々は、有機体がおかれている生存諸条件の地位を代表している。」とデュ・ボア-レイモンは述べている（Du Bois-Reymond, Erfindung und Erfinder.）。発明と模倣は技術の法則であり、やがてまたタルドの考えた如く社会の法則であり、一層具体的に見ると歴史の法則である。発明は歴史の時間的側面を、模倣はその空間的側面を現わし、また前者はその個人的側面を、後者はその社会的側面を現わすと考えることができる。発明と模倣は自然の技術にとって及び人間の技術にとって原理である。人間の技術は自然の技術を継続するということができるであろう。「およそ技術は一方において自然が仕遂げ得ないことを完成し、他方において自然を模倣する、」とアリストテレスはいっている。自然は或る意味では技術の模範である。ハイデブレックの言葉に依ると、有機的自然はあらゆる技術の模範であり、到達し難い教師である。どのように感歎すべき創造物も、自然が限りなく精巧にそして完全に作り上げた諸過程の幼稚な、不器用なモデルに過ぎない。多くの技術家は彼等の創造にあたって自然の諸過程を意識的に模倣したのである。「技術的形成力のうちには無意識的にか潜在意識的にか自然の中で一般に作用している創造力の衝動が純粋に自然に、しかも特殊な仕方で現われる」とハイデブレックはいっている。自然の技術を継続する人間の技術はしかし単に自然を模倣するのでなく、また自然を完成するのである。技術は物をしてその本質を発揮させる。人間の技術は自然のうちにない新しい形、意味、価値を形成することによって文化と呼ばれるものを形成するのである。しかも自然の技術も人間の技術も歴史的世界の自己形成の要素或いは段階にほかならない。その根底に働いているのは形成的な構想力である。「根本においてまさに技術は単に科学でなく、却って直観から、形成的想像力 Gestaltende Phantasie から働く創造力である」(Heidebroek, Das Weltbild der Technik.)。技術の本質は形成である。技術的形成に或る直観的なところ、無意識的なところがあるのは、それが単に精神的なものでなく、却って直接に物質に触れて物質の中から形成するということに依るのである。

〔岩波講座『倫理学』第一〇冊、一九四一年初出。岩波書店より単行本『技術哲学』一九四二年刊〕

人生論ノート（抄）

死について

近頃私は死というものをそんなに恐しく思わなくなった。年齢のせいであろう。以前はあんなに死の恐怖について考え、また書いた私ではあるが。

思いがけなく来る通信に黒枠のものが次第に多くなる年齢に私も達したのである。この数年の間に私は一度ならず近親の死に会った。そして私はどんなに苦しんでいる病人にも死の瞬間には平和が来ることを目撃した。墓に詣《もう》でても、昔のように陰惨な気持になることがなくなり、墓場をフリードホーフ（平和の庭——但し語原学には関係がない）と呼ぶことが感覚的な実感をぴったり言い表わしていることを思うようになった。

私はあまり病気をしないのであるが、病床に横になった時には、不思議に心の落着きを覚えるのである。病気の場合のほか真実に心の落着きを感じることができないというのは、現代人の一つの顕著な特徴、すでに現代人に極めて特徴的な病気の一つである。

実際、今日の人間の多くはコンヴァレサンス（病気の恢復《かいふく》）としてしか健康を感じることができないのではなかろうか。これは青年の健康感とは違っている。恢復期の健康感は自覚的であり、不安定である。健康というのは元気な若者においてのように自分が健康であることを自覚しない状態であるとすれば、これは健康ということもできぬようなものである。すでにルネサンスにはそのような健康がなかった。ペトラルカなどが味わったのは病気恢復期の健康である。そこから生ずるリリシズムがルネサンス的人間を特徴付けている。だから古典を復興しようとしたルネサンスは古典的であったのではなく、むしろ浪漫的であったのである。新しい古典主義はその時代において新たに興《おこ》りつつあった科学の精神によってのみ可能であった。ルネサンスの古典主義者はラファエロでなくてリオナルド・ダ・ヴィンチであった。健康が恢復期の健康としてしか感じられないところに現代の根本的な抒情的、浪漫的性格がある。いまもし現代が新しいルネサンスであるとしたなら、そこから出てくる新しい古典主義の精神は如何なるものであろうか。

愛する者、親しい者の死ぬることが多くなるに従って、死の恐怖は反対に薄らいでゆくように思われる。生れてくる者よりも死んでいった者に一層近く自分を感じるということは、年齢の影響に依るであろう。三十代の者は四十代の者よりも二十代の者に、しかし四十代に入った者は三十代の者よりも五十代の者に、一層近く感じるであろう。四十歳をもって初老とすることは東洋の智慧を示している。それは単に身体の老衰を意味するのでなく、むしろ精神の老熟を意味している。この年齢に達した者にとっては死は慰めとしてさえ感じられることが可能になる。死の恐怖はつねに病的に、誇張して語られている、今も私の心を捉えて離さないパスカルにおいてさえも。真実は死の平和であり、この感覚は老熟した精神の健康の徴表である。どんな場合にも笑って死んでゆくという支那人は世界中で最も健康な国民であるのではないかと思う。ゲーテが定義したように、浪漫主義というのは一切の病的なもののことであり、古典主義というのは一切の健康なもののことであるとすれば、死の恐怖は浪漫的であり、死の平和は古典的であるということもできるであろう。死の平和が感じられるに至って初めて生のリアリズムに達するともいわれるであろう。支那人が世界のいずれの国民よりもリアリストであると考えられることにも意味がある。われ未だ生を知らず、いずくんぞ死を知らん、といった孔子の言葉も、この支那人の性格を背景にして実感がにじみ出てくるようである。パスカルはモンテーニュが死に対して無関心であるといって非難したが、私はモンテーニュを読んで、彼には何か東洋の智慧に近いものがあるのを感じる。最上の死は予め考えられなかった死である、と彼は書いている。支那人とフランス人との類似はともかく注目すべきことである。

死について考えることが無意味であるなどと私はいおうとしているのではない。死は観念である。そして観念らしい観念は死の立場から生れる、現実或いは生に対立して思想といわれるような思想はその立場から出てくるのである。生と死とを鋭い対立において見たヨーロッパ文化の地盤——そこにはキリスト教の深い影響がある——において思想というものが作られた。これに対して東洋には思想がないといわれるであろう。もちろん此処にも思想がなかったのではない、ただその思想というものの意味が違っている。西洋思想に対して東洋思想を主張しようとする場合、思想とは何かという認識論的問題から吟味してかかることが必要である。

私にとって死の恐怖は如何にして薄らいでいったか。自分の親しかった者と死別することが次第に多くなったためである。もし私が彼等と再会することができる——これは私の最大の希望である——とすれば、それは私の死においてのほか不可能であろう。仮に私が百万年生きながらえるとしても、私はこの世において再び彼等と会うことのないのを知っている。そのプロバビリティは零《ゼロ》である。私はもちろん私の死において彼等に会い得ることを確実には知っていない。しかしそのプロバビリティが零であるとは誰も断言し得ないであろう、死者の国から帰ってきた者はないのであるから。二つのプロバビリティを比較するとき、後者が前者よりも大きいという可能性は存在する。もし私がいずれかに賭けねばならぬとすれば、私は後者に賭けるのほかないであろう。

仮に誰も死なないものとする。そうすれば、俺だけは死んでみせるぞといって死を企てる者がきっと出てくるに違いないと思う。人間の虚栄心は死をも対象とすることができるまでに大きい。そのような人間が虚栄的であることは何人も直ちに理解して嘲笑するであろう。しかるに世の中にはこれに劣らぬ虚栄の出来事が多いことにひとは容易に気付かないのである。

執着する何ものもないといった虚無の心では人間はなかなか死ねないのではないか。執着するものがあるから死に切れないということは、執着するものがあるから死ねるということである。深く執着するものがある者は、死後自分の帰ってゆくべきところをもっている。それだから死に対する準備というのは、どこまでも執着するものを作るということである。私に真に愛するものがあるなら、そのことが私の永生を約束する。

死の問題は伝統の問題につながっている。死者が蘇りまた生きながらえることを信じないで、伝統を信じることができるであろうか。蘇りまた生きながらえるのは業績であって、作者ではないといわれるかも知れない。しかしながら作られたものが作るものよりも偉大であるということは可能であるか。原因は結果に少くとも等しいか、もしくはより大きいというのが、自然の法則であると考えられている。その人の作ったものが蘇りまた生きながらえるとすれば、その人自身が蘇りまた生きながらえる力をそれ以上にもっていないということが考えられ得るであろうか。もし我々がプラトンの不死よりも彼の作品の不滅を望むとすれば、それは我々の心の虚栄を語るものでなければならぬ。しんじつ我々は、我々の愛する者について、その者の永生より以上にその者の為したことが永続的であることを願うであろうか。

原因は少くとも結果に等しいというのは自然の法則であって、歴史においては逆に結果はつねに原因よりも大きいというのが法則であるといわれるかも知れない。もしそうであるとすれば、それは歴史のより優越な原因が我々自身でなくて我々を超えたものであるということを意味するのでなければならぬ。この我々を超えたものは、歴史において作られたものが蘇りまた生きながらえることを欲して、それを作るに与って原因であったものが蘇りまた生きながらえることは決して欲しないと考えられ得るであろうか。もしまた我々自身が過去のものを蘇らせ、生きながらえさせるのであるとすれば、かような力をもっている我々にとって作られたものよりも作るものを蘇らせ、生きながらえさせることが一層容易でないということが考えられ得るであろうか。

私はいま人間の不死を立証しようとも、或いはまた否定しようともするのではない。私のいおうと欲するのは、死者の生命を考えることは生者の生命を考えることよりも論理的に一層困難であることはあり得ないということである。死は観念である。それだから観念の力に頼って人生を生きようとするものは死の思想を摑むことから出発するのがつねである。すべての宗教がそうである。

伝統の問題は死者の生命の問題である。それは生きている者の生長の問題ではない。通俗の伝統主義の誤謬――この誤謬はしかしシェリングやヘーゲルの如きドイツの最大の哲学者でさえもが共にしている――は、すべてのものは過去から次第に生長してきたと考えることによって伝統主義を考えようとするところにある。かような根本において自然哲学的な見方からは絶対的な真理であろうとする伝統主義の意味は理解されることができぬ。伝統の意味が自分自身で自分自身の中から生成するもののうちに求められる限り、それは相対的なものに過ぎない。絶対的な伝統主義は、生けるものの生長の論理でなくて死せるものの生命の論理を基礎とするのである。過去は死に切ったものであり、それはすでに死であるという意味において、現在に生きているものにとって絶対的なものである。半ば生き半ば死んでいるかのように普通に漠然と表象されている過去は、生きている現在にとって絶対的なものであり得ない。過去は何よりもまず死せるものとして絶対的なものである。この絶対的なものは、ただ絶対的な死であるか、それとも絶対的な生命であるか。死せるものは今生きているもののように生長することもなければ老衰することもない。そこで死者の生命が信ぜられるならば、それは絶対的な生命でなければならぬ。この絶対的な生命は真理にほかならない。従って言い換えると、過去は真理であるか、それとも無であるか。伝統主義はまさにこの二者択一に対する我々の決意を要求しているのである。それは我々の中へ自然的に流れ込み、自然的に我々の生命の一部分になっていると考えられるような過去を問題にしているのではない。

かような伝統主義はいわゆる歴史主義とは厳密に区別されねばならぬ。歴史主義は進化主義と同様近代主義の一つであり、それ自身進化主義になることができる。かような伝統主義はキリスト教、特にその原罪説を背景にして考えると、容易に理解することができるわけであるが、もしそのような原罪の観念が存しないか或いは失われたとすれば如何であろう。すでにペトラルカの如きルネサンスのヒューマニストは原罪を原罪としてでなくむしろ病気として体験した。ニーチェはもちろん、ジイドの如き今日のヒューマニストにおいて見出されるのも、同様の意味における病気の体験である。病気の体験が原罪の体験に代ったところに近代主義の始と終がある。ヒューマニズムは罪の観念でなくて病気の観念から出発するのであろうか。罪と病気との差異は何処にあるのであろうか。罪は死であり、病気はなお生であるのか。死は観念であり、病気は経験であるのか。ともかく病気の観念から伝統主義を導き出すことは不可能である。それでは罪の観念の存しないといわれる東洋思想において、伝統主義というものは、そしてまたヒューマニズムというものは、如何なるものであろうか。問題は死の見方に関わっている。

習慣について

人生において或る意味では習慣がすべてである。というのはつまり、あらゆる生命あるものは形をもっている、生命とは形であるということができる、しかるに習慣はそれによって行為に形が出来てくるものである。もちろん習慣は単に空間的な形ではない。単に空間的な形は死んだものである。習慣はこれに反して生きた形であり、かようなものとして単に空間的なものでなく、空間的であると同時に時間的、時間的であると同時に空間的なもの、即ち弁証法的な形である。時間的に動いてゆくものが同時に空間的に止まっているというところに生命的な形が出来てくる。習慣は機械的なものでなくてどこまでも生命的なものである。それは形を作るという生命に内的な本質的な作用に属している。

普通に習慣は同じ行為を反覆することによって生ずると考えられている。けれども厳密にいうと、人間の行為において全く同一のものはないであろう。個々の行為にはつねに偶然的なところがある。我々の行為は偶然的な、自由なものである故に習慣も作られるのである。習慣は同じことの反覆の物理的な結果ではない。確定的なものは不確定なものから出てくる。個々の行為が偶然的であるから習慣も出来るのであって、習慣は多数の偶然的な行為のいわば統計的な規則性である。自然の法則も統計的な性質のものである限り、習慣は自然であるということができる。習慣が自然と考えられるように、自然も習慣である。ただ、習慣という場合、自然は具体的に形として見られなければならぬ。

模倣と習慣とは或る意味において相反するものであり、或る意味において一つのものである。模倣は特に外部のもの、新しいものの模倣として流行の原因であるといわれる。流行に対して習慣は伝統的なものであり、習慣を破るものは流行である。流行よりも容易に習慣を破り得るものはないであろう。しかし習慣もそれ自身一つの模倣である。それは内部のもの、旧いものの模倣である。習慣において自己は自己を模倣する。自己が自己を模倣するところから習慣が作られてくる。流行が横の模倣であるとすれば、習慣は縦の模倣である。ともかく習慣もすでに模倣である以上、習慣においても我々の一つの行為は他の行為に対して外部にあるものの如く独立でなければならぬ。習慣を単に連続的なものと考えることは誤《あやまり》である。非連続的なものが同時に連続的であり、連続的なものが同時に非連続的であるところに習慣は生ずる。つまり習慣は生命の法則を現わしている。

習慣と同じく流行も生命の一つの形式である。生命は形成作用であり、模倣は形成作用にとって一つの根本的な方法である。生命が形成作用（ビルドゥング）であるということは、それが教育（ビルドゥング）であることを意味している。教育に対する模倣の意義については古来しばしば語られている。その際、習慣が一つの模倣であることを考えると共に、流行がまた模倣としていかに大きな教育的価値をもっているかについて考えることが大切である。

流行が環境から規定されるように、習慣も環境から規定されている。習慣は主体の環境に対する作業的適応として生ずる。ただ、流行においては主体は環境に対してより多く受動的であるのに反して、習慣においてはより多く能動的である。習慣のこの力は形の力である。しかし流行が習慣を破り得るということは、その習慣の形が主体と環境との関係から生じた弁証法的なものであるためである。流行のこの力は、それが習慣と相反する方向のものであるということに基いている。流行は最大の適応力を有するといわれる人間に特徴的である。習慣が自然的なものであるのに対して、流行は知性的なものであるとさえ考えることができるであろう。

習慣は自己による自己の模倣として自己の自己に対する適応であると同時に、自己の環境に対する適応である。流行は環境の模倣として自己の環境に対する適応から生ずるものであるが、流行にも自己が自己を模倣するというところがあるであろう。我々が流行に従うのは、何か自己に媚びるものがあるからである。ただ、流行が形としては不安定であり、流行には形がないともいわれるのに対して、習慣は形として安定している。しかるに習慣が形として安定しているということは、習慣が技術であることを意味している。その形は技術的に出来てくるものである。ところが流行にはかような技術的な能動性が欠けている。

一つの情念を支配し得るのは理性でなくて他の情念であるといわれる。しかし実をいうと、習慣こそ情念を支配し得るものである。一つの情念を支配し得るのは理性でなくて他の情念であるといわれるような、その情念の力はどこにあるのであるか。それは単に情念のうちにあるのでなく、むしろ情念が習慣になっているところにある。私が恐れるのは彼の憎《にく》しみではなくて、私に対する彼の憎みが習慣になっているということである。習慣に形作られるのでなければ情念も力がない。一つの習慣は他の習慣を作ることによって破られる。習慣を支配し得るのは理性でなくて他の習慣である。言い換えると、一つの形を真に克服し得るものは他の形である。流行も習慣になるまでは不安定な力に過ぎない。情念はそれ自身としては形の具わらぬものであり、習慣に対する情念の無力もそこにある。一つの情念が他の情念を支配し得るのも、知性が加わることによって作られる秩序の力に基いている。情念は形の具わらぬものとして自然的なものと考えられる。情念に対する形の支配は自然に対する精神の支配である。習慣も形として単なる自然でなく、すでに精神である。

形を単に空間的な形としてしか、従って物質的な形としてしか表象し得ないというのは近代の機械的な悟性のことである。むしろ精神こそ形である。ギリシアの古典的哲学は物質は無限定な質料であって精神は形相であると考えた。現代の生の哲学は逆に精神的生命そのものを無限定な流動の如く考えている。この点において生の哲学も形に関する近代の機械的な考え方に影響されている。しかし精神を形相と考えたギリシア哲学は形相をなお空間的に表象した。東洋の伝統的文化は習慣の文化であるということができる。習慣が自然であるように、東洋文化の根底にあるのは或る自然である。また習慣が単なる自然でなく文化であるように、東洋的自然は同時に文化の意味をもっている。文化主義的な西洋において形が空間的に表象されたのに対して、自然主義的な東洋の文化は却って精神の真に精神的な形を追究した。しかしすでに形という以上、それは純粋な精神であることができるか。習慣が自然と見られるように、精神の形といっても同時に自然の意味がなければならぬ。習慣は単なる精神でも単なる身体でもない具体的な生命の内的な法則である。習慣は純粋に精神的といわれる活動のうちにも見出される自然的なものである。

思惟の範疇というものをヒュームが習慣から説明したのは、現代の認識論の批評するように、それほど笑うべきことであるかどうか、私は知らない。範疇の単に論理的な意味でなくてその存在論的な意味を考えようとする場合、それを習慣から説明するよりも一層適切に説明する仕方があるかどうか、私は知らない。ただその際、習慣を単なる経験から生ずるもののように考える機械的な見方を排することが必要である。経験論は機械論であることによって間違っている。経験の反覆ということは習慣の本質の説明にとってつねに不十分である。石はたとい百万遍同じ方向に同じ速度で投げられたにしてもそのために習慣を得ることがない、習慣は生命の内的な傾向に属している。経験論に反対する先験論は普通に、経験を習慣の影響の全くない感覚と同一視している。感覚を喚び起す作用のうちに現われる習慣から影響されないような知識の「内容」というものが存在するであろうか。習慣は思惟のうちにも作用する。

社会的習慣としての慣習が道徳であり、権威をもっているのは、単にそれが社会的なものであるということに依るのではなく、却ってそれが表現的なものとして形であることに基くのである。如何なる形もつねに超越的な意味をもっている。形を作るという生命に本質的な作用は生命に内在する超越的傾向を示している。しかし形を作ることは同時に生命が自己を否定することである。生命は形によって生き、形において死ぬる。生命は習慣によって生き、習慣において死ぬる。死は習慣の極限である。

習慣を自由になし得る者は人生において多くのことを為し得る。習慣は技術的なものである故に自由にすることができる。もとよりたいていの習慣は無意識的な技術であるが、これを意識的に技術的に自由にするところに道徳がある。修養というものはかような技術である。もし習慣がただ自然であるならば、習慣が道徳であるとはいい得ないであろう。すべての道徳には技術的なものがあるということを理解することが大切である。習慣は我々に最も手近かなもの、我々の力のうちにある手段である。

習慣が技術であるように、すべての技術は習慣的になることによって真に技術であることができる。どのような天才も習慣によるのでなければ何事も成就し得ない。

従来修養といわれるものは道具時代の社会における道徳的形成の方法である。この時代の社会は有機的で、限定されたものであった。しかるに今日では道具時代から機械時代に変り、我々の生活の環境も全く違ったものになっている。そのために道徳においても修養というものだけでは不十分になった。道具の技術に比して機械の技術は習慣に依存することが少く、知識に依存することが多いように、今日では道徳においても知識が特に重要になっているのである。しかしまた道徳は有機的な身体を離れ得るものでなく、そして知性のうちにも習慣が働くということに注意しなければならぬ。

デカダンスは情念の不定な過剰であるのではない。デカダンスは情念の特殊な習慣である。人間の行為が技術的であるところにデカダンスの根源がある。情念が習慣的になり、技術的になるところからデカダンスが生ずる。自然的な情念の爆発はむしろ習慣を破るものであり、デカダンスとは反対のものである。すべての習慣には何等かデカダンスの臭《におい》が感じられないであろうか。習慣によって我々が死ぬるというのは、習慣がデカダンスになるためであって、習慣が静止であるためではない。

習慣によって我々は自由になると共に習慣によって我々は束縛される。しかし習慣において恐るべきものは、それが我々を束縛することであるよりも、習慣のうちにデカダンスが含まれることである。

あのモラリストたちは世の中にいかに多くの奇怪な習慣が存在するかについてつねに語っている。そのことはいかに習慣がデカダンスに陥り易いかを示すものである。多くの奇怪な芸術が存在するように多くの奇怪な習慣が存在する。しかるにそのことはまた習慣が芸術と同様、構想力に属することを示すであろう。

習慣に対して流行はより知性的であるということができる。流行には同じようなデカダンスがないであろう。そこに流行の生命的価値がある。しかしながら流行そのものがデカダンスになる場合、それは最も恐るべきものである。流行は不安定で、それを支える形というものがないから。流行は直接に虚無につらなる故に、そのデカダンスには底がない。

人間の条件について

どんな方法でもよい、自己を集中しようとすればするほど、私は自己が何かの上に浮いているように感じる。いったい何の上にであろうか。虚無の上にというのほかない。自己は虚無の中の一つの点である。この点は限りなく縮小されることができる。しかしそれはどんなに小さくなっても、自己がその中に浮き上っている虚無と一つのものではない。生命は虚無でなく、虚無はむしろ人間の条件である。けれどもこの条件は、恰も一つの波、一つの泡沫でさえもが、海というものを離れて考えられないように、それなしには人間が考えられぬものである。人生は泡沫の如しという思想は、その泡沫の条件としての波、そして海を考えない場合、間違っている。しかしまた泡沫や波が海と一つのものであるように、人間もその条件であるところの虚無と一つのものである。生命とは虚無を搔き集める力である。それは虚無からの形成力である。虚無を搔き集めて形作られたものは虚無ではない。虚無と人間とは死と生とのように異っている。しかし虚無は人間の条件である。

人間の条件として他の無数のものが考えられるであろう。例えば、この室、この机、この書物、或いはこの書物が与える知識、またこの家の庭、全体の自然、或いは家族、そして全体の社会……世界。このいくつかの言葉で表わされたものは更に無数の要素に分解することができる。それら無数の要素は互に関係している。また人間というものも、その身体も、その精神も、それらの要素と同じ秩序のものに限りなく分解することが可能である。そして一つの細胞にとって他のすべての細胞は条件であり、一つの心象にとって他のすべての心象は条件である。これらの条件は他のあらゆる条件と関係している。かようにどこまでも分解を進めてゆくならば、条件以外に何等か人間そのものを発見することは不可能であるように思われる。私は自己が世界の要素と同じ要素に分解されてしまうのを見る。しかしながらそれにも拘らず私が世界と異る或るものとして存在することは確かである。人間と人間の条件とはどこまでも異っている。このことは如何にして可能であろうか。

物が人間の条件であるというのは、それが虚無の中において初めてそのような物として顕われるということに依ってである。言い換えると、世界——それを無限に大きく考えるにせよ、無限に小さく考えるにせよ——が人間の条件であることにとって虚無はそのアプリオリである。虚無という人間の根本的条件に制約されたものとして、それ自身虚無に帰し得るもの、いな、虚無であるものとして、世界の物は人間の条件である。かようにして初めて、人間は世界と同じ要素に、それらの要素の関係に、限りなく分解され得るにしても、人間と世界との間に、人間と人間の条件との間に、どこまでも区別が存在し得るのである。虚無が人間の条件の条件でないならば、如何にして私の自己は世界の要素と根本的に区別される或るものであり得るであろうか。

虚無が人間の条件或いは人間の条件であるものの条件であるところから、人生は形成であるということが従ってくる。自己は形成力であり、人間は形成されたものであるというのみではない、世界も形成されたものとして初めて人間的生命にとって現実的に環境の意味をもつことができるのである。生命はみずから形として外に形を作り、物に形を与えることによって自己に形を与える。かような形成は人間の条件が虚無であることによって可能である。

世界は要素に分解され、人間もこの要素的世界のうちへ分解され、そして要素と要素との間には関係が認められ、要素そのものも関係に分解されてしまうことができるであろう。この関係はいくつかの法則において定式化することができるであろう。しかしかような世界においては生命は成立することができない。何故であるか。生命は抽象的な法則でなく、単なる関係でも、関係の和でも積でもなく、生命は形であり、しかるにかような世界においては形というものは考えられないからである。形成は何処か他のところから、即ち虚無から考えられねばならぬ。形成はつねに虚無からの形成である。形の成立も、形と形との関係も、形から形への変化もただ虚無を根底として理解することができる。そこに形というものの本質的な特徴がある。

古代は実体概念によって思考し、近代は関係概念或いは機能概念（函数概念）によって思考した。新しい思考は形の思考でなければならぬ。形は単なる実体でなく、単なる関係乃至機能でもない。形はいわば両者の綜合である。関係概念と実体概念とが一つであり、実体概念と機能概念とが一つであるところに形が考えられる。

以前の人間は限定された世界のうちに生活していた。その住む地域は端から端まで見通しのできるものであった。その用いる道具は何処の何某が作ったものであり、その技倆はどれほどのものであるかが分っていた。また彼が得る報道や知識にしても、何処の何某から出たものであり、その人がどれほど信用のできる男であるかが知られていた。このように彼の生活条件、彼の環境が限定されたものであったところから、従って形の見えるものであったところから、人間自身も、その精神においても、その表情においても、その風貌においても、はっきりした形のあるものであった。つまり以前の人間には性格があった。

しかるに今日の人間の条件は異っている。現代人は無限定な世界に住んでいる。私は私の使っている道具が何処の何某の作ったものであるかを知らないし、私が拠り所にしている報道や知識も何処の何某から出たものであるかを知らない。すべてがアノニム（無名）のものであるというのみでない。すべてがアモルフ（無定形）のものである。かような生活条件のうちに生きるものとして現代人自身も無名な、無定形なものとなり、無性格なものとなっている。

ところで現代人の世界がかように無限定なものであるのは、実は、それが最も限定された結果として生じたことである。交通の発達によって世界の隅々まで互に関係付けられている。私は見えない無数のものに繋がれている。孤立したものは無数の関係に入ることによって極めてよく限定されたものとなった。実体的なものは関係に分解されることによって最も厳密に限定されたものとなった。この限定された世界に対して以前の世界がむしろ無限定であるといわねばならぬであろう。しかしながらそれにも拘らず今日の世界は無限定である、関係的乃至函数的には限定されているにしても、或いはむしろそのように限定され尽した結果、形としては却って無限定なものになっている。この無限定が実は特定の限定の仕方の発達した結果生じたものであるところに、現代人の無性格といわれるものの特殊な複雑さがある。

今日の人間の最大の問題は、かように形のないものから如何にして形を作るかということである。この問題は内在的な立場においては解決されない。なぜならこの無定形な状態は限定の発達し尽した結果生じたものであるから。そこに現代のあらゆる超越的な考え方の意義がある。形成は虚無からの形成、科学を超えた芸術的ともいうべき形成でなければならぬ。一種芸術的な世界観、しかも観照的でなくて形成的な世界観が支配的になるに至るまでは、現代には救済がないといえるかも知れない。

現代の混乱といわれるものにおいて、あらゆるものが混合しつつある。対立するものが綜合されてゆくというよりもむしろ対立するものが混合されてゆくというのが実際に近い。この混合から新しい形が出てくるであろう。形の生成は綜合の弁証法であるよりも混合の弁証法である。私のいう構想力の論理は混合の弁証法として特徴付けられねばならぬであろう。混合は不定なものの結合であり、その不定なものの不定性の根拠は虚無の存在である。あらゆるものは虚無においてあり、且つそれぞれ特殊的に虚無を抱いているところから混合が考えられる。虚無は一般的な存在を有するのみでなく、それぞれにおいて特殊的な存在を有する。混合の弁証法は虚無からの形成でなければならぬ。カオスからコスモスへの生成を説いた古代人の哲学には深い真理が含まれている。重要なのはその意味をどこまでも主体的に把握することである。

〔『人生論ノート』創元社、一九四一年刊。初出はそれぞれ『文學界』一九三八年六月（原題「死と伝統」）、一九三九年一月、一九三九年八月（原題「人間の条件」）。〕

Ⅳ　哲学と政治、もしくは行為的直観のゆくえ

ハイデッガーと哲学の運命

少し以前アンドレ・ジイドのソヴェートへの転向が文壇の一話題となった。ところが今度はマルチン・ハイデッガーのナチス入党が報道された。この事件については既に先日東京朝日新聞において田辺元博士がその批判を書かれている。それからもう一つ、——伝えられるところによると、カール・バルトは同じナチスによって大学から追放され、抗議をたたきつけたということである。ジイド、ハイデッガー、バルトと云えば、ともかく現代の文学、哲学、神学の世界における立物〔ママ〕であり、また彼等の思想のうちに或る共通なもののあることは他の場合に述べた通りであるが、それが愈々《いよいよ》社会的に三人三様の態度をとって現われるようになったということは、興味深いことである。固《もと》よりそれは単に外面的な出来事とのみ見らるべきでなく、彼等三人の性格もしくは思想的傾向に含まれる内的な差異を示すものである。私はまたそこに現代思想の行方について或る暗示が与えられているようにも思う。

ハイデッガーの哲学とナチスの政治とは如何にして内面的に結び付き得るか。この問に答えるに困難を感じた人は、あのニイチェを媒介にして考えてみるがよい。ハイデッガーとニイチェとの間に如何に密接な関連があるか、如何に多くのものを前者が後者から取って来ているかは、二人の書物を取り出して多少詳しく読めば誰にも気付かれることである。ジイドとニイチェとの関係もさることながら、ニイチェとハイデッガーとの類似にはまことに顕著なものがある。ニイチェは現代の不安の思想に深い影響を及ぼした。そしてハイデッガーの哲学にもまさにそのような方面のあることは疑われない。然るにニイチェは、かくの如きいわばドストイェフスキー乃至キェルケゴール的一面を有すると共に、他面において超人の伝道者であり、貴族主義者、英雄主義者であり、戦争の或る讃美者であり、熱烈な愛国主義者ですらあった。我々は今やナチスの教授ハイデッガーにおいてニイチェのこの後の一面が強調されて現われて来たものと見ることができる。ハイデッガーの哲学者としての独創性についてはいろいろ議論があろう。彼の哲学の専門学術的価値はともかくも、現代というものに対する関係について云えば、彼の意義は殆ど凡てニイチェにおいて既に尽されていると云っても誇張ではないと思う。

ハイデッガーとニイチェとの関係を全面的に取扱うことは、他の機会に譲らねばならぬ。ここで私はただ最近到着したひとつの小冊子、即ちハイデッガーがナチスに入党して後フライブルク大学総長に就任した際（一九三三年五月二七日）における就任演説『ドイツ大学の自己主張』の一節を取り上げて、彼とニイチェとの関係を考えてみよう。

ハイデッガーは云う、ドイツ大学の本質への意志は科学の本質への意志である。然るに科学の本質は――「新しい科学概念」を問題にして――単にその独立性や無前提性を争っていたのではその最も内的な必然性において知られない。我々にして科学の本質を捉えようとするならば、我々は先ず次の如き決定的な問題に面接せねばならぬ、――科学は今後も我々にとってなお存在すべきであるか、それとも我々は科学をして速《すみやか》に終を遂げしむべきであるか。科学が一般に存在すべきであるということは、なんら絶対に必然的なことでではない。然し、もし科学が存在すべきであり、且つそれが我々にとってまた我々によって存在すべきであるならば、如何なる条件のもとにその場合それは真に存立し得るのであるか。唯、我々が我々を再び我々の精神的、歴史的生存の「端初」の力のもとにおく場合においてのみである。この端初とはギリシア哲学の発現である。そこに西洋的人間は一の民族性からその言語によって初めて存在者の全体に向って起ち、そしてそれを存在者そのものとして問い且つ捉えた。凡ての科学は哲学であり、さもなければ科学でない。凡ての科学はつねに哲学のかの端初に縛り付けられている。この端初からそれはその本質の力を汲み取るのである。

ここに科学の根源的なギリシア的な本質の二つの著しい性質を我々の生存のために取り戻そうと思う、とハイデッガーは続けて云っている。ギリシア人の間ではプロメテウスが最初の哲学者であったという古い伝説が行われた。このプロメテウスをして、アイスキュロスは、知識の本質を現わすひとつの格言を語らしめた。「ところで知識は必然よりも遥かに無力なものである」と。この言葉は、事物に関するあらゆる知識はつねに何よりも運命の圧倒的な力に委ねられており、その前には無力であるということを意味する。まさしくそれ故に知識はその最高の反抗を展開し、この反抗に対し初めて存在者の隠蔽性の全き力は現われるのである。かようにして恰も存在者はその測り難く動かし難き性質において開示され、知識にその真理性を賦与する。知識の創造的な無力についてのこの格言は、ひとが「理論的」態度という、純粋に自分自身によって立ちそしてその際自己を忘れた知識にとっての模範が彼等の間に見出されるとあまりに簡単に考えているギリシア人の言葉なのである。ギリシア人にとって「理論」(テオリア)とは何であるか。ひとはギリシア人を担ぎ出して、理論とは純粋な観照であり、それ自身のために行わるべきものである、と云う。けれどもそれは理由なきことである。なぜならギリシア人にとっては先ず「理論」はそれ自身のために行われるのでなく、却て専ら、存在者そのものに近く且つそれの圧迫のもとに留まろうとする情熱において行われるのである。然るに次にギリシア人はまさに、このような理論的な問を人間の活動(エネルゲイア)のひとつの、いな実に最高の仕方として把握し且つ実行せんがために戦った。彼等は理論そのものを純なる実践の最高の実現として理解しようとした。ギリシア人にとっては科学は一の「文化財」というが如きものでなく、却て全体の民族的、国家的生存を最も内的に規定する中心であった。このようにして、科学とは絶えず自己を隠す存在者の全体の真中における問の固持である。この執拗なる行為はそのとき運命の前における自己の無力について知る。

かくの如きが科学の端初的本質である。然しながら人間的活動の進歩は科学をも変化させなかったのであるか。たしかに、その後のキリスト教的・神学的世界解釈並びに近代の数学的・技術的思惟は科学を時間的及び内容的にその端初から遠ざからせた。けれどもそれによって端初そのものは決して克服されもせず、破滅させられもしなかった。蓋し、根源的なギリシア的科学が或る偉大なものであるとすれば、この偉大なものの端初はその最も偉大なものである筈である。端初はなお在る。それはとっくの昔から在ったものとして我々の後に横たわるのでなく、却てそれは我々の前に立っているのである。端初は最も偉大なものとして一切の来たるべきものを越えて、従ってまた我々を越えて既に先に行っているのである。端初は我々の未来に立ち、我々がそれに追付いて手に収めることを我々の上に命じている。我々がこの遠方からの命令に応じて、端初の偉大さを取り戻す場合にのみ、科学は我々にとって生存の最も内的な必然となる。

ところで我々自身の生存そのものがひとつの大きな変化の前に立っているとすれば、そして熱情的に神を求めた最後のドイツの哲学者ニイチェが云ったこと、即ち「神は死んだ」ということが真であるとすれば、存在者の真中において今日の人間がこのように見棄てられているということを真面目に考えねばならぬとすれば、そのとき科学は如何なる情況にあるのであろうか。

そのとき存在者の前に最初ギリシア人が驚異しつつ立ち続けたということは、隠されたるもの、不確実なるもの、言い換えれば問わるべきもののうちに全く覆われることなく、曝《さら》されて在るということに変化する。問はそのときもはや単に知識としての答に対するところの克服し得る前階でなく、却て問そのものが知識の最高の形態となる。問はそのとき一切の事物の本質的なものを開示するその最も固有な力を展開する。問はそのとき避け難きものに対して単純にひたすら眼を向けるように強制する。我々が存在者の全体の不確実性の真中に問いつつ覆われることなく踏み留るという意味における科学の本質を欲するならば、そのときこの本質意志は我々の民族にとってその真の精神的世界を作るのである。一民族の精神的世界というのは文化の上層建築でなく、応用することのできる諸知識や諸価値のための倉庫の如きものでもなく、却てそれはその民族の生存の最も内面的な活動と最も広き運動の力たる、その地と血に根差す諸力の最も深き維持の力である。この精神的世界のみが民族に偉大さを保証する。

これがハイデッガーの演説において哲学的に見て最も内容的な部分の要旨である。この演説は、「凡て大いなるものは危険を有する」という句を、プラトンのポリテイアの中から引用することをもって結ばれている。ところで、もし我々が右の如き内容の文章をニイチェ哲学の解説書中に見出したとしても、我々は多分それに殆ど不審を感じないであろう。それほどニイチェとの類似は著しい。そこに言い表わされているところは根本においてニイチェのあの「運命の愛」の思想と相通ずる。運命の前に、存在するものの測り難き深さの前に人間の無力を思うということは、この場合例えばあのゲーテの「あきらめ」とは全く性質を異にしている。運命の愛は、ニイチェにおいてまさに「超人」の内容であり、それはまた「権力への意志」と結び付いていた。超人のミュトスはニイチェにおいて人間の力からというよりも、反対に、あの無の、運命の力から生れたものであった。また超人は実践する者であるよりも「認識する者」であり、寧ろその場合認識することが最高の実践の意味をもっている。認識の意味についてのハイデッガーの考え方にもニイチェと共通するところがある。そしてニイチェの運命の愛の思想が彼のギリシア解釈と極めて深い関係のあることは既に屢々云われている。

ギリシアへの、あの「端初」へのつながりを求めることにおいてニイチェは全く情熱的であったが、この点においてもハイデッガーはニイチェに追随する者と見られよう。『悲劇の出生』その他におけるニイチェのギリシア解釈の特色は、ヴィンケルマンによって定式化され、そしてゲーテの古典主義を方向付けたようなギリシア解釈に対して、いわゆるディオニソス的なものを強調することであった。かかる解釈においてハイデッガーはニイチェと同じ方向をとっている。運命の愛にいう愛は、キリスト教的なアガペ――それは神と隣人とに向う――でもなく、プラトン的なエロス――それはイデアに、ロゴス的なものに向う――でもなく、却てパトス的なものの、従ってまたディオニソス的なものの熱情的な肯定である。ギリシア人が人間の本質規定としたロゴスは、ハイデッガーによって、言語学者として出発したニイチェによってと同じく、単に言葉として解釈された。ニイチェによれば、アポロ的なものは彫刻の原理であり、ディオニソス的なものは音楽の原理である。世界において最も音楽的な国民と云われるドイツ人が、ディオニソス的ギリシアに対して最も親和的に感じるのも偶然のことではない。

然しながら我々は同時にギリシアにおける最も輝しき芸術が彫刻であるということをも忘るべきではなかろう。ドイツ人はよく自分達のみがギリシア文化の継承者であるかのように吹聴する。けれどもギリシア人の彫刻的な明朗性と限定性とを、その本性、その思惟に具えているのは却て、特にフランス人であろう。ギリシア人のイデア的思考の本来の直観性はフランス的思考のうちに最もよく生かされているであろう。ギリシア人のうちには固よりパトス的なものの全く深い意識があり、それを見逃すことはできない。彼等の文化の古典的完成はかかるパトス的なものとロゴス的なものとの幸福な結合によって生じたのであって、それがまたゲーテにおける古典主義の内容でもある。ギリシア古典主義の最高峯を現わすのはプラトンであるが、然るにニイチェはソクラテス以前の哲学者において哲学者の純粋なタイプを見、あの神の如きプラトンをすら単に「混合的性格」に過ぎないと考えた。彼のいうディオニソス的なものとアポロ的なものとがギリシア的範囲において最高の統一に達したのは、ギリシア悲劇においてよりも、寧ろエロスに担われ、ミュトスを奥に含むプラトンのロゴス哲学、そのイデア説においてであったのである。

ジイドはニイチェに影響されはしたが、然し彼のうちにはもともと古典主義への、ゲーテへの本質的な希求がある。ハイデッガーはニイチェからキェルケゴールに近づき、そしてその自然の道として、キェルケゴールに結び付くところのバルトの弁証法的神学の如き方向に進むかのようにも見えたが、彼は今や再び逆転してニイチェに、運命の愛と超人のミュトスを説いたニイチェに還って行った。尤も彼の叫びのうちに神を待つ者の声がかすかに響いて来ないでもない。

ハイデッガーはドイツの国民主義的統一の原理を、血と地と運命とに、凡てパトス的なものに求めるようである。客観的原理は何も示されていない。ニイチェによれば、ディオニソス的なものは「個別化の原理」を否定し、根源的一者の統一である。「ディオニソス的なものの魔力のもとに単に人間と人間との間の結合が再び結ばれるのみでない、疎外された、敵対的な或は圧制された自然もまた再びその失われたる子供、人間との和解の祭を祝うのである。」(ニイチェ)。民族と云えば、普通にその基礎として血とか地とかいうものが考えられているが、その場合血や地は単に客観的自然的なものとしてでなく、却て意識的乃至無意識的に何等か主体的・自然的なものとして、従ってパトス的なものとして理解されているのがつねである。民族は運命共同体として規定され得るであろう。然るに運命とはかの無であり、無の意識にほかならない。ナチスのディオニソス的舞踏は何処に向って進もうとするのであるか。ロゴスの力を、理性の権利を回復せよ。

ハイデッガーはニイチェのうちに没した。ニイチェの徹底的な理解と、批判と、克服とは、現代哲学にとってひとの想像するよりも遙かに重要な課題である。

〔初出は第一書房発行の雑誌『セルパン』一九三三年一一月号。『人間学的文学論』改造社、一九三四年所収〕

時代と道徳（抄）

政治の過剰

一法律学者〔美濃部達吉〕の学説が政治問題化した。私は法律学上のことを論ずる資格を有しないが、仮りにその学説が間違っているにしても、そのためにその人が曲学者、非国民であるかの如く云うのは、いかがであろうか。そこにすでに政治の過剰が見られ、かかる政治の過剰が思想の悪化の一原因となっていはしないかと疑われるのである。すべては政治化する。これが現代の特徴である。単に一法律学説のみではない、経済学説も、社会学説も、哲学説も、文学や芸術も、政治化する傾向を有し、また政治化しているのが現代である。かような現象の原因が根本的に究明さるべき場合、徒《いたず》らにかような現象に追随して政治の過剰を惹き起すことは危険である。

一定の思想に基いて政治的に他の学説を非難し圧迫しようとするとき、それは単に政治的問題に留まり得るものではない。他を政治的に問題にすることによって、自己が学問的に問題にされる立場におかれるということに注意しなければならぬ。論者は政治的権力によって他に沈黙を命令し得るかも知れない。しかし同時に自己が、欲すると欲せざるとに拘らず、問題の拠って立つ論理上及び方法論上の諸法則の前に引出されることになるのである。

かようにして中世の終り、近世の初めにおいて、キリスト教神学は新しい科学的思想を非難し圧迫すればするほど、却って自己が科学的に批判される傾向を激成したのであった。それは西洋のこと、過去のことであると云ってはならぬ。比較はすべての学問研究に要求される一法則である。

「命令的な人間は、いかに彼等が自分たちの神に仕えているると信じているにしても、自分たちの神に対してもまた命令するであろう」、とニーチェは書いている。

政治家は事件を好みがちである。ちょうど医者が病気を好むように。病気をなくすることを目的とする医者が病気を好むように、事件を少くすることを目的とすべき政治家は事件を好む。政治家は事件によって思考するという習性を持っている。それだから政治が過剰になると、国民は神経質にされ、事件によって刺戟されることを求めるようになる。さなくとも今日のような社会的不安の時期においては、その不安の心理からとかく事件が期待されがちだ。物を不必要に政治問題化することでなく、寧ろ政治の過剰の除かれることが望ましい。

政治の過剰は政治的思考の充実を示すものでなく、反対に政治の科学性の没却、政治哲学の貧困を語るものである。（『読売新聞』夕刊「一日一題」一九三五年三月十九日）

標語の力

標語がどのような力を有するかは、今日誰でも知っている。靴屋も、洋服屋も、理髪屋も、みな何か新しい標語を掲げて人の心を引こうと努力している世の中だ。うまい標語が掲げてあると、その言葉の力で、ついその方へ引かれてゆくというのが我々の心理である。とりわけ政治は多くの点でこのような人間心理を利用している。

人間は政治的動物と定義され、また言葉を有する動物と定義される。かくの如き人間の特徴を最も鋭く現わしているものは標語であろう。政治的動物は標語を有する動物である。

標語は政治的な言葉である。ということは、それはつねに或る意図を含んだ政策的な言葉であり、その意図を正確に観て取ることが大切だということである。言葉は或る魔術的なものを有するが、言葉の魔術性は標語において発揮される。ということは、標語の魅力に盲目的に従うのは屢々甚だ危険だということである。

例えば、西洋文明は物質文明であるという言葉は、標語的に繰返されている。なるほど科学は西洋で発達したものである。しかし科学文明と物質文明とは必ずしも同一でない。

西洋文明を科学文明と云わないで物質文明と云うところにこの標語の魔術性がある。科学の発達には大なる精神的力が要求されるのみでなく、そのほか西洋にもすぐれた精神的文化が存在する。もし西洋文明を物質文明と称するならば、それは却って従来日本が西洋文化のうちただその科学文明の輸入にのみ力を注いできたということを現わしている。即ち物質的であったのは却ってこちらの態度である。明治以来の政府は、自然科学の方面は奨励したが、精神的文化の発達のためには殆ど何等積極的な努力をなさなかった。これでは綱紀粛正の標語を掲げた内閣がみずから綱紀問題で倒れるのと同じような結果にならぬとも限らない。

非常時という標語が掲げられてから既に久しく、人心の倦怠を伝えられている。しかし我々の必要とするのはただ別の標語ではない。すべてが政治化する今日のような時代はまた既に標語過剰の時代である。学問上の問題ですらもが単なる標語によって置換えられ、判断されるという状態である。標語に引かれて国民が分析と批判の力をなくすることの危険であるのは云うまでもなく、またあまりに多くの標語は、あまりに長く続く雄弁と同様、却って我々を倦怠せしめ、無関心ならしめるものである。もとより政治と実践は標語を必要とする。過剰な標語を一掃して明朗な大衆的魅力を有する標語を掲げることが大切であろう。

（一九三五年）四月二十三日）

原因と結果

最近非常な歓迎を受けたのは小原《おばら》〔直《なおし》〕法相の似而非《えせ》愛国主義者に対する取締についての演説である。私も法相の言明に大いに敬意を表するものであるが、同時にそのような似而非者流の輩出するに至った原因を考えてみることが必要であろうと思う。

いったい愛国心を持っておらぬ人間は先ずないと云ってもよいので、もし自分には愛国心がないと云う者があれば、虚勢を張っているに過ぎぬと考えて間違いないほどである。自分の国のことをいろいろ批評する者も、根本において自分の国を愛しておればこそ批評するのであって、もし何の愛もなければ批評する興味すら起らないであろう。しかるに自分の国のことを批評する者は愛国者でないかの如く非難されるとすれば、それは言論の自由が認めらるべきものでないという前提の下においてでなければならぬ。言い換えると、似而非愛国主義者の出たために言論が圧迫されたというのみでなく、寧ろ言論の圧迫があったために似而非愛国主義者も生じ得たのである。言論にもっと自由が認められていたならば、そのような似而非者流の輩出する筈もなかったであろう。

また似而非者流の出てくるということは、偏狭な道徳主義乃至精神主義の弊害の現われでもある。金持は自分は金を持っているとは滅多に云わぬものだが、狭隘《きょうあい》な精神主義の存する場合、ひとは誰でもが持っているものを自分だけが持っているかの如く称したがるものである。そしてそのように自称することが更に政治的意義を有し得る場合、なるべく早く名乗る者が勝つというのが政界の常道であるので、似而非者流も生じ易い。似而非者流をなくするには偏狭な道徳主義乃至精神主義に陥らないように、国民に科学的な或いは哲学的な見方を教えることが必要である。客観的真理と主観的信念とが必ずしもつねに一致するものでない限り、主観的に純真でありさえすれば足りるとは云い得ないのである。

道徳主義者において屢々見られる欠点は、猜疑心が強いことである。これは彼等のいう道徳が歴史的現実から離れて主観的なものとなっている証拠である。精神教育を盛んにするのも結構であるが、愛国心の如き事柄について国民が互いに猜疑するというような結果に陥らぬ、偏狭な主観的なものでないことに留意しなければならぬ。

論語に「三人行必有㆓我師㆒焉」という句がある。どんな人の行いでも、自分の手本とならぬものはないという意味である。それのみでない、どんな人も他の師であるかのように振舞いたがるというのが人間普通の心理である。言い換えると、人間はとかく説教したがるものだ。愛国主義者もその例だが、かかる人情を抑制することがまた人間にとって大きな修養である。尤も説教心が人間に具《そなわ》っているのは、各人いずれも何かすぐれたものを持っている兆しであるとも見られ得る。他人に説教するのもよかろう、ただ他人の説教も大いに聴くことを忘れてはならぬ。

（〔一九三五年〕五月七日）

「汝自身を知れ」

「汝自身を知れ」という言葉は、哲人ソクラテスの名と結び付いて世界的になった標語である。これほど古い起原と同時に普遍性を有する標語はないであろう。今日我が国において、西洋文化を排斥し国粋主義を唱える者が我々に向って掲げる標語も、「汝自身を知れ」ということである。

ひとの知るように、それはデルフォイの神殿の壁に記されていた言葉である。その元の意味はこうであった、「汝等驕《おご》れる者よ、汝等は人間に過ぎぬことを考えよ、我れは神なり、我れに従え」と。即ちその言葉は自己を神化せずにはやまぬ古代ギリシア人の驕り（ヒュブリス）に対する警告と訓戒であったのである。そしてまさにこの原初の意味に従って、我々は今日多くの国粋主義者に向い反対に、「汝自身を知れ」と叫ぶべきではないか。

この哲学的標語は後の詩人や思想家によって、そのときどきの自覚や必要の相違に応じて種々の意味に解釈され直した。この標語とつねに結び付けられるソクラテスは、それによって一方、我れ知れりと誇れる者の無知を自覚せしめ、他方それによって、あらゆる人間に自己の価値を自覚せしめようとした。このようにして「汝自身を知れ」という言葉は、二つの相反する意味を一つに統一し、弁証法的に理解さるべき言葉となった。自己の無価値の自覚による謙虚と自己の価値の自覚による矜持とが同時に必要である。それがこの哲学的標語の真の意味であろう。

ところが国民の自己認識を要求する現在の国民主義はどうであるか。自国のものは何でも文句なしに善いもの、比較なしに最上のものと認めるのでなければ満足されず、愛国者とは見られないのである。「汝自身を知れ」ということは、全く一面的な抽象的な意味においてしか考えられない。そこに現在の国民主義の一面性と抽象性が示されている。

「汝自身を知れ」ということは、人間を徒らに反省的懐疑的ならしめるとして、ゲーテはこの言葉を好まなかった。人間は、自分が何であるかを、単なる自己省察によって知り得るものでない。「ひとりの人間は多くの人間のうちにおいてのみ自己を知る」と、彼はアントニオをしてタッソオに語らしめている。「汝自身を知れ、そして世界と平和に生きよ」と、ゲーテは自分自身に忠告した。詩人のこの言葉は、今日の国民主義に対して最も適切な標語となり得るであろう。

（一九三五年十月十五日）

公衆の解消

公衆は解消した、もしくは解消しつつある。最近我々はかようなことを特に強く感じないであろうか。

公衆とは輿論という知的表現をもったものである。輿論と公衆との関係は精神と身体との関係である。近代においては輿論を作り、輿論を代表し、輿論を再生産するものは主としてジャーナリズムである。だが輿論形成の根底にはつねに談話がある。いかに新聞雑誌が発行されても、ひとが談話しないならば、それらは精神に持続的な滲透的な作用を及ぼすことができないであろう。ジャーナリストは寧ろ公衆の談話の書記であると云ってよい。かくて、言論の自由或いは談話の公共性の存在が公衆の存在の基礎である。

あの二・二六事件以後の著しい変化は、民衆の政治的関心の昂揚であると云われる。この点においてそれは過般の総選挙などとは比較にならぬ重要な意義をもっている。事件の突発はあらゆる談話を無用にした。しかし突発した事件の結果はあらゆる談話の動機となった。このような談話は輿論として表現され、かくて政治的関心の昂揚は公衆の発達を齎したであろうか。寧ろ反対に公衆は解消されつつあるように見える。

報道や言論の自由が甚だしく制限され、公共性をもたぬ流言蜚語《りゅうげんひご》が蔓延し、民衆の政治的関心というものがそのような流言蜚語によって刺戟されており、そして彼等の意見が輿論として表現される公共の場所をもたないとき、公衆は解消する。

公衆は解消されて集団としては「群衆」に還る。群衆は一層自然的な集団であって、自然的な力に縛られている。彼等を結合するのは知的な公共的な判断でなく、恐怖憤慨等の情緒衝動であり、また群衆は晴雨寒暖等の物理的環境に依存する。バイイは、パリの市長であったとき、雨の日を喜び、空の晴れるのを見て悲しんだとのことである。

尤も、公衆は歴史的範疇としては自由主義と結び付いたものであるとも考えられる。現代の社会においてはいわゆる公衆は「身体をもたぬ精神」であり、現実的な政治的力とはなり得ない、公衆に代って階級的な物理的力を有する「大衆」というものが現われていると云われる。しかしながら大衆も単なる群衆でないならば、或る公衆性を有するのでなければならないであろう。

談話の公共性が存しないとき、ジャーナリズムが本来の機能を発揮し得ないとき、公衆或いは大衆の公衆性は失われる。それは何を結果するであろうか。深く考うべき問題である。

（一九三六年〔一九三六年〕三月三十一日）

古典と検閲問題

検閲のことがこの頃また喧しく云われている。映画に、出版に、ラヂオに、レコードに、絵画に、その他各種の興行物に、言い換えると文化のあらゆる方面に亙って検閲が強化され、論議を生じている。これは主として現代物に関することであるが、古典に就いても同様、種々問題があるのである。

日蓮聖人の遺文には、今日の国体観念及び社会情勢から見て不穏当な点が少なくないというので、先にもその遺文集が数個所に亙って削除を命ぜられたことがあったが、最近またまた、聖人の書を自叙伝風に編述した一書が検閲にひっかかり、問題を惹起している。日蓮といえば普通には最も熱烈な愛国者と考えられ、且つ聖人の崇拝者には愛国主義者国家主義者と称するものが多いのであるが、その遺文がかように度々削除の厄に会うということは世間の常識に反することである。

尤も、聖人が現代の日蓮主義者と同じ型の愛国主義者国家主義者であったかどうか、疑問である。その性格のみから云っても、宗教的人格日蓮は彼等の如く単純な人間でなく、日本人としては殆ど類のない複雑な深さがあったように思われ、その点で私などもひそかに聖人を思慕している次第である。それはともかく、古典にして近年検閲に関する災害を蒙るものは日蓮の書に限らないので、調べてみればなかなか多いのである。

いったい古典とは種々の解釈を容れ得るほど豊富な内容を含むもののことである。唯一通りの解釈しか許さないような書物は永続性を有しないと云ってもよいので、種々の時代において種々の立場から種々に解釈されて絶えず新しい意味が見出され、新しい影響を与え得るものにして永続性を有し得るのである。古典はその解釈の歴史を有し、この歴史は一般の思想史と歩調を一にして変化するのがつねである。

或る時代に重要とされなかった個所が後の時代に重要とされ、或る立場から問題にならなかったことが他の立場から問題にされるようになる。それ故にもしそれぞれの時代にそれぞれの立場から不都合と考えるところを次第に削除してゆくとすれば、遂には原文の何物も残らないということになるであろう。今日不都合と見られる部分が後世の人には却って甚だ貴重と考えられるに至るということはあり得ることである。従って古典はどこまでも原形のままで伝えるということが文化に対する我々の義務でなければならない。

かくて一般に検閲に関して無制限な自由があるとは思わないが、検閲の強化が文化の破壊となるべき性質を有することは注意を要する。やがて「古典」となるべきものが現在作られていないと誰が保証し得るであろうか。

（一九三六年〔〕十月二十七日）

統制と空想

現在、統制主義というのは、あらゆるものを一定の政治的目的に従属させる政治主義である。統制経済と云っても、純粋な経済的原理に依って経済を統制することでなく、寧ろ政治的見地に従って経済を統制することであろう。それ故に統制主義は自然性を否定すると共に、自律性を否認することになる。

政治は最も実際的なものである。併しまた政治ほど空想的なものもない。統制主義が強化される場合、経済の如き現実的なものも、その自然性を失い、自律性を奪われ、そして謂わば空想的な基礎に立つことになる。空想的な基礎に立ちながらそれがとにかく維持されるのは、政治的権力に依る統制が強行されるためである。

現代における独裁政治は、自然性と自律性とを基礎とする自由主義を否認し、この立場からは空想的と見えるような基礎の上に統制主義を実行している。この政治的実験は従来殆ど不可能と思われたことが或る程度まで可能であることを示している。

我々は必ずしも統制主義に反対しないであろう。我々の悲しむのは却って、この場合政治家にヴィジョンがないということである。統制主義者は善かれ悪《あし》かれ空想家である。不幸は、どのみち空想家たらざるを得ぬ彼等に幸福な空想がないということである。政治的ヴィジョンを有しない統制主義が近頃官僚政治と云われるものである。

馬場〔鍈一《えいいち》蔵相の積極〕財政は三十億円という厖大な予算を編成した。我々はこの数字に驚きはしないであろう。一度走り出したものは停《とま》ることができぬ、後戻りは絶対に不可能である。今や我が国家の経済も空想的な基礎に立ち始めた。統制は愈々強化されるのほかない。我々はこのことをも敢て歎かないであろう。

だが如何なる統制主義も空想的なものを永続させるわけにはゆかぬ。現実は空想的なものに代られることによって自己の没落を速める。現代の経済が空想的な基礎に立つに至ったということは、それに従来とは全く異る新しい現実性が与えられねばならぬことを意味している。統制主義にはかかる新しい現実性を創造してゆくヴィジョンが必要である。ヴィジョンは単なる空想でなくて創造的であり、合理的な道によって得られるものでないが本質は合理的なものである。

馬場蔵相はかようなヴィジョンを有するであろうか。政治家に何等のヴィジョンもなく、しかも彼等の政治の基礎とするものは次第に空想的なものになりつつあり、極めて実際的であるかの如く自任している者が実は単なる空想家であり、他方空想家らしく気取っている者がその実没落しつつある古い秩序に固執する現実家に過ぎないというのではないか。

（一九三六年十一月二十四日）

〔『時代と道徳』作品社、一九三六年一二月刊〕

知識階級と政治

一

一般に我が国において最も欠けているのは政治的教養であると云い得るであろう。知識人にしても、政治的教養もしくは政治的知性においては、何等知識人らしくない者が少なくない。かような事実の原因が我が国においては自由主義が十分に発達するに至らなかった、従ってまた政治教育の伝統が乏しいことに存するのは云うまでもないであろう。この頃官僚政治に対して政治の民主性とか政治の大衆性とかいうことが云われているが、それは固より民衆或いは大衆が政治的に啓蒙されることによって実現され得るものである。政治と云えば、治める側の者にのみ関係のあることであって、治められる側の者には関係のないことであるといった考え方が今なお我々のうちに知らず識らず働いている。かような考え方を覆すことが政治的教養の第一歩である。

ところで近来、官僚政治とか政治の官僚化とかということが頻りに問題になっているが、現存の官僚の大多数は果して政治的教養を有すると云い得るであろうか。官僚養成の機関となっている帝国大学においても、政治教育は決して十分であるとは云い得ない。試みに東京帝国大学法学部に就いて見るに、現在その学生の大部分を占める法律学科には、必修課目としてのみでなく選択課目としても、政治関係のものは全く見当らない。法学部のうち、法律学科の学生は政治学科の学生よりも数が多いのみでなく、その質においても前者は概して後者よりも優秀であると云われている。そこでこれらの学生が官吏となるために通過せねばならぬ高等文官試験に就いて、その行政科の試験課目を見るに、必修には政治関係のものは全くなく、ただ選択のうちに、政治学、政治史、財政学、社会政策といったものが国文及び漢文、論理学、心理学、倫理学、その他の多くのものと並んで見出されるのみである。すでに法律学科に政治関係の課目がなく、更に高文の行政科の試験の必修課目にも政治関係のものが存しないのであるから、政治を全く学んでいない行政官が出来るわけであり、また実際においてそのような行政官は政治学科出身のそれよりも遥かに数が多いのである。行政官は技術家であって法律技術に堪能であれば足りるという説には固より理由があるのであって、私はその説に敢えて反対しようとは思わない。併しながら、もし大学が単なる就職機関でなく、教養機関でもあるとしたならば、高等文官試験のことは別問題として、せめて将来行政官となるべき者に対しては政治教育を施す必要があるであろう。社会的に政治的教養の伝統が十分に存在するのならともかく、我が国においての如くかかる伝統が欠けている場合には、特にその必要があるのである。国民の政治教育とか公民教育とかがいつも喧しく云われているが、かようなことを云う者自身に政治教育が不足しているのでは困る。もとより官吏は技術家であって好いわけである。けれども実際問題として、行政官が政治と全く無関係な技術家に留まることはできない。司法官のファッショ化さえが問題になる世の中である、今日、政党は官吏の政治化を攻撃しているけれども、政党が勢力をもっていた時代には自分でも官吏を政党化したのである。かようなことの是非は問わず、官吏と政治とは無関係であり得ないということが事実である以上、官吏にとっても政治に関する基礎的な教育が必要であるわけである。彼等が政治的教養を欠いているということは、彼等が却って他から政治的に悪用され易いこととなり、彼等が限度を超えて政治的になる場合、甚だ好ましくない結果を生ずることともなるであろう。

私はいま官吏とか、官僚政治とか、或いはまた法科の教育とかに就いて考えようというのではない。学生の政治的関心の後退に関連して、近頃の学生には「高文学生」というものが殖えたとのことであるので、試みにその高文学生と政治との関係を最も形式的な点において考え、そこから一般に知識階級と政治の問題に就いて考えてみたいと思ったのである。即ち既に述べた如く、いわゆる高文学生は現実の政治に対して無関心であり得るのみでなく、学問的にも乃至教養的にも政治とは無関心で済ませることができ、それで立派に、彼等の欲する通り優秀な成績をもって卒業もでき、高文試験をパスすることもできる。もちろん政治的関心の後退がいわゆる高文学生を作り出したのであるが、法科の学生にしてなお政治に対する理論的関心をも持たないで通すことができるのである。今日の政治的時代において彼等のために付け加えられた教養は日本文化講義である。すでにそこから考えられ得るように、一般的に云って、かくの如く政治教育の伝統の存しないということが知識階級の政治に対する関心の容易に失われ得る一つの大きな原因であることを見逃せないであろう。外国におけるような政治研究所もなく、専門学校にも政治講座はない。政治教育の伝統が存しないという点から見て、すでに知識階級と政治との間には距離が存在し易いのである。

二

尤も一概に知識階級の政治的関心が後退したと云うことはできない。単なる関心として見れば、特に二・二六事件以後においてインテリゲンチャの政治的関心は、一般大衆の場合と同様に、寧ろ高まっていると見て好いであろう。従って政治的関心の後退に就いて語られる場合、その言葉のうちには一層本質的な意味を含めて語られているのでなければならぬ。即ち一方では個々人のうちに働いている政治的関心が社会的に行動となって現われ、社会的に組織されて働くということが要求されている、実際かくして初めて個々人の政治的関心は「政治的」意味を有することができる。そして他方ではまた政治的関心が単なる関心に留まることなく、その関心から発して政治現象が学問的に研究され、理論的に追求されることが要求されている。政治的関心はその本性上原始的、衝動的になり易いものである。それを「知性的」ならしめることがインテリゲンチャにふさわしい政治的関心である。ところで今日、知識階級の間において政治的関心が後退するに至った理由として、種々の理由が挙げられている。

先ず知識階級の社会的政治的地位に就いての考え方が変って来たというのである。昔の学生ならば、将来は大臣になるとか政党の総裁になるとかいったような夢をもち、政治は彼等の最も大きな関心であった。大正の始め頃までは、擬国会を催したり、雄弁術の稽古をしたりすることが高等学校や中学においてさえ流行した。然るに今日の学生には最早やそのような夢が許されていない。あの新人会の盛んであった時代、更にマルクス主義が華かであった時代においても、インテリゲンチャは政治運動の「指導者」たるの意識に溢れ、彼等のうちには活発な政治的関心が存した。然るにやがてプロレタリア運動の内部においても知識階級の政治的意義が低く評価されるようになり、その指導者的地位が問題にされるようになったが、その後の客観的な政治情勢の変化は益々知識階級の政治的意義と指導者的地位とを失わしめた。かくしてインテリゲンチャの政治的無力の自覚と彼等が政治において何等特権的或いは特殊的地位を約束されていないという希望の喪失とは、彼等の政治的関心の後退の理由であると云われるのである。

知識階級の社会的地位、政治における指導性の問題は、ここで論ずるにはあまりに大きな問題である。併しながら、もしインテリゲンチャに特権的地位が認められないということが理論的にも実際的にも明らかであるとしたならば、彼等は大衆と同じに生活し、大衆と共に考えねばならぬ筈である。然るに事実は、インテリゲンチャのうちになお残っている特権階級意識が彼等の政治的関心の障礙《しょうがい》となっているのではなかろうか。固より彼等はインテリゲンチャとして特殊性をもっている。彼等はその教養によって一般人とは異っている。彼等は大衆の中にあってその教養において生活しなければならぬ。然るに教養のうち最も大衆的な教養とは政治的教養である。教養階級にとって謂わば最も常識的であるべき教養は政治的教養でなければならぬ。政治的教養があらゆる教養の基礎となることによって教養は大衆性を得るのである。大衆の原始的な政治的関心を知性的にするということ、或いは大衆の知性的な政治的関心を喚び起すということは、インテリゲンチャに課せられている政治的行動である。彼等はいわゆる「指導者」でなくても「啓蒙家」であることができる。しかも啓蒙はつねに指導的意味を含んでいるのである。

然るに今日インテリゲンチャの間で問題になっている「教養」というものは、実は政治的に無関心になったインテリゲンチャが大衆とは絶縁して単に自分自身の問題に還って来たことを意味している。社会的にも政治的にも特権階級でないことを自覚したインテリゲンチャが大衆的になることなく、なお自己の特殊性に固執しようとする場合、教養が特別に問題になる。教養は特殊的にインテリゲンチャ的な問題である。教養はこの場合啓蒙とは関わりのないものである。従って教養において問題にされるのは政治的教養でない。教養は却って文化的なものとして政治的なものに対している。我々は固より決して教養を軽蔑するものではない。教養の必要はどれほど説かれてもなお足りないほどである。しかし我々は今日の歴史的状況において教養が特別に問題にされる現実的意義に就いて考えることを忘れてはならない。それは政治的意義の後退したインテリゲンチャが大衆から離れて自己の特殊性に縋《すが》ろうとする現実回避の態度に陥るべきものを含んでいる。

ところでもし知識階級が政治上において特権的地位を占める見込がなくなったというような理由から彼等の政治的関心が後退したとするならば、それは政治というものを依然として治める者の側にのみ関係のあることのように考えることである。政治的教養は治める者、導く者にとってのみ必要なものであって、治められる者、導かれる者には没交渉であるといった考え方がそこになお知らず識らず働いている。そしてそのことと関係して、我が国のインテリゲンチャの間にはなお、政治とは大臣になったり、革命を起したりするような何か異常なことのように考える風が残っている。今日の情勢において政治運動は困難にされている、このとき政治に関心することは極めて危険なことであり、努めて回避せねばならぬことと考えられる。インテリゲンチャが最も多く参加したあのプロレタリア運動に対する打ち続く弾圧は、政治と云えば直ぐに何か怖いもの、危いものと考える習慣をいつの間にか作ってしまった。併しながら政治とは決して何等異常なこと特別なことであるのではない。政治とは寧ろ最も日常的なものである。我々が政治的教養を最も常識的な教養と見るのもそのためである。人間は社会的動物であると云われているが、それはもと人間は政治的動物であるという意味である。人間はその本質的規定において政治的動物であり、彼等の日常生活がすべて政治的意味をもっている。彼等は積極的に政治的であるのでなければ、消極的に政治を回避しなければならぬという意味において政治的である。政治を回避することによって我々は非政治的になり得るものでなく、政治を回避することがすでに一つの政治的意味をもっている。かようにして人間の生活は根本的に政治的であるとすれば、我々にとって最も基礎的な教養は政治的教養でなければならぬ。政治は道楽であるとか趣味であるとかと考える時代は最早や去ったのである。我々にとって必要なことは謂わば政治を日常化することである。政治を日常化することによって日常性は単なる日常性でなくなり、真の歴史性にまで高められるのである。固より政治は単に日常的なものに留まらず、却ってまた非日常的なもの、異常なもの、革命的なものである。併しながら従来政治はあまりに浪漫的に考えられ過ぎた点があり、そしてその反動として今日インテリゲンチャの間に政治に対する不当な恐怖が生じているとすれば、政治の日常性もしくは日常的なものの政治性を強調して考えることが必要である。インテリゲンチャに対して今日要求されるものは何よりも政治的良識である。良識とは正しいものと間違ったものとを正確に判別する能力である。彼等の教養もかかる良識に達しなければならず、またかかる良識を基礎としない教養は寧ろ有害であろう。

三

我が国の知識人は屢々云う、我々は政治に興味を持とうとしても今日の政治には到底興味を持つことができない、と。もちろん政治は単なる興味の問題でない。しかし我が国の政治が知識階級の関心を喚び起すに足るような性質のものでないということも確かである。そこには知性がなく、思想がなく、更に公共性がない。その結果、丁度文学その他の方面において見られるのと同様の現象さえもが生じていはしないであろうか。即ち現在、文学的教養をもった者は自国の現代小説などはあまり顧みないで外国文学の作品を好んで読んでいるように、政治的教養をもったインテリゲンチャは日本の政治よりも却って外国の政治に対して遥かに多く興味を感じているというようなことがなかろうか。自国の政治に対しては政治的教養の少ない者が寧ろ原始的な非知性的な、興奮を起しているに過ぎないというようなことがありはしないであろうか。もしかくの如きことが事実あるとすれば、悲しむべきことでなければならぬ。日本の政治に知性がなく、思想がなく、更に公共性がないとすれば、それは我が国の政治に知識階級の力が十分に参加していないということの一つの現われでもある。

実際、すでに謂わば伝統的に我が国においては知識階級と政治とは幸福な結合をなしていない。そのことは先ずこの国における政治学の貧困となって示されている。政治学はここでは主として政治制度学を出でなかったようである。明治大正を通じて殆ど唯一の政治学者であると称せられる小野塚〔喜平次〕博士の政治学は英米流のいわゆるガヴァーメントの学、政治制度学であり、京都帝大の政治学講座の担任者であった佐藤丑次郎《うしじろう》氏のそれも同様である。それ以外の政治学者としては吉野〔作造〕博士は政治史の専門であったが、美濃部、上杉〔慎吉〕、佐々木〔惣一〕等の諸博士はいずれも憲法、国法学の専門家であるということが注意されて好いであろう。言い換えれば、政治学は我が国においては思想の学としての伝統を持っていない。

それでは哲学の方面においては如何であろうか。西洋の哲学者は古来多く政治哲学に就いて書いており、プラトンやヘーゲルなどの哲学は政治哲学において頂点に達したと見られることができる。然るに明治以後における日本の哲学者にして政治哲学に深い関心を示した者は殆どないという有様である。寧ろ政治を口にすることは何か卑しいこと、軽薄なことのように考えられるのが普通であった。哲学は諸科学の基礎を謂わば下から掘る認識論であろうとしたけれども、諸科学に対して謂わば上から冠する王者の学としての政治哲学であろうとしたことはなかった。併しながら日本においても昔の思想家は決してそうではなかった。彼等が祖述し発展させた漢学はその根本的性格において政治哲学であり、彼等自身もつねに政治哲学的意図を抱いていたのである。日本の古いジェネレーションの教養は主として漢学であったが、この漢学的教養は同時に政治的教養であったということを考えねばならぬ。現在の政治家においてもなお漢学が彼等の政治的教養の源泉となっている場合が少なくない。即ち法律技術や政治制度に関しては新しい学術を学んでいるにしても、政治思想的教養に至っては昔ながらの漢学の治国平天下式イデオロギーしか持っていない者がなかなか多いというのがなお今日の状態であると見られ得るであろう。しかもそのことが現在の日本の政治にとって好い結果を齎しているとのみ云い得ないことは明かである。今日若いジェネレーションは漢学的教養を身に付けておらず、そしてそれは当然であるとしても、然らばそれに代って如何なる政治的教養が彼等の身に付いているであろうか。漢学的教養が最早や日本において普遍的な教養でなくなった場合、この国のインテリゲンチャに最も欠けているのは実に政治的教養である。然るに現在、政治的関心の後退は彼等の政治的教養を益々貧困ならしめつつあるのである。

今日の知識階級の政治的関心の後退は、「政治的」という語が「社会的」という語によって置き換えられるようになった時から始ったと云うことができるであろう。例えば、政治的関心と云う代りに社会的関心と云われ、文学の政治性と云う代りに文学の社会性と云われるようになった。いったい「社会」という言葉はもと、西洋思想の歴史において、それが謂わば合言葉として現われた時には、それ自身ひとつの政治的意味を有したのである。あのルネサンスの時代においては「自然」という言葉でさえも一つの政治的意味を有したように、社会という言葉も十九世紀においては政治的意味を有した。それはいわゆる第三階級の政治的イデオロギーを現わすものであった。「社会学」という言葉も、コントの時代においては当時の政治的関心と結び付いていた。然るにその社会学も現在では次第に形式的なものとなってしまったが、丁度そのように政治的が社会的と言い換えられたことは政治的関心が形式的なものとなったこと、それが後退したことを示している。そこで例えば文学の方面において、文学の政治性と云う代りに文学の社会性と云われるようになったことは、あのプロレタリア文学時代に文学があまりに政治的に行き過ぎたのに対する平衡運動の意味を有するといった意見も出て来るわけである。もとより平衡運動の理論は歴史理論として種々批判さるべきものを含んでいる。ともかくその時からインテリゲンチャの政治的関心は追々《おいおい》後退してゆき、社会的ということは次第に政治的批判的意味を失い、単に「風俗的」というような意味にまでなって来た。我々は政治の日常性ということを重んぜねばならぬという立場において、文学が風俗的であることを決して単純に却《しりぞ》けるものではないが、風俗を見る眼のうちにも政治的良識が働かなければならないと考える。然るにインテリゲンチャの政治的関心はその後更に後退して今日においては「社会的」という関心の段階から、社会とは離れたインテリゲンチャ固有の関心としての教養の段階にまで退却するに至ったのである。

我々は固より、政治的関心の昂揚の必要を説くことによって直ちに、インテリゲンチャのいわゆる政治的実践を勧めようとするものでない。しかし実践的でないような政治的関心は存しないとすれば、我々は政治的実践を日常性において行動することに就いて一層深く考うべきであろう。そのことが日常性に歴史的意味を賦与する所以である。現在の客観的な政治情勢は如何なるインテリゲンチャにしても政治に対して全く無関心であることを許さない。彼等の間においても原始的な、衝動的な意味における政治的関心が増大していることは確かである。しかしかような関心は真の関心とは云えない。問題は、政治教育の伝統に乏しいこの国において、政治的教養を身に付けていない彼等の政治的関心が衝動的なものに留まることなく、知性化されるということ、政治的良識となるということである。衝動的な政治的関心は容易に政治に対する不当な恐怖に変ずるであろう。

〔『日本評論』一九三七年四月号〕

解釈学と修辞学

ギリシア人の産出した文化の一つに修辞学がある。それは就中アテナイ文化に於て——プラトンの伝えるようにアテナイ人は言葉を愛し、多く語ることを好んだ（*φιλόλογός τε καὶ πολύλογος*）——極めて重要な位置を占めていた。しかし今日、修辞学は殆ど全く閑却されている。アリストテレスの諸著作のうちでも修辞学に関する書は恐らく最も研究されないものに属している。これに対して現代の哲学に於て甚だ大きな意義を獲得するに至ったのは解釈学である。解釈学はもと文献学の方法であるが、今日それは哲学の一般的方法にまで拡げられ高められている。解釈学もギリシアの啓蒙時代に修辞学と結び付いて成立したものであるが、それが独立の学として発達するに至ったのはアレクサンドリア時代の文献学に於てである。言い換えれば、修辞学がギリシア文化の開花期の産物であるに反して、解釈学はギリシア文化の発展が一応終結した後その黄昏にいわゆるミネルヴァの梟として現われたのである。そのことは解釈学の性質に相応している。即ち解釈学は既に作られたもの、出来上った作品に対して働く。すぐれた文献学者ベェクの言葉を借れば、それは「認識されたものの認識」（das Erkennen des Erkannten）を目的としている。一般的に云えば、解釈学は過去の歴史の理解の方法である。これに反して修辞学はギリシアの活発な社会的実践的生活のさなかに発達させられたものである。解釈学が主として書かれた言葉、誌《しる》された文書に向うに反して、修辞学は主として話される言葉に属し、且つそれは法廷、国民議会、市場等における活動と結び付いて形成された。かくして解釈学も修辞学も共にロゴス（言葉）に関係するにしても、おのずからその性格、その実質を異にしている。

現代に於ける解釈学の哲学への導入によって多くのことが為し遂げられたのは否定することができぬ。それは特に、従来の、自然科学に定位した方法乃至論理によっては考えられない人間及び歴史に関する哲学の方面に於て功績があった。しかしまた今日、解釈学的方法に対する不満が広く感ぜられるようになってきたことも事実である。我々は解釈学の立場を超えることを要求されている、固より我々は解釈学によって為された貴重な諸発見を無視することを許されない。かくの如き状況に於て、久しく忘却されてきた修辞学に再び注目することは何等かの意義を有し得ないであろうか。修辞学を導き入れることによって現代の哲学に何等かの新しい道を拓くことが期待され得ないであろうか。我々が問題とするのは云うまでもなく方法としての修辞学、或は修辞学の論理そのものである。この場合、解釈学が哲学的方法としては言葉の解釈から現実の存在の解釈にまで転化発展させられたように、修辞学も哲学的論理としては単に言葉のみでなく現実の存在そのものに関係付けられることが必要である。

解釈学的方法に対する主要な反対は、それが理解の、従ってまた観想の立場に立って、行為の、乃至は実践の立場に立つものでないというところにある。この反対は、解釈学がもと既に作られたものの理解の方法として発達させられたものである限り、当然である。解釈学は過去の歴史に対する場合自己の固有の力を感じることができる。解釈学が歴史の方法であるという場合、歴史とは出来上ったもの、過去の歴史を意味している。然るに歴史というべきものは本来現在の歴史であり、我々自身が現在の行為に於て作るものであるとするならば、解釈学は歴史の論理として不十分であることを免れないであろう。解釈学は存在の歴史性について語っているが、歴史性とはこの場合主として過去から生成してきたということを意味している。解釈学は歴史的なものは表現的なものであるということを明かにしたが、それは表現についても理解の立場に立って行為もしくは制作の立場に立つのではない。表現の概念は理解乃至観想の立場とつねに結び付くと云うことはできぬ。ただ解釈学の立場に於ては前者は後者と密接に結び付いている。ディルタイは体験、表現、理解という三つのものの内的な結合を考えたが、しかし表現そのものは単なる体験とは異る行為の立場から、また単なる理解とは異る制作の立場から考えられることができる。歴史性の意味が過去の歴史とその理解の立場から現在に於て歴史を作る行為の立場に移して考えられねばならぬように、表現の意味も解釈学的立場から離れて表現作用そのものの立場に於て捉えられねばならぬ。

この場合修辞学は我々に必要な手懸りを与え得るように思われる。修辞学は端的に表現に関係している。我々は表現するために修辞学を用いるのである。修辞学は表現の理解に関係するのでなく、却って表現の作用に関係している。そこに元来ともにロゴス(言葉)に関係するものでありながら解釈学と修辞学との性格的な相違が認められる。次に修辞学は表現作用の立場に立つものとして表現の技術性について知らせる。修辞学は何よりも技術である。それは表現的であるためには技術的でなければならぬということを我々に教える。表現的なものは技術的であるということは、修辞学にとって謂わば公理である。そしてそれは実に表現の本質に関わる重要な認識でなければならぬ。単に表現的な言葉のみではない、あらゆる表現的なものは技術的に形成されたものである。自然の如きも表現的なものとして技術的である。かの自然美の問題の如きも、自然の技術性を基礎とすることによって考えられ、且つこれと芸術美との統一も考えられることができるであろう。しかし修辞学は固より単に美を目的とするものではない。修辞学はギリシアに於て単に言葉の装飾や美化のためのものであったのでなく、寧ろ社会的実践的な目的を有したのである。それはもと芸術と特殊の関係があったのでなく、寧ろ社会的政治的活動と密接に結び付いていた。市場や法廷や国民議会がギリシアに於ける修辞学の固有の場所であった。表現論と審美主義とは分離することができ、また分離して考えられねばならぬ。修辞学は何か特別のものであるのではない。我々の言葉はすべて修辞学的である、言い換えれば技術的である。言葉は本来技術的なものである故に表現的なのである。修辞学は意識的に用いられるのみでなく、日常の言葉も無意識的にせよつねに何等か修辞学的である。言葉は人間の本質に属すると云われるが、そのことは表現性が人間存在の根本規定であること、そして人間存在の表現性はその技術性と一つのものであることを意味するのでなければならぬ。

ところで人間は技術的であることによってデカダンスに陥る危険を有している。この関係は修辞学に於て何よりも明瞭に認められるであろう。言葉のデカダンスとは、言葉がその本性即ち存在を存在そのものから顕わにするという性質を逸して、存在との内的な繋がりを失うことである。言葉は技術的であることによって空虚になり易い。プラトンは哲学者の眼をもって、当時の文化のうちに浸潤した修辞学に伴う種々の弊害を洞見し、仮借することなく批判した。しかし彼は、就中パイドロスに於ては、ただ修辞学を非難するに止まらないで、自分自身、哲学的な根底に立つ新しい修辞学の綱要を描いている。これに依れば、修辞学は一方では弁証論に、他方では心理学に基礎をおくことによって説得の技術としての目的を達することができる。話す人は先ず、彼がそれに就いて話す物に関する真の認識を有しなければならぬ。この認識は弁証論によって得られるのである。修辞学が詭弁を意味すべきでないならば、弁証論は修辞学にとって自己の論拠の発見のために欠くべからざるものである。話す人は次に、聴く人の心理を理解しなければならぬ。彼は人間の心の差別、その性質の相違を知り、これに応じて説得に最も適した言葉を用いるように心掛けねばならぬ。修辞学は聴く人の心を言葉によって一定の方向に導くこと（*ψυχαγωγία τις διὰ λόγου*）であり、人間心理の把握はその基礎である。かくてプラトンに依れば修辞学は論理であると同時に心理であると云うことができる。かかるものとしてそれは具体的な論理である。修辞学は心理と論理との統一として、言い換えれば主観的なものと客観的なものとの統一として技術に属すると云うことができる。

プラトンがパイドロスの中で与えた示唆は、修辞学に対する一層積極的な評価のもとに、アリストテレスによって具体的に展開された。アリストテレスに従えば、修辞学は政治学——彼に於ては倫理学と政治学とは一つのものである——の孫である。修辞学は人間の社会的存在と密接な関係を有している。言葉は本来社会的なものであるとすれば、すべての言葉は本性上修辞学的でなければならぬ。現実の言葉は、一、話す人、二、それに就いて話されるもの、三、聴く人、という三要素を含み、これに構造付けられた一全体である。私がその人に向って話す相手が言葉のテロス（目的）である。言葉のテロスは私でなく、却って聴き手即ち汝である。私は聴き手を説得すること、その信を得ることを求め、そのために修辞学を必要とする。修辞学に於ける信憑の根拠としてアリストテレスは三つのものを区別した。一、話し手のエートス（性格）に依る証明。その人の心根、性格が立派である場合、我々は容易に彼の言葉を信じる。言葉の有する信憑力は話し手の性格、その倫理性の如何に関係している。そこで話し手は言葉の技術によって自己のエートスに対する相手の信を作り出すように努める。二、聴き手のパトスに依る証明。聴き手に於てパトスが言葉によって動かされるとき、聴き手自身が証明の手段となる。話す人は言葉の技術によって相手を心の一定の状態におくように努める。三、ロゴスそのものに依る証明。語ることは或るものに就いて語ることである限り、修辞学も一定の論理的証明を含まなければならぬ。修辞学は倫理学もしくは政治学の孫であると共に弁証論の孫である、とアリストテレスは云っている。ところで演繹法と帰納法とは論理の二つの形式であるが、これに相応して修辞学に於ては *ἐνθύμημα* と *παράδειγμα* とがある。前者エンチュメーマは修辞学的な推理（シュロギスモス）であり、後者パラデイグマ即ち例による証明は修辞学的な帰納法であると見られる。純粋な論理と修辞学的な論理との間に差異が存在するのは、修辞学が主として行為に関係し、行為は必然的なものでなくて大抵はそうある（*ὡς ἐπὶ τὸ πολύ*）ものであるのに基いている。修辞学は行為に関して、一、勧告し若しくは諫止《かんし》すること、二、告訴し若しくは弁護すること、三、称讃し若しくは非難すること、を主題とする。かように行為に関係することによって修辞学には時間が属している。即ちアリストテレスに依れば、右の第一の種類は未来に、第二の種類は過去に、第三の種類は現在に関係している。そしてこれら三つの種類のものに於て問題にされるのは、右の順序に従ってそれぞれ、一、利と害、二、正と不正、三、善と悪である。修辞学に就いてのアリストテレスの分析が如何に具体的な点に触れているかが知られるであろう。

かくして修辞学が単なる論理でないことは明かである。言葉が単にロゴス的なものであるならば修辞学は存しない。修辞学は一面論理であると共に他面心理である。ここに心理というのはパトス的なもののことである。修辞学は心理と論理との綜合であり、論理としては具体的な論理である。このような具体的な論理については、論理の基礎に関するかの心理主義と論理主義との論争の如きは無意味でなければならぬ。この論争そのものが抽象的であると云える。修辞学は心理的に、言い換えればパトス的に制約されている。ひとが誰かを相手に話すとき、ひとは相手が如何なる心の状態にあるかを、彼の感情とか気分とかを殆ど無意識的に考慮し、言葉はこれによって規定される。ひとは単に相手のロゴス(理性)にでなく、また彼のパトス(情意)に訴える。ひとは相手を自分の意見に対して受取り易く、注意深く且つ好意的ならしめる――この三つの点は古代の修辞学者の掲げた伝統的な規則に属している――ために、言葉を技術的に用いる。アリストテレスが模範的に示した如く修辞学はパトス論と密接な関係を含んでいる。修辞学は聴く人のパトスによって規定されるのみでなく、他方話す人自身のパトスによって規定される。それは各人のパトス、またエートスによって規定され、性格的なものである。性格というものは主としてパトス的なものである。かようにパトス乃至エートスに基くものとして修辞学は表現的である。修辞学は何よりも話す人の人間、性格、即ち主体的なものを現わす。文は人なりというのはよく知られた格言である。修辞学を単に言葉の問題としてでなく思考の問題として見て――思考の仕方と言表の仕方との間に於ける内面的な一致なしに真の修辞学は存しないであろう――、これと純粋に論理的な思考とを概念上区別するとき、論理的思考が対象的に限定された思考であるに反して、修辞学的思考は主体的に限定された思考である。前者が真理性（Wahrheit）に関わるに反して、後者は真実性（Wahrhaftigkeit）に関わる。即ち修辞学に於ては単に論理性のみでなくまた倫理性が問題である。表現に於ては真理性でなくて純粋性（Echtheit）が問題であると云われるのも、表現が主体的真実性に関わることに依るのである。パスカルは書いている、「自然的なスタイルを見るとき、ひとは全く驚喜する、なぜなら彼はひとりの著者を見ると思っていたのに、ひとりの人間に出会うからである」。一冊の書物を読んで、ひとりの著者でなくひとりの人間を見出すとき、我々の悦びは大きい。修辞学は抽象的な論理でなくて人間的な論理であり、それは心理と論理との統一であるように論理と倫理との統一である。そしてかくの如くそれが主観的なものと客観的なものとの統一であるところに、修辞学が技術であるべき理由がある。蓋し技術に於ては主観的なものが客観化され、客観的なものが主観化され、主観的なものと客観的なものとの統一ということが技術の本質である。

修辞学は固より単に心理の技術ではない。それはすでに言葉という或る物質的なものを支配しなければならぬ。しかも修辞学は単に言葉の技術でなくて同時に思考の技術である。

プラトンが考えたように修辞学の根底には論理がなければならず、アリストテレスが云ったように修辞学は弁証論の孫である。言葉と思考とはもと一つのものである。思考の真に基かないようなものは真の修辞学ではない。パスカルは雄弁について云っている、「快適と真とが必要である、しかもこの快適はそれ自身真から取って来られたのでなければならぬ」。真であるためには、ひとは論理的に思考せねばならぬ。しかし修辞学は論理を包む外套《がいとう》の如きものでなく、真の修辞学は言葉の形式と思考の形式との内面的統一に存するとすれば、修辞学的思考は純粋に論理的な思考から概念上区別されることができる。アリストテレスは修辞学の主題は行為であるという極めて重要な見解を述べている。修辞学は物についての思考であるよりも行為についての思考である。言葉は元来社会的な行為に関するものである。物についての思考も社会的に伝えられることを欲する限り、就中それが人間の行為に関係するものである限り、何等か修辞学的であることを要求されている。修辞学的思考にとって固有な領域は物でなくて行為である。ただアリストテレスは行為を十分主体的に捉えず、なお対象的客体的に見た。そのために彼は、行為は必然的なものでなくて大抵そうあるものであり、修辞学的推理即ちエンチュメーマも必然的なものからの推理でなくて蓋然的なもの（τὸ εἰκός）からの推理であると考えざるを得なかったのである。しかるに行為は単に客観的に捉えられ得るものでなく、却って行為は主観的にして客観的なものであり、かかるものとしてその本質に於て技術的なものである。行為は技術的なものである故に、行為に関わる修辞学は技術的なものであり、修辞学の論理は行為の論理そのものを現わすと考えることができる。しかし修辞学は論理でなくて直観に属すると云われるであろう。論理の根底には直観がなければならぬとすれば、何よりも修辞学的論理の根底には直観がなければならぬであろう。具体的な論理は論理と直観との綜合であり、もしくは直観そのもののうちに既に論理が含まれているのでなければならぬ。右に述べた如く修辞学はロゴス的なものとパトス的なものとの統一であるが、かかる統一は如何に与えられるであろうか。両者は対立物の統一として弁証法的統一をなすと云っても、弁証法の根底には弁証法的直観がなければならぬと考えられるであろう。修辞学の論理は行為的直観の論理を現わすと云うことができる。ところでロゴスとパトスとの統一は構想力に於て与えられている。フンボルトに依れば、構想力は矛盾する性質を結合し得る我々の唯一の能力である。それは矛盾する本性を突然の奇蹟によっての如く驚くべき調和にもたらし、且つそれはイデーから借りて来られたのでなくて感性の中から生れた然もイデー的な形像を作り出すことによってそのことを為すのである。修辞学の論理は根本に於て構想力の論理でなければならぬ。そしてこれは言葉の根源が構想力に関わるということに相応している。フンボルトに依れば、言葉は人間の感性的・精神的本性の現われである。言葉と一つのものと考えられる精神というのは彼に於て構想力のことであると云い得る。そして修辞学がその端初の本質に従って芸術の領域から行為の領域へ連れ戻されねばならぬように、構想力の論理も美学の領域から倫理学（政治学）の領域へ連れ戻されねばならぬ。行為的直観の論理は構想力の論理であるであろう。かくの如き修辞学の論理の構造を解釈学の論理に対して更に一層明瞭に規定することが要求されている。

私は従来種々の場合に現代哲学に於ける解釈学の論理が有機体説にほかならぬことを論じて来た。これはその成立の歴史的事情から考えて既にそうである。解釈学はその対象である表現の構造を有機的なものと見るのみでなく、表現と理解、表現と体験の関係をも連続的融合的に見ている。理解の概念は体験の概念と、従ってまた経験の概念と結び付く、故に客観である表現と主観に属する理解乃至体験との間には真の意味に於ける関係が存しない。即ち経験という場合客観をどこまでも自我に引寄せて考えることが可能であるに反し、関係という場合関係するのは本来独立のものでなければならぬ、或は経験という場合その関係は出来事の意味を有しない、出来事は独立のものの間の関係として生じる。解釈学の論理がなお経験の論理であるに反して、修辞学の論理は関係の論理であり、出来事の論理である。修辞学は私と汝の関係を基礎としている。私に対して汝が独立のものでないならば修辞学というものはないであろう。また私に対する汝が独立のものでないならば修辞学が技術であるということはないであろう。ひとは技術によって対象を支配すると云われるが、支配という言葉は対象が否定的に（敵対的に）対立することを現わしている。固より技術は単に対象を支配するのではない、技術に於て対象を支配することは対象と協同することである、対象との協同なしには如何なる技術も存し得ない。技術は支配であると共に協同である。技術に於ける支配と協同との弁証法的統一は技術的に形成される形、この超越的なもの、このイデー的なものに於て成就されるのである。

修辞学は人と人との関係の上に立つものとして根源的に社会的である。それ故に修辞学は単に論理的でなくてまた倫理的であり、その証明は倫理的証明を含むと云うことができる。かような証明の要素は真実性である。「ひとつの理由は屢々論理的なものとしてでなく寧ろ劇的なものとして、言い換えれば、それが主張する者の性格を有するという故で、それが彼自身の奥底から生れたという故で、好いということがある。なぜなら ad hominem の論証が存するように ex homine の論証が存するからである」、とジューベールは書いている。その思考が性格的（ex homine）であって、彼の人間の真実を現わしているとき、ひとは説得される。一般的な理由はひとを屈服させることができるにしても、心服させることはできぬ。修辞学はつねに一般的なものの特殊化を求め、一般と特殊との綜合としてそれは表現的である。我々は自分の理由によって他の者を屈服させることができるにしても、彼自身の理由によってのほか他の者を心服させることができない。従って修辞学は相手の人間の心理や性格を考慮し（ad hominem）、彼等がそこに彼等自身の理由を見出すようにしなければならぬ。この場合他の者に於て前提されるのは彼等の真実性である。そして我々の真実性のみが彼等の真実性を喚び起し得るであろう。しかしながら如何なる根拠に基いて話す人と聴く人とは一致し得るであろうか、その一致が単に主観的なものに過ぎぬものでないということは如何にして可能であろうか。もしも問題が非人格的な対象的な真理に関わるのであるならば、かような一致の根拠は対象そのものの有する客観性に存すると考えることもできるであろう。けれども問題が人間的な行為的な真理に関わりその思考が性格的であることを本性とする修辞学の場合にあっては、解決は単にその方面に求められることができぬ。話す人と聴く人とが社会的にパトスを共にするということは一致のひとつの根拠であるに相違ないが、それのみでは客観性の保証は与えられていないであろう。修辞学的思考の客観性、単なる客観性以上の、単に論理的な思考の客観性よりも更に深い意味に於ける客観性の根拠は何処に存するのであろうか。それは社会のうちにあると考えるのみでは不十分である、一致の客観性の根拠は、聴く者がただ聴く者でなくまた語り得る者であり、そして逆に語る者がただ語る者でなくまた聴き得る者であるというところに存している。語る者に対して聴く者は単に聴くのみでなく、みずからも語り得る者、即ち独立のものでなければならない。汝とはただ聴く者でなく同時にまた自身語り得る者のことである。聴く者が同時に語り得る者であるということは、彼が語る者に対して否定の可能性を有する者であるということを意味している。かくの如き汝に対してのみ私は真に私であり、従って語る者は単に語るのみでなくまた聴き得る者であり、かくしてまた自己否定の可能性を有する者でなければならない。即ち修辞学の論理は弁証法である。

人間はどこまでも社会的であると共にこの社会に於てどこまでも独立のものであるということが修辞学的思考の基礎である。

修辞学は弁証法を根底とする形の論理である。修辞学的な形は弁証法的な形である。かかるものとしてそれは単に私に属することなき超越的なものである。「魂が語るや、すでにもはや魂は語らない」(Spricht die Seele, so spricht, ach, schon die Seele nicht mehr.)。言葉がロゴスといわれるのは、それがパトスに対する意味に於けるロゴスであることを謂うのでなく、却ってそれが超越的なイデー(形)であることを意味するのでなければならぬ。解釈学はディルタイに於ての如く全体性の概念を明かにしたが、その全体性は、その内在論の立場とも関連して、自我乃至体験の全体性の領域に近く止まっているに反し、最近のゲシュタルト心理学に於ては全体性は対象的なもの、客観的なもの、従ってまた或る超越的なものと見られていると考え得るとすれば(Vgl. Martin Scheerer, Die Lehre von der Gestalt, 1931.)、修辞学の論理はかくの如く解釈学的立場の内在論を破って超出するものでなければならぬ。言葉は人と人との「間に」落ちる、それは私と汝との間に於ける出来事である。言葉は単にロゴス的なものでなく、却ってエルトマンが言葉についてその概念的内容、副意味、感情的価値或は気分的内容という三つのものを区別しているように(Karl Otto Erdmann, Die Bedeutung des Wortes, Dritte Auflage 1922.)、言葉は根本に於てロゴス的意味とパトス的意味とを含むと考えることができ、また言葉は純粋な精神でなく、却ってシュナイデルの云うように言葉に於て言葉の体（Wortleib）と言葉の心（Wortseele）とを区別することもできる（Wilhelm Schneider, Kleine deutsche Stilkunde, Dritte Auflage 1929.）。まさにかかるものとして言葉は表現的である。言葉の精神と考えられる構想力はロゴスとパトスとの統一を謂わばロゴスの勝利としてイデー的なものに於て形成する作用であり、かくの如き構想力は本来超越的なものでなければならぬ。言葉は私に属し或は汝に属するというよりも私と汝との「間に」於ける出来事として、汝と私とを関係付ける一般者と考えられる社会の表現である。社会は語るものであると共に聴くものである、言葉は社会から出て社会に落ちる。しかし社会は自己を言葉に於て表現することによって自己を個人に於て表現する。人間は言葉と共に社会から、しかも独立のものとして生れるのである。人間は社会であると同時に個人である如く、言葉は社会的なものであると同時に個人的なものである。言葉は人間存在の社会性の基礎であると共にその個人性の基礎である。私は汝に対して語り、汝に対して自己を表現するのであり、汝は私に対して表現的なものである。すべて表現的なものは表現的なものに対して表現を行うというのが表現の根本的構造である。然るにこのような表現の根本的構造は単に人と人との関係に於てのみでなく、また人と物との関係に於ても存在している。修辞学に於ける現実の言葉の要素として話す人、聴く者、それについて話される物が挙げられたが、この第三の要素即ちそれについて話されるものも本来他の要素と共に表現的なものであり、表現作用の関係のうちに入っている。表現的なものが表現的な我々の言葉を喚び起すのである。認識といわれるものも根本に於ては表現作用の一つにほかならない。全く無意味な物に向って我々の認識作用が働くということは不可能であって、物は何等かの意味——それが物理学的意味の如きものであるにしても——を表現するものとして我々に呼び掛けるところから我々の認識作用が始まるのである。すべての認識（Erkennen）はかくの如き表現的なものの承認（Anerkennen）である。認識が承認であるというには、その対象は認識作用から独立のものでなければならず、表現的なものはかかるものとして認識である表現作用を喚び起すのである。表現的なものは承認の要求を含み、汝の性格を具えている。修辞学の固有の領域は単なる物でなくて行為であるということによって斯くの如き関係は最も具体的である。修辞学に於ては論理と倫理とは一つのものである。かくして表現的なものは表現的なものに対し、表現は表現を喚び起し、凡ては表現的世界に於てある。表現的なものは自己を表現すると同時に凡て世界を表現し、かくして相互に表現し合っている。表現的世界というのは単に芸術的世界というが如きものでなく、却って日常的世界が表現的であるのである。修辞学は日常的なものである。歴史的世界といっても日常的世界を離れてあるのではない。解釈学は歴史的意識を明かにしたと称せられるが、しかしそれは理解の立場に立って行為の立場に立つことなく、出来事としての歴史の意味を明かにすることができなかった。修辞学の論理は解釈学に欠けていた社会的意識を獲得するのみでなく、修辞学の論理は歴史的世界の論理を具体的に解明するであろう。

〔石原謙編『哲学及び宗教と其歴史――波多野精一先生献呈論文集――』岩波書店、一九三八年九月所収〕

東亜思想の根拠

一

曩《さき》に私は「現代日本に於ける世界史の意義」（本誌〔『改造』一九三八年〕六月号）と題する小論において支那事変の世界史的意義を論じ、それがいわば空間的には東洋の統一の問題の解決に、他方いわば時間的には資本主義の問題の解決に存することを述べた。かような見方は最近次第に一般に語られるようになった東亜協同体の思想のうちに具体的に表現されるに至ったかの如く思われる。そこで私はいま再びさきの問題を取上げ、これを発展させることによっていわゆる東亜協同体の思想が如何なる根拠を有すべきかに就いて若干論じてみよう。

東亜協同体の思想——簡単に東亜思想と呼ぶ——を論ずる立場は依然として世界史的な立場でなければならぬ。もしも東亜思想が世界史の統一的な理念を放棄することによって生れるものであるとすれば、それは結局反動的な意義しか有しないことになるであろう。

東亜という語は地域的なものを現わしている、それは今日現実的には日満支を指している。やがて述べるような意味において私はもちろん地域的な考え方にも或る重要性を認める。しかしながら東亜思想が単なる地域主義、即ち地域的分離主義、地域的閉鎖主義、乃至は地域的便宜主義、或いは更に単なる地理的宿命論或いは風土主義、等々のものである、とすれば、それは世界史の統一的な理念を有するものであることができぬ。東亜という語が地域的な名称であるだけ、我々はかような地域主義の考え方に陥らないように特に注意することが必要である。単に地域的に考えられるような思想は真の思想の名に値しないであろう。日本が世界史の発展の統一的な理念を掲げて立つことによってのみ今次の事変は真に世界史的意義を獲得することができるのである。

ところで世界史的見地において東亜思想を論ずる場合、二つの点が問題になってくる。即ち一方においては東亜思想の民族主義乃至国民主義に対する関係が問題であり、他方においてはそれの国際主義乃至世界主義に対する関係が問題である。

支那事変の当初から私は種々の機会にこの事変が偏狭な民族主義の超克の契機となるであろうということを繰返し述べてきた。そのことは今や東亜協同体の思想の出現によって実証されるに至ったかのように見える。東亜協同体は云うまでもなく民族を超えた或る全体を意味している。しかし私は民族主義乃至国民主義が世界史の現段階において有する意義を全く否定しようとする者ではない。そこに誤解があっては却って真に具体的な世界史的見方が失われることになるであろう。後に論ずることを先取しつつ、誤解のないように予め云っておけば、民族主義乃至国民主義は今日次の三つの点から考えて重要な意義を有している。第一に、それは現在抽象的なものになった近代的世界主義もしくは国際主義の克服にとってその否定的契機となり、そこから新しい意味における世界主義の発展してくることが可能にされるという意味において重要性を有している。第二に、それは東亜協同体というが如き民族を超えた全体を考えるにしても、その中において各々の民族或いは国家がそれぞれの個性、独立性、自主性を有するのでなければならぬという意味において重要性を有している。第三に、どのような世界的意義を有する事柄も、抽象的に普遍的に実現されるものでなく、却ってつねに一定の民族において最初に実現されるという意味において、言い換えれば、どのような世界史的な出来事もつねに一定の民族の行動として開始されるという意味において、民族主義には正しい見方が含まれているのである。

二

かくて我々は先ず、支那における民族主義の意味を正しく理解しなければならぬ。すべて戦争はこれに参加する国々においてその民族主義を喚起する性質を有している。支那における現在の民族主義にもそのような方面があることは確かである。しかし支那における民族主義の擡頭《たいとう》は事変以前からのことであり、それは単に抗日というが如きこと以上に内的な必然性を有している。即ちそれは支那の近代国家への発展に伴うものであり、その限りこの民族主義は歴史的必然性と進歩的意義とを有している。それは日本自身があの明治維新の頃に尊皇攘夷の名において経験してきたものと類似するところがある。我々は支那における民族主義が支那の近代化にとって有する歴史的必然性と進歩的意義とを十分に認識しなければならぬ。この認識なしに支那の民族主義的傾向を単純に排撃し、その三民主義にいう民族主義を抽象的に否定するが如きは却って反動的なことになるであろう。我々は支那の近代化への歴史的に必然的な運動を阻止することができないし、また阻止すべきでもない。寧ろ支那の近代化こそ東洋の統一の前提であり（拙論「日本の現実」中央公論昨年十一月号参照）、従ってまた東亜協同体の形成にとっての前提である。日本は支那を征服しようとするものでない以上、支那の近代国家への発展を阻止すべき理由はない筈である。ましてや日本の国内に向っては民族主義を唱えつつ支那に対してはその民族主義を否定するというが如き矛盾を犯してはならない。もし日本において民族主義が今日何等か重要な意義を有するとすれば、それは支那においても同様の意義を有すべき筈である。また逆に支那における民族主義に一定の制限が置かれねばならぬとすれば、日本における民族主義にも同様の制限が認められねばならぬ筈である。かように考えてゆくのが東亜協同体的な考え方であると云い得るであろう。それのみでなく我々は歴史の現在の段階における支那の民族主義の特殊性を理解しなければならぬ。それは支那の近代化が日本よりも遅れて行われているという事情に基く特殊性である。いわゆる東亜協同体は単なる民族主義の上に立つことができぬ。その限り支那の今日の民族主義は批判さるべきものであり、しかもその批判は世界史の現在の段階がもはや単なる民族主義の時代ではないという点から、言い換えれば東亜協同体の思想の世界史的意義を闡明することから出立《しゅったつ》しなければならぬであろう。

三民主義は救国主義であると既に孫文が云っているように、支那の民族主義は支那の国家的独立の要求である。そして支那の独立は日支の共存共栄を意味すべき東亜思想にとってその前提でなければならぬ。支那の独立を妨げているのは列国の帝国主義である。日本の行動の意義は支那を白人帝国主義から解放することにあると云われるのである。この解放なしには東洋の統一は実現されない。しかしまたもし日本が欧米諸国に代って支那に帝国主義的支配を行うというのであれば、東亜協同体の真の意義は実現されないであろう。白人帝国主義の駆逐という場合、駆逐さるべきものは帝国主義であって白人ではない。東亜協同体は本質的に白人に対しても門戸の開かれたものでなければならず、ただその帝国主義的侵入を許さないのである。東亜協同体の建設を目標とする日本みずからも同様に帝国主義的であることができぬ。しかるに帝国主義の問題は資本主義の問題である。かくて東洋の統一という空間的な問題と資本主義の解決という時間的な問題とは必然的に一つに結び付いている。東洋の統一の思想は白人の歴史が即ち世界の歴史であるかのように考える世界史についてのいわゆるヨーロッパ主義、世界を白人的見地からのみ考える思想を打破して真の世界の統一を実現すべき意義を有している。東洋の統一もまた単に日本的見地からのみ考えられてはならない。東洋の統一の実現が却って真の世界の統一の基礎であるように、支那の統一の実現がまた東洋の統一の基礎であるのであり、この支那の統一を実現するものである限り支那の民族主義には東亜協同体の立場からも意義が認められねばならぬ。しかしながらかように民族的に統一された支那が如何なる新しい政治的構成を有すべきかは、東亜協同体という新しい全体の見地から考えらるべきことである。なぜなら単なる民族主義の立場においては東亜協同体の建設は不可能に属するからである。

三

民族主義が二十世紀の思想であると云うことはできないであろう。世界史的に見れば、民族主義乃至国民主義の時代はあのルネサンスの時代であった。ルネサンスの時代は中世の教会的世界主義が破れて国民主義が現われ、近代的な国民国家の成立に基礎がおかれた時代である。中世を支配したのは地上における神の国の観念、あらゆる民族的、社会的、文化的差異を超えたカトリック教会的な普遍的文化の観念であった。ルネサンスにおいて見られるのはかような神の国の観念の没落と統一的カトリック的文化のそれぞれ独立な国民的文化への分裂である。中世の世界語であったラテン語に対して国語の価値が認識され、「国民文学」が現われたのもこの時代のことである。ダンテは『俗語論』を書き、イタリア語で不朽の傑作を遺した。イタリアにおけるヒューマニズムの出現はイタリア人の国民的意識の覚醒と結び付いていた。

かようにしてルネサンスの国民主義は中世の教会的世界主義を破って現われたものと見られ得るが、それは同時に世界的意義を担っていたのである。世界のルネサンスに先駆したイタリアの国民主義は自己のうちに同時に近代的社会の普遍的原理を具えていた。それ故にこそ当時イタリアにおける国民主義の出現は世界史的なものであった。この国民主義はそれ自体としては特殊的なものであったにせよ、同時に普遍的意義を有したのであって、新しい世界秩序を指示していたのである。かようにして歴史そのものが教えるように、すべて真に歴史的なものは特殊的にして同時に普遍的なものである。単に特殊的であって普遍性を有しないものは真に歴史的なものと云うことができぬ。今日いわゆる東亜協同体が世界史的意義を有すべきものであるとすれば、それは東亜という特殊性を具えたものであることは勿論であるが、単に特殊的なものでなくて同時に普遍的なものでなければならぬ。言い換えれば、それは東亜の地域に限られないで世界の新しい秩序に対して指標となり得るようなものでなければならぬ。東亜の新秩序は世界の新秩序であり得ることによって東亜の新秩序ともなり得るのである。従って東亜の新秩序は今日の世界的な課題即ち資本主義の問題の新しい解決を提《さ》げて現われるのでなければならぬ。東亜協同体は東亜に建設されるものとして特殊的であり、或る閉鎖性を有するものであるにしても、それは普遍的原理を含むものとしてどこまでも開放的であって世界の諸国の自由に出入し得るようなものでなければならぬ。

中世的世界主義に対して国民主義として出立した近代的社会の形態は、そのうちに普遍的原理を含むことによって次第に世界化され、世界の現実は歴史の発展と共に次第に世界的になった。今日の世界の一切の事情が過去の歴史の如何なる時代に比しても世界的になっていることは明白な事実である。それは世界主義の勝利を意味すると云うことができる。従って今日世界に国民主義とか民族主義とかが現われたとすれば、それは、逆説的に聞えるにしても、世界の現実が愈々世界的になったために現われた民族主義であり国民主義であると云わねばならぬ。世界は現在益々世界的になったのであるが、近代的な世界主義が抽象的なものである限り、その抽象性の故に世界主義に対して否定的な国民主義乃至民族主義の現われてくる理由があった。しかし他方すでに世界の現実が愈々世界的になっている以上、世界史の現在の段階において民族主義や国民主義の有する意義は制限されている。即ちそれは近代的な抽象的な世界主義に対する否定の契機になるというに止まるのであって、行き着くべきところは最早や単なる民族主義や国民主義であることができぬ。今日は或る意味では近代的世界主義の分裂の時代であると云われるであろう。しかしながらこの分裂はもはや単に民族主義乃至国民主義への分裂ではあり得ない。固有な意味における、そして真に進歩的意義を有した国民主義はルネサンスの時代のものであった。かようにして今日東亜協同体というが如き民族を超えた一全体の構想の有する重要な意義が認められるのである。抽象的な近代的世界主義は世界の諸地域における、例えば東亜協同体の如き種々の独自な新しい全体社会へ分裂すると考えられるであろう。けれどもこの分裂は単なる分裂であるのでなく、却って新たな統一のためのものであり、一層具体的な世界主義へ道を開くものでなければならぬ。かくの如くにして東亜協同体は新しい世界秩序に対する普遍的原理を内在せしめているのでなければならず、世界の新秩序の形成にとって動力となるものでなければならない。

近代的な世界主義は如何なる意味において抽象的であったであろうか。それは各々の民族の有する固有性や特殊性に対する深い認識を有しない点において抽象的であると云われるのがつねである。それは実に近代的原理の上に、言い換えれば自由主義の上に立っているが故に抽象的であるのである。近代的自由主義は個人主義である。即ちそれにとっては個人が先であって社会は後のものである。アトムの如く独立な個人が先ず考えられ、社会はしかる後にかような個人が本質的には個人的立場から取結ぶ関係として出来てくるものの如く考えられる。あの社会契約説は近代的社会観の典型的なものである。同じように近代的世界主義にとっては各々の国家がアトミズム的に先ず考えられ、世界はかような国家の本質的にはそれぞれの国家の立場における関係として後から出来てくるもののように考えられる。近代的世界主義は固有な意味におけるインターナショナリズム、即ちそこでは世界は単にネーションとネーションとのインターリレーションに過ぎず、従って勢力均衡ということが国際主義にとって最も有力な原理であった。近代的自由主義においては諸個人はあらゆる結合にも拘らず本質的に分離されている。同様に近代的世界主義においては諸民族はあらゆる結合にも拘らず本質的に分離されているのである。近代的社会はアトミズムの体系であるといわれるように、近代的世界主義もアトミズムの体系にほかならない。

今日自由主義に対して全体主義が現われている。全体主義的社会観は、全体を部分よりも先のものであるという原理に従って、先ず社会を全体として考え、その中においてそれに包まれるものとして個人を考えるのである。部分に対する全体の優先が認められる。ところで今日の全体主義は民族主義として現われた。そして既に云った如く近代的な抽象的な世界主義に対する否定の契機としてまず民族主義の現われる理由が存する以上、且つ民族というものが共同社会（ゲマインシャフト）としての性質を自然的に具えており、従来の社会の諸形態のうち全体主義を極めて直観的に示している関係から考えて、全体主義がまず民族主義として現われたのは当然であると云えるであろう。しかしながら世界史の今日はもはや単なる民族主義に止まることができないとすれば、全体主義は民族を超えた東亜協同体というが如き一層大きな全体にまで拡充されねばならぬ。東亜思想は全体主義の拡充として意義を有するであろう。かような拡充は従来の民族主義的全体主義に含まれていた種々の非合理的要素が除かれることを要求している。東亜協同体は単なる民族主義によっては考えられ得ない故に、従来の全体主義が血と地というが如き非合理的なものを強調していたのに対して一層合理的なものを基礎としなければならぬ。民族と民族とを超えて結ぶ原理は、一民族の内部においては結合の原理として可能であるような内密のもの、秘義的なものであることができず、公共的なもの、知性的なものでなければならぬ。また従来の全体主義は論理的に云っても全体が部分を抑圧し、個人の独自性と自主性とが認められないという欠陥を有しており、そして事実としてもそうであったのであるが、新しい全体主義においてはかような欠陥がなくならなければならぬ。東亜協同体という全体の内部においては、日本もその全体性の立場から行動することを要求されていると同時に日本はどこまでも日本としての独自性と自主性とを維持すべきであり、支那に対しても同様にその独自性と自主性とが承認されつつしかもどこまでも全体性の立場に立つことが要求されなければならない。かくして一般的に要求される論理は、個体はどこまでも全体のうちに包まれつつしかもどこまでも独立であるという新しい論理であり、この論理は従来の全体主義における有機体説の論理に対して正しい弁証法の論理と云うことができるであろう。東亜協同体の内部においては各々の民族が独自性を有しなければならぬ以上、従来の抽象的な世界主義が民族の固有性を否定したのに対してこれが自覚を強調して現われた現在の民族主義にも重要な意義があると云わなければならない。しかもまた同じ論理に従って一民族の全体の内部においても個人の独自性と自主性との認められることが要求されるのである。かようにして考えられることは、新しい全体主義は自由主義に単に対立するものでなく、却って自己のうちに自由主義を弁証法的に止揚するものでなければならぬということである。単に自由主義に対立する限り全体主義もそれ自身一個の抽象に過ぎないであろう。更にまた東亜思想は固より抽象的な世界主義を否定するところから生れ得るものであるが、この特殊的なものは自己のうちに新しい世界秩序に対する普遍的原理を含むことによって同時に新しい世界主義を指示するものでなければならない。この新しい世界主義は全体主義と同様の原理に従って考えられるものである。即ちそれは近代的世界主義におけるアトミズムを克服して世界を実在的な全体と考え、それぞれの民族がどこまでも独自性を有しつつしかもその中に包まれているという全体として世界を把握するものである。東亜思想は近代世界主義を否定しつつ同時に新しい世界主義を内在せしめていなければならないであろう。

四

私は東亜思想の基礎となるべき新しい全体主義が従来の民族主義的全体主義の非合理性に対して合理的なものであるべきことを述べた。もとよりこの合理性は抽象的なものであってはならぬ。純粋に合理的であるのは或る意味においては近代的社会即ちいわゆるゲゼルシャフトである。近代的ゲゼルシャフトは合理的であった限り開放的、公共的、世界的であった。しかしそれが近代自由主義的合理性であった限りその合理性も抽象的であり、従って制限を有したのである。その合理主義はマックス・ウェーバーの云う如く簿記によって象徴されるような近代的合理主義である。東亜思想は合理的なものでなければならぬといっても、それは抽象的な合理性をいうのでなく、却ってその合理性は今日の全体主義者が強調するゲマインシャフトの根底をなすような非合理的なものを止揚したような具体的な合理性でなければならぬ。その合理性は抽象的に普遍的なものでなく、東洋文化の伝統というものと結び付いたものでなければならぬであろう。しかしながら東亜協同体をゲマインシャフトと考えるところから封建的なものへと反動に陥らないように注意することが大切である。ゲマインシャフトはゲマインシャフトとしてゲゼルシャフトが抽象的に開放的であるに対してつねに何等か閉鎖的な全体であるが、新しい協同体は封建的なゲマインシャフトの如く単に閉鎖的な体系であってはならない。それはゲマインシャフト的に閉鎖的であると同時にゲゼルシャフト的に開放的でなければならぬと云われるであろう。（これらの点については今月の日本評論における拙論「知性の改造」参照。）東洋的な社会はゲマインシャフト的性質を鮮明に有するといえるであろうが、それが封建的なものに依存するところが少なくないということを考えなければならぬ。この点から云っても、東亜思想が東洋文化の伝統を尊重することは当然であるとはいえ、それは単なる東洋主義に止まることができない。

私はすでに支那の近代化が東亜協同体の前提であると云った。東亜思想は東洋文化の伝統につながらねばならぬことは明かであるにしても、かような近代化を除外することができない。一般に近代化をもって単なる西洋化の如く考えることは間違っている。人間は自分のうちに全くないものを身につけることができぬ。しかも自分のうちにあるものも環境から触発されて初めて発達する。音楽の素質のある者も他から音楽を聴くということがなければ自分のうちに音楽の素質のあることを発見することがないであろう。かようにして我々が有するいわゆる西洋的なものも単に西洋から与えられたのでなく、むしろ元来自分のうちにあった謂わば西洋的素質が西洋文化に接触することによって発見され発達させられたに過ぎないと考えることができる。人間の発達にも文化の発展にも環境がつねに必要である。東亜文化の特殊性を主張することから世界文化との接触を排斥するようなことがあってはならない。東亜協同体の文化は単に西洋文化に対する東洋文化というが如きものでなく、東洋の特殊性を有すると同時に世界的意義を有するところの、しかも東亜協同体の使命に鑑みて世界的に最も進歩的な文化でなければならない筈である。

如何なる世界史的行動もつねに一定の地域から発足する。けれどもそれが世界史的意義を有するものである限りそれは一定の地域に局限されない意義を有するものでなければならぬ。この際注意すべきことは世界的ということを単に地域的にのみ考えてはならないということである。世界主義を単に地域的に考えるならば、世界主義は世界征服主義ともならねばならぬであろう。世界的ということは文化の内的な一定の性質をいうのであって、それが如何なる範囲の地域において実現されるにせよ、その範囲の広狭に拘らず、一定の文化は世界的であることができる。日本が世界を征服しなくても日本の文化は世界的になることができる。日本が支那を征服しなくても東亜協同体の建設に指導的であり得るということも根本においては日本の文化のかくの如き性質に依るのでなければならぬ。単に地域的な考え方をするならば、東亜協同体の建設ということも日本の侵略主義と考えられねばならなくなるであろう。如何なる世界的なものも抽象的に世界的に実現されるのでなく、一定の地域において特殊的なもののうちに初めて実現されるという意味において、抽象的な世界主義に対する地域的な考え方の具体性を認めなければならぬと共に、東亜協同体というものを単に地域的に閉鎖的な体系として考えることは許されない。世界の現実が今日の如く愈々世界的になった場合においては地域的に完全に閉鎖的な体系として如何なる社会秩序を考えることも不可能にされている。東亜協同体が何等か閉鎖的な意味を有するとするならば、それはその秩序の内的性質によってそうでなければならぬ。即ちそれは近代的ゲゼルシャフトに対するゲマインシャフトとしてすべてのゲマインシャフトに本質的な一定の閉鎖的性質を有すると考えられるのであるが、しかし他方この新しいゲマインシャフトは近代的ゲゼルシャフトの基礎である資本主義が現在有する問題に新しい解決を与えることによって可能であるという意味において、即ち今日の世界史的課題を解決するという意味において本質的に世界的なもの、従って本質的に開放的なものでなければならぬ筈である。

東亜協同体といっても固よりただ協同的に作られるものではないであろう。その建設に対して日本は現にイニシアチヴを取るべき立場におかれている。このように如何なる世界史的な出来事もつねに一定の民族の行動として発足するという意味においては今日我が国において民族主義が強調されることも偶然ではない。しかしそれは飽くまで我々の民族の世界史的使命を強調する立場に立たなければならぬ。そして東亜協同体の建設は日本の東亜征服を意味するのでなく却って新しい基礎における共存共栄を意味するのでなければならぬ以上、また日本は自らイニシアチヴをとって作るこの東亜の新秩序のうちに自らも入ってゆくべきものである以上、日本も日本の文化もこの新秩序に相応する革新を遂げなければならぬ。日本がそのままであって東亜協同体が建設されるということは論理的にも不可能である。しかしまたそのことはこの協同体において日本がその固有性を発揮することを否定するものではないのである。国内における革新と東亜協同体の建設とは不可分の関係にある。かくして新文化の創造なしには東亜の新秩序の建設もあり得ないのである。

〔『改造』一九三八年一二月号〕

西田先生のことども

一

大正六年四月、西田幾多郎博士は、東京に来られて、哲学会の公開講演会で『種々の世界』という題で、話をされた。私は一高の生徒としてその講演を聴きに行った。このとき初めて私は西田先生の謦咳《けいがい》に接したのである。講演はよく理解できなかったが、極めて印象の深いものであった。先生は和服で出てこられた。そしてうつむいて演壇をあちこち歩きながら、ぽつりぽつりと話された。それはひとに話すというよりも、自分で考えをまとめることに心を砕いていられるといったふうに見えた。時々立ち停って黒板に図を描いたり線を引いたりされるが、それとてもひとに説明するというよりも、自分で思想を表現する適切な方法を摸索していられるといったふうに見えた。私は一人の大学教授をでなく、「思索する人」そのものを見たのである。私は思索する人の苦悩をさえそこに見たように思った。あの頃は先生の思索生活においてもいちばん苦しい時代であったのではないかと思う。その時の講演は『哲学雑誌』に発表されて、やがてその年の秋出版された『自覚に於ける直観と反省』という画期的な書物に跋《ばつ》として収められたが、この本は「余の悪戦苦闘のドキュメント」であると、先生自身その序文の中で記されている。

その年、私は京都大学の哲学科に入学して、直接西田先生に就いて学ぶことになった。私がその決心をしたのは、先生の『善の研究』を繙《ひもと》いて以来のことである。それはこの本がまだ岩波から出ていなかった時で、絶版になっていたのを、古本で見付けてきた。その頃先生の名もまだ広く知られていなかったが、日本の哲学界における特異な存在であるということを私は聞かされていた。その後先生の名が知れ亙るようになったのは、当時青年の間に流行した倉田百三氏の『愛と認識との出発』の中で先生のこの本が紹介されてからのことであったように記憶している。『善の研究』は私の生涯の出発点となった。自分の一生の仕事として何をやっていいのか決めかねていた私に、哲学というものがこのようなものであるなら、哲学をやってみようと決めさせたのは、この本である。その時分は、一高の文科を出た者は東大へ進むことが極まりのようになっていたが、私は西田先生に就いて勉強したいと思い、京大の哲学科に入ろうと考えた。高等学校時代にいろいろお世話になった速水滉《ひろし》先生に相談したら、賛成を得た。かようにして私は友人と別れて唯ひとり京都へ行ったのである。中学を出て一高に入学した時にも、私は友達と離れて一人であった。つねに一人歩くことが何か自分の運命であるかのように思われて淋しかったが、それでもあの時はただ漠然とした憧れで田舎から東京へ上ったのに、今度は逆に東京から京都へ下ることであったにしても、はっきりした目標があったので勇気を与えられた。

その時分は九月の入学であったが、七月の初め、私は帰省の途次、速水先生の紹介状を持って洛北田中村に西田先生を訪ねた。どんな話をしたらいいのか当惑していると、先生は出てこられるとすぐ「君のことはこの春東京へ行った時速水君からきいて知っている」といって、それから大学の講義のこと、演習のことなどについていろいろ話して下さった。哲学を勉強するには先ず何を読めばいいかと尋ねると、先生は、カントを読まねばならぬといって『純粋理性批判』を取り出してきて貸して下さった。その頃は世界戦争の影響でドイツの本を手に入れることが困難で、高等学校の友人の一人がレクラム版の『純粋理性批判』のぼろぼろになったのを古本屋で見付けてきて、得意気にいつも持ち廻っているのを、私どもは羨みながら眺めていたというような有様であった。

最初にお目にかかったとき親切にして戴《いただ》いた印象があったからであろう、その後私は学生時代、月に一二度は先生のお宅に伺ったが、割に気楽に話をすることができた。先生は自分から話し出されるということが殆どなく、それでせっかく訪ねてゆきながら、どんな質問をしていいのか迷って黙っているうちに半時間ばかりも時が経って、遂に自分で我慢しきれなくなり「帰ります」というと、先生はただ「そうか」と云われるだけである、――そんなことが多いと学生仲間で話していた。考えてみると、あの時代の先生は思索生活における悪戦苦闘の時代で、いわば哲学に憑かれていられて、私どもたわいのない学生の相手になぞなっていることができなかったのであろう。私は通学の途中、先生が散歩していられるのを折々見かけた。太い兵児帯《へこおび》を無造作に巻きつけて、何物かに駆り立てられているかのように、急いで大股で歩いて行かれた。それは憑かれた人の姿であった。先生の哲学のうちにはあの散歩の時のようなひたむきなもの、烈《はげ》しいものがあると思う。

二

西田先生の講義はいつも午後にあった。土曜日の午後の特殊講義は、京都大学の一つの名物になっていて、その時には文科の学生ばかりでなく卒業生も、また他の科の人々も聴きに来るので、教室はいつもいっぱいであった。私も入学してから外国に留学するまで五年間、先生の講義には休まないで出席した。先生はいつも和服であった。そして教壇をあちこち歩きながら、ぽつりぽつりと話された。時々立ち停って黒板に円を描いたり線を引いたりして説明される。その様子は、あの東京の哲学会で私が初めて先生の講演を聴いた時と同じであった。時には話がとだえて、教壇の上で黙って考え込まれる。そうかと思うと急に思索が軌道に乗ったかのように、せきこんで話される。いつもうつむいて話をされたが、急に目を上げて強度の近眼鏡の底から聴衆の方を見られることがある。それは話が一段落したか、講義が終ったしるしである。二時間の講義であったが「今日は疲れているからこれでよす」と云って、一時間ばかりでしまわれることもあった。その言葉にはまたそれで私たちの心を打つものがあった。きっと先生は前夜おそくまで勉強されていたのだな、と私たちはすぐ感じることができたからである。

先生の講義は教授風のものとはまるで違っていた。それは何か極ったものをひとに説明してきかせるというようなものでなく、ひとを一緒に哲学的探求に連れてゆくというようなものであった。たいていの人が先生の書物は難解であるという。しかしその強靱な論理を示す文章の間に、突然魂の底から迸《ほとばし》り出たかのような啓示的な句が現われて、全体の文章に光を投げる。それまで難解をかこっていた読者は急に救われたかのような思いがして、先を読み続けてゆく。先生の講義もやはり同じようであった。先生の本を読んでわからなかったことが、ぽつりぽつりと講義をされる先生の口から時々啓示のように閃《ひらめ》いて出てくる言葉によって突然はっきりわかってくることがある。先生の座談が私にはやはりそうであった。恐らく先生は論文を書いてゆかれるうちに、講義をしてゆかれるうちに、ひとと座談をされるうちに、初め自分に考えていられなかったような思想の緒《ちょ》を見出されるのではあるまいか。『自覚に於ける直観と反省』以来、文字通りに悪戦苦闘しながら先生が体系家として生長された時代に、私は先生の学生であったことを幸福に思う。先生のあの独特な講義の仕方を考えて、私は特にそのことを感じるのである。それは単に説明を与えられることでなく、先生の場合、その哲学がどのようにして作られてゆくかを直接に見ることであった。

弟子たちの研究に対しては、先生はめいめいの自由に任されて、干渉されることがない。その点、無頓著に見えるほど寛大で、一つの型にはめようとするが如きことはせられなかった。先生は各人が自分の個性を伸ばしてゆくことを望まれて、徒らに先生の真似をするが如きことは却って苦々しく感じられたであろう。こんなことをやってみたいと先生に話すと、先生はいつでも「それは面白かろう」といって、それに関連していろいろ先生の考えを述べて下さる。そんな場合、私は先生に対して善いお父さんといった親しみを覚える。先生にはつねに理解がある。誰でも先生の威厳を感じはするが、それは決して窮屈というものではない。先生を訪問して、殆ど何も話すことができないで帰ってくる学生にしても、決して窮屈を感じたのではない。そんなところに先生の豪《えら》さがあると思う。先生は自分の考えを弟子たちに押し付けようとはせられない。自分から進んで求めるということがなく、しかし来る者を拒むということがない。直接先生から教えを受けた者はもちろん、そうでない人々にも先生を師と仰ぐ者が多いのは、先生の哲学の偉大さに依ることは云うまでもないが、こうした先生の人柄にも依ることであろう。

先生の哲学は単にその天才にのみ依るものではない。先生はたいへんな勉強家である。

七十歳を越えられた今日なお絶えず新しいものを勉強されているのである。勤勉が思想家の重要な徳であるということを私は先生から学んだ。哲学者と称する者の陥り易い瞑想癖から彼を救い、その瞑想を思索に転じ、思索のうちに瞑想的なものを活かさせることができるのは勤勉である。先生は非常な読書家でもある。絶えず外国の哲学界に注意し、新刊書なども広く読まれているようである。先生は西洋哲学輸入後日本において初めて独創的な哲学を組織された方であるが、また西洋の哲学で先生の手によって初めて我が国に紹介されたものも少なくない。ベルグソンの哲学、リッケルトやコーヘン等の新カント派の哲学、ブレンターノやマイノングなどの独墺の哲学、フッサールの現象学などからバルトの弁証法的神学などに至るまで、先生はその最も有力な紹介者であった。またライプニッツを初め、先生によってその新しい意味を発見されて、我が国に普及するようになった西洋の哲学者も多い。先生の読書研究の範囲は広く、私どもの学生時代には、コーヘンなどの影響もあったのであろう、数学をよく勉強していられたようであった。多分先生の発議に依るものであろう、理科の園正造《そのまさぞう》博士を招いて文科の学生のために集合論や群論の講義が行われたが、そのとき先生も出席して熱心に聴講されていた。その後或る時期にはマルクスなどを研究されたことがあり、近年はまたランケなど歴史の書物をよく読んでいられるようである。先生の本の読み方が独特のものであることは、大学での演習においても窺うことができた。それは細部に亙って客観的に一々調べてゆくというのでなく、先生自身の立場から直観的にその本質的な内容を摑むという風であった。このような主観的な読み方がよくその本の客観的な本質に触れているのは驚くべきほどで、先生の直観力の深さを示すものであろう。先生にはまた本そのものに対する鋭い勘があって、善い本、有益な本、読まねばならぬ本を勘で見分けられることができるようである。その勘がまた実に正確である。かような直観は天分にも依るであろうが、また永い間多くの本に親しむことによっておのずから養われてくるものである。京大の哲学研究室が現在その方面で恐らく日本で最も良い蔵書を持っているのも、先生が教授時代に熱心に系統的に蒐集されたおかげであろうと思う。京都にいた時分、その研究室に本を借りに行くと、書庫に入って本を探していられる先生をよく見かけたものである。

先生の魂には何か不敵なものがある。お宅に訪ねた時など、有名な哲学者の名を挙げて、どうかと伺うと、いきなり「あれは駄目だ」という風に、ずばりと云い切られる。その簡単な批評がまたよく肯綮《こうけい》に当っていた。私は先生の直観の鋭さに敬服すると共に、先生のものに怯《お》じない不敵な魂を感じた。他の書物など、全く眼中にないようである。それでいて先生はまた実によく書物を読んでいられる。お宅に伺うとよく読みかけの本が机の上に置いてあって傍の紙片にその中の一二の重要な句が抜き書きされていたり、或いはそれを読みながら先生が思い付かれたことなどが書き付けられている。先生のメモはいつもドイツ語で書かれていたようである。

書物に対すると同様、先生の人物評もなかなか鋭い。それも一言でずばりとその本質を云い当てる確かさは、恐しいほどである。他の人など、まるで問題でないといった風である。そのような不敵なところ、烈しいところがある。一面、先生にはまた実にやさしいところ、涙もろいところがある。或る日、演習の時間に一人の学生が自分の当る番であるのに予習をしてきていなかった。先生は怒って「お前のような者は学校をやめてしまえ」と突然大きな声で云われた。ところが先生の眼を見ると、心なしか潤《うる》んでいた。私は先生の烈しい魂に接すると共に、先生の心の温かさを知って、目頭が熱くなるのを覚えた。先生はその不敵さ、その烈しさを内面に集中することに努められている。そして世間に対しては万事控え目で、慎しみ深く、時にはあまりに控え目に過ぎると思われることさえある。久し振りでお目にかかると「何某はどうしているか」、「何某はどうしているか」と、弟子たちのことを忘れないで尋ねられる。先生は実に弟子思いである。またお訪ねすると、時にはいきなり「どうだ、勉強しているか」と問われることがある。そんな時、自分が怠けてでもいると、先生のこの一問は実に痛い。しかし先生が私どものことを心配していて下さる心の温かさがわかっているので「これは勉強しなければならん」と考えて、私は先生のところから出てくるのである。

大学院にいた頃であったと思う、或る日、今は亡くなられた深田（康算《やすかず》）先生をお訪ねして、例の如く酒が出て先生が少し酔ってこられた時であった、話が西田先生のことに及ぶと、先生は「西田君はエスプリ・ザニモオの多い人ですね」と云われたのを、私は今も思い出す。嘗て私はそれについて『文藝春秋』に随筆めいたものを書いたことがある。実際、西田先生には何かデカルトのいうエスプリ・ザニモオ（動物精気）のようなものが感じられる。そしてそれが先生のあのエネルギーの根源であるように思われるのである。先生は痩せてはいられるが、なかなか精力的で、七十歳を越えられた今日でも、客と一緒に出された菓子や果物をぺろりと平げられ、茶をがぶがぶと飲まれる。あの強い精神力を示す執拗な思索のうちには何かこのような肉体的なものがあり、それが先生の文章の迫力ともなっているのではないかと思う。滅多に外に現わされることはないが、先生は恐らく喜怒愛憎の念が人一倍烈しい方のようである。否、そのような情念の底に更に深く、先生の心の奥には厚い厚い闇があるのではないかと思う。先生はよく「デモーニッシュなもの」ということを云われる。これは先生において哲学上の単なる概念ではなくて深い体験である。先生の魂の底にはデモーニッシュなものがあり、それが先生を絶えず思索に駆り立てている力である。思索することが原罪であるということを先生は深く深く理解されているのではないかと思う。先生の哲学はその闇を照し出そうとする努力であり、その闇の中から出てくる光である。その闇が深ければ深いほど、合理的なものに対する要求も烈しいであろう。先生の哲学は単なる非合理主義でないと同様、単なる直観主義でもない。それは飽くまでも合理的なもの、論理的なものに対する烈しい追求である。闇の中へ差し入る光は最も美しい。先生の哲学の魅力も、先生の人間的魅力も、この底知れぬ闇の中から来るのである。四高の教授をしていられた時代、先生はずいぶんロシヤの小説を読まれたように聞いている。今でも先生はドストイェフスキーが好きで、深く共鳴されるものがあるようである。それは単なる神秘主義ではない。先生のいわゆる「歴史的物質」の問題である。

三

先生が論文を書かれる時には、毎日きまって朝の間に二三枚ずつ書いてゆかれるということである。それは長篇作家が小説を書いてゆく仕方に似たところがある。実際、先生は創作家と同じような気持で論文を書かれるのではないかと思う。毎日きまって少しずつ書いてゆかれる先生の論文はまた先生の思索日記でもある。それには始めがないように終りもない。先生の書物は、第一章、第二章という風に出来ている普通の書物とは全く趣を異にしている。嘗て先生はそのように第一章、第二章という風に区分されるような本を書かれたことがなく、書かれるものはみな論文である。その論文が集まって一冊の書物が出来る。しかしそれは決して単なる論文集ではない。先生は、一つの論文を書き終えられるといつでもすぐ何か書き足りないものがあるのを感じられて、その書き足りないものを書こうとして、また書き始められてやがて次の論文が出来るというのではないかと思う。先生の論文には終りがないのである。芸術家の活動は無限であって、その作品は完成されることがないというフィードレルの言葉を先生はよく引用されるが、先生の著作がちょうどそのようなものではないかと思う。先生は多くの論文を書かれながら結局一つの長篇論文を書かれているのである。そしてそれは完結することのないものである。それは多くの小説を書きながら一生の間結局一つの長篇小説を書いているにほかならぬ作家の場合に似ている。先生はいろいろなテーマについて書かれながら、結局一つの根本的なテーマを追求されているのであって、その追求の烈しさと執拗さとはまことに驚嘆のほかない。もちろん、『善の研究』このかた最近の論文に至るまで、先生の哲学には発展があり、その発展に注目することは大切である。しかしそこにまた根本的に連続的なものがある。先生は一面時代に対して極めて敏感な思想家である。先生には新しい流行を作ってゆかれるようなところがある。その意味で先生には、すぐれたジャーナリストの感覚があるということもできる。しかし先生の如く時代に対して敏感で、時代から絶えず影響されながら、先生の如くつねに一つのものを追求している思想家は稀である。そこに先生の哲学の新しさと共に深さがある。時代に敏感な者はとかく浅薄になる、自分に固執する者は停頓しがちである。先生はそのいずれでもない。生命というものは環境から限定され逆に環境を限定するものであるとは、先生がこの頃いつも述べられることであるが、それはまさに先生の哲学そのものの姿である。先生の哲学は先生独特の文章のスタイルを離れて考えられないであろう。

ヘーゲルが彼独特のスタイルをもって考えたように、西田先生も先生独特のスタイルをもって考えられているのである。先生においては文章のスタイルがそのまま哲学である。そのスタイルを離れてその思想を表現することは不可能に近いであろう。

先生の哲学には東洋的直観的なものがある。それを先生は禅から学んでこられたのであろう。しかしそれは禅からのみ来ているものではないように思われる。先生にはまた『愚《ぐ》禿《とく》親鸞』というような文章がある。また本居宣長の思想などにも共鳴を感じられるものがあるようである。先生の思想における東洋的なものは、先生自身が体得された独自のものであるというのが正しいと思う。そこに先生の哲学の新しさがある。それはゲーテなどにも通ずるところのあるものである。このごろの禅の流行に対しては、先生はむしろ苦々しく思っていられるのではあるまいか。先生の目差していられるのは独自の日本的な哲学である。しかし先生はいつも「西洋の論理というものを突き抜けてそこに達しなければならぬ」と云われるのである。「東洋の書物は修養のために読むべきもので、哲学をやるにはやはり西洋哲学を勉強しなければならぬ」と先生は若い人に教えられる。学問としての哲学をやるには西洋哲学を研究しなければならぬ、けれども哲学が単なる学問以上のものである限り、東洋思想を身につけることが大切である、という意味であろう。私は哲学における深さというものは結局人間の豪さであると考える。深さというものは模倣し得るものでなく、学び得られるものでもない。西田哲学の深さは先生の人間的な豪さに基いている。

学問というものを離れて人間として考えても、先生は当代稀に見る人物である。今日の日本において、各界を通じて、豪い人物と感心するのは西田先生と幸田露伴先生とである、と或る友人が私にいったことがある。

私の学生時代、先生はいつも和服で靴を履《は》いて大学へ来られたが、その様子はまるで田舎の村長さんか校長さんかのようであった。その先生が教室ではマイノングの対象論とかフッサールの現象学とか、その頃の日本ではあまり知られていなかった西洋の新しい哲学について講義されるのである。そのように先生には極めて田舎者であると共に極めて新しいところがあった。マックス・ヴントは、ソクラテスはアッチカの農民の伝統的精神を代表したといっている。そのソクラテスにはまた当時外国からアテナイに入って新しい学問として流行したソフィストに似たものがあった。西田先生の哲学は日本においてソクラテスのような地位に立っていると見ることもできるであろう。ソクラテスは単に伝統的精神に止まったのでなく、また単なるソフィストでもなかった。彼はギリシアの古典的哲学の出発点となったような全く新しい独自の哲学を述べたのである。西田先生は東洋思想と西洋哲学との間に通路を開くことによって全く新しい日本的哲学を作られたのである。

四

西田先生は、世事に疎いいわゆる哲学者ではない。人生の種々の方面について先生が深い理解を持っていられるのを知って驚くことがしばしばある。殊に停年で大学を退かれて以来、義務的な負担が軽くなったせいもあろうか、先生は社会の問題や政治の問題についてよく話されるようになった。鎌倉に別荘が出来てから、先生は夏と冬の数ヶ月をそこで過されるのであるが、お訪ねすると、先ず話に出るのは時局のことである。いつも哲学の問題に頭を突き込んでいられる先生としては、せめて人に会った時には哲学を離れて他の事柄について話したいという気持にもなられるのであろう。しかし先生が時事問題を論じられるのは単なる傍観者としての態度ではない。先生の話は次第に熱を帯びてくる。すると先生は袖をまくしあげて論じられるという風で、その口吻には何か志士的なものさえ感じられる。先生は明治時代の善いものを持っていられるのだな、と私は感じるのである。時事問題に対する先生の観察と批評は鋭くて、正鵠を得ているものが多いと思う。近衛〔文麿〕公や木戸〔幸一〕侯は先生の学習院時代の教え子であるためであろう。氏等が重臣のポストにつかれて以来、先生の時局に対する関心はいよいよ深くなったようである。例の調子で近衛公や木戸侯などの人物をずばりと批評される言葉もなかなか興味があるが、老いてなお青年のような若さをもって国を憂えていられる先生の熱情に対しては頭がさがるのである。

先生はいろいろなことに関心と理解とを持ちながら、つねに一つのものを追求されてきた。先生には道草を食うことがなかった。その随筆など立派なものであるが、そのような才能を持ちながら、先生は滅多に随筆を書かれることがない。お目にかかるといつも「まだまだこれからだ」と云われる。こうして先生は倦むことなくいちずに一つのものを追求されている。私など道草ばかり食っている者は恥しい次第である。先生から戴いた軸に先生の歌を書いたものがある。

あたごやま入る日の如くあか〳〵と燃し尽さんのこれる命

という。先生の心情がよく写されていると思う。

〔『婦人公論』一九四一年八月号に初出。『読書と人生』所収〕

戦時認識の基調

一

今や支那事変は決定的な段階にまで飛躍した。事変の遂行を絶えず妨害してきた米英に対して、日本は遂に戦争を決意するに至った。皇軍の威力は猶予なく発揮され、全世界を瞠目せしめる驚異的戦果は着々拡大されつつある。すでに絶対に信頼し得る陸海軍を有することを誇り得る国民は、不敗必勝の信念を堅め、国内における諸般の整備の完成に邁進し、皇軍のめざましい活躍に呼応しなければならない。

支那事変の当初よりつねに言われてきたことの一つは時局認識の徹底ということであった。その必要は今日もちろん少しも減じていないのみか、却って倍加されているであろう。今や一切が決戦態勢にまで飛躍しなければならぬとき、時局認識もまた戦時認識にまで強化されねばならぬと言い得るのである。時局認識という言葉はいわば支那事変という言葉に相応するものであった。しかるに支那事変が大東亜戦争にまで発展した現在、時局認識題ではない。時局認識という言葉に我々が戦時認識という言葉を置き換えるのは、これによって認識における意志の意義を強調せんがためである。戦争は最高度の行動である、国民的意志の最も強化された発現である。戦時認識は単なる認識であり得ないのであって、その根底に意志がなければならない。今日特に力説を要するのは、この意志である。それが決戦態勢の要請である。支那事変の当初より言われてきた如く、東亜新秩序建設のための戦争は道義戦争である。戦時認識の根底には道徳的意志がなければならない。

ここに先ず一つの哲学的問題として、認識と意志の問題が存在するであろう。従来多くの場合この問題は、認識と意志とを全く分離する抽象的な見方は論外とすれば、単純にいわゆる理論と実践の問題として考えられてきた。認識は認識に止まるのでなく、実践に移されねばならぬ、と言われる。更に進んで、認識は実践の基礎であり、逆に実践は認識の基礎である、というように言われている。かような見方はもちろんそれ自身としては間違っていないのみか、極めて重要である。戦時認識は単なる認識に止まるのでなく、直ちに実践に移されなければならない。実践されないような戦時認識はなんら戦時認識ではないであろう。また戦時認識の上に立って真の戦時的実践は可能である。逆に真の戦時認識は戦時的実践の中から得られるのである。かように考えることはすべて正しい。それにも拘らず我々はそこに止まることなく、更に一歩を進めねばならないであろう。右の見方に欠けているのは道徳的見方である。一般的にいえば、認識の問題を道徳の問題から抽象して考えることは近代思想の一つの特色である。かくして近代思想においては、認識と意志とが分離されたのみでなく、認識の根底に意志があると考えられた場合にも、その意志というものは全く形式的に考えられた。実践は認識を前提し、逆に認識は実践を前提すると述べて、認識と実践との統一が考えられた場合においても、その実践というものは道徳と没交渉に考えられているのである。かくの如きことは、その認識というものの見方が近代自然科学の没価値的な認識に定位をとり、これに関係してその実践というものも真に主体的に把握されていないことに依るであろう。しかるに歴史的世界の中で見るならば、自然科学に基づく技術の如きもののうちにも人間の意志が入っており、従ってその技術的実践も一つの道徳的行為と見ることができる。自然科学的認識そのものも歴史的世界における一つの歴史的行為と見られるであろう。歴史的世界は単に客観的に見てゆくことができないのであって、どこまでも主体的に捉えてゆかねばならぬものである。歴史的世界は道徳的世界である。かくの如き歴史的世界の出来事として知識にも知識の倫理がなければならぬ。戦時認識において強調されねばならないのはかかる倫理である。古い哲学の伝統はつねに認識のための道徳的条件について語ってきた。認識に達するためには道徳的努力が必要である、道徳的に向上するに従って、我々は絶えずより高い認識に達することができる、というように教えられてきた。かようにして得られる認識が直ちに道徳的意義を有し、実践的価値を生ずると考えられたのは当然である。そこに求められたのは単なる知識以上の叡智というものであった。かような叡智においては認識と道徳とは深く結び付いていた。認識の問題を具体的に歴史的世界において捉える場合、認識はかくの如き叡智の性格を具えて来なければならないであろう。戦時認識は叡智の性格のものにまで高まらなければならぬと言い得るであろう。

しかしながら他方嘗て叡智といわれたものに制限があったことにも注意しなければならない。しかもこの制限はほかならぬ実践上の制限であった。そしてこの制限を破ったのは近代科学である。近代科学はその客観的な認識方法によって人類の実践を限りなく拡大し、高度化することができた。近代技術の発達がそのことを証明している。先ず自然科学として確立された近代科学は、やがて社会並びに歴史の領域に入り、ここにおいても人類の実践の発達に大きな貢献をなしたのである。今日の戦争はこれらの科学に依らなければならぬ。科学技術の発達は戦争遂行のための絶対的な要請である。しかもその科学や技術は、単に自然に関するものに止まることなく、また社会並びに歴史に関するものでなければならない。戦時認識の基礎にはこのような科学的認識が必要である。昔ながらの叡智を持ち出すのでは、今日においてはもはや不十分であり、消極的に止まらざるを得ない。近代科学並びにその上に立つ技術の有する実践的な積極性を理解することが肝要である。戦争は最高度の実践としてかくの如き科学や技術を必要とするのであって、我々の戦時認識もまた科学的基礎に立たなければならぬ。もとより我々の戦争は単なる科学戦争ではなく、道義戦争である。その根底にはどこまでも道徳的意志がなければならぬ。そこに科学の上に立つ新しい叡智が要求されている。この新しい叡智は科学を排斥するものでなく、却って科学の媒介を経たものでなければならない。一般に新しい文化の理念は科学の力を認識しつつこれを自己に止揚した叡智にあると言い得るのであって、戦時認識において達せらるべきものも、それである。ここに認識と道徳とのより高い統一が求められるのである。戦時認識は道徳的実践と深く結び付いたものでなければならない。

二

戦時における国民に必要な認識として種々のものが考えられるであろう。国民生活のあらゆる場面においてそれぞれ必要な戦時認識というものがあるであろう。ところでそのような多種多様な認識において、基調として指導的意味を有するのは如何なるものであろうか。これを把握することが肝要である。我々はこれを秩序の観念において見出し得ると思う。東亜新秩序の建設が今次の戦争の目的であることは誰も理解している。それは世界史的なものである。しかるにそれに対していわば日常的なものにおいて、秩序の観念がもっている重要性については、それほど深く理解されていないのではあるまいか。新秩序を言う者は先ず一般に秩序そのものの重要性を、とりわけ日常的なものに関して、理解しなければならぬ。また今日他方、伝統ということが頻《しき》りに言われている。しかるに伝統とは何であるか。秩序にほかならない。それ故に伝統を言う者も先ず一般に秩序の観念の重要性を理解しなければならないのである。

第一に、歴史的に見れば、自由主義文化の行き着いたところは無秩序ということであった。それは外的にも内的にもそうであった。例えば、自由主義経済は生産のアナーキーということによって特徴付けられる。これに対して今日の統制経済の目差すところは、経済の計画化によってこのようなアナーキーを克服すること、秩序を再建することである。全体主義というものは一般的に考えて秩序の観念を基礎とするものでなければならない。自由主義はその個人主義乃至主観主義のために精神的にもアナーキーに、かくしてまたニヒリズムに陥った。これに対して新しい文化は何等か秩序の観念を基調とするものでなければならないであろう。

第二に、我々はすでに認識と道徳との統一について述べた。しかるに秩序の観念は、認識の観念であると共に道徳の観念であると言うことができる。認識とは一般に物の秩序を捉えることである。一見無秩序であるかのように見えるものの間において秩序を発見するということが我々の認識の努力である。この努力そのものもまた秩序に従って行われることを要求されている。無秩序であっては、どれほど探求を進めても認識に達することができぬ。日々報道される個々の出来事を無秩序に見ていては、時局認識も得られないであろう。すべての認識は方法的でなければならぬということは、秩序に従わねばならぬということを意味している。かようなものとして認識は道徳的効果を持っていると考えることができる。なぜならそれはかようなものとして精神のうちに秩序を作り出すことに役立つのであるから。そして徳とはまさに精神における秩序にほかならないのであるから。情念や欲望の無秩序な活動を制御して、精神のうちに秩序を作り出すということが我々の道徳的努力である。もとより道徳は主観的道徳（モラリテート）に止まるのでなく、客観的道徳（ジットリヒカイト）でなければならないであろう。しかるにその客観的道徳というものは社会における秩序を意味している。近代の自由主義の道徳において、その主観主義の帰結として失われたものはこのような秩序の思想である。しかるに実際において、自由とは何であるか。秩序にほかならないのである。秩序のないところに如何なる現実的な自由も存しない。秩序の観念が新しい道徳の基礎でなければならないであろう。この観念において認識と道徳とは結び付くことができる。認識の道徳的条件と考えられるものは精神における秩序である。

ところで先ず日常的なものに関していえば、戦時下の生活において最も大切なのは秩序である。例えば、警戒管制時においては交通道徳が厳守されなければならぬ。その交通道徳というのは順序よく一列にならぶというが如き秩序の形成である。かような秩序の重要性は、万一空襲を受けた場合を仮定すれば、十分に理解されるであろう。空襲に対抗すべきものは秩序の精神である。これに反して混乱が敗戦の徴候であるのみでなく、むしろ敗戦の原因であることは、あの広く読まれたモーロアの『フランス敗れたり』を想起すれば理解されるであろう。すべて秩序の重要性を理解しない者は、戦時認識における最も大切なものの理解を欠いているものといわねばならない。日常的なものにおける秩序を瑣事として軽蔑するものは、今日の戦争の本質を理解しないものである。日常的なものも歴史的意味を持っているのである。

ところで外部に見られる秩序乃至無秩序は内部における秩序乃至無秩序の表現である。精神に秩序を有する者は如何なる場合においても平静に、秩序をもって行動することができる。例えば、戦時下において特に警戒を要するものは流言蜚語である。このものは如何にして生ずるのであるか。精神の秩序を失うところから流言蜚語は作られ、そして伝えられるのである。万一何等かの目的をもって流言蜚語を流布する者があるにしても、自分の心に秩序があるならば、それに迷わされるようなことはないであろう。しかるに流言蜚語の場合において明瞭である如く、そのために混乱が生じるということは科学的認識を欠いているためである。もし科学的な物の見方をしっかり掴んでおり、科学的な知識を十分に持っているならば、流言蜚語の如きものに脅かされることはない筈である。かように科学的認識を持つということは心に秩序を保つために重要な意味を持っている。真の認識は物の秩序を究めることによって心に秩序を与えるものである。心の問題をのみ考えて、物の秩序の認識を無視乃至軽視する者は、真に心の秩序を得ることができないであろう。認識かくの如き道徳的効果を理解することが大切である。時局認識というものの重要性は何よりも先ずの道徳的効果にあるといい得るであろう。時局認識の十分でない者は、その日その日の出来事にさまざまの情念を動かし、それが習慣になることによってやがて何かセンセーショナルな事件を聞知《ぶんち》することなしには暮らせなくなり、かくして神経衰弱症に陥ってゆく。近代戦は神経戦であることを考えねばならぬ。今次の戦争が長期戦になり得る可能性のあることを考えれば、時局認識の徹底は戦時下の国民に最も大切なことである。時局認識とはニュースを漁《あさ》り廻ることとは反対に——好奇心は真の認識欲とは相《あい》反する悪徳である——歴史に対する大きな見通しである。見通しとは新秩序の認識である、その世界史的必然性の認識である。認識は精神に道徳的秩序を与えることによって信念となる。信念とは独断でもなければ独善でもなく、道徳化された認識をいうのである。東亜新秩序の建設は国民の信念である。この信念こそ戦時下におけるあらゆる国民生活の不動の支柱でなければならぬ。

三

かようにして秩序の再建は新秩序の形成であって、現存秩序の固執でもなければ、旧秩序の単なる復活でもない。このことは今日の戦争の現実によって最も明瞭に示されている。この戦争はその本質において新秩序建設のための戦争である。戦時認識の基調が戦争の理解に存すべきことは言うまでもないであろう。戦争に対する理解を有たないような戦時認識はあり得ない。しかるに一見奇妙なことであるが、これまで時局認識といわれてきたものには、戦争そのものについての理解が乏しかったのではなかろうか。もちろん、戦争に関係する事柄については、十分に認識を持たねばならぬことが説かれてきた。そして今日の戦争が国家総力戦である以上、それら政治、経済、産業、文化等に関する事柄も戦争に対して密接な関係をもっている。これは戦時認識に欠くことのできぬ重要な認識である。国家はそのすべての力をもって戦っているのであり、国民はそのあらゆる職域における活動を通じて戦争に対する責任を分担しているのであるという総力戦的認識は、戦時認識の基調でなければならない。しかし更に必要なのは直接に戦争そのものの理解である。簡単にいえば、軍事知識の普及が大切である。

軍事知識の普及は、戦時下の各国において重要な問題となっている。これは戦線と銃後との区別が分明でなく、いつ如何なる場合に外敵が国内に侵入してくるか判らないような危険のある国においては、当然であるといわねばならぬ。しかるに我が国は幸にもこれまでかくの如き危険から免れていた。戦線と銃後との区別が截然と分明であったのである。

かような幸福な状態に狎《な》れて、国民が軍事知識の習得にあまりに無関心であったということがないであろうか。近代戦における飛行機の機能を考えるとき、今後我々が空襲を蒙ることが絶対にないとは保証し難い。我々は空襲に対する準備をつねに整えておかねばならぬ。すでにその点から考えても、国民の各自が軍事知識を戦時の常識として具える必要が理解されるであろう。

皇軍は前線において赫々《かつかく》たる戦果を挙げている。これは国民の斉しく感激措く能わざるところであるが、単にそれに止まるべきではないであろう。もちろん、戦争のことについては皇軍に絶対に信頼することができる。しかし感謝にしても信頼にしても、認識が伴うことによって真の感謝となり、真の信頼となる。皇軍の輝かしい戦果を単に外部から眺めるのみでなく、いわばその内部に入って、そこに如何に優秀な科学技術があるか、如何に卓越せる用兵作戦があるか、等について、軍事科学的に一通りは理解し得るということが望ましいであろう。皇軍のめざましい戦果のかげに、如何に多くの軍事的困難と戦わねばならぬ苦労が存したかを理解することができれば、皇軍に対する感謝も信頼もいよいよ増してくるであろう。一般的にいって、政治のことは政治家に、産業のことは産業人に、任せておけば宜いのである。しかしそれだけではまだ十分でなく、国民の各自が政治のこと、経済のことをよく理解し、それに協力することが大切である。協力は理解によって完全になる。軍事に関しても同様に考えることができるであろう。

かくして軍事科学の普及は戦時下における国民的認識の重要な要素である。それは兵器に関する知識の如きものから初めて、戦略、戦術、戦史等の基礎的知識に至るまで、軍事科学の全般に亙ることが望ましいであろう。しかるに従来わが国においては、このような軍事的教養が不十分であったのではあるまいか。一般知識人はもとより、政治家などにおいても――戦争は他の手段をもってする政治であるというのは、有名なクラウゼヴィッツの定義である――軍事科学的教養が乏しかったといえるであろう。この欠陥は、実は、自由主義の思想に基づくものである。自由主義の思想は戦争について一面的な浅薄な考え方しか持っていなかったのであり、そのために軍事科学的教養を無視乃至軽視してきた。そしてこのような無視乃至軽視は、専門の事柄は専門家にのみ関することだという、間違った専門思想によって至当付けられてきたのである。今や戦争についての自由主義的見方が根本的に修正され、高度国防国家の理念が掲げられている時にあたって政治家はもとより一般国民においても軍事科学についての関心が喚び醒され、その基礎的知識を得ることが大切である。これが戦時認識として特に注意を要する一つの点ではないかと思う。

四

しかるに戦争に対する理解は戦争の理念に対する認識に高まらなければならない。この理念はすでに東亜新秩序の建設とか大東亜共栄圏の確立とか称せられてきたものであって、支那事変を含めての今次の戦争が大東亜戦争と呼ばれるようになった意味もそこに存している。この理念の把握が戦時認識の基調をなすべきことは論ずるまでもなく明瞭である。あらゆる戦時認識はこの一点に集中して来なければならない。東亜新秩序の建設が英米の帝国主義勢力といずれは衝突しなければならぬことは、支那事変の当初よりいわば約束されていたことであった。それは英米の帝国主義の東亜における侵略の現実から考えてそうであるばかりでなく、支那事変の遂行はその理念においても英米の帝国主義と相容れないものである。今次の戦争が帝国主義戦争にあらざる新秩序戦争であるということは、日本政府の屢次《るじ》の声明において明白にされているところである。このような戦争理念が世界史的立場において把握されなければならないということも、これまで繰返し言われてきたことであり、今日においては殆ど自明のことに属している。いま我々は特に次の諸点を強調したいと思う。

東亜新秩序の建設は世界史的意義を有するものとして、我々はあらゆるものをこれとの関連においてつねに世界史的立場から考えてゆかねばならない。世界史的な物の見方を身につけることが肝要である。しかしそのことは世界史の上にあぐらをかいて空想に耽ることではない。世界史は単なる博識の宝庫でもなければ、徒らに美しい思弁のための場所でもない。我々は歴史的現実の厳しさを理解しなければならぬ。「世界歴史は幸福な土地ではない。幸福の時期は世界歴史における書かれざるページである。なぜならそれは調和の、対立の欠乏の時期であるから。」とヘーゲルもいった。歴史的現実は危機的現実である。大いなる世界史的出来事は悲劇的精神から生れるということもできるであろう。日本民族に負わされている東亜新秩序の建設という世界史的大事業は、決して甘い考え方でやってゆけるものではないのである。幾多の苦難を身に負う覚悟なしに世界史について語ることは現実の烈しさからの逃避に過ぎないであろう。現に今度の米英に対する戦争は、或る意味においては、世界史どころの騒ぎでなく、日本民族の興亡の岐《わか》れ目であるような退引《のつぴき》ならぬ戦争である。日本民族の自存と権威とのために、全国民は立ち上ったのである。それは既に忍ぶべからざるを忍んで遂に起《た》たざるを得なかった戦争である。長期戦は覚悟の上でなければならぬ。この危機の中を戦い通してこそ世界史的栄光は我々の上に輝いてくるのである。「汝は為し得る、汝は為す可きである故に。」世界史的思弁がともすれば浪漫的な甘さに陥り易い性質をもっていることに対して注意を要するであろう。ただ世界史について考えるのでなく、世界史の中にあって、世界史を作る立場において考えなければならない。

どのような世界史的出来事も一定の民族に担われて出現する。歴史はつねに個性的なものである。世界史というものも抽象的一般的に考えらるべきものでなく、現実の民族の歴史的実践を通じて理解されなければならない。例えば自由主義的秩序というものは、実は英米的秩序であったのであって、従ってこれに対する新しい秩序の英米の帝国主義勢力の打倒なしには考えられないであろう。我々は自己を歴史の主体として把握しなければならない。このように民族を歴史の主体として把握することが大切であると同時に、他方客観的に民族によって創出さるべき「秩序」の重要性を理解することが肝要である。英米の制覇は単に英米民族の制覇であったのではなく、自由主義的秩序の制覇であったのである。この秩序の、或いはこの機構の、或いはこの制度の力によって、英米の制覇は可能であったのであって、単にいわゆる民族の力にのみ依るのではない。従って英米の民族的勢力の行詰りもまた、自由主義的秩序、機制、制度の行詰りに基づいている。世界史の現実の中に深く楔《くさび》を打ち込もうとする者は、この見地において、如何なる点に楔を打ち込むべきかを考えなければならない。自由主義が秩序であった時代は過ぎ去りつつあるのである。世界史を単に民族の見地からのみ考えて、秩序或いは制度の見地から考えることを忘れてはならないであろう。もとよりこの秩序は一定の民族の活動を通じて創出されるものである。かくして我々は英米の帝国主義的秩序に対する新しい秩序の構想をもって戦争に臨まなければならない。そこに新秩序戦の意義がある。この秩序の構想と実現には我々自身の新しい世界観、科学、技術、その他の文化が要求されている。単に民族によって民族を率いるというに止まることなく、新しい秩序そのものの力によって東亜の諸民族を率いてゆかなければならぬ。

世界史の現在の段階においては、世界のどこで戦争が起っても、やがて全世界に波及するに至るということは、現に支那事変の発展が、そして独英戦争の発展が示しているところである。そのように世界は世界的になっているという事実に注目しなければならない。そこに今日の戦争が以前の民族戦争とは異る新秩序戦争である理由が横たわっている。もちろん、新しい秩序は一定の民族を主体として、これに担われて現われてくるものである。しかし世界が世界的になっているという事実は、客観的な秩序の問題が次第に重要性を増しているということを語るものでなければならぬ。ここに客観的というのは歴史的に客観的という意味であり、従ってそれは単に客観的なものでなく、むしろ主観的・客観的なものである。故に新秩序は自然的に与えられたものではなく、歴史的に作られてゆくものである。それが単に民族的に止まらない世界的意義を有するものでなければならぬことは、世界が世界的になっているという事実によって明かであろう。新しい秩序は主観的肆意的なものでなく、世界史の動向に沿うものでなければならない。今日我が日本民族に要求されているのは世界的な新秩序の構想である。もとより戦争の直接の目的は東亜新秩序の建設である。しかしながらこのものは世界新秩序の構想を離れては思惟されることも実現されることも不可能である。これは支那事変が英米に対する戦争にまで発展したという事実そのものによって証明されていることである。東亜新秩序の建設は東亜だけの問題に限られるのでなく、全体の世界に関係している。かようにして我々の戦時認識の中にはつねに世界認識が含まれなければならないのである。

既に我々は戦時認識において秩序の観念が指導的であるべきことを述べておいた。この秩序はもとより単に現存秩序を意味するのでなく、むしろ新秩序を意味するのである。国内においても新しい秩序が着々と形成されてゆかなければならぬ。これは外における新秩序戦に呼応するものである。新しい秩序は外においてのみ作られるのでなく、内においても、むしろ内において先ず作られねばならない。新秩序建設は内外相応のものでなければならぬ。外からは新秩序戦の赫々たる戦果が頻りに齎されてくる。捷報《しょうほう》に酔うて各自の為すべき任務を少しでも怠るようなことがあってはならない。一面戦争一面建設を意味する新秩序戦がその性質上長期化すべきことを覚悟して、あらゆる場合に臨んで大国民の落着きをもって自己の任務を完遂しなければならないのである。各人が自己の任務に最後まで忠実であることによって勝利が得られるということは、戦場が我々に与える教訓である。

〔『中央公論』一九四二年一月号〕

関連論考

戸坂潤「三木清氏と三木哲学」

三木清氏は色々な意味で私の先輩である。一体、一高の出身者が京都の哲学科へ大量的に遊学するということが三木清の影響なので（しばらく敬称を省こう）、私などその影響を間接に受けた者の一人だ。私が京都の哲学科へ入学した時には、彼はすでに大学を卒業して一年経っていた。つまり私より四年先輩になるわけである。まもなく彼は洋行した。と云うよりもドイツのマルクが安い頃だったから、勉強の能率を上げて外国へ出稼ぎに行ったと云った方が当っているかも知れない。当時そういう意味で洋行した者は沢山いたので、村山知義《ともよし》・羽仁五郎・其の他の諸君もそうだ。

三木は三年程して帰って来た。パスカリザンとして帰朝した彼であったが、福本和夫の台頭を見て忽《たちま》ち一種の野心を起こしたらしい。俺でも福本位《くら》いなことは出来る、と傲語していたように覚えている。勘のいいことでは当時他に並ぶ者がなかったから、福本が新しい思想界に占めていた約束ある意義を逸早く見抜いたのである。京都の哲学畑にいてこの点に気づくだけでも、並々ならぬことであったという点を忘れてはならぬ。でやがて彼はみずからマルクス主義者を以て任じることになった。その「マルクス主義」なるものが私をいたく動かしたのである。三木清の影響で左傾（？）した恐らく最初の一人が私かも知れぬ。して見れば彼は私にとって非常に大切な（？）先輩と云わねばならぬ。

帰朝者の彼を取りまいてアリストテレスの講読会が始まった。私もそこへ顔を出した。この会合には三木にとっては或る特別な意味があったらしいが、私はそんなことには気がつかなかった。アリストテレスを彼に学んだという点からも、彼は私の先輩なのである。——その内、岩波の或る出版計画が発表されてその世話役が三木となった。彼は私に一冊の著述を勧めた。それが『科学方法論』という私の処女作である。この点から云っても亦、彼は私の有益な先輩だ。

京都帝大の講師の就任が望めなくなって法政大学の教授となったが、シンパ事件で之も一時やめねばならぬようになった時、その後任のような意味で私が法政の講師になった。ここでも亦だから彼は私の先輩なのである。

さてこういうように、全く色々の意味で三木清は私の先輩に当っている。三木と私との関係は私が今日感じているよりももっと深いものがある、と云った方がいいかも知れないと思う。そしてこのことは必ずしも彼と私とが似た本質の者だということにならぬ。この点もまた大切なのだ。彼と私とが、哲学をやって評論をやるというような点から、殆んど同じような種類の人間として一括して取り扱われる場合もあったし、又私が彼の子分であるかのように云う男さえもいるのであるが、それは勿論私の独自性を否定することによって私を三木に帰着させることになるわけだ。実を云うと今日では、私は殆んど全く三木清に似てはいない。例えば彼はヒューマニストとなろうとしている。私は唯物論者となろうとしている。そしてここに私自身彼に対して大きなギャップを感じているのだ。

して見ると私は、之までに、もっと早く、三木清論を書く必要があったのかも知れない。それ故に又、却って今更三木清論でもあるまいとも思うのだ。併し考え直して見ると、矢張り三木清という人物は今日の日本の思想界にとって意義の深い存在だし、最近また或る特別な意義さえ持って来たように思われるので、大いに書かなくてはいけないかとも思う。

結果から見ると三木清は豹変の術に長けているように見える。ハイデッガーがドイツで注目されると直ちに之に傾倒し、マルクス主義が日本で有力となると忽ちマルクス主義者と名乗り、マルクス主義が所謂退潮期に這入ったと世間で云い出す時には、すでにマルクス主義反対者の口吻を以て語り出す。西田哲学が愈々力を伸ばして来ると今では西田哲学のマネージャーのように振舞う。だから彼には思想上の節操とかいうものを感じることが出来ない、という人がいるかも知れない。だがこの点は必ずしも当ってはいない。必ずしもと云うのは、彼は「悧口」な男という通り相場を持っている通り、極めて聡明で要領のよいというのも事実だから、彼の豹変の心理には何物かがないとは断言出来ぬ。だが少なくともこの際、それが凡ての実質ではない。

谷川徹三氏の批評であったかと思うが、三木清なる学者は、優れた独創家というよりも寧ろ優れた解釈家だ、という言葉があって、それが比較的世間に通用している。もしそうだとすると、凡て新しく現われた支配的な事情を逸早く呑み込むことこそが、三木の本領でなければならぬわけになる。でその結果だけを見れば、マルクス主義時代にはマルクス主義、西田哲学時代には西田哲学、ということになるのも決して無理ではない。必ずしも豹変するのではなくて、時代の趨勢を追うて行く思想の牧人と云った方がよく、まして変節漢などの類ではないのだ。

彼が優れた独創家でない、ということは或いは当っているかも知れない。無から何かを創り出すというような意味での独創家ではない。彼が唱え出すものは、すでにそこに現われているものに限る。或いは彼は好んで既に与えられたものを巧妙に活用し利用する。だから彼の思想の内容は実はいつも既に知られたものであって、彼に云われて世間の一同が、そうそうそうだった、と気がつく底《てい》のものなのである。彼の文章が時々空疎であり、又時には可なり持って回って難解であるにも拘らず、その思想が案外、通俗性と常識性とを備えているのは、この点から来る。彼は発明家というよりも発見家であり、又大抵の場合達者な応用家なのであるから、本を原書で読める婦人から、時々剽窃《ひょうせつ》なるものを指摘されることにもなる。つまり彼はそれ程博学であり又結局に於て勉強家でもあるということになる。ただ多少文章上の気取り屋であるために、原著者の名前を省略したり何かするのであるる。

独創家でないからと云って、併し思想家の恥でも何でもないことは、云うまでもない。下手に独創的な思想家はあぶなっかしいものだ。寧ろ勝れた解釈家の方が、有益な思想家だろう。解釈家というのは、最高の意味に於ける翻訳家のことでありそしてこの翻訳なるものに文化的な意義を認めることを、世間は全く知らないのだ。世界的文化の大である所以はまずそれが翻訳され得るという点に見られるのである。翻訳して価値の減る文化はロクな文化ではないのだ。但しここで云う翻訳とは文章の翻訳のことではなくて文化の翻訳のことだ。例えば三木清の解釈家たる所以に通じる処のもののことだ。

処が解釈家もすぐれた者は全然独創的でないのではない。優れた解釈家は解釈の体系を有っている。この体系はあまりそんなにクルクル変るものではあり得ない。三木は優れた解釈家だ。彼には解釈の体系が予めあるのである。このシステムが彼の思想と考えられ彼の独創とさえも見做される処のものなのである。そしてこのシステムになると彼は決して水草を追うて移って歩くわけではない。彼は豹変さえしないのである。彼は初めから殆んど全く変ってさえいない。夫《それ》はこうだ。

三木は学生時代から有名な秀才であった。一種の学生名士でさえあった。尤も決して律《り》気《ぎ》な又は細心な勉強家ではなかった。彼は一党を引き具して四条通りを遊弋《ゆうよく》し、深更《しんこう》下宿に帰ることを習慣とした。一党の方はそのまま寝て了《しま》うのだが三木だけはそれから本を読むのである。おかげで一党の方は一向学業が成就しない。三木は主任教授西田先生に呼び出されて訓誨《くんかい》を施されたという。之は京都哲学科の伝説にすぎないが、そういう種類の才走った秀才だった。――それはどうでもよいが、この秀才が卒業前に発表した最初の学術的論文は「個性の問題」というのである。卒業論文はカントの歴史哲学に関するものであった（この学術論文？には当時のロマンスを語る序文が付いていた）。それから私が初めて聞いた講演は矢張り個性や非合理性の合理化というような問題であった。――つまり彼は初めからドイツ古典哲学的な意味に於ける歴史哲学者なのである。之が今日に至るまで一貫して動かない彼の思想上の節操なのである。

この態度から見ると、彼の思想とその変化の一切とが、一貫して説明出来る。ハイデッガーに心酔したのはディルタイの歴史哲学を通じてである。ドイツから帰って間もなく、どういう方向に研究を進めるのかと私が尋ねたら、ディルタイからその固有な制限を取り除こうと思っていると答えていた。彼がパスカル研究の論文を続け様に発表して新鮮な設題と美文を以て人を驚かせたのも、実質は必ずしもパスカルにあったのではなくてディルタイ＝ハイデッガーにあったことは云うまでもない。「パスカルに於ける生の存在論的解釈」というドイツから『思想』に送った論文に始まるのがそれである。尤もパスカルに就いて別に云わねばならぬ処があるが、それは後にして、彼がパスカルからマルクス主義へまで「左傾」したのも、単に歴史哲学の一発展にすぎぬ。

当時マルクス主義（福本主義）と呼ばれるものは主としてマルクス主義的社会科学のことを指したのである。日本ではまだ本当にはマルクス主義哲学はなかった。あったにしても極めてマルクスボーイ臭い素人臭いものであったようだ。処が三木は哲学、而もアカデミー哲学、の側からマルクス主義に接近した。マルクス主義的社会科学に接近したのである。そこで世間ではこの三木的なマルクス主義社会科学的哲学を以て、マルクス主義哲学自身であり得るかのように考えたものである。河上肇博士なども、ディアレクティックという哲学法を福本からなげつけられたので、多少哲学的狼狽の態であったから、早速三木の哲学をマルクス主義哲学として役立てようとしたのである。三木自身も自分の思想をマルクス主義哲学だと考えていたらしい。

之が後に三木哲学と呼ばれるものになったのだが、その特徴は例の人間学であった。人間学がハイデッガーの存在論からの殆んど直輸入であることは今日では明らかだが、併し三木に於てはそれだけのものではなかった。人間学の背後に三木特有な歴史哲学があったからである。そしてこの歴史哲学はもはやディルタイでさえないのであって、それが唯物論的（？）に改装された唯物史観であったのである。つまり、当時の三木のマルクス主義哲学なるものは、哲学ではなくて唯物史観に過ぎなかったのであり（だから自然弁証法は否定され続けた）、その唯物史観も実は唯物論ではなくて、正に歴史哲学だったわけだ。三木哲学はマルクス主義に哲学的基礎を与えると称して、例の基礎経験（之はディルタイから借りた言葉である）というものを回《めぐ》る人間学を持ち出したが、それも実は歴史哲学の一つの亜種としてであったのである。三木哲学という近代的な歴史哲学が、初めからマルクス主義でなかったことは、今にして見ればあまりに判り切ったことだが、併し数年前までは、服部〔之《し》総《そう》〕・秋沢〔修二〕（秋沢君は初めは三木哲学を擁護したものだ——私なども本当はそうだった）・永田〔広志〕の諸君の三木哲学批判も中々骨が折れたわけである。そこへ三木のシンパ事件が起きた。彼が検挙されると、その前から通告してあった三木批判が、プロレタリア科学研究所で一斉に始ったのである。之は三木をいたく傷《きずつ》けたのが事実らしい。

元来プロ科学研究所なるものは、三木が河上肇博士等と計画した「マルクス学会」というものと、「国際文化」のグループとが合体して出来たもので、三木がその産みの親の一人であるし、それに三木が東京へ出て来て間もなく出版した『新興科学の旗の下に』というマル旗〔『マルクス主義の旗の下に』誌〕ドイツ版そっくりの雑誌（羽仁五郎君と一緒に鉄塔書院から出した）も、これを機会に廃刊にした位いだから（尤も財政上続かなかったかも知れぬ）、三木の心事も同情に値いするだろう。上京以来、北昤吉《れいきち》と組んで『学苑』であったかを編集して、アカデミーの哲学者を嫌がらせたり、又新興科学で切りまくったり（被害者は故土田杏村《きょうそん》氏や田中耕太郎氏其の他多数に及ぶ）、プロ科の哲学研究をリードしたり、其の他高畠〔素之《もとゆき》〕訳資本論に対する批評によって物議をかもしたり、其の他其の他でやるだけやったということが、せめてもの本懐だと彼は述懐していたらしい（元来三木には敵が多いのである）。

三木哲学が批判され、マルクス主義哲学の本来の面目が世間に多少徹底した頃、彼は執行猶予によって出て来たが（この間約半年）、その頃から彼の転向は段々に目立つようになって来た。大乗起信論を紹介したり、西田哲学を再びかつぎ始めたり、人間学主義を益々徹底して不安の文学を唱え始めたりする。その頃は又丁度、世間でもそういう時代が訪れて来たのである。彼は完全にマルクス主義を捨てたように見える。少なくともマルクス主義的テーゼに対しては単に儀礼的なウィンクを送るに止まるようになった。時にはマルクス主義者に対する非難にさえ興味を有つようになった。

だがこの転向は必ずしも三木の保身上のアダプテーションの結果ばかりではない。この転向の可能性はプロ科時代の宗教論の内にすでに現われていた。それというのも彼はあくまで歴史哲学者であったので、初めからマルクス主義者などになったことはなかったのである。彼がマルクス主義＝唯物史観に接近したのは単に一人の烱眼《けいがん》な歴史哲学者の同情心からに過ぎなかった。三木が最も私淑しているのは今は知らぬがしばらく前までは波多野精一博士である。博士のプロテスタント的歴史哲学と歴史観とが、三木の歴史主義の大きな動機になっているが、この波多野博士が夙《はや》くから、三木君のはマルクス主義ではないと云って、その愛弟子のために誤解を悲しんでいたものである。市谷刑務所の藤井教誨師なども、この点をそれとなく感じているのだろう、三木君の転向は本物だと保証しているそうだ。だが元来、三木に於ては転向でも何でもないので、要するに本来の三木に戻ったのであり、そして別に、マルクス主義者としての三木清と撞着するようなものになったのでも何でもないのだ。彼は終始一貫歴史哲学者である。彼の『歴史哲学』という本は、著しく西田哲学の影響を表わし始めた作品だが、とに角この意味に於て代表的な著作として現われたものである。

三木がマルクス主義者であった時代というのは、実は彼の歴史主義と相対主義との時代であったということに過ぎない。彼は唯物史観を相対主義的歴史主義として理解した。だがこの相対主義的歴史哲学で不都合を感じて来たので、絶対的なものを歴史哲学的に探索し始めた。そこに西田哲学があったという順序なのである。之が彼の所謂転向の真相だ。

彼の歴史哲学は併し、歴史形而上学と云った方がいいようだ。そこにはキリスト教的神学の臭いの多少が常にただよっている。人間学というものが元来そういうものだ（パスカルを見よ）。三木にはパスカルのような一種の暗さがある。三木に於ては夫が軽度の躁鬱症とさえなって現われる。三木のゲミュートは教育的本質のものだとさえ云えそうだ。とに角彼は、理知的ではあるが、決して合理的な人物ではない。セルフィッシュではあるが決してエゴイストではない。そこがこの人物の不思議な魅力の一つをなすらしい。彼の形而上学的な神学的な歴史観は彼にとっては宿命的なものだと見ねばならぬ。彼がヒューマニズムを唱えるのも、又この歴史哲学の一結論に他ならない。東洋的な「自然」主義（この自然とても実は歴史形而上学に運用するカテゴリーに他ならぬが）に対立するものがヒューマニズムだというのであり、ヒューマニズムとは、人間が歴史から生れて歴史を動かし歴史の内に消えて行くことを夫として知ることだ、という風に説明している。だから彼のヒューマニズムは勿論、決して転向の窮余の一策として持ち出されたものではないのだ。寧ろ自分のエレメントに息づいた時の叫びだろう。だが、それだけこのヒューマニズムの症状徴候は蔽うことが出来ぬ。人間と云いヒューマニティーというもの自身が、人間やヒューマニティーの「歴史哲学」というカーテンに写った影なのだから。

この形而上学的な歴史哲学はとに角として、そういう世界観を宿命として選ばせた三木の資質である歴史観や歴史主義は事物の解釈には仲々役に立つものなのだ。彼は今迄の処決して歴史記述家ではなく、いつも理論家の資格で物を云って来ているが、併し彼の言論は理論というよりも寧ろ理解か解釈の表現と云った方がいい位いだ。彼とても理論能力に於て優れていないのではない。と云うのは分析力に於て不足があるとは思われない。彼の初期のペダンティックな論文はそういう才能を充分過ぎる程証明している。だが最も得意なのは論証でも証明でもなくて、事物の特色づけなのだ。特色を色々と指摘してその間に尤もらしい連絡を見つけ出すのが三木の論文の人を捉える点だろう。要するに彼が解釈家であるということが彼の真実なのである。

三木は立派な一個の文章家である。その文章は非常に整っているし、文献上の連想を伴いながら、概念を使っているから見る者が見れば含蓄も多い。だがそれにも拘らず多くの文章がレトリックに堕しているとも云うことが出来よう。と云うのは彼の書き方には普通の意味での論理的な関節がないのである。最初にやや神秘的な、人の心を惹きそうな、整った形のテーゼが、突如として掲げられる。後はそのテーゼの説明であり納得づけにすぎない。之は科学的論文というよりも文学的な記述に近い。この点文章家としての三木の強みでもあり又弱みでもあるだろう。強みと云えば、この渾然たるスタイルは、前に云った観念の通俗性と相俟って、一種の大衆性を有つということだ。とに角一通り読み過ごすことによって読者を尤もに思わせ、納得させ、その気にならせる力を有っていることだ。名調子なのである。だがこの名調子にいつとはなくやきが回ると、もはや我慢のならぬマンネリズムとなる。レトリシャンにはマンネリズムはつきものだからである。このマンネリズムを破るものとして、最近西田哲学の語法などが、チョイチョイ這入って来るが、之亦《これまた》同じ理由から気をつけねばならぬ症状ではないかと思う。

三木清はであるから分析家というよりも寧ろ主張家と云うべきだろう。これが思想家として俗受けする要点にはなっている。事実時々、いいイデーが主張される。そしてただの野蛮な主張家と異って、その主張には一つ一つ特色づけが用意されているのだ。そうでないと予言者になって了う処だが、ただの予言者になって了わない処が彼の学究的資質のある所以である。この歴史哲学者は全く本来の学者の質であるらしい。そういう点から見ると、もはや主張家だと云って了うことも出来ないようだ。彼は分析家でもなく主張家でもない、要するに解釈家だったのである。

解釈家は今日の学究なるものの大部分をなしている。ジャーナリストには案外分析家が多いが、之に反して学究には案外分析家が少ない。多いのが解釈家である。解釈家は文献が主な相手であって文献をいじくり回すことが学究の主な仕事であるのは、どこの国でも大差ない処だろう。三木はそういう解釈家であり、学究であることをその本質としている。事実彼の評論家としての腕はその大きな解釈能力にも拘らず、光ってはいない。特に時評になると三木の良い処は少しも出ないで、凡庸で気が抜けている退屈なものとなる。彼は時評家でなくその限り評論家ではない。実は思想の学究という意味で、正に哲学者と云った方が正しいだろう。この点は先にも云った彼の文体にも現われているので、その文章は事物の刻々のアクチュアリティーを捉えるには、何かお上品に過ぎたり間が抜けていたりして、鈍いのである。もし三木清が詩を書くなら、恐らくクラシシズムの詩しか書かないだろう（詩集の原稿があったそうだが、どこか見えなくなったという。私は学生時代の作品を四五行読んだことはある）。

重ねて云うが、彼の本質は要するに解釈家を出ない。そういう意味に於て彼は自然人ではなくてあくまで文化人である。もし三木説に従って、自然主義を東洋的乃至日本的な人間態度とするなら、三木自身は反東洋的な一つの新しい日本人の類型であることを認めてよいかも知れない。尤も彼は東洋人ではなくてゲルマン人のようなものだと私は思っている。と云うのは彼の文化人振りの内には実は可なりの野性がひそんでいるからであるが、その野性が文化的人間性の内にまき込まれている処が文化人たる所以であり、そこから三木一流の容貌や態度や性格に於ける愛嬌と破綻とが約束されているとも考えられる。とに角彼はみずから希望しみずから定義する通りヒューマニストなのである。そしてそのヒューマニズムは解釈家的ヒューマニズムとして「限定」されるだろうと思う。

ヒューマニズムの絶対性を主張する最近の三木は、之に就いての限定を極度に嫌っている。併しヒューマニティーそのものは之を色々と限定することが出来るもので、三木説によるヒューマニズムも説明を聞いていると、その一種の限定に他ならない。して見るとヒューマニズムが絶対的で限定を許さぬということ自身、つまりそういう特別なヒューマニズムに決めてかかっていることを証拠立てているわけだ。三木説によるヒューマニズムというイデーを私は尊重しようと思う。だがそれを私に限定させれば、文化的自由主義の一種として限界づけなければならぬと考える。ヒューマニズムは文化主義ではない、文化ではなく人間が主体が問題だ、と三木は説いているが、その人間たり主体たるものの観念が初めから文化的人間を約束するのであって見れば、それまでではないだろうか。文化的人間などというその文化的というのは何かと反問されるに相違ないと思うが、それは他ではない、解釈家に相応《ふさ》わしいという意味に於て文化的だということなのだ。

こう考えて来ると、ヒューマニスト三木清を目して、文化自由主義者であり文化主義者であるとすることは、大して見当違いではあるまい。三木哲学の文化的内容から云ってそうだというのでは必ずしもなくて、三木清という人物の人間的特徴がそうだというのである。だから彼が仮に自分の学説か思想がそうではないのだと云っても直接反駁にはならないわけだ。

処で私の見る処では、一般に文化的自由主義や文化主義、つまり解釈主義や解釈の哲学のことにもなるが、そうしたものは、その思想内容そのものから見る限り、大体、中庸で凡庸なものなのである。尤もそう云ってもそういう思想を持っている人間そのものが中庸的で凡庸だということにはならぬ。少なくともそういう思想を自分でつかんだ本人は決して凡庸な人物ではあり得ない。三木の如きそういう人物だ。併し性格や頭脳のブリリヤントな三木ではあっても、その懐く三木哲学の今云ったような特徴の方は、あまり天才的なものではない。従って三木哲学のファンには人物として凡庸ならざる者は殆んどないと云ってもいい位いなのは、不思議ではないのである。凡庸な思想の追随者は、凡庸な人物以外ではあり得ない筈だからである。

だがこういう社会の凡庸層ともいうべきものは、実はインテリ層に非常にひろがっていることを見落してはならぬ。それであればこそ三木思想は、一種の通俗性と一見大衆性に近いものとを持つことが出来る。所がこの通俗性の通用範囲、この大衆性の持主である大衆らしいもの、之は実は凡庸で鋭さを欠いた或る種のインテリ層だったのだ。三木思想はだから、元来真の大衆の思想的根柢とはなれないのではないかと私はひそかに思っている。三木的ヒューマニズムに就いても亦私は、その本当の大衆性を信じることが出来ない。之は優れたイデーである、だがどこかに鮮かでないものがある。

最後に三木清の人となりは何か、と聞くだろう。そうした人身問題に就いて論じることは何よりムツかしいことである。勿論彼は善人でもなく悪人でもない。善良なようで悪党であり、悪党のようで善良である、と云って見たところで無意味だろう。だが一言にして云うなら、彼は一人の小英雄の特徴を有っていると云っていいかも知れない。運命を信じ運命を疑い運命を賭け、得意と絶望との交錯に生きる、というタイプの人柄ではないかと思う。但しそう大きくないスケールに於てである。その正直さも権謀も、決して大きくはない。

私は今日では三木思想に決して同意出来ないものであり、或いは対角線的な対立をなすものかも知れないと思っているが併し三木思想の有つ時代的意義に就いて之を尊重しなければならぬとは、かねがね考えている所だ。彼は最近評論家から段々と再びプロフェッサーに逆もどりしようとしているように見えるが、夫は三木の本質に忠実な所以であって、三木の場合には却って前進ではないだろうか（岩波書店顧問・日大教授・等々も悪くはあるまい)。ともかくこうすることによって、三木清という思想家は少しずつ確実に伸びて行くのだろう。

さてわが親愛なる三木清氏は、わが思想界に於て、北斗星のように輝かないにしても、明星のように光っている。この自由主義者は他の自由主義者の多くの者とは異って、相当抵抗力のある進歩主義者であるように見受けられる。少なくとも「自分」があるということが、この解釈家を生きた市民たらしめているのだ。

〔一九三六年、『戸坂潤全集』第五巻、勁草書房、一九六七年所収〕

林達夫「三木清の思い出」

multi modii salis simul edendi,
ut amicitae munus expletum sit.(*)

一　手紙

京都帝国大学に在学していたころ、私は吉田山にある親の家に、そして三木清はたしか北白川の下宿に住んでいた。距離でいえば二マイルの余も離れてはいなかっただろうのに、彼はある期間中何かにつけて非常にまめに私に手紙を書いて送りつけて来たことがある。それは折に触れての随想のようなものではあったが、明らかに彼が恋愛の季節にあることを匂わせていた。

しかしそれはそういう際に自然に起こりがちな告白欲から来る何物かからはおよそ遠いものであった。何といったらよいであろうか、プラトニックといってもよいが、それにしてもそれは一種言い様のない衒気《げんき》に満ちあふれたものであった。差し当たり私はコンフィダントという配役どころをあてがわれたわけだが、この役廻りは彼の相手が私の以前からの女友だちだったからという理由によるばかりでもなさそうであった。彼は私を選んで、彼の感情生活の歴史的目撃者たらしめようともくろんでいたのである。

彼は自分の手紙が当然私によって大事に保存され、それが後々に至って人々の好奇心や史的詮索の対象になるということを信じて疑わない様子であった。パウロの書簡とか、ゲーテとシラーの往復書簡とか、最初からあるいは将来において公衆の前にさらされることを意識して書かれた手紙の例は、文芸や思想の歴史において決して珍しいものではない。しかし遠い未来に編まれるはずの一巻の書簡集を自ら設計して、その中に占められる手紙の一つ一つの位置や意味まで吟味してそれを書くということは、これは稀有のことに属する。私の心持は戸惑いせざるを得なかった。これらの一連の信書の受取人は、そこに名前を記されている当の私ではなくて、結局未来の思想文学的公衆だということがありありとうかがえたからである。

若い時代の三木清ほど心から名声に執着し、野心に燃えていた人間を私は見たことがない。これは彼が自分の力量と使命とについていだいていた強烈な自信のほどにもよるものであったが、私はそれを非難したり嘲笑したりする気持は当時も今も毛頭有していない。私がこの事を敢えて言うのは、私が若き三木清に見たただひとつの純真さの状態は、逆説めくが彼が名声欲と野心とに駆られている瞬間に在ったからであり、そしてその払拭と止揚とにおいて彼の人生体験はそんなに永い手間を取らずに済んだらしいからである。後年の名利に超越したみたいな好々爺然《こうこうや》たる彼をしか知っていないものにとっては、この時代の彼の稚拙愛すべき衒気の発散ぶりなどは夢にも想像されないことであろうと思う。

ところでその問題の手紙だが、私はその当時から既に歴史的な学問に深い興味をいだいていたくせに、あるいはゆえに、自分のをも含めて、人の書いたものの保存などということには一向熱心でなかった。歴史ほど人間の営みの空しさをしみじみ味わわせてくれるものはない。三木は人選において大いに見込み違いをやったわけだ。幸か不幸か、私は先頃もさんざん方々をさがしてみたが、彼の手紙はもはやほとんど全部散逸させてしまったらしい。

印象にのこっているのは、ペンで几帳面に書かれた彼の書体を初めて見たときの怪訝の念である。晩年になってからは一種気安な風格を帯びて来てちょっとばかり支那の金冬心《きんとうしん》の墨蹟を想わせるまでに立ちいたったが、あのばかばかしい字体を真面目に根限り書いているのが――今なら、その頗《すこぶ》る奇怪だが、またそのどこにもふざけたところ、あてこみどころのない、しかもそれでいて翩々《へんぺん》たる才気となかなかぬけ目のない計画をもっているとでもいいたい書風を、やはり金冬心風とでも評するであろうが——当時はこれも私の謎の一つであった。どんな手続きによってあんなスタイルを発明したのか、私はついに解することができなかった。三木清の純然たる独創は、彼の手をつけたあらゆる分野を通じてこの怪奇な書風ただ一つであったと私は今でも思っている。

二 「運命」交響曲

「運命」がせわしげに戸をたたいていた。我々はみんなめいめい扉を明けてみて、各自の手に渡された判決状をそっと読んだ。実は三木清の分を彼よりも一足さきに読んだのは、外ならぬ私であった。

私の女友だちは音楽学校を休学して京都のある病院に入院しているその姉の看病に献身している、既に同志社の英文学部をも出ているピアニストであった。ちょうど第一高等学校の記念祭が迫っており、京都帝国大学からおくる寄贈歌を三木清が作ることになり、その作曲をこのピアニスト——つまり彼の恋愛の相手が受け持つことになった。三木はこのことを吉事として非常に悦んでいた。しかし私はこの作曲が三木にとっては恋愛送葬曲であることをひそかに知っていた。彼女の物柔らかな、三木への恋愛拒否の意志表示が、そんな友情の贈物にすがたを変えたといってもよかったのである。

作曲がいよいよ出来あがって、彼女の手で書かれた作譜の記された紙片を懐《ふところ》にして私の家にいそいそやって来たときの彼の和服すがたを私は忘れることができない。すぐ一しょに外に出た。吉田山の東面の裾《すそ》を白川の方に走っている――当時東山の間にはまだほとんど人家とてはなく一面の田畑と雑木林であった地帯を見渡す一筋の道を北に向かって歩いた。三木は、やがてその紙片を取り出すと、少しばかりはにかみながら、それを小声で歌って聞かせてくれた。いきなり譜が読めるわけの筋合いではなかったから、どこかで既にさんざん勉強して来たものと見える。特にすばらしいともいえない作曲ではあったが、私はそれを聞いているとひどく心を衝《つ》かれて溢れ出《い》でんとする涙をやっとの思いでおさえることができたほどである。かわいそうな三木！　私は一言も口をきくことができなかった。そのときほど彼のこころの近くまで私が入って行ったことは、あとにもさきにも一度もなかった。

「運命」が戸をたたいていた、我々みんなの――というのは、何も気取った言い方がしたいからそういったのではない。私自身においても、自分の数年間不幸だった状態に突然光明が射し始めるようなことが起こった。そのことのために、私は当時東京の友だちと一しょにやっていた同人雑誌『音楽と美術』の用事と称して東京に赴き、そのついでにそのころまだ日本に二、三しかなかったニキッシュ指揮、ベルリン交響楽団演奏の、ベートーヴェン『第五交響曲』の His Master's Voice 版を京都に持ち帰って、京都大学キリスト教青年会館でレコード・コンサートを催したことがあった。三木清の不幸が、彼自身にも既にかなり決定的と判断されるに至っていた頃のことである。この京都における初演奏は久保正夫の解説にはじまり、成瀬無極《むきょく》さんはじめ一般の好楽家聴衆に多大の感動を与えて成功裡《り》に終わった。しかし一番それから感銘を受けたと名告《なの》りをあげて出たのは、音楽を大して深く解するとも思われぬ三木清であったことは意外であった。

数日後の事である。彼は私に手紙を寄越し、それには彼のこころの苦悩がベートーヴェンのあの音楽によって軽減され、いま自分を襲っている精神的危機の克服にそこから強力な支援を得た旨のことが記され、そしてそのことで私に心から感謝したいと結んであったのである。

この「運命」交響曲の前後から、我々の運命の筋合いと方向とが妙にはっきりして来た、というよりはむしろ我々のあいだに一種のあわただしい遁走曲《フーガ》がはじまっていたのである。打ち明けて言ってしまえば、私が三木清の恋愛のコンフィダントであったように、かのピアニストである私の女友だちは私の恋愛のコンフィダントであった。そしてやがて私は再び今度はその女友だちの恋愛のコンフィダントになるめぐり合せになった。その相手は三木清と私との共通の親しい友であるだけに、問題は極めて微妙であった。私は三木清のために愁い悲しみ、いま一人の友人のためには心からの祝福をおくるといった、苦しい両刀使いの立場に追い込まれた。卑怯な話だが、私は中立という旗幟《きし》をかかげて多少ともその事件の渦中から遠退《とおの》こうとする傾きがなかったとはいえない。実に錯綜を極めた陰影の多い遁走曲であった。

そしてその遁走曲の三楽章のいずれにも立ち現われている女性こそは――その名前をあげる非礼を敢えて許されるなら現在の谷川徹三氏夫人であるところの、かつての長田たき子氏その人だったのである。

三　シュタイン夫人

三木清の精神的危機が、いかにベートーヴェン「運命」交響曲という劇《はげ》しい芸術的強心剤であったにしろ、たったそのような一片のレコード音楽によって救われようはずはなかった。失意のどん底にある彼の前には、既に彼自ら言うところの「シュタイン夫人」が慰め手として、しかしまた彼の生活設計の破壊者として現われていた。私の中学時代からの友人である長男、三木がその家庭教師であった次男、そして私の女友だちがそのピアノの先生であった長女――それらの子供たちの母親でありしかも才知ある学問好きの未亡人であったその夫人との彼の交渉の歴史は、常識的にいえば彼の生涯における最も暗い一頁であろう。人の行動に対して極めて寛大且つ自由な見解をもっていた私でさえ、これには深い懸念をもったほどだから、周囲の人々の心労は察するに余りあるものがあっただろう。

三木は明らかに最初は少なくとも受身的であったが、しかし彼がそれに溺れ出し、ついには得意然として私にその情事を誇示するに至って、私の彼に対する友情は急速に減退してゆくのをどうすることもできなかった。ある日、円山公園から清水寺へ至る山道を二人で散歩していたときのことである――彼はその新しい恋愛について語りながら、これは自分におけるシュタイン夫人の場合だという見解を表明した。その瞬間、私のこころは彼から千里も遠いところにすっとんでしまっていた。

不幸なことに、この事件は一種のスキャンダル視されて、ついに大学当局の耳にも入るに至った。彼は大学院学生として模範的な特別給費生であり、最も有力なる、未来の教授候補者であった。生憎なことに、当時文学部の部長をしたりしていた重鎮のF教授は、私の父の友人であり、そしてまた私の保証人でもあった。一高時代、父との不和、闘争やその他のあれやこれやで日本という環境に愛想をつかしてしまい、一年間完全に学業を怠けた挙句、ついに私は永久にアメリカへ行ってしまおうと決心したとき、父との和解に骨を折ってくれたのは、このF教授であった。アメリカへの移住を思いとどまったのは、私の恋愛であったが、父と和解して親の家に戻り、そこから京都大学の選科生として再び学校へ通うようになったのは、彼のおかげである。そんないきさつのあるF教授が、ある晩、その時は吉田山から既に西洞院通り中立売《なかだちうり》に引越していた私の家に珍しく突然訪ねて見えた。意外なことに、訪問の相手は父でなくて、私だというのである、この前例のない訪問の目的は、三木清の行状に対する私への訊問にあった。何事だろうと不安になっていた私の顔面はそれを聞くと自分でもわかるほど硬直した。三十分ほどしてその訊問から解放されたとき、私はF教授と三木清とそして私自身とに対してひどく腹を立てていた。このような証人台に立たされることは、言語道断なことと思われたのだ。

それは三木にとって極めて不利な証言であった。というのは、私はF教授から突っ込まれるままに、ありのままを答えざるを得ない羽目に立たされたからである。しかし今から考えてみると、三木があの山林の散歩道で「シュタイン夫人」などというあんな大それた言葉を口走らなかったら、私はそんなにも「公平」に振舞わなかっただろうとも思う。情状酌量の余地がないと考えていたことが私の偏見だったかも知れないのである。

私は私の証言がF教授を、そしてひいては教授会の世論を三木に対して硬化させるに一役買ったなどとは少しも思ってはいない。しかし当時としては三木の最大の野望であった京都大学文学部で哲学教授の椅子を獲得するという見込みが、この恋愛事件――というより世間並みの言い方をすればこのスキャンダルによって決定的に葬り去られたことは、疑えない事実のように思う。三木がいかに京都大学で講座を得ることに汲々たる執着をもっていたかは、後にヨーロッパ留学から帰ってからの彼の言動にもまだはっきり痕跡をのこしていた。三木が我々の勧誘にもかかわらず、東京へすぐには出て来ようとせず、永いこと京都にぐずついていたのは、我々から見れば全然見込みがないのに一縷の望みをなおも空しく京都大学につないでいたからである。

法政大学に彼がつとめるようになってから、ある晩、東京朝日新聞社講堂で公開哲学講演会が催されたことがあった。三木清が壇上に立つ順番が来たとき、私は一人でぷいと講師控室を出て、講堂の二階席へ立ち廻ってみた。後ろの廊下から扉を排して中へ入ってゆくと、二階の聴衆は十数人という寥々《りょうりょう》たるものであったが、ふと見ると、その中に見覚えのある小柄な中年の婦人が遠い壇上の方へ吸いつけられるように前身をのり出して見入っているのが横合いから私の視野の中に入った。私ははっと胸をうたれて、そのまま急いで歩を廻し再び廊下に出てしまった。

それは問題の「シュタイン夫人」であった。

四足袋

恋愛の季節における三木清は、非常におしゃれであった。彼はその時分彼の作った幾篇かの詩を丹念に例の書体で浄写し、ワットマン紙で表紙をかけ、リボンでそれを綴じて大事に所持していたが、それらの中には一種の思想詩のほか、フランシス・ジャム風の実に気の利いた、しかし少しばかりおしゃれにすぎると思われる抒情的小唄が含まれていた。その インスピレーションのもとは言わずと知れた若きころの谷川夫人であった。――彼はひどく風采《ふうさい》を気にし、よく鏡をみていた。それは私には微笑をそそる光景であったが、ひそかに思うに、彼にはこの点トルストイと同じ一種の悩みがあったように推測する。後年身形《みなり》などはほとんどかまわぬげに見えていた彼にも、そのようなダンディめかした時代があったのである。

東京に私が出るようになってから、あるときある家でその家の夫人の紹介で、はじめて、私の尊敬していた阿部次郎さんにお目にかかったことがある。(阿部さんとその夫人との親交は当時有名であった。)何かの話から、阿部さんは「三木君はどうしていますか」と尋ねられたが、そのとき私はついうっかり「頭にぷんぷんするコスメチックを塗って、ピカピカした着物をぞろりと着て、繻子《しゅす》の足袋なんか履《は》いて、目下盛んにおめかしをしています」といった風な返事をしてしまった。よっぽどそんなことが無意識のうちに気になっていたことと見える。——すると、途端に阿部さんは咎《とが》めるように反問せられた。「繻子の足袋がどうしておめかしなんですか。」見ると阿部さんも繻子の足袋を履いておられた。

五　奈　良

ちょうど吉田山の方を引越して、京都御所の西に家を移す日であった。旧い公卿華族の持家だった新居の庭の百日紅《さるすべり》が満開であったから、夏も終りのころだったと思う。私は自分の身の廻りのものを荷造りしておいた上、その日は引越しさわぎを逃げ出すつもりで三木清を誘って奈良へ一しょに出掛けることにしていた。

午《ひる》すぎ奈良駅に降り立つと、先ず博物館に赴いた。参観人は殆ど来ておらず、がらんとした館内を二人だけで一巡した。申し合わせたように古美術については一言も言葉を発しなかった。二人とも皆目何もわからなかったし、またわかろうともしていなかったからである。このすばらしい無知な素通りはひどく痛快に思えて二人の気に入った。「これだけ奈良へ敬意を表しておいたら、たくさんだ。あとはすぐ自由行動にうつろう。」

そこでその自由行動なるものに我々は移った。我々は奈良近郊の地理にはくらかった。「とにかく、あの山の奥の方へ歩いて行ってみよう。」我々は目の前に見出した重畳《ちょうじょう》する山々の裾についているかなり広い道をあてもなく歩いて行った。行けども行けども鬱蒼たる森林であった。幾抱《いくかか》えもあるような杉の老樹が至るところ亭々《ていてい》と立っていた。小さな由緒ありげな御堂とその前に立ち並ぶ二、三の茶屋のあるところに着くまで、誰一人、ひとに出会わなかった。そしてそこに辿りついたとき、もはや日は暮れかかっていた。「こんどは若草山の方角へ山を突破して戻ろう。」それが災難のはじまりであった。登り道は細狭くしかも岐路が多かった。明るい円い月がやがて空に照り渡り出したが、足許は暗かった。躓き且つ迷った。三笠山と我々で勝手にきめた山頂にやっとのことで辿りついたときには、終列車の時刻はもうあと一時間半もないほどに迫っていた。

「三笠の山に出でし月かもどころじゃない、間に合わんぜ、走ろう。」我々二人は一目散に山を駆け降り始めた。あちこちの小さな叢《くさむら》のかげに三々五々群れをなしていた鹿がびっくりして我々の前や側面からあわててとび出しては逃げ去った。くっきりと前方に黒い影をひきながら……月下の、というよりまるで夢の中の永い疾走であった。饅頭《まんじゆう》山を降りるとまた別の饅頭山があり、それを登り降りするとまた別なのが現われてくるのには驚いた。停車場近くに来て、まだ発車に多少の時間があることがわかり、急いで目の前にあったうどん屋にとび込んだ際にはほっとした。

私が財布を失《な》くしていることを発見したのは、そこで冷え切った怪し気な親子丼を食べ終わったときである。「どうも奈良を軽蔑した祟《たた》りかな。」我々は思わず顔を見合わせて、大笑いに笑った。

六　脱走者

三木清は私から見ると実に運のわるい男であった。運がひらけそうな瀬戸際に来るといつもへまばかりやる廻《めぐ》り合せになっていた。あの最後の、死を招いた原因になった事件などもその例外ではなかった。人は警視庁の拘置所を脱走した高倉テルさんが三木の埼玉の家に立ち廻りさえしなかったらと残念がっている。しかしあれも結局運なのだ。現に私なども既に十何年も前にちょっと同じような経験をしたことがあるのに、ついに何事もなく平凡な生活を今もこうしてつづけている。

ある年のある日の朝、法政大学の教授室にいると、突然学生服を着た逞《たく》しい未知の青年が私を尋ねて来たことがある。私の妹が（私の方からいえば失踪していた私の妹が）、呉市の警察署に拘置されているから、それをお知らせすると共に、もしかしてあなたの方で消息がわかったら自分にも知らせて欲しいとの事であった。私はてっきり左翼運動をやっている労働者だと思った。名前も別に聞かなかった。暫くして鵠沼《くげぬま》の寓居の書斎である日仕事をしていると、家内がやって来て妙な男がうちの前を往ったり来たりしていると報告した。窓から往来を覗きおろすと、例の青年である。私は外に出て行った。「一しょにそこいらを歩こう。」

私が一切を知ったのはそのときである。その青年——仮にTと呼んでおこう——は、私の妹と夫婦関係にある、六高出の、広島の名望家の子息であった。二人は呉工廠《こうしょう》の中へ党細胞を作るためのオルグとして派遣され、小学校教員という触込みで仕事をしている最中に、一味のものと一しょに捕えられてしまったのだという。Tは「首魁《しゅかい》」だというので、特に一人だけ別に警察署本館の二階に二人の看守をつけられて昼夜をわかたず監視され、おまけに手錠さえはめられていた。それを苦心に苦心を重ねた末、ある深夜まんまと大胆にも脱走することに成功したのである。用心深く、山陰、北陸を転々と迂回して、幾度となく駅で誰何《すいか》され、宿屋で臨検に会いながら、それでも無事に新潟から東京にまで辿りついた一部始終の物語は、それを聞いているとまるでスリルのある探偵小説を読むような趣があった。とにかく東京の地に足を印して先ず最初に訪ねたのが私だったという。

私はTから東京の誰かに連絡をつけて欲しいと依頼された。私は左翼に少なからぬ友人をもっていたが誰が党員であるか一向に知らないので二、三の友人にそれとなく話してみた。そのうちTは自分の方で連絡がついたから、もうその儀に及ばないと言って来た。私は妹のことも気になっていたので色々西国へ詮索の手を廻すと、呉ではTの脱走についての責任者たちが切歯扼腕《せっしやくわん》してスパイを各方面に放ち、既にTの広島の実家にもその一人が現われており、またTの写真を方々関係筋に配布して逮捕の手がかりにしているという噂も入って来た。

Tはその後も鵠沼に折々やって来るので――しかし彼は決して一歩も私の家の中へ入ろうとしなかった――私は彼に一刻も早く危険信号を出す必要を認めた。私は江の島へ赴いてそこで絵葉書を買い、その足で鎌倉大仏に立ち廻って、そこのスタンプを捺《お》して貰い、それにこんな意味のことを書いて彼のアジトにあてて送った。「きょう江の島から鎌倉の方を見物して歩いた。何よりうるさくていやなのは、桟橋でも石段でも岩屋でも今いる大仏でも要所要所に写真屋がいて人の顔さえ見ると記念撮影をしろとしつこくついて廻ることだ。君は湘南見物をしたいと言っていたが、写真嫌いの君のことだからこれは断然やめた方がよい。」それ以来、彼はふっつり来なくなった。

数ヶ月たって、ある日新聞を何気《なにげ》なくひらいてみていると、その三面記事の一隅に一人の運動容疑者が街頭連絡中挙げられ、西神田署でそのきびしい追及に対して頑強に口を緘《かん》していて既に七十五日にも及ぶが、未だにその名前さえわからないので、その男のことを仮に大方惣太郎と名づけているという記事が出ていて、それに小さな写真が添えられてあった。紛う方なく、それはTであった。

私は運がよかった。私が多少とも交渉をもった非合法時代の共産党員は、野呂栄太郎にしろ、島誠にしろ、亡妹にしろ、そしてこのTにしろ、何度もつかまりながら、ついに一度も私に累の及ぶような口供《こうきょう》をしたことはなかった。これは逆に言えば、私はこれなら信頼するに足ると確信することのできない人々には、一切どんな因縁があっても心を許そうとしなかったためでもある。三木の寛宏《かんこう》な温かさと私の狭量な冷たさは、こんなところにもあらわれているといえるだろう。——だが、それにしても、やはり運であった。

＊　友情の務めが果たされるためには、一しょに何斗もの塩を食わねばならない。

〔一九四六年、『林達夫著作集』第四巻、平凡社、一九七一年所収〕

波多野精一「三木清君について」

私と三木君との交りは、君が京都帝国大学学生であって、私が同大学に赴任した時に始まる。君の痛ましき逝去まで殆ど三十年の星霜を経、その間、この世の事の常として、境遇や環境の移り変りにつれてその姿を変えはしたが、終始何等の動揺を来さなかった。私は君において忠実な敬愛する友の一人を失ったのである。

学生時代の君は旺盛な知識欲、鋭敏な感受性、広きに亙った豊富な繊細な理解力をそなえていた。しかも同時に、対象の精神と本質とを把握したる後、更にそれを構成し再現する君の芸術的能力も群を抜いたものがあった。従って君の試験答案は実に驚くべき優秀性を示した。君は類い稀れな秀才であった。

君は哲学専攻(所謂「純哲」)の学生、私は宗教学講座の担当者、私とは所属学科を異にしたに拘らず、君はその才能の天賦の豊かさにもとづいて、宗教に対しても浅からぬ興味をいだき理解を有していた。私のために私の大学夏期講演を筆記しそれを忠実に適切に再現して呉れたものは「宗教哲学の本質及びその根本問題」と名づける私の著書として世に行われている。これは又君の友情の発露でもあった。

私は担当講座の任務に属する宗教学の講義及び研究指導に力《つと》める外、兼ねての主張及び趣味にもとづいて、ギリシア哲学の原典の講読をもあわせて私の仕事とした。君はそれにも共鳴を感じてギリシア哲学に対しても強き関心を寄せ深き理解を示した。京都大学におけるこの方面の研究に関しては、君は最初の又最も傑出した学徒の一人であった。後年に至るまで若き時のこの感激がいかに君の学問や思想を特色づけたかは、君の述作の明かに示す所である。

学生時代にあらわれた君の学徒としての性格は、後年の君の述作や業績を深く色づけた。現代の評論家のうち、その知識と理解との広さと深さとにおいて君と肩を比べ得るもの果して一人だにあるであろうか。単に学者として評価されても君はたしかに第一流と呼ばれるに値いした。今日の大学教授のうち学才において学殖において君の右に出《い》でると誇り得るもの、果して幾人あるであろうか。

君の終生の事業を、その態度及び性格より見れば、君は思想家というよりはむしろ評論家・批評家であった。学生時代より君の長所をなした客観性は、君に一定の主義信念を固執し、飽くまでも、それを貫徹しようとする、体系家にとっては本質的というべき、能力や努力を欠くに至らしめた。君の如き卓越せる精神に恵まれたる人格が、一定の思想的傾向、一定の好き嫌い、一定の情意的性格を欠こう筈がない。君はむしろそれらを甚だ鮮かに刻み出された姿において所有し、それらは又君の言論や批判をおのずから色づけたことは事実であり、又予め期待すべき事柄でもある。しかしながら、それらは君の事業の客観的性格を成立たせる本質的要素ではなかった。万人にすぐれたる才幹に恵まれながら、君は体系的思想家たるには適していなかった。今若し君を学究者として表象するならば、君は体系的哲学者というよりはむしろ歴史家たるに適したであろう。例えば哲学史の如きは、君若しその研究に没頭し得たならば、極めて優秀なる研究者・教師・著者を君において見出したであろう。その事は君の後年の述作を熟読する人の容易に感得し得る所である。しかしながら、事実として、君の事業の本領は歴史家においてではなく、むしろ批評家・評論家に存した。

この事は確かに境遇・環境・閲歴等の影響にもよるが、同時に君の本質の必然的発露でもある。今やここにその第二巻が世に公にされる君の最後の、しかも学究的色彩の最も濃厚なる著書、惜しくも未完成の半ば遺著におわった著書が「構想力の論理」であったように、君は構想力をもって再現しつつ理解したものを、事実として叙述するには満足せず、進んでそれに論評批判等の論理的処理を加えずにはいられなかった。

哲学の学生であり、後にも哲学の優秀な研究者であった君は、最後には論理を要求したのである。又逆に、君の体系的企図は、信念又は主義の理論的完成乃至展開に没頭するを得ずして、ややもすれば客観的叙述に接近する理論的処理に留まった。批評家・評論家としてすばらしき光彩を発揮し、すぐれたる知性の閃きを随処に示した君が、体系家としては、場合によっては殆ど他人の説の紹介に満足し、ややもすれば迫力を欠き、時としては冗漫にさえ流れたのも、要するにこのためである。

君の非業の死は、個人としても又社会人としても、実に痛歎の極み、惜しみてもなお余りある所である。君の強靭な体力も獄中の苛責《かしやく》には堪え得られなかったのである。若し君にかかる最後の不運なくば、君は戦に敗れて全く変り来った世の情勢に応じ、国民の新しき生活と時代との建設に際し、極めて有力なる他の追随を許さざる、優越なる指導的地位を獲得し得たであろう。君の晩年はわが国の新文化の恩人のそれとして映《は》え輝き得たであろう。君が危険思想の所有者として投獄されたことは、軍国主義の跋扈《ばっこ》に委ねられた我国の政治の暗黒と狂暴とを物語る以外の何物でもない。しかしながら、君をもって一定の信念や思想や主義のための殉教者となすものがあったならば、それは一種の感傷的誤解に過ぎぬであろう。君がマルクスやレーニンについて、共産主義について論じた場合にも、君は同情深き、しかし最後まで客観性を棄てざる、批評家・評論家・紹介者の立場を去らなかった。君の気持又は精神的傾向よりいえば、従って君のすべての活動や事業を支配する原動力よりいえば、君はむしろ理想主義者・自由主義者であったように見える。

文化指導者として、学者として、著作家としての君の本質は、かかる、いかなる巨材にも免れ難き、制限のもとに置かれたに拘らず、君の類い稀れな才能は、数多くの君の著書を通じて、将来も久しく、殊に民主主義と自由主義との旗印のもとに行進をはじめた、新文化建設の運動を導く炬火《きょか》として照るであろう。私は君において現代の生んだ極めて卓《すぐ》れた思想的評論家・批評家、極めて特色鮮かな学者、又個人としては情誼《じょうぎ》に厚き友を失ったことを心から惜しみ歎くものである。（昭和二十一年二月十八日）

〔谷川徹三・東畑精一編『回想の三木清』文化書院、一九四八年所収。初出は、三木清『構想力の論理　第二』岩波書店、一九四六年、跋〕

谷川徹三「哲学者としての三木清」

只今波多野精一先生のメッセージが代読されまして、私は二十数年前、ほとんど三十年に近い昔の京都時代を思い出しておりました。私が京都へ参りましたのは三木より一年後で、やはり西田先生を慕ってでありましたけれど、三木の刺戟によること少なくなかったのであります。最初京都に参りました時、下宿のきまるまでと、私は下加茂の三木のところへ転がり込みました。三木は極めて無造作な男で、一人や二人の友達が転がり込んでも、一向構わないで、人がいようがいまいが、自分の勉強をどんどんやって行くといった風でありました。私が三木の下宿にいたのは精々《せいぜい》一週間か十日でありましたが、今でも覚えておりますのは、いつでも朝眼を醒ますと、もう三木は机に向かって勉強しておる。明日こそはひとつ三木より早く起きてやろうと思って翌日眼を醒ますと、やはり三木はもう机に向かっている。結局毎日同じことをくりかえすことになったのであります。三木は全くよく勉強しました。三木は稀に見る優等生でありました。三木がよく勉強して稀に見る優等生であったことは、三木の仕事の全体にまがうかたのない性格を与え、それは死ぬまで保持されていたといえます。三木は酒ものんだし遊びもしました、しかし生活を頽《くず》してしまったことは一度もない。それどころか、心から Warte nur, du bist so schön と言った瞬間もほとんどなかったのではないか。その点ではメフィストフェレスにサジを投げさせるような人間でありました。ただ彼の中にはファウストと共に、ファウストの忠実な弟子ではあったが、ファウストが軽蔑していたワグナーがいた。

私は波多野先生のメッセージにおける三木に対する先生のお考えに同感する者でありま す。さすがに先生は自分の弟子を正しく見ておいでになると思います。実際三木は或時代には西田先生の弟子であるより一層多く波多野先生の弟子でありました。が、唯一つ私は先生と意見を異にしておるところがある。それは三木を本質に於いては哲学者でないという先生のお考えであります。私は三木は本質に於いて哲学者であったと思う。三木が死ぬべきでなくて死んだことに対しては、各方面のそれぞれの人がそれぞれの立場からこれを惜しんでおりますが、私は三木が哲学者として大成できなかったことを最も惜しむ者であります。三木はその評論活動に於いても今後なお大きな役割を演ずることができたでしょう。しかしそれは三木自身の完成にはもはやさして意義をもたないものであります。その役割を演じ了えたとはいえなくても、すでに大きな役割を演じたので、従ってその点については遺憾はない。しかし哲学者としてはその大きな可能性を実現することができないで死んでしまったので、これは社会的にのみでなく、三木自身の完成の上から更に残念であります。勿論評論家として三木の大をなした所以のものは、三木の哲学的な教養であった。哲学者としての三木が背後にあって、評論家としての三木を立派にしたのであります。しかし逆に私は、評論家としての三木の活動が、三木の哲学者としての完成に多くの寄与をなすことができたと思う者で、しかもその哲学者としての完成こそ三木自身の完成であったのに、突然の死によって、遂にその実現を見ずに終ってしまったのであります。

物を考える人を、その本質や職能から漠然と、哲学者とか、思想家とか、科学者とか、評論家とか、いろいろの名で区別している一般の呼称には、なかなか意味があると私は考えております。それで、波多野先生のメッセージの中にあった、三木は思想家というより評論家であったというお言葉に対しては、私は同感するものであります。思想家というものは、何よりも思想の根源性を持たなければならない。が、哲学者や評論家にとっては、思想の根源性は第一義のものではありません。哲学者は、一定の学派の中で一種の共同研究もできる。一定の学派内に於けるその業績は、思想の根源性をさして重要としない。しかし思想家にとって学派というものはない。思想家は哲学者よりも一層個人的である。従って思想の根源性が第一義である。そしてその思想の根源性という点については、三木にははっきりした性格はなかったのであります。例えば、ヴァレリの書いたものをみますと、感覚と思想とが互に滲透しあっている。謂わば感覚の延長の上に、自然にその深まりとして思想が発展している。思想が感覚と背反した方向を取るような場合にも、いわば負数的なつながりをそこにもっている。これがヴァレリの思想に不思議な魅力を与えておる。こういうところは三木には見られない。また例えば和辻哲郎氏のものをみると、ここには独特な眼がある。その眼はわれわれが当り前として見過ごしておるところのものに、いつでも、どこからでも、かくされた大きな意味を見出す不思議な眼である。和辻さんはゲーテ的な意味でイデェを見る人です。ところが、こういう眼も三木にはありませんでした。

今までも私はたびたび人に語ったことですが、三木は三年半も外国に行っておりながら、その外国についての見聞記を全く書いていない。これは、彼が普通の留学生のようにそこいらを遊び廻ったりしないで、勉強に打込んだということでありましょうが、同時に三木が眼の人でなかった、つまり見るということに対して本来関心を持たなかったということでもあります。その点でも三木と和辻さんとは非常に対蹠《たいせき》的であります。和辻さんは留学のみやげに「風土」という独創に満ちた書物を書いた。これは普通の旅行記や見聞記とは違って、全く和辻さんの眼から生れた思想であります。普通の人は唯漫然たる旅行記や見聞記を書くのですが、そういう人と比べれば、三木が旅行記や見聞記を一つも書かなかったことは、これは三木の偉いところであったと思います。しかし同時にそれは三木が物を見る眼を持たなかったということでもある。その意味に於いても彼は思想の根源性を持っていなかった。波多野先生がどういう意味で三木を思想家であるよりも評論家であったといわれたのか、これはメッセージだけでは分りかねますが、私自身はそう解しておるのであります。

ただ思想の根源性にはもう一つ由って来たるところがある。それは三木の好んで使った言葉を使えばパトスです。このパトスに三木の思想の根源性はあった。三木の中には何か暗いものがありました。それは原始の闇ともいうべきもので、そのデモーニッシュな力に三木はいつでも押され促されて哲学していたのであります。唯このパトスは今までのところは押し促すものであって、でなければ三木の思想遍歴において、その心にかなうものをひたすら摂取させたものであって、三木の思想そのものの上にその独自の表現を持つには至らなかったのであります。恐らく三木が哲学者として大成したならば、それは哲学の全体の構造の中に生きるべきものであったと考えます。所謂思想家というものは、感覚や眼に於ける根源性によって独自性を示すとともに、ともすると小さく固ってしまいます。ここには体系への意志はなくてもよい。私は思想家と哲学者とを分つ点は、体系への意志を持つか持たないかにあると思います。思想の根源性を保ちながら、というよりその根源性によって、体系への意志を貫いたような存在もあるので、それこそ偉大な思想家であると共に哲学者であるわけですが、そういう存在は極めて稀で、多くはいずれかになる。三木には思想の感覚的根源性はなかったが、終始一貫体系への意志は持っていた。その点に於いて三木は単なる評論家ではなかった。この点をはっきり示すものに、「人生論ノート」があります。

「人生論ノート」は、生の直接の地盤より生れたはずのものでありながら、その直接性の乏しいものであります。つまり三木の生地《きじ》が出ていない。三木はここのいささか多過ぎるマキシムの中では三木以上のものになっている。しかし客観的認識である知識とちがって主体的自覚である智慧は、自分以上であっても以下であってもならないものです。ここにはパスカルやニーチェやキエルケゴールやアランがいる。それよりもハイデッガーやヤスパースやクラーゲスがいる。哲学の一つの立場であるエキジステンシャリズムの思弁的調子――或は思考の型が全体に目に立っている。その点からこれを、哲学者の半体系的な書と見れば、ここでも一個の綜合者としての哲学者の権利によって、さきの不満は消えるので、私はそう見るべきものと考えております。つまりこれも築かるべきであった三木の体系の Bausteine〔礎石〕として見るのであります。そう見ればハイデッガーやヤスパースやクラーゲスも、如何にもよく消化せられている。三木の勉強は如何にもよく生きている。西欧のモラリストの伝統をもよく生かしている。

初めにも言いましたように三木は本当の勉強をしていました。もともと稀に見る優等生でしたが、しかし優等生以上の勉強をしていたので、西欧の哲学の伝統をあれだけ身につけながら、新しい哲学の実質をあれだけ巧みにうつし入れた移植者はあまりなかったでしょう。それはどこまでも生きた移植であった。これは彼が時代の精神を常に鋭敏に感受したということもありますが、それ以上に彼の理解力の深さを示すものであります。明治以後の日本の哲学はこういう移植の歴史でありますが、解説者以上に出たものは少いので、三木がハイデッガーの方法を身につけて書いたその処女作「パスカルに於ける人間の研究」は、思想の根源性は見がたいにしても、日本の哲学の地盤をつくる上には大きな意味をもったものであります。その他の三木の仕事もすべて、その地盤をつくるに役立つもので、三木自身はそれをBausteineとして自己の体系を打出すことは出来ないでしまいましたが、日本の哲学の今後の発展の上には、大きな意味をもっているのであります。

勿論三木はマルクス主義者ではなかった。三木が「唯物史観と現代の意識」を書いた頃、彼が最もマルクス主義者であるように見えていた頃でさえ、三木はマルクス主義者ではなかった。私はそういう意味で三木を政治的な主義のための殉教者とは見ていない。その点に於いても、私は波多野先生に同感を表するものであります。三木をよく知っていたY君が、私にいつか、三木が一時マルクス主義の影響を受けたのは、マルクス主義をかち取ったのではなく、マルクス主義に敗北して行ったのではないか、と言っていたことがあります。そう見られるところがあったと思います。マルクス主義はさまざまな面をもっていますが、何よりも知性的な立場に立つもので、知性的な立場に立つ限りあらがいがたい力を持っています。ですからわれわれが単なる知性的な立場に立つ限り、これに立向うことはなかなか難かしい。しかしもし感覚の立場に立つならば、或はまた知性を超えた叡智の立場に立つならば、われわれはマルクス主義を容易に拒むことができる。梅原龍三郎のような人がその制作の立場に腰を据《す》えている限り、マルクス主義は何ら問題にはならないし、ヴァレリのような人にとってもマルクス主義は力を及ぼすことはできなかったでしょう。ところが今申したように、三木は感覚の人でもなければ、また三木の哲学的思弁は、自分自身の立場から深い叡智に達するまでには至らなかった。結局三木は知性の立場に立っていたのであります。それで三木は或る時代に於いてマルクス主義に——特に、彼自身一時歴史哲学に最も打込んでいたのでそこから唯物史観に、理論的に屈伏したのであります。理論的に屈伏しながら、それをその頃三木の拠っていた解釈学的現象学の立場から解釈した。つまり形の上では自己の哲学的な立場からそれを摂取した形でありますが、しかし事実に於いては三木が負けていたのであります。もしこれを三木が思想的にかち得たものであったならば、如何なる時代が来ようとこの立場を捨てることはなかったでありましょう。しかし事実はやがて徐々にそれから離れて行った。三木のいつでも鋭敏に感受した時代の趨勢が、マルクス主義の精神的圧力をとり去るにつれてそれから離れて行った。と同時に三木の観念論者である本質が再び表面に出て来た。そして「歴史哲学」となり、「構想力の論理」となった。そういう風に考えれば考えられるのであります。

三木の死後親鸞に関するモノグラフィーの断篇が発見せられました。或る雑誌はこれを三木の最後の遺稿として発表致しました。私の見るところでは、これは最後の遺稿ではない。死の数年前に書いたものである。三木はその思い出の中にも、極めて古い昔から彼が親鸞に惹かれていた事実を語っております。そして自分は、死ぬ時には恐らく親鸞の信仰によって死ぬであろうということさえいっております。今後三木が十年二十年生きながらえたら、私は恐らくそういうこともあり得たであろうと考えるのであります。従って親鸞に関するそのモノグラフィーの断篇は、三木の最後の遺稿ではないけれども、やはり重要な意味を持ったものである。これは人間としての三木についてばかりではなく、哲学者としての三木についても大きな意味をもったものであります。これこそ三木が唯物論者でなかった証拠であるというばかりではありません。さきほど私がふれた三木の中にある闇にこれは関係ある事柄であります。それが三木の思索を押し促すものになっていたと私はさっき申しましたが、これは仏教的にいえば業《ごう》です。三木は業の深い男であった。三木は誰よりも自分が煩悩具足の凡夫であることを身にしみて感じていたでありましょう。そこに私はむしろ三木の非凡と深さを見るものでありまして、親鸞へ彼がひかれたのはそこのところからであると私は信じています。

私は先程通俗の見解に従って哲学者とか思想家とか評論家とかいう範疇と並べて、もう一つ科学者という範疇を区別しました。科学者であって哲学者であるような人、これはアインシュタインのような人を考えればよいのでありますが、もっと私共に身近かな小さな存在についていえば、戸坂潤君はそれに近い人であった。戸坂君はもともと高等学校では理科をやり、数学や物理学に対する素養をもっておったのでありまして、従って科学の新しい発展やその方向に絶えず注意し、そういうものと自己の哲学とをいつでも並行せしめようとしていました。そして彼こそは唯物論者でありました。恐らく今後生粋の唯物論を奉ずる哲学者が多く出て来るでありましょうが、こういう立場に立った哲学者はこの部類に入れることができると思います。

それに対して三木は飽《あく》までその本質に於いてはメタフィジシアンであった。メタフィジシアンとは、人生の底の虚無に絶えずおびやかされながら、人生には何もないのではない、何かがあるのだということを絶えず自分自身にたしかめようとするものである。そこから宗教に半分足をつっこんでいるものである。単なる科学者にはこの心がない。科学者は虚無の上に立たないで仮説の上に立っている。その仮説そのものは虚無の上にあるのですが、一般科学者はその虚無を反省することはしない。それをすれば科学者が哲学者になる。しかしその仮説そのものは、科学の着実な進歩によって漸次《ぜんじ》確められてゆくようなそういう性質のもので、ここには虚無の上に立つものの浮動と不安とはない。三木はそのような科学者ではなかった。三木が真に思想家の名に価いするものであったかなかったかは人によって見るところを異にするでしょうが、彼が科学者でなかったことについては異論をさしはさむ人はないでありましょう。三木は本質に於いてはメタフィジシアンであったのであります。

三木の哲学的或は愛知的遍歴は相当多方面に亘っております。学生時代からドイツへ行くまでは主としてカントと新カント派、特にリッカートの影響を受けております。ドイツでも初めはリッカートについた。しかしやがてハイデッガーの影響をうけて、そのハイデッガーの影響のもとに、あのパスカルを書いた。「パスカルに於ける人間の研究」は、すでに言ったようにハイデッガーの方法によって書かれたものであります。その間しかしアリストテレスや、ヘーゲルを深く身につけ、他方パスカルを通じてフランス哲学に惹かれ、デカルトの刺戟はその後もずっと受けている。しかし最も根源的なものはやはり、アリストテレス、ヘーゲルのあの線であります。ハイデッガーも歴史的にはその線の上にこれを見ることが出来ます。

西田哲学というものも、世界哲学の上からこれを見れば——私は世界文学という言葉を使うのと同様な意味でこの言葉を使っているのですが——ヘーゲル派の中に算《かぞ》えてよいと思います。西田哲学には限定とか表現とか否定とかいう言葉が結局同じことを言いあらわすものとしてしきりに出て参ります。これは結局世界を絶対者の自己展開と見るヘーゲル的な立場で、絶対者が自分自身を限定することによって（或は否定することによって）自分自身を具体的に規定してゆく過程を示す言葉であります。絶対矛盾の自己同一という最後の思想もヘーゲル弁証法を下に踏まえたものであります。西田哲学はその意味に於いてヘーゲリズムの一形態であります。なるほどここには東洋哲学の伝統が深く独創的な形で生きておる。「善の研究」からその思想的展開の跡をたどるとなかなか簡単には言いきれない。しかしその「善の研究」の中にも、後にああいう形に発展するさまざまな契機が既に含まれておるのでありまして、西田哲学を世界哲学史的に見れば、結局ヘーゲリズムの東洋的な一形態である。そう考えてよいと思います。その見地に立って三木を見ますと、三木の哲学はやはり西田哲学の一分脈となる方向へ進んでいた。唯所謂京都学派のように、西田哲学の特殊用語から出ることのできないようなものと違い、三木は西田哲学の用語を使っておりません。「哲学入門」という三木の著作は、三木自身も言っているように西田哲学の入門書ともいえるものでありますが、この書物に於いてさえ西田哲学の用語は殆ど使っていない。その点からいって、もし三木の哲学が大成したならば、所謂京都学派という名前の中には入れることができないような新しい形態を彼は打出したであろうと私は考える者であります。しかしその場合にも、今日までのところでは、その根本的傾向は、結局西田哲学の一分脈であったろうと想像できます。三木は死ぬ前に西田哲学の批判を書くということをいっておりまして、一時その批判が一部原稿になっておるようにつたえられ、三木のつかまった時警視庁へ持って行かれたとか、そこで焼かれたのではないかとか、いうような想像もせられたのですが、結局今日のところそれは実際には書かれなかったということになっております。しかし三木が書くといっていたのは事実であり、恐らく書いたでしょう。三木が尚《な》お数年生きていたならば、その間には書いたでありましょう。そしてその西田哲学批判によって、三木自身の体系への第一歩を彼は進めたであろうと思います。

秀《すぐ》れた弟子は皆師に背《そむ》くものです。しかし師に背きながら、結局その師の一分脈として留まる者が沢山あるのでありまして、三木が師に背くことによって全然別個の哲学を打立てたか、或は結局西田哲学の一分脈に過ぎないものをつくったか、それは確言することはできません。しかし少くとも今日京都学派と呼ばれておるようなああいう哲学の形態でないことは確実でありましょう。師に全く背いたか、背かないかは別として、独自な体系を打出したには相違ないと思います。

三木の今までの思想的遍歴は、そういう風になって初めて生きるのであって、あの遍歴は今までのところでは統一がない。その統一のないというのが三木を思想家と解しないもう一つの理由になっているのであります。思想家である限り、先程申した思想の根源性と共に思想の一貫性を持たなければならない。しかし三木には思想の根源性と共に一貫性がない。その点から言葉の厳格な意味において思想家でなかったというのであります。しかし、それは小さな統一はつくらなかったけれど、それだけ三木の哲学者としての大成には凡《あら》ゆる意味をもって生きて来るものであった、と私は考えているもので、その意味で三木が哲学者として大成することなく命を奪われたことは、何としても残念なことであります。

「哲学者には三つの範疇がある。第一の範疇の人々は物の心臓の鼓動を聴き、第二の範疇の人々はもっぱら人間の心臓の鼓動を聴き、そして第三の範疇の人々は概念の心臓の鼓動のみを聴く。ところでもう一つの範疇がある。それは哲学の教授先生達で、文献の心臓の鼓動しか聴かない。」

とジムメルがその死後に発表せられた日記の中に言っています。勿論、第四の範疇は真の哲学者ではないという意味をそれはふくめている。文献の心臓の鼓動しか聴かない哲学の教授先生達というものは真の哲学者ではないというのであります。三木はともするとその文献の心臓の鼓動のみを聴いた者のように一部の者からは考えられておりますが、そうではないのであります。私は、三木は根本的にはもっぱら人間の心臓の鼓動を聴いた第二の範疇に属する哲学者であったと思います。三木の中の暗い闇、常に三木を思索に促がすものとなっていたあの闇——三木を親鸞の教えに駆ったあの闇が、その証拠であります。しかしこれは、小さく纏《まとま》った独創的な思想家のような形ではその思想の根源性が示されないで、大きな体系的哲学者として大成して、初めてそれの示されるような性質を持ったものでありました。ですから、もっぱら人間の心臓の鼓動をきいた哲学者としての三木は、竟《つい》に今日まで実現されるに至らなかったのであります。その点で、三木が大きな可能性を持ちながら、その大きな可能性を実現することなしに死んだことを、私は実に残念に思うのであります。

(一九四六年一〇月三日) 三木清記念講演会における講演)

〔谷川徹三・東畑精一編『回想の三木清』文化書院、一九四八年所収〕

中井正一「三木君と個性」

三木君の想出を辿るとき一等遠く、しかも、浮彫りされて出てくる追憶は洋行送別会での彼である。私は未だ学生であった。私の前には深田康算《やすかず》、朝永《ともなが》三十郎が座っていられた。「われわれは別れてゆくが、アルゲマイネ・ダス・ハイリーゲのもとに私達は一つのものである」と云う結語は印象深いものであった。

西田先生、波多野先生から酒を強いられている彼の姿は少壮学徒として、あたりを払うものがあった。

「哲学研究」を編輯《へんしゅう》させられていた私は、彼の「問の構造」の論文を外地から受取った。ハイデッガーの「存在と時間」が未だ発表されていない当時では、その構想の斬新さには、私達はアッと云ったのであった。

外国から帰って、はじめて会ったのは、深田康算先生の宅であった。谷川君と一緒だったと記憶するが、そのとき三木君が、フト「紅毛」と云う言葉を口にするや、先生は、「三木君が洋行した甲斐があったか、その言葉が出てこなくっちゃ」

とあの特有な微笑をもって語られた。そのときであった。三木君は友達の批評をしているとき、

「あれは才負けしてますね」

と云った。この言葉は、今も、妙に私の頭に残っているのである。彼がそれを云うという事が、私には、この才能の士が、才のもつ危険に向って、自ら挑んでいる様な、何か火華の散る思いがしたのである。

この思いは、彼の一生を貫いて、私が、彼に抱きつづけた心持でもある様な気がするのである。

才能、それはダイモン、即ち正しさへの激情なくしては、真の意味では尽きざるものとは成り得ない。

この才能のないものは、その地位を守るに実に氷をふむ思いをもって守りつづける。才能の余れるものは、その才能の源泉である激しいものに導かれつつ、多くの危いものを両手に抱きつづけながら、雪崩《なだ》れる様に行動する。見るものをしてハラハラせしめるものがある。そこに敵に乗ぜられるスキもあれば過誤も起るのである。

三木君が波多野先生の講座を嗣《つ》がんとする内定がなされんとしたとき、果然、彼はこの才能なき者どもの伏線にかかったのである。深田先生はこの事情を憮然として私に語られたのであった。三木清が毅然として京都大学の中に学問を守って立止っていたと想像する

とき、戸坂も亦《また》その運命をかえていたかも知れない。

三木君が京都学界から放たれるときの彼の心境は察するにまことに残念であったであろう。

しかし、この時、三木君は、新たな時代の、新たな思想圏にふみ入る契機を摑んだと云うべきである。

よくかかる激しきものを胎《はら》んでいる才能の士を目して、あんなにいろいろのことに手を出さずに一つのことを静かに研究していれば自らにして得られる地位もあるのに、がたがたするもんだから失敗したり、人にかつがれたりするんだ。それは、いわば一種の「あせり」であり、「才負け」であると考える人々がある。

果してそうであろうか。個性・人格の完成にふくまれている考え方の中には、個人主義的な成功主義の慣性的な考え方が加味されている。資本主義が集団的段階に到達している危機的現段階で、人間構成の新たな適応が要求されているときにあたって、個性の考え方が自ら意味をかえ、「モルフェ」として、成長しつつあるかの如くである。

それは個としてのまとまった全体の要素ではなくなりつつある。弁証法概念のもつ課題も亦そこにあるのである。すでに個なるものは、大いなる発展と分裂に於て、過程の中にとらえられ、自らを調《ととの》えつつある。

劇に出て来る人物も、善玉、悪玉ではなくして、弁証法的契機として、引かれている綱引の真中にくくられている標《しる》しの赤いリボンの様に、力と力の二つの闘いの中に動いている力点である。モメントである。それは歴史の中の力学的な位置であり、歴史をして正しく流れしめるための、容易ならざる部署である。かかる部署に身を置くにあたっては、これまでの個性、又は人格は、或る場合は、その部署的意味で拡大され、又は過重な任務を力点的に負わされることもある。それが、ずれて、その一部を偏向しながらでも負担される場合もある。いよいよ人がなければ不適合な部署に、自らの個性を適合しなければならなくなる場合も生ずる。

しかし、それが歴史であり、聖なる一回性をもっている限り、その時の、自分として生きるに足りる重点的現在性をもって、適合、不適合の何《いず》れの場合といえども、それは歴史的悲壮をもって人々を感動せしめるものがある。神の願いの宗教感は、現代では、この歴史感の中に微分化されて突きささっている。

三木君が多くの嘘欺《きよぎ》の中にかつがれていることを意識しながら、それに身をゆだねつつ、それでもそれが歴史のプラスであることを信じ、又は信じようとつとめつつ、時にはその複雑さの中に混迷しつつ、謬《あやまり》あらば罰をと、歴史の中に身を放擲《ほうてき》して歩んだ道は悲壮である。

そして、この悲壮さは、一歩退いて見ているものにとっては滑稽ともなる。それを意識しない三木君ではなかったであろう。しかもあえて、「この水よ開け」と、不可能の海の中に右足を出して行く彼の決意と、ためらいは、容易ならざるものである。ここに能力なきもののつけ入るスキもあれば、口をさしはさましめる裂目もある。

しかし、この分裂を身をもって描いて見せるものがなくしては、個は決して全体の個ではなく、弁証法の契機としての個であることは示し得なかったのである。分裂を行動をもって亙るところのもの、三木清でなくしては、真実はここに露わにはならなかったのである。

それは「あせった」のでもなく、「才負け」したのでもない。新たな個の真実を、西田哲学でも田辺哲学でも描いて見せなかった、自分が真に歯がみし、生きることが死ぬことである真の「形」に於てあらわしたのである。

流星がすべって行く様に、光芒の如く描いて見せた三木の個性の問題は、私に取って、追いゆくべき、とらえなくてはならない、目をつむることによって光を増す一つの課題と成った。

彼の個性には、或る意味に於て、みんなそうでなくてはならない。しかし、一人一人違うところの、一つの動きの姿勢、昔これを「気鋒《きほう》」と云い、「気先《きつさき》」と云い、「気ップ」とでも云ったところものがある。歴史への裸《あら》わな胸の暴露、自分の習気よりの離脱の気迫とでも云うものがある。

かかるものを彼は決して悲しみと迷いの中でのみ創造したのではあり得ない。これこそは彼を陥れ、嘲っていた連中の、決して、金輪際味うことの出来ぬ、そして彼のみが味うことの出来る喜悦、喜悦、喜悦の涙の中で創造していたのでなければならない。

〔三一書房編輯部編『回想の三木清』三一書房、一九四八年所収〕

解説　活動的哲学者の軌跡

一　本書のねらい

三木清は、一九四五（昭和二〇）年九月二六日、中野の豊多摩刑務所で獄死した。享年四八。太平洋戦争に大敗し、アメリカを中心とする連合国軍に占領された日本の戦後が幕を開けた矢先、悲運の哲学者は、治安維持法によって拘留されたまま、過酷な扱いを受けて身体中を疥癬に冒され、衰弱のすえ急逝した。二〇年にわたって日本の思想界を牽引してきた知性が獄中で無念の犬死にを遂げたことに、人びとは衝撃を受け、嘆き悲しんだ。翌年には遺稿が公表されるとともに大部の著作集の出版が始まり、熱心に読まれた。追悼会には市民が多数集まり、友人や関係者が寄せた回想集も二冊出た。一九六六—六八年には装いを新たに全集が出版され、多くの読者を得た。間違いなく三木は、ジャン＝ポール・サルトルと並び、戦後日本で最も愛読された哲学者の一人であった。

ちなみに私は、一九七〇年代が終わる頃に高校生活を送ったが、夏休みの課題図書に指定された一冊は、三木清『人生論ノート』であった。今でもその新潮文庫は手元にある。昭和二九年発行、昭和五四年六〇刷とある。

しかし、ちょうどその頃から、三木人気は翳りを見せていった。一九八〇年に全集が出始めて研究が盛んになる九鬼周造と入れ替わるかのように、三木は顧みられなくなっていく。三木がプロデュースした西田幾多郎人気は堅調を保ち、近代日本哲学史への関心も高まってきたのに、である。一つには、三木が先鞭を付けたマルクス主義と実存主義への入れ込みが、過熱から一転、一九七〇年代以降減退していったことが関係していよう(三木自身はマルクス主義者でも実存主義者でもなかったが)。少なくとも、三木の著作が熱心に読まれてきたことがアダとなって、今日の読者には読み直すうえでの着眼点を摑みとりにくくなっている、ということはあるだろう。そこで、本書の編集にあたっては、三木を新たに読み解くヒントとなるような構成をめざすようにした。

三木清と言えば、モラリスト風エッセイ集『人生論ノート』は戦中戦後のロングセラーであり、デビュー作『パスカルに於ける人間の研究』は岩波文庫に入っている。哲学上の代表作としては、晩年の『構想力の論理』が挙げられることが多い。本書にもこれらのエッセンスは収録したが、それ以外にも三木の哲学上の仕事には見るべきものが多い。ハイデッガーからマルクスへの大胆な転回を果たした初期論文。主著と呼ぶに値する『歴史哲学』と、その続編たろうとした遺稿『哲学的人間学』。アリストテレス研究、西田論、技術論。そして、一九三〇年代後半から日米開戦までの時局論。

哲学の根本問題と古今の哲学者を相手どって、時代を生きる自分自身の問題関心に引き付けて格闘したその思索の軌跡は、哲学的生を活動的に生きるとはこういうことなのか、と教えられるような一個の生々しいドキュメントとなっている。

三木は、最初に治安維持法違反で検挙された一九三〇年、法政大学教授を三三歳で辞めざるをえなくなり、以後は在野の著作家、知識人、出版者として活躍した。研究室に閉じこもって読者を気にせず専門論文だけ書いていればいい身分ではなかったからこそ、迫力あるテクストを数多く書き残すことになった。その健筆ぶりの一方、心静かにライフワークを仕上げる時間のゆとりには必ずしも恵まれなかった。そのためか、三木の遺した厖大な著作の多くは研究ノート的色彩が強く、アイデアに富んでいても中途にとどまっている印象がある。三木哲学を語る誰しも溜め息をついてきたように、もう少し長生きして落ち着いて仕事してくれたなら、との思いは禁じえない。おそらくこの反実仮想は的外れなのだが（かりに三木が戦後に生き延びたとしても、観想的生を生きたとは考えがたい）。

三木哲学は、完成には至らないまま残された。逆に言えば、未完のままだからこそ尽きせぬ可能性を孕んでいると言える。昭和初期の輝ける暗闇をトップランナーとして走り抜けた知性のポテンシャルを、われわれはまだ実測できていない。現代における思考の可能性を追求する者にとって、活動的に哲学するとはどういうことかを身を以て示した昭和の哲学者の姿は、鮮烈であり続ける。本書には、三木の思索のエネルギーが迸るように生き生きと働いているテクストを、精選して収録したつもりである。

第一部は前期（一九二〇年代）、第二部は中期（一九三〇年代半ばまで）、第三部と第四部は後期（一九三〇年代半ば以降）という括りにし、部ごとに年代順に並べることを原則としたが、読みやすさを考慮して入れ替えたものもある。四部構成に沿って本書の収録作品を概観することと、哲学者の活動的生涯を瞥見することとは連係しうる。巻末年譜も参照しながら、解題を兼ねた以下の解説をお読みいただければと思う。

なお、関連論考として、三木と同時代の哲学者たちの三木論を、五つ選んで発表順に収録した。戸坂潤（一九〇〇—四五）、林達夫（一八九六—一九八四）、波多野精一（一八七七—一九五〇）、谷川徹三（一八九五—一九八九）、中井正一（一九〇〇—五二）。ひとクセもふたクセもある論客ぞろいであり、そういう彼らの中心にいた最も強烈な個性が三木だった。同じ一九四八年一月に出た同名の二冊『回想の三木清』（三一書房、文化書院）はもとより、『思想』一九五〇年一一月号の特集「三木清の業績」や、岩波書店の全集（一九八六年刊第二〇巻で完結）各巻付録の月報にも、三木という傑物にふれた者たちの人物評が多数収録され、精力に満ちあふれた活動的哲学者の姿を伝えている。

本書には収録できなかったが、三木を題材にしたフィクションに、今日出海《こんひでみ》（一九〇三—八四）の「三木清における人間の研究」（『新潮』一九五〇年二月号掲載。『日本文学全集五九　今東光・今日出海集』集英社、一九七二年所収）や、阿部知二（一九〇三—七三）の『捕囚』（『文芸』一九七一年八月号～一九七三年五月号連載、河出書房新社より単行本一九七三年刊。『阿部知二全集 第九巻』河出書房新社、一九七五年所収）がある。われわれの哲学者の生涯は、優に小説や映画の主人公となりうるものだった。

二 生い立ち、修学時代、出版デビューまで

三木清は、一八九七（明治三〇）年一月五日に生まれた。兵庫の田舎の農家出身の少年は才気煥発、元気すぎて六歳の時に池のほとりで遊んでいて危うく溺れ死にそうになった。大学時代にも、交通事故で車に轢かれて肩を骨折し九死に一生を得ている。リスクをあえて冒す自由奔放なところ——つまり脇の甘いところ——が三木には根っからあった。

兵庫県立竜野中学校時代には、新任の国語教諭、寺田喜治郎の感化を受け、文学に目覚める。漢詩や詩歌を作り、弁論大会で活躍した。屈託のない旧制中学時代の五年間を終え、上京して第一高等学校に入学すると、内省と彷徨を好むようになり、宗教書を読み耽った。高等学校三年のとき、一高教授、速水滉《ひろし》に、ヴィンデルバントのドイツ語哲学概論の講読会を指導してもらう。そのまま行けば、速水の出身でもあり桑木厳翼《げんよく》らが教鞭をとる東京大学哲学科に進むはずのところ、当時注目を集めていた西田幾多郎『善の研究』を読んで感激、西田が京都大学哲学科教授（前任者は桑木）となっていたことから、京大への進学を決意。速水からも西田宛の紹介状を託されて、一九一七年、二〇歳の年に京都に移る。近代日本の哲学研究の中心が西へ移動した瞬間であった。

同年には、波多野精一が早稲田大学から京大に着任、翌一八年には、東北大学から田辺元《はじめ》が京大に移ってくる。また、三木に続けとばかり、谷川徹三、林達夫ら、哲学志望の一高生が続々と京大に集まってくるようになった。西田には前途有為の人物を引き寄せる徳のようなものがあり、三木はその共同体のニューリーダーとして頭角を現わしてゆく。しかしそれだけでは、三木の哲学的才能はさほど開花しなかったであろう。もう一段階の飛躍のきっかけとなったのが、大学卒業後のヨーロッパ留学である。一九二二年、三木二五歳、波多野の推薦により岩波書店の岩波茂雄から支援を受けての出発であった。

最初の目的地はハイデルベルク。当時の哲学界で重きをなしていた新カント派の牙城に、ヴィンデルバントの跡を襲ったリッカートが哲学科主任教授として君臨していた。とはいえ、当時ドイツは世界大戦後の極度の困窮に喘いでおり、日本人留学生はいいお客さんであった。三木はここで、マンハイム、ヘリゲル、グロックナーら俊秀から手ほどきを受け、大内兵衛、羽仁五郎、石原謙、阿部次郎、天野貞祐《ていゆう》、九鬼周造らと知己を得ている。ふつうなら満腹になってしまうところ、貪欲な三木はそれに飽き足らず、一年後にマールブルクに移ってしまう。お目当ては、新進気鋭の助教授、ハイデッガーである。

マールブルク大学は新カント派のもう一つの牙城で、ニコライ・ハルトマンが活躍中だった。だが三木は、日本で教わっていた新カント派には魅力を感じず、もっぱらハイデッガーの講義を熱心に聴講した。その決定的影響のもと、三木の思考は格段の深化を遂げる。

しかもそうした変身は、三木一人にとどまらなかった。一九二〇年代のハイデッガーに感化された弟子の多くが、その後の二〇世紀の哲学思想運動を牽引していくことになる。三木は、哲学史が大きな転換を迎えるその瞬間と場所に居合わせたのである。

ハイデッガー自身、フライブルク大学での修学時代、リッカートに学び、新カント派から出発したが、リッカートがハイデルベルクへ転出し、代わりにフッサールが着任すると、創始者からじかに現象学を学ぶようになり、やがて現象学の変革者となっていく。フライブルクの少壮私講師の講義に魅了された一人に、田辺元がいる。田辺はフッサール目当てにフライブルクに留学したが、そこで年下のハイデッガーの講義に出て、「現象学に於ける新しき転向」を発見する。三木は、田辺から新進気鋭のハイデッガーのことを伝え聞き、その新任先のマールブルクにさっそく赴いたのである。

ハイデッガー助教授の最初の一九二三／二四年冬学期講義は、「現象学研究入門」。翌二四年夏学期講義は、「アリストテレス哲学の根本諸概念」。一九二七年に公刊される『存在と時間』を先取りしつつ、そこからはこぼれ落ちた洞察をふんだんに含む名講義であった。フッサールに関してはレーヴィットを、アリストテレスに関してはガダマーを、それぞれ授業外学習チューターに付けてもらうという豪華オプションまであった。生来の勉強家であった三木は、マールブルクで哲学集中特訓期間のような濃密な一年間を過ごす。三木は去りがたい気持ちを抱えながらも、残りの留学期間をいっそう充実させるべく、一九二四年夏、パリへ移る。だがそれはマールブルクでの学びの続行であったことがやがて明らかとなる。パリで下宿にこもってパスカルの『パンセ』を読み耽り、その解釈を論文にして日本に送って岩波書店の雑誌『思想』に続々と掲載し、一九二五年に帰国、翌二六年に一書として出したのが、『パスカルに於ける人間の研究』であった。

三　ハイデッガーからパスカル、マルクスへ

若きハイデッガーは、アウグスティヌスやキルケゴールと並んでパスカルを愛読し、その生の哲学的なテーマ——「倦怠」「気晴らし」「不安」「死」など——をみずからの思索の養分とした。しかし、『存在と時間』に片鱗は窺えるものの、ハイデッガー自身にはまとまったパスカル論は見出せない。当人に代わって、日本人の留学生が日本語でその方面の仕事を仕上げてくれた恰好になる。これは驚くべきことではなかろうか。

三木がハイデッガーに学んだのは、『存在と時間』公刊以前である。著作からではなく講義や演習、加えて個人指導から貪欲に摂取した形跡が認められる。たとえば、人間とは何かという問い、つまり「アントロポロギー」に対するこだわりが、『パスカルに於ける人間の研究』の全篇には横溢している。ところが『存在と時間』では、「人間」という言葉遣いは避けられ、それに代わって、存在とは何かという問いを問う者一人一人が、「現存在」と呼びかけられる。そこで『存在と時間』の忠実な読者は、「人間」という語をみ

だりに使うこと、ましてや「人間学《アントロポロギー》」という探究テーマを掲げることは、「ハイデッガーの思索にふさわしくない」と決めつけたがる。この基準から外れている三木は、「ハイデッガーを学びそこなった」とする批評すら出回っている。

そうではないのだ。ハイデッガー教条主義者と違って、ハイデッガー自身の思考は、ずっと柔軟であった。とりわけ、主著刊行以前の気鋭の哲学者は、「人間」や「生」といった事象を公然と探究テーマに据えていた。まただからこそ、主著において「世人《ひと》」「頽落」「良心」といった人間性の襞《ひだ》に分け入る問題設定がありえたのである。その鑑識眼のたしかさは、まさしく「モラリスト」的人間洞察に比肩されてよい。「現実の生活経験」を哲学的実存にまで高めようとした若きハイデッガーの試みは、その近くで学んだ日本人留学生がパリで書き、日本でまとめた卒業制作が示しているように、モンテーニュ、ラ・ブリュイエール、なかんずくパスカルの人間論との親和性を示しているのである。

その顕著な例を示しているのが、『パスカルに於ける人間の研究』の第二「賭」である。「死の問題の理解はパスカル解釈にとって重要な意味を持つのでなければならぬ」。そう三木が断言するとき、そこには、ハイデッガーから受けた霊感が豊かに働いている。なるほど、「ひとはただ独り死してゆくであろう」と記したパスカルにとって、死の問題は重要だったという程度の理解なら、常識的見立てにとどまる。しかし、「死の不安」という基礎経験からパスカル流「神の存在証明」を根拠づける解釈は、マールブルク時代に授かった眼力をもってしてはじめて可能であった。

三木は「およそ解釈に於ける主要な仕事」は「形式を支える地盤の理解」つまり「概念を生む基礎経験の理解」にあるとして、さらにこう述べる。「したがって解釈は、時としてはむしろ概念と形式とを破壊して、これらの名のもとに「彼は何に出逢ったか」と云うことを理解することに向うべきである」。神の存否を問題とする「賭」の場合は、どうか。

神が存在するほうに賭けて、私が勝つとすれば、私はすべてを得る。つまり永遠の生と無限の浄福を得る。もし私が負けるとしても、私は何物も失わない。賭けられているのはせいぜい、限られた幸福しかもたぬ現在の生にすぎない。無限が得られる可能性があるのなら、私は躊躇することなくそれに賭けよう。――この得失計算の根底に存しているのは、現在の生が確実でも必然でもないという「人間の存在の不安の自覚」である。ここにパスカルの賭を解釈する地盤がある。「賭の理論は宗教的不安の基礎経験の上に於て初めてその証明の力を発揮しうる。死の見方を離れて賭はあり得ないのである」。

「基礎経験」という用語を、この時期の三木はしきりに持ち出す。『存在と時間』に「基礎経験・根本経験(Grunderfahrung)」という語は一度しか出てこない(原書二三二頁参照)。だからといって、この用語の重視は三木の独創というわけではない。三木が熱心に聴講したハイデッガーの二つの講義では、「基礎経験」という言い方が頻出するのみならず、解釈のめざすべきものとされている。たとえば、一九二四年夏学期講義では、まさに

「アリストテレス哲学の根本諸概念・基礎概念（Grundbegriffe）」を、それらの「基礎経験」に遡って解釈することが試みられている。

三木は、パリで書いた一連のパスカル研究を帰国してすぐ一書として公刊するかたわら、ハイデッガーの講義名の向こうを張った論文「解釈学的現象学の基礎概念」を発表する。一九二七年一月号の『思想』に発表されたこの挑戦的論文は、その一つ手前の論文「問の構造」とともに、『存在と時間』の方法理念を、ハイデッガーがその書を公刊するに先立って提示してみせるという離れ技をやっているかの如くである。だが、三木がそのさい準拠しているのは、じつは『存在と時間』ではなく、一九二三／二四年冬学期講義「現象学研究入門」の道具立てのほうなのである。三木は「現象学の基礎概念」として、「現存在」「存在」「実存」を挙げているが、そのような列挙は『存在と時間』にはなく、「現象学研究入門」講義に固有なのである。解釈の拠り所を「基礎経験」に置き、かつそれを「関心」——Sorge は「気遣い」とも訳される——と同一視するのも、三木の乱暴なまとめ方であるように見えて、じつはハイデッガーの講義を咀嚼した成果なのである。

「フッサールの謂う純粋現象学」と対比される形で「ハイデッガーの謂う解釈学的現象学」という言い方がされているが、三木はハイデッガー哲学の紹介者に甘んじようとはしていない。この論文の最後で、「我々がその中に生きているところの公共圏、簡単に云えば、現代の意識」こそが「解釈学的現象学の唯一の可能なる出発点」であると言われるときの「解釈学的現象学」とは、ハイデッガーの方法のみを指すものではない。「現代の意識」から出発しつつ「特殊の方法」にもとづく存在論の探究にみずから乗り出すという抱負を述べて、この論文は終わっている。そして、その約束が果たされたのが、一九二七年六月号の『思想』に掲載された野心作「人間学のマルクス的形態」であった。

三木は、約束されていたかに見えた京大でのポストを得る見込みが潰えると、東京に居を移し法政大学教授に就任、マルクス研究の論文を矢継ぎ早に発表して、世の人びとを驚かせた。それだけ聞くと、マルクスへの傾斜は講壇哲学からの離反の産物のようにも見えるが、決してそうではない。パスカル解釈にのめり込んだときと同じく、三木がマルクス解釈に乗り出したのは、ハイデッガー存在論の摂取を起点としていた。逆に言うと、ハイデッガーの実存思想にはパスカルの人間論との親近性があったように、ハイデッガーの存在思想にはマルクスの唯物論と連結しうる部分があった。ハイデッガーの助手を務めたマルクーゼは、一九三二年に公刊されたマルクス『経済学・哲学草稿』の「労働」概念を、存在論的カテゴリーとして解釈する論文を早くも同年に発表したが、ハイデッガーからマルクスへの三木の転回はそれに先んじて、『存在と時間』公刊と同時期に試みられた。当時国内で注目を集めたが、世界的に見ても画期的な仕事であった。

さて、「人間学のマルクス的形態」では、前作を承けて冒頭から「基礎経験」という用語が導入され、それに基づいて形成される「ロゴス」の層が、さらに「アントロポロギい」と「イデオロギー」に区分される。「アントロポロギー」は、基礎経験を直接性において表現する「第一次のロゴス」の層であり、それが基礎経験と矛盾するに至るや、「アントロポロギーの変革」が起こる。三木はこれを「ロゴスの第一次変革過程」と呼ぶ。

基礎経験とアントロポロギーとのこの間柄は、マルクスが『経済学批判』序文で定式化した唯物史観の「生産力」と「生産関係」の弁証法を読み換えたものであり、その荒業は当時のマルクス主義者たちの神経を逆撫でした。マルクスが「現実の土台」または「経済的な基礎」と呼んだ生産力－生産関係の層を、基礎経験－アントロポロギーという人間学的なものにずらし変えるのは、レベルのすり替えのように見える。だが、「人間の意識が人間の存在を規定するのではなく、その逆に、人間の社会的存在こそが人間の意識を規定する」と宣言してマルクスが弁証法の唯物論的転回を果たしたとすれば、志向的意識の存在そのものを問い直して現象学の存在論的転回を果たしたのがハイデッガーだった。三木は、両者に相通ずるものを見出し、ハイデッガーからマルクスへ旋回していったのである。

三木は、基礎経験－アントロポロギーの上層をなす「第二次のロゴス」を、「イデオロギー」の概念をもって総称する。基礎経験に根ざすアントロポロギーが客観的に限定され、明示的な概念体系に発展した「イデオロギー」が、しかしその土台たる第一次のロゴスとやがて矛盾を来たし、その桎梏《しっこく》と化すとき、イデオロギーの変革の運動が生じる。これが「ロゴスの第二次変革過程」と呼ばれる。じつに、観念論から唯物論へという形で十九世紀に起こった思潮も「イデオロギー」であり、その変革を可能にしたのが「アントロポロギーの変革」であった。では、唯物論的人間観の根底で働いている「基礎経験」とは何か。

この問いに、三木は、ヘーゲル以後のフォイエルバッハとマルクスとを対比することで答えようとする。フォイエルバッハの人間学がヘーゲルと同じくロマン主義の基礎経験の内部にとどまっていたのに対して、人間学のマルクス的形態は「ひとつの全く新しい基礎経験」つまり「プロレタリア的基礎経験」に根ざすものであった。イデオロギー上の変革のみならず、アントロポロギーそのものの変革をもたらしたのは、「労働」という基礎経験であったというのが、三木のマルクス論の核心なのである。

では、労働という基礎経験とはいかなるものか。無産労働者は、世界との実践的交渉において自己を了解する。労働は、自然に働きかけつつ自然から働きかけられるという感性的、受苦的な交渉的関係をなす。人間自身の自然的側面、とりわけ身体性のレベルで生ずる労働という無産者的基礎経験にもとづくのが、マルクスのアントロポロギーであり、イデオロギーとしての唯物論もまた、労働を基底としているのである。

労働という基礎経験を基軸に据えて、唯物論という近代の「イデオロギー」を歴史的に解明しようとしたのが、『思想』一九二七年八月号に掲載された続編「**マルクス主義と唯物論**」である。「存在は人間がそれと交渉する仕方に応じてその存在性を規定するのであるが、人間はまた斯くの如く交渉する仕方に即して直接に自己の本質を把握する。それ故に労働即ち感性的物質的なる実践に於て存在と交渉するところの者は、自己の存在の存在性あるいは存在の仕方を感性的物質的として理解せずにはいられないであろう。〔…〕労働こそ実に具体的なる唯物論を構成する根源である」。唯物論的な自己了解の基礎をなすのが労働だとする唯物論解釈は、教条主義者には邪道でも、哲学的には王道であろう。

三木の唯物論解釈の間口の広さを示しているのは、意識中心の近代の囲いを突き抜けて古代ギリシアへ遡っている点である。ギリシア人は、「主観」の代わりに「ポリス的生き物」かつ「ロゴスをもつ生き物」という二重性において人間を捉えた。これをマルクスの「歴史的社会的存在」としての人間理解につなげているのは、マルクス自身が稀代のアリストテレス読みであったことからしても納得できるが、三木の発想の背後にはハイデッガーから受けたアリストテレス講義があった。ハイデッガーは一九二四年夏学期講義で、「相互語り合い存在」であったギリシア人の生を、アリストテレスの『政治学』に依拠して、「ポリス」と「ロゴス」のほうから規定していた。しかも、ロゴスが公共化され「凡庸化」の弊を招くことから、「商品」の魔術的性質へ、ひいては「人間の自己疎外」へと、議論を進める三木のマルクス解釈には、ハイデッガーがやはり（『存在と時間』に先立つ）アリストテレス講義で展開した「世間・ひと（Man）」論があった。

ともあれ、唯物論解釈において活用された「歴史的破壊的方法」は、歴史そのものをどう捉えるか、という問いへと拡張されてゆく。ここに三木の「歴史哲学」が成立する。

四　歴史哲学、アリストテレスと西田

講壇哲学の生え抜きがマルクス主義に公然と接近したこと自体、リスクを顧みようとしない三木の大胆不敵さをよく示している。じっさいタダでは済まなかった。三木の唯物論解釈は、まずマルクス教条主義者たちの側から反感を買い、次いで官憲にマークされるところとなった。一九三〇年、日本共産党への資金提供の嫌疑で検挙、起訴され、豊多摩刑務所に拘留される。これにより法政大学教授退任のやむなきに至った。翌三一年に執行猶予付きで釈放されたあと、束の間の平静さの中で書き下ろした一書が、『歴史哲学』（一九三二年）である。三木哲学の中心問題を真正面から論じたこの書は三木清の主著であり、それゆえ本巻には最も多くの紙数を割いて収録した。

京大の卒業論文「批判哲学と歴史哲学」（一九二〇年）でカントを歴史哲学への流れに位置づけて論じたことからも窺えるように、三木にとって歴史哲学は不断の関心事であった。しかもこれは三木に限らない。ヘーゲル、マルクスはもちろん、ディルタイにせよリッカートにせよハイデッガーにせよ、はたまた西田にせよ、近現代の哲学者にとって、歴史をどう捉えるかは関心の的であった。その最前線に躍り出たのが三木だった。

ここで思い起こされるのは、ハイデッガーと最初に会ったとき交わした問答を記した三木の回想である。「何を勉強するつもりかときかれたので、私は、アリストテレスを勉強

したいと思うが、自分の興味は日本にいた時分から歴史哲学にあるのでその方面の研究も続けてゆきたいと述べ、それにはどんなものを読むのが好いかと問うてみた。そこでハイデッゲル教授は、君はアリストテレスを勉強したいと云っているが、アリストテレスを勉強することがつまり歴史哲学を勉強することになるのだ、と答えられた」。『読書と人生』(一九四二年)に収められた小品「ハイデッゲル教授の想い出」(一九三九年)の有名なくだりだが、ハイデッガーのアドバイスは、ふつうはありえないものである。アリストテレスに歴史哲学はない。そもそも古代ギリシアにおいて歴史は学問とは別物であった。それを無理やりつなげようとするのは破壊的としか言いようがない。だがまさにその破壊的なことを現にやってみせたのが、ハイデッガーの哲学であった。

初対面で禅問答を受けた恰好となった三木は、こう回想を続ける。「そのとき私には氏の言葉の意味がよくわからなかったのであるが、後に氏の講義を聴くようになって初めてその意味を理解することができた。即ち氏に依れば、歴史哲学は解釈学にほかならないので、解釈学がどのようなものであるかは自分で古典の解釈に従事することを通じておのずから習得することができるのである」。さらに三木は、「私は本の読み方をハイデッゲル教授から学んだように思う」とまとめている。これをそのまま受け取ると、歴史哲学への興味は「古典の解釈」に体よく回収されたかのようである。なるほどパスカルやマルクスを解釈するさい、ハイデッガーから学んだことは存分に活かされた。だがそれに尽きないものが、ハイデッガーのアドバイスにはあった。歴史哲学を存在論として展開する可能性が、そこには仄めかされていた。じつにその課題を引き受けたのが、『歴史哲学』であった。

『歴史哲学』の第一章「歴史の概念」では、まさに「歴史とは何か」という問いに、三重の仕方で答えることが試みられている。第一に「出来事の叙述」つまり「ロゴスとしての歴史」。第二に「出来事そのもの」つまり「存在としての歴史」。第三に「現在」つまり「事実としての歴史」。「出来事の叙述」と「出来事そのもの」という区別は比較的分かりやすい（認識論的にはこれが一番問題になる）。これに対して、歴史は過去に属するという常識的見解からすれば、「現在」がここに挙げられるのは奇異な印象を与える。

三木の説明はこうである。「事実としての歴史は行為のことであると考えられる。〔…〕歴史を作る行為そのものが事実としての歴史であって、これに対して作られた歴史が存在としての歴史であると考えられるのである」。しかも、「行為は自由を含んでいる」かぎりにおいて、「事実としての歴史はまさに自由である」。また「行為の概念は未来という時間概念と結び付いている」。「このように現在は未来への関係を含むが故に」、現在は「瞬間」にほかならず、「時間の最も重要な契機は未来である」。

ここで問題になっている「行為」とは、「決心」が属するような「歴史的行為」のことであり、それゆえ「運命」の概念が重要な役割を果たす。そこでは「偶然的なもの」こそ「原理的に根源的なもの」にほかならない。この文脈で三木はおもむろに、「歴史の基礎経験」ということを語り始める。「事実としての歴史に就いて特に歴史的意識を与える事実そのものが区別され得、また区別さるべきであって、私はかかる優越的な意味に於ける〔…〕事実を歴史の基礎経験と名付ける」。「歴史的意識」として三木が念頭に置いているのは、ヘーゲル、フンボルト等の観念論的な史観とマルクス主義の唯物論的な史観である。それらに共通な歴史的意識一般の理論のことが、「歴史哲学」と称されるのである。

以上が第一章で述べられたあと、第二章は「存在の歴史性」と題されている。すでに「人間学のマルクス的形態」でも、「存在の歴史性」こそ、マルクスの人間学の決定的に重要な思想だとされていた。そのマルクス解釈を導いていたのは、ハイデッガーの存在論であった。第二章に続き第三章でも、ハイデッガーばりに「存在としての歴史を何よりもその存在に於て問う」歴史の存在論が展開されてゆく。

現実存在としての歴史に本質的にそなわる「偶然的なもの」および「環境的なもの」を掘り下げて考察しつつ、三木は「存在としての歴史」と「事実としての歴史」の緊張関係に光を当てる。その関係が、次のように例示的に説明されていることに注目しよう。「人間によって作られたものが、作られたものでありながら逆に、それを作る人間に作用し、圧迫するということは、あらゆる場合に経験されるところである」。「作ること」と「作られたもの」とのこの対立関係は、三木の歴史哲学のモティーフとも言うべきものである。かつて「基礎経験」と「アントロポロギー」の関係において看取された変革の論理が、史は自己の対立物たる存在としての歴史に於て自己を実現する。〔…〕その限りに於て存在としての歴史は事実としての歴史の発展形式である。然し存在としての歴史はどこまでも事実としての歴史の対立物であり、前者はやがて後者に対する桎梏に転化する。〔…〕事実としての歴史はそのとき旧き存在形式を破壊し、新たなる存在形式へと発展する」。

こうした「歴史的発展」の弁証法が第三章で論じられるが、その「有機的発展」の思想以上に注目すべきは、第四章の「歴史的時間」論である。そこには三木の時間論のまとまった記述が見出され、のみならず「世代」というテーマが浮上してくる。

「時間の問題は歴史哲学の中心に立たねばならぬ」。こう切り出して三木は、「事実としての歴史」と「存在としての歴史」の区別に応じて、「事実的時間」と「歴史的時間」とを区別する。そして「事実的時間」を「行為的時間」と言い換えている。「事実としての歴史」は「現在」とも呼ばれていたが、その行為的時間は、未来から「時来（sich zeitigen）」――「時熟」という訳語もあり、これを三木も使う――する「瞬間」なのである。

この「事実的時間」と「歴史的時間」に「自然的時間」を加えた三者が、歴史に関わる時間の三つの次元として現実的な時間を形成する。「自然的時間」も歴史に深く関わるのは、三木がかねてより強調してきたように、自然にも歴史性が見出されるからだが、そうした自然と歴史の交錯を如実に示すものとしてここに持ち出されるのが、「世代」という現象である。「人間的有機的自然の時間の統一は「世代」という概念をもって表わされる」。世代の概念は、父と子の間の年齢の相違において規則的に見出される時間の幅によって形づくられるものであり、「自然的基礎の上に立っている」。「世代概念の特色は、〔…〕それが自然的時間の概念でありながら、歴史的活動の主体と考えられる人間そのものに関係しているところにある」。

自然的時間、歴史的時間、事実的時間の三者が絡み合いを演ずる歴史哲学的ヴィジョンを、三木はその後、世代という現象に即して具体的に練り直そうとした形跡がある。未刊にとどまった遺稿『哲学的人間学』にそれを見出すことができる。そちらへ向かう前に、三木の思索の不断の同伴者であった古今の哲学者を、三木自身がどう理解していたかを示すテクストに触れよう。一九三〇年代中葉のアリストテレス論と西田論である。

ハイデッガーと最初に会ったとき述べたように、三木は、気鋭のアリストテレス研究者と目されていたハイデッガーからアリストテレスを学ぼうと思ってマールブルクに赴いた。留学時代の三木の目標の一つに、アリストテレス『形而上学』の翻訳があった。その計画は実現しなかったが、ハイデッガーからアリストテレス解釈を叩き込まれたことは、その後の三木の思索の糧になった。三木全集第九巻に収められたアリストテレス論の中でも、『アリストテレス 形而上学』は、一九三五年に『大思想文庫』第二巻として発表された本格的な『形而上学』解説書である。そのうちの第一章「学の規定」を収録した。

その中で三木は、アリストテレス哲学体系の要をなす学問論を詳述している。とりわけ第二節では、ハイデッガーのアリストテレス解釈でも中心に据えられた『ニコマコス倫理学』第六巻の「存在を開示するもの（アレーテウエイン）」の五つの様式を、丁寧に解説している。『歴史哲学』でも強調されたように、三木は「行為」をことのほか重んずるが、その背後には、アリストテレスの「実践・行為（プラクシス）」の概念と、それに関わる「実践知（プロネーシス）」の次元が控えていたことが分かる。また、三木哲学の中心テーマとなっていく「作ること・制作（ポイエーシス）」と「技術（テクネー）」の問題系も、元来アリストテレス読解に基礎を置くものであったことが知られるのである。

もう一つ、三木哲学にとって西田哲学が枢要であったことは周知の通りである。『思想』一九三六年一月の西田特集号への寄稿「西田哲学の性格について」は、三木の西田論の中でも最もまとまったものの一つである。歴史的世界、行為、制作といったテーマは、たんに西田から一方的に学びとったものというより、三木が西田との共同作業において彫琢していった主題だったと見たほうがよい。西田哲学の用語と見なされている「行為的直観」にしても、三木からの影響を云々できるのではないかと思われるほどである。

そう言ったからといって、西田の思考を貶めることにはならない。西田の開放的思考は、後進からも貪欲に学ぶことによって豊かさを増していった。なかでも三木は、マルクスへの傾斜一つとっても、西田に最も強い影響を与えた一人だった。国家を論ずるという課題を、代弁するという仕方で、弟子が先生にけしかけているところも興味深い。

五　哲学的人間学、制作と技術

一九三〇年、治安維持法違反の嫌疑を受けて大学を去った三木は、『歴史哲学』刊行後はとくに、在野の哲学者として八面六臂《ろっぴ》の活動を加速させてゆく。一九三一年には「岩波講座哲学」全十八巻を実質的に編集（西田幾多郎単独編集として刊行）。毎年単著を公刊し、毎月何本もの論考を雑誌に寄稿した。西田を前面に据えての連続座談など、多彩な座談会をリードした。国際ヘーゲル連盟の日本支部代表を務め、プラトン・アリストテレス学会の設立にも尽力、それらの刊行物にも編集手腕を発揮した。一九三三年には、ドイツでナチス政権が成立、京大で滝川事件が起こるといったファシズムの流れに抗して、「学芸自由同盟」の結成に加わっている。

生き急ぐかのような猛烈な活動の日々の中、みずから企画に携わった「岩波全書」（第一巻は西田『哲学の根本問題』一九三三年刊）の一巻として、『哲学的人間学』を執筆することになった。『歴史哲学』に続く主著と意気込んで原稿を書き継いでいったが、結局未刊に終わった。第五章までの校正稿が遺されており（三木全集では第一八巻所収）、中でも力のこもった第二章（一九三五—三六年頃成立）を収録した。

第二章のタイトル「人間存在の歴史性」が示す通り、『哲学的人間学』では『歴史哲学』

の問題意識が続行されている。全五節は無題だが、試みに見出しを付けてみるとこうなる。「一　歴史的人間学」、「二　歴史的時間」、「三　年齢」、「四　世代」、「五　世界期」。第三節では、ヘーゲルの年齢論を下敷きに、「具体的な年齢は〔…〕直線的にのみ進行するのでなく、却って直線的な進行が同時に絶えず円環的に纏まることによって年齢時代を作りつつ、一つの年齢時代から他の年齢時代へと移ってゆく」さまを描いている。

とりわけ注目すべきは第四、五節である。『歴史哲学』で取り上げられていた「世代」の問題が再び浮上し、しかも「世界期」という壮大な規模で肉付けされている。「単なる自然でなく、歴史的自然」を重んずる三木にとって、「人間的自然」に基礎を置き「歴史に於ける自然的なもの」が浮き彫りとなる「世代」の概念が重要だったことは、この遺稿からはっきり見てとれる。動物の世代と異なって、連続的かつ非連続的な人間の世代は、「伝統と創造」という歴史のリズムを織りなす。しかも、「或る世代が他の世代の生産したものを伝承するに当り、単にその一つ前の世代から連続的に伝承するのでなく、却って例えばルネサンスに於ける古代文化の復興に於て見られる如く遠き過去から伝承する」ということもある。ここで「ひとつの根本的な問題に逢着する、――行動しつつある一世代が単に自己に隣接する世代からでなく却って隔離せる世代から伝承するというが如きことは如何にして可能であるか」。隔世代的伝承による新しさの到来という問題である。

ここで導入されるのが、「世界期（Weltalter）」の概念である。「歴史的なものは単に過ぎ去ってしまったものでなく、現在に働く限りそれは歴史的」なのであり、「諸世代がそれに於て同時存在的であるところのもの」、それが「世界期」である。世界期における諸世代の遣り合いを記述した次の説明には、歴史的人間学の構築をめざした思索の絶頂が示されている。「一方諸世代は円環的に限定されて同時存在的に世界期に於てあると共に、他方かかる世界期が過去現在未来に於て自己を直線的に限定する〔…〕のみでなく、かかる直線的限定が〔…〕過去からと未来からと二つの相反する方向から流れて来る時間の相撞著し、しかもかかる撞著矛盾を統一する現在として捉えられねばならぬ」。

『哲学的人間学』の第二章はここで途絶し、続く第三、四、五章の「人間存在の状況性」と「表現性」と「社会性」が概観される。とりわけ「世界を作る」という意味での「人間存在の表現性」には、三木哲学のその後の向かう先が予示されている。

『哲学的人間学』の完成を断念した三木が、それに代わる仕事として打ち込んだのが、研究ノート『構想力の論理』であった。『思想』一九三七年五月号から連載を始め、「神話」、「制度」、「技術」と順調に書き継いで、一九三九年にひとまず『構想力の論理 第一』として刊行する。一九三九年九月号から、続編「経験」を掲載、一時中断したものの、一九四三年に完了している（さらなる続編「言語」は書かれずに終わった）。全四章からなる畢生の大作のうち、三木がこの段階でみずからの哲学をまとめ上げている「序」のみ収録した。本人によるこの総括は、繰り返し読むだけの価値がある。

「構想力の論理によって私が考えようとするのは行為の哲学である」。「行為」は三木哲学のキーワードであり続けたが、それが「制作」と明示的に重ね合わされる。「すべての行為は広い意味においてものを作るという、即ち制作の意味を有している。構想力の論理はそのような制作の論理である」。しかも、ここで「形」が強調される。「一切の作られたものは形を具えている。行為するとはものに働き掛けてものの形を変じ（transform）て新しい形を作ることである。形は作られたものとして歴史的なものであり、歴史的に変じてゆくものである。〔…〕構想力の論理は歴史的な形の論理である」。行為がここでは、歴史を作ること、歴史的な形の制作と解され、かつそこに、形を作るうえでの「技術」が組み込まれている。そのような「制作＝行為」は、「行為的直観」とも呼ばれる。

ここで気づくことがある。第一に、マルクス論で近代人の基礎経験とされた「労働」が、無差別に「制作＝行為」に繰り込まれていることである。だがそれによって、「無産者的基礎経験」の近代画期性が薄められてしまう惧《おそ》れなしとしない。第二に、古代ポリス市民の発想に見合う形でアリストテレスが定着させた「制作」と「行為」との区別が均《なら》されていることである。三木自身、アリストテレス論の中で「実践・行為（プラクシス）」とそれを導く「実践知（プロネーシス）」とを、「制作（ポイエーシス）」とそれに伴う「技術（テクネー）」とを区別していたはずなのに、その両系列が一緒くたにされている。「行為的直観」と称しながら「制作的技術」をもっぱらモデルにして考えるのは、西田の場合とウリ二つである。「科学」が「技術」と一体化して発展を遂げた近代知の根本動向に鑑みれば、「制作＝行為＝科学」が歴史を作る原動力と見なされるのはもっともであろう。『構想力の論理』と同時期に三木が取り組んだ『技術哲学』で問題としているのは、まさにこの「科学＝技術」の融合形であった。「技術の本質」を真っ向から問うて戦前の哲学的テクノロジー論の水準を示すモノグラフィー（一九四一年刊）の中から、とりわけ注目に値する「道具と機械」と「科学と技術」に関する考察を選んだ。三木技術論の根底にあるのは、「およそ技術は一方において自然が仕遂げ得ないことを完成し、他方において自然を模倣する」というアリストテレス『自然学』の技術観である。

さて、『構想力の論理』を『思想』に掲載していた時期と前後して、三木は『文學界』に一連の「人生論ノート」を連載した。一九四一年に一書として刊行された『人生論ノート』は、一九四〇年刊の岩波新書『哲学入門』と並んで、三木の著作の中でも最も広く読まれた。西田哲学入門という性格が強く、いかんせん潤いに乏しい『哲学入門』に比べると、パスカル論以来の人間観察に磨きのかかった「箴言と考察」集の中から、本巻には「死について」「習慣について」「人間の条件について」を精選した。死をモティーフとしてパスカルの「賭」を論じた若き日の試論と並読すれば、『人生論ノート』冒頭を飾る随想の味わいも深まろうというものである。その一方で、三木はこの時期、次節で見るように、時局を論ずることの困難に直面しており、その分、人生論というテーマに言論人としての活路を見出せたという事情があったことを忘れてはならない。

六　哲学と政治、もしくは行為的直観のゆくえ

三木にとって、「行為と制作（プラクシスとポイエーシス）」、および「科学と技術（エピステーメーとテクネー）」というテーマ設定は、マールブルクでハイデッガーからアリストテレス解釈を教わって以来の関心事であった。もう一つ、三木にとって決定的に重要なテーマ設定があった。「哲学と政治」である。言い換えれば、「観照と行為（テオーリアとプラクシス）」もしくは「理論知と実践知（ソフィアとプロネーシス）」である。

哲学に生きることと政治に生きること。この両者を分断させず統一へもたらすことは、プラトン以来、哲学者たちの課題であった。西田を筆頭とする近代日本の哲学者たちも、この問題に頭を悩ませた。「理論vs実践」という二分法は、科学＝技術という融合的近代知のあり方からすればじつは時代遅れなのだが、その対立図式を温存しつつ、両項をいかにして合致させるかという問いに、近代哲学は取り組んだ。この課題を別の形で定式化すると、こうなる――「哲学は政治にいかに関与しうるか」。

この問いを正面から引き受けた二〇世紀の事例として、一九三三年のハイデッガーのナチズム関与が挙げられる。三木は同年、「ハイデッガーと哲学の運命」という文章を書いている。ハイデッガーのフライブルク大学総長就任演説「ドイツ大学の自己主張」のうちに

ニーチェの追随者を見出し、「ハイデッガーはニイチェのうちに没した」と締めくくっている。ハイデッガーを直接批判したというより、ナチスに喧伝されたニーチェ主義への警戒を説いている。哲学者の政治への関与という課題は、やがて三木自身が引き受けることになる。

三木は、一九三五年三月から読売新聞夕刊の「一日一題」欄に週一回、時事評論を寄稿し、一九四〇年九月まで続けた。一九三六年に一書『時代と道徳』にまとめられ、批判精神が躍如としている第一期の小品群から、七篇を精選した。第一回の「政治の過剰」では、美濃部達吉の天皇機関説が排撃された事件を冷静に考察している。「標語の力」では、政治的スローガンの垂れ流しに警鐘を鳴らし、「原因と結果」では、似而非《えせ》愛国主義の取り締まりを揶揄している。「「汝自身を知れ」」では、排外的にこの言葉を叫ぶ国粋主義者に、ソクラテス流の皮肉をたっぷり贈り返している。「公衆の解消」では、二・二六事件以後、談話の公共性を重んずる「公衆」が、恐怖憤慨等の情緒に走る「群衆」に変質した、としている。「古典と検閲問題」では、日蓮の遺文まで検閲に引っかかったことを「文化の破壊」と憂慮し、同書を締めくくる「統制と空想」では、統制経済を振りかざす政府が厖大な予算を組んで、現実からかけ離れて空想にのめり込んでゆく様子を指摘している。

一九三〇年代後半、「教養」のあり方が論議されたさい、三木は知識人の没政治性を批判し、文芸中心の大正教養主義と対置される「政治的教養」の重要性を説いた。この時期のいくつかの教養論の中から「知識階級と政治」(『日本評論』一九三七年四月号)を選んだ。タイトルからして、教養を論ずるうえでの三木の問題意識は鮮明である。

三木は、マールブルクでハイデッガーのアリストテレス『弁論術』に関する講義を聴いており、当時交流のあったガダマーと並ぶ、二〇世紀の「レトリックの復権」に与《あずか》って力のあった論客の一人である。いくつかあるレトリック論のうち、恩師の還暦記念論集に寄せた力作論文「解釈学と修辞学」(波多野精一先生献呈論文集『哲学及び宗教と其歴史』石原謙編、岩波書店、一九三八年所収)を選んだ。解釈学が「過去の歴史の理解の方法」にとどまるのに対して、修辞学は「行為の論理そのもの」を現わし、「修辞学の論理は行為的直観の論理を現わす」としている。だとすれば、レトリックに満ちた三木の言論活動そのものが、三木なりの「行為的直観」の発揮であったと言うこともできよう。

三木は、日中戦争にのめり込んでゆく祖国にその道義的裏付けを与えるという尋常ならざる課題をおのれに課した。いわゆる「東亜協同体」論である。『改造』一九三八年一二月号への寄稿「東亜思想の根拠」は、この課題を愚直なまでに遂行している。この政治的言説をどう評価するかは、三木を今日評価するさいの試金石となろう。三木が国粋主義を超えようとしてぶち上げた、いわば「東亜協同体の自己主張」には、ハイデッガーの総長就任演説に匹敵する「哲学と政治」のケーススタディを見てとることができる。

三木の時局論は、哲学が政治に積極的に関わりうる可能性を確保しようとする悪戦苦闘のドキュメントである。その志の点では、西田に通ずるものがある。師弟の連携がいかに密接であったかを窺わせるのが、『婦人公論』一九四二年八月号の「西田先生のことども」である（一九四二年刊『読書と人生』所収）。鎌倉に西田を訪れると、「先ず話に出るのは時局のことである。〔…〕先生が時事問題を論じられるのは単なる傍観者としての態度ではない。先生の話は次第に熱を帯びてくる。すると先生は袖をまくしあげて論じられるという風で、その口吻には何か志士的なものさえ感じられる。〔…〕老いてなお青年のような若さをもって国を憂えていられる先生の熱情に対しては頭がさがるのである」。その憂国の情熱は、師弟に共有されていたものであった。

三木哲学の精選集を、太平洋戦争勃発直後の一九四二年一月に『中央公論』に掲載された「戦時認識の基調」で締めくくろう。この時局評論を迎合的だと一蹴することはたやすいが、戦争の理念を哲学的に導き出そうとした三木の昂然たる論調は、軍部のマークするところとなり、三木は陸軍宣伝班員として徴用されて一九四二年一二月までフィリピンに派遣された。帰任後には、厳しい戦時下言論統制が待ちうけており、その意味で、三木の言論活動の最後の光芒となったのが、この「戦時認識の基調」なのである。

二〇二〇年の晩秋、三木清が獄死した「豊多摩刑務所」跡を訪れる機会があった。一九一五年竣工当時からの正門だけが残っている（設計：後藤慶二）。敗戦後、米陸軍刑務所

旧中野（豊多摩）刑務所正門（東京都中野区新井３丁目に現存。門の裏から2009年撮影。表からだと傍らの繁茂した二本の木に隠れてよく見えない。写真：中野区提供）

として接収されたが、五七年に返還されて「中野刑務所」と改称、八三年まで使われた。その後正門一帯にあった法務省矯正研修所が移転して、跡地に中野区立小学校が新築されることとなり、大正時代の煉瓦造りの優美な正門は、解体の危機に瀕した。保存を願う声が高まり、いったん現地保存が決まったものの、位置が小学校新築の邪魔とされ、曳家《ひきや》により西に約百メートル移設する方向で検討中とのこと。現在、敷地が工事準備中で立入禁止となっており、近づけない。公開は二〇二六年度予定と聞く。

大杉栄、小林多喜二、河上肇、中野重治、埴谷雄高らが思想犯として収監された、由緒正しき獄舎。その遺構の一部が奇蹟的に残っているお蔭で、三木の死地は記憶のよすがを保ちえている。公開の日を待ちたい。時代に抗しながら時代とともに生き、新しい時代の到来の瞬間に命を落とした哲学者の活動的生は、一個の作品として今後もまばゆい輝きを放つことだろう。

（森　一郎）

三木清年譜

西暦（年号）	年齢	事歴
一八九七年（明治三十年）	○歳	一月五日、兵庫県揖保《いぼ》郡平井村（のち揖西《いっさい》村、現在は、たつの市揖西町）に、父栄吉、母しんの長男として生まれる。生家は裕福な農家、浄土真宗。
一九〇九年（明治四十二年）	十二歳	兵庫県立竜野中学校に入学。中学時代には、国語教師の寺田喜治郎の影響を受け、徳冨蘆花などの文学書を読み耽る。
一九一四年（大正三年）	十七歳	第一高等学校に入学のため上京。宗教に関心を抱き、とりわけ『歎異抄』に感銘を受ける。
一九一六年（大正五年）	十九歳	哲学講読会を主宰、一高教授速水滉の指導を受ける。『善の研究』を読んで感激、京大で哲学を学ぶことを決意。
一九一七年（大正六年）	二十歳	七月、一高卒業後の帰郷の途上、速水の紹介状を携えて西田幾多郎を訪問。九月、京都帝国大学文学部哲学科入学。ドイツ古典哲学、新カント派を中心に学ぶ。西田（哲学講座）のほか、波多野精一（宗教学）からも感化を受け、ギリシア哲学やキリスト教の重要性を知る。

一九一八年（大正七年）	二十一歳	東北大から西田に呼ばれて哲学講座助教授に着任した田辺元や、深田康算（美学）からも学ぶ。谷川徹三や林達夫らと交友を深める。
一九二〇年（大正九年）	二十三歳	七月、京大を卒業。大学院に籍を置く。卒業論文「批判哲学と歴史哲学」が『哲学研究』に掲載される。
一九二一年（大正十年）	二十四歳	教育召集を受け、姫路で三カ月間、軍隊生活を送る。
一九二二年（大正十一年）	二十五歳	波多野の推挙により岩波茂雄の出資を受けて、ドイツへ留学。ハイデルベルク大学でハインリヒ・リッカートに師事。カール・マンハイム、オイゲン・ヘリゲル、ヘルマン・グロックナーらと交流。大内兵衛、羽仁五郎、石原謙、阿部次郎、天野貞祐、九鬼周造らと知り合う。
一九二三年（大正十二年）	二十六歳	秋、マールブルク大学に移り、新任の助教授マルティン・ハイデッガーに師事、冬学期講義「現象学研究入門」と、翌年夏学期講義「アリストテレス哲学の根本諸概念」を聴講。ハイデッガー門下のカール・レーヴィット、ハンス＝ゲオルク・ガダマーをチューターとして、キルケゴール、ニーチェ、ディルタイ、とりわけアリストテレスを勉強。
一九二四年（大正十三年）	二十七歳	三月、マールブルク便り「消息一通」が『思想』に掲載される。八月、パリに移る。パスカルを耽読。

一九二五年（大正十四年）	二十八歳	パスカル研究の論文を日本に送り、『思想』に続々と掲載される。十月、帰国。
一九二六年（大正十五・昭和元年）	二十九歳	アリストテレスの講読会を開き、西谷啓治、戸坂潤らに手ほどき。四月、第三高等学校講師となり、龍谷大、京大にも出講。六月、『パスカルに於ける人間の研究』出版。フォイエルバッハ、マルクス研究に着手。
一九二七年（昭和二年）	三十歳	一月、「解釈学的現象学の基礎概念」を『思想』に発表。京大への就職を諦め、法政大学文学部哲学科教授に就任。六月、「人間学のマルクス的形態」、八月、「マルクス主義と唯物論」を、『思想』に発表。岩波書店に編集協力し、「岩波文庫」発刊の辞を起草。
一九二八年（昭和三年）	三十一歳	岩波講座の最初の企画となる『世界思潮』全十二巻を林達夫、羽仁五郎との共同編集で刊行。五月、『唯物史観と現代の意識』出版。
一九二九年（昭和四年）	三十二歳	四月、東畑喜美子と結婚、『社会科学の予備概念』出版。六月、『史的観念論の諸問題』出版。唯物論の解釈をめぐって服部之総と論争。
一九三〇年（昭和五年）	三十三歳	五月、日本共産党への資金提供の嫌疑で検挙され、いったん釈放されたが、七月に起訴され、十一月まで豊多摩刑務所に拘留される。この事件により法政大教授を退任。七月、マルクス・エンゲルス『ドイッチェ・

		イデオロギー』（付『フォイエルバッハに関するテーゼ』）の翻訳（岩波文庫）出版。十月、長女洋子生まれる。
一九三一年（昭和六年）	三十四歳	一月、懲役一年、執行猶予二年の判決となり釈放。六月、『観念形態論』出版。
一九三二年（昭和七年）	三十五歳	四月、『歴史哲学』出版。
一九三三年（昭和八年）	三十六歳	六月、『危機に於ける人間の立場』出版。十一月、「ハイデッガーと哲学の運命」を『セルパン』に発表。
一九三四年（昭和九年）	三十七歳	七月、『人間学的文学論』出版。
一九三五年（昭和十年）	三十八歳	三月より、『読売新聞』夕刊「一日一題」欄に毎週火曜日、寄稿を始める（四十年九月まで）。六月、「大思想文庫」シリーズの第一回として『アリストテレス形而上学』出版。
一九三六年（昭和十一年）	三十九歳	一月、「西田哲学の性格について」を『思想』西田哲学特集に発表。八月、妻喜美子亡くなる。この頃、岩波全書として刊行予定の『哲学的人間学』執筆に力を注ぐが、完成に至らず。十二月、『読売新聞』夕刊「一日一題」寄稿をまとめた第一集『時代と道徳』出版。
一九三七年（昭和十二年）	四十歳	四月、「教養論の現実的意義」を『改造』に発表、「知識階級と政治」を『日本評論』に発表。五月、「神話

（上）——構想力の論理に就いて」を『思想』に発表、翌月以降も連載。七月、故喜美子夫人の追悼文集『影なき影』出版。

一九三八年（昭和十三年）　四十一歳

六月、「死と伝統——人生論ノート」を『文學界』に発表、翌月以降も連載。九月、「解釈学と修辞学」を波多野精一先生献呈論文集『哲学及び宗教と其歴史』に寄稿。十月、「大教育者文庫」の一冊として『アリストテレス』出版。十二月、「東亜思想の根拠」を『改造』に発表。この頃、近衛文麿のブレーン集団「昭和研究会」のメンバーに加わり、理論的リーダー格となる。この年創刊された「岩波新書」の出版企画に尽力。

一九三九年（昭和十四年）　四十二歳

二月、『読売新聞』「一日一題」寄稿をまとめた第二集『現代の記録』出版。六月、「大教育者文庫」の一冊として『ソクラテス』出版。七月、『構想力の論理　第一』を「序」を付して出版。九月、『構想力の論理』の続編「経験」の『思想』掲載始まる。十一月、小林いと子と再婚。

一九四〇年（昭和十五年）　四十三歳

三月、岩波新書の一冊として『哲学入門』出版、中央公論社の依頼で四月にかけて中国滞在。八月、満州政府の招きで二カ月間、満州国に滞在。十月に大政翼賛

		会文化部長に就いた岸田國士を支援。昭和研究会の解散後に組織された「昭和塾」のリーダーとなる。
一九四一年（昭和十六年）	四十四歳	五月、「雄弁と政治」を『改造』に発表。八月、『人生論ノート』出版、「学問と人生」を『科学ペン』に発表、「西田先生のことども」を『婦人公論』に発表。十月、岩波講座「倫理学」第十冊に『技術哲学』発表。十一月、『哲学ノート』出版。
一九四二年（昭和十七年）	四十五歳	一月、「戦時認識の基調」を『中央公論』に発表（この論説が軍部に問題視され、以後、総合雑誌への寄稿が困難になる）、軍に徴用され、品川の岩崎邸に滞留したのち、陸軍宣伝班員としてマニラに赴く。三月、『知識哲学』、『学問と人生』出版。四月、『続哲学ノート』出版。六月、『読書と人生』出版。九月、『技術哲学』単行本出版。十二月、マニラから帰国。大晦日に西田を鎌倉に訪ねる。
一九四三年（昭和十八年）	四十六歳	三月、『構想力の論理』続編「経験」の『思想』掲載を再開（七月まで）。この頃、デカルト『省察』の翻訳を完了。
一九四四年（昭和十九年）	四十七歳	三月、妻いと子亡くなる。九月、娘洋子を連れて埼玉県鷲宮《わしのみや》町に疎開。この頃、遺稿となる「親鸞」を執筆か。

一九四五年（昭和二十年）	四十八歳	三月、警視庁に検挙される。警視庁から脱走した高倉輝をかくまい、逃亡させたという容疑であった。六月、拘留処分となり、巣鴨の東京拘置所に送られ、次いで中野の豊多摩刑務所に移される。九月二十六日、獄死。

＊以上の年譜を編むにあたっては、『三木清全集』第二十巻（岩波書店、一九八六年）所収の桝田啓三郎作成「年譜」および「著作年譜」に依拠し、簡便を旨としつつ本書の解説（兼解題）と補い合う内容となるべく努めた。（森）

本書は、ちくま学芸文庫オリジナルである。

公衆とその諸問題
ジョン・デューイ
阿部齊 訳
大衆社会の到来とともに公共性の成立基盤は衰退した。民主主義は再建可能か？ プラグマティズムの代表的思想家がこの難問を考究する。（宇野重規）

旧体制と大革命
A・ド・トクヴィル
小山勉 訳
中央集権の確立、パリ一極集中、そして平等を自由に優先させる精神構造——フランス革命の成果は、実は旧体制の時代にすでに用意されていた。

ニーチェ
ジル・ドゥルーズ
湯浅博雄 訳
〈力〉とは差異にこそその本質を有している——ニーチェのテキストを再解釈し、尖鋭なポスト構造主義的イメージを提出した、入門的な小論考。

カントの批判哲学
ジル・ドゥルーズ
國分功一郎 訳
近代哲学を再構築してきたドゥルーズが、三批判書を追いつつカントの読み直しを図る。ドゥルーズ哲学が形成される契機となった一冊。新訳。

基礎づけるとは何か
ジル・ドゥルーズ
國分功一郎／長門裕介／西川耕平編訳
より幅広い問題に取り組んでいた、初期の未邦訳論考集。思想家ドゥルーズの「企画の種子」群を紹介し、彼の思想の全体像をいま一度描きなおす。

スペクタクルの社会
ギー・ドゥボール
木下誠 訳
状況主義——「五月革命」の起爆剤のひとつとなった芸術＝思想運動——の理論的支柱で、最も急進的かつトータルな現代消費社会批判の書。

論理哲学入門
E・トゥーゲントハット／U・ヴォルフ
鈴木崇夫／石川求訳
論理学とは何か。またそれは言語や現実世界とどんな関係にあるのか。哲学史への確かな目配りと強靭な思索をもって解説するドイツの定評ある入門書。

ニーチェの手紙
茂木健一郎編・解説
塚越敏／眞田収一郎訳
哲学の全歴史を一新させた偉人が、思いを寄せる女性に綴った真情溢れる言葉から、手紙に残した名句まで——書簡から哲学者の真の人間像と思想に迫る。

存在と時間 上・下
M・ハイデッガー
細谷貞雄 訳
哲学の根本課題、存在の問題を、現存在としての人間の時間性の視界から解明した大著。刊行時すでに哲学の古典と称された20世紀の記念碑的著作。

「ヒューマニズム」について
M・ハイデッガー
渡邊二郎訳
『存在と時間』から二〇年、沈黙を破った哲学者の後期の思想の精髄。「人間」ではなく「存在の真理」の思索を促す、書簡体による存在論入門。

ドストエフスキーの詩学
ミハイル・バフチン
望月哲男／鈴木淳一訳
ドストエフスキーの画期性とは何か？《ポリフォニー論》と《カーニバル論》という、魅力にみちた二視点を提起した先駆的著作。（望月哲男）

表徴の帝国
ロラン・バルト
宗左近訳
「日本」の風物・慣習に感嘆しつつもそれらを〈零度〉に解体し、詩的素材としてエクリチュールとシーニュについての思想を展開させたエッセイ集。

エッフェル塔
ロラン・バルト
宗左近／諸田和治訳
伊藤俊治図版監修
塔によって触発される表徴を次々に展開させることでその創造力を自在に操る、バルト独自の構造主義的思考の原形。解説・貴重図版多数併載。

エクリチュールの零度
ロラン・バルト
森本和夫／林好雄訳註
哲学・文学・言語学など、現代思想の幅広い分野に怖るべき影響を与え続けているバルトの理論的主著。詳註を付した新訳決定版。（林好雄）

映像の修辞学
ロラン・バルト
蓮實重彥／杉本紀子訳
イメージは意味の極限である。広告写真や報道写真、そして映画におけるメッセージの記号を読み解き、意味を探り、自在に語る魅惑の映像論集。

ロラン・バルト　モード論集
山田登世子編訳
エスプリの弾けるエッセイから、初期の金字塔『モードの体系』に至る記号学的モード研究まで。初期のバルトの才気が光るモード論考集。オリジナル編集・新訳。

呪われた部分
ジョルジュ・バタイユ
酒井健訳
「蕩尽」こそが人間の生の本来的目的である！　思想界を震撼させ続けたバタイユの主著、45年ぶりの待望の新訳。沸騰する生と意識の覚醒へ！

エロティシズム
ジョルジュ・バタイユ
酒井健訳
人間存在の根源的な謎を、鋭角で明晰な論理で解き明かす、バタイユ思想の核心。禁忌とは、侵犯とは何か？　待望久しかった新訳決定版。

創造的進化
アンリ・ベルクソン
合田正人／松井久訳
生命そして宇宙は「エラン・ヴィタル」を起爆力に、自由な変形を重ねて進化してきた――。生命概念を刷新したベルクソン思想の集大成的主著。

道徳と宗教の二つの源泉
アンリ・ベルクソン
合田正人／小野浩太郎訳
閉じた道徳／開かれた道徳、静的宗教／動的宗教への洞察から、個人のエネルギーが人類全体の倫理的行為へ向かう可能性を問う。最後の哲学的主著新訳。

笑い
アンリ・ベルクソン
合田正人／平賀裕貴訳
「おかしみ」の根底には何があるのか。主要四著作に続き、多くの読者に読みつがれてきた本著作の最新訳。主要著作との関連も俯瞰した充実の解説付。

精神現象学(上)
G・W・F・ヘーゲル
熊野純彦訳
人間精神が、感覚的経験という低次の段階から「絶対知」へと至るまでの壮大な遍歴を描いた不朽の名著。平明かつ流麗な文体による決定版新訳。

精神現象学(下)
G・W・F・ヘーゲル
熊野純彦訳
人類知の全貌を綴った哲学史上の一大傑作。四つの原典との頁対応を付し、著名な格言を採録した索引を巻末に収録。従来の解釈の遥か先へ読者を導く。

象徴交換と死
J・ボードリヤール
今村仁司／塚原史訳
すべてがシミュレーションと化した高度資本主義像を鮮やかに提示し、〈死の象徴交換〉による、その内部からの〈反乱〉を説く、ポストモダンの代表作。

永遠の歴史
J・L・ボルヘス
土岐恒二訳
巨人ボルヘスの時間論を中心とした哲学的エッセイ集。宇宙を支配する円環的時間を古今の厖大な書物に分け入って論じ、その思想の根源を示す。

経済の文明史
カール・ポランニー
玉野井芳郎ほか訳
市場経済社会は人類史上極めて特殊な制度的所産である――非市場社会の考察を通じて経済人類学に大転換をもたらした古典的名著。（佐藤光）

暗黙知の次元
マイケル・ポランニー
高橋勇夫訳
非言語的で包括的なもうひとつの知。創造的な科学活動にとって重要な〈暗黙知〉の構造を明らかにしつつ、人間と科学の本質に迫る。新訳。

プラトン入門　竹田青嗣
哲学はプラトン抜きには語れない。近年の批判を乗り越え、普遍性や人間の生をめぐる根源的な思索者としての姿を鮮やかに描き出す画期的入門書！

統計学入門　盛山和夫
統計に関する知識はいまや現代人に不可欠な教養だ。その根本にある考え方から実際的な分析法、さらには陥りやすい問題点までしっかり学べる一冊。

論理学入門　丹治信春
大学で定番の教科書として愛用されてきた名著がついに文庫化！　完全に自力でマスターできる「タブロー」を用いた学習法で、思考と議論の技を鍛える！

論理的思考のレッスン　内井惣七
どうすれば正しく推論し、議論に勝てるのか。なぜ、どこで推理を誤るのか？　推理のプロから15のレッスンを通して学ぶ、思考の整理法と論理学の基礎。

日本の哲学をよむ　田中久文
近代を根本から問う日本独自の哲学が一九三〇年代に生まれた。西田幾多郎・田辺元・和辻哲郎・九鬼周造・三木清による「無」の思想の意義を平明に説く。

「やさしさ」と日本人　竹内整一
「やさしい」という言葉は何を意味するのか。万葉の時代から現代まで語義の変遷を丁寧にたどり、日本人の倫理の根底をあぶりだした名著。（田中久文）

日本人は何を捨ててきたのか　鶴見俊輔　関川夏央
明治に造られた「日本という樽の船」はよくできた「樽」だったが、やがて「個人」を閉じ込める「檻」になった。21世紀の海をゆく「船」は？（髙橋秀実）

鶴見俊輔全漫画論1　鶴見俊輔　松田哲夫編
漫画はその時代を解く記号だ。――民主主義と自由について考え続けた鶴見の漫画論の射程は広い。そのすべてを全2巻にまとめる決定版。（福住廉）

鶴見俊輔全漫画論2　鶴見俊輔　松田哲夫編
幼い頃に読んだ「漫画」から「サザエさん」「河童の三平」「カムイ伝」「がきデカ」「寄生獣」など。各論の積み重ねから核が見える。（福住廉）

カント入門講義　冨田恭彦

人間には予めものの見方の枠組がセットされている――平明な筆致でも知られる著者が、カント哲学の本質を一から説き、哲学史的な影響を一望する。

ロック入門講義　冨田恭彦

近代社会・政治の根本概念を打ちたてつつ、主著『人間知性論』で人間の知的営為について形而上学的提言も行ったロック。その思想の真像に迫る。

デカルト入門講義　冨田恭彦

人間にとって疑いえない知識をもとめ、新たな形而上学を確立したデカルト。その思想と影響を知らずに西洋精神史は語れない。全像を語りきる一冊。

不在の哲学　中島義道

言語を習得した人間は、自身の〈いま・ここ〉の体験よりも、客観的に捉えた世界の優位性を信じがちだ。しかしそれは本当なのか？　渾身の書き下ろし。

先哲の学問　内藤湖南

途轍もなく凄い日本の学者たち！　江戸期に画期的な研究を成した富永仲基、新井白石、山崎闇斎ら10人の独創性と先見性に迫る。（水田紀久・佐藤正英）

思考の用語辞典　中山元

今日を生きる思考を鍛えるための用語集。時代の変遷とともに永い眠りから覚め、新しい意味をになって冒険の旅に出る哲学概念一〇〇の物語。

翔太と猫のインサイトの夏休み　永井均

「私」が存在することの奇跡性など哲学の諸問題を、自分の頭で考え抜くよう誘う。予備知識不要の「子ども」のための哲学入門。（中島義道）

倫理とは何か　永井均

「道徳的に善く生きる」ことを無条件には勧めず、道徳的な善悪そのものを哲学の問いとして考究する、不道徳な倫理学の教科書。（大澤真幸）

増補　ハーバーマス　中岡成文

非理性的な力を脱する一方、人間疎外も強まった近代社会。その中で人間のコミュニケーションへの信頼を保とうとしたハーバーマスの思想に迫る。

ちくま学芸文庫

近代日本思想選《きんだいにほんしそうせん》　三木《みき》　清《きよし》

二〇二一年三月十日　第一刷発行

著　者　三木清（みき・きよし）
編　者　森一郎（もり・いちろう）
発行者　喜入冬子
発行所　株式会社　筑摩書房
東京都台東区蔵前二―五―三　〒一一一―八七五五
電話番号　〇三―五六八七―二六〇一（代表）
装幀者　安野光雅
印刷所　株式会社精興社
製本所　株式会社積信堂

ISBN978-4-480-51038-9 C0110